희생양
Le bouc émissaire

LE BOUC ÉMISSAIRE
by René Girard

Copyright ⓒ Éditions Grasset & Fasquelle, 1982

All rights reserved.

Korean Translation Copyright ⓒ 1998, 2007 by Minumsa

Korean translation edition is published by arrangement with Éditions Grasset & Fasquelle.

이 책의 한국어 판 저작권은
Éditions Grasset & Fasquelle와 독점 계약한 (주) 민음사 에 있습니다.

저작권법에 의해 한국 내에서 보호를 받는 저작물이므로
무단 전재와 무단 복제를 금합니다.

희생양

르네 지라르 · 김진식 옮김

민음사

차례

1　기욤 드 마쇼와 유대인 7
2　박해의 전형들 25
3　신화란 무엇인가? 43
4　폭력과 마술 79
5　테오티와칸 97
6　아세스, 쿠레테스 그리고 타이탄들 111
7　신들의 죄 127
8　신화의 과학 157
9　성서에 나타난 예수 수난의 핵심 167
10　단 한 사람만 죽으면…… 185
11　세례 요한의 참수 207
12　베드로의 부인(否認) 245
13　게라사의 악령들 271
14　갈라진 사탄 301
15　역사와 성령 323

옮긴이 후기 347

1 기욤 드 마쇼와 유대인

　기욤 드 마쇼(Guillaume de Machaut)라는 14세기 중반에 활동한 프랑스 시인이 있는데, 그의 『로이 드 나바르의 판단(Jugement du Roy de Navarre)』은 널리 알려진 작품은 아니지만 주목할 만한 작품이다. 이 작품의 대부분은 그 시대에 유행하던 전통적 스타일과 주제를 다룬 궁정식 문체의 장시(長詩)에서 벗어나지 못하고 있지만 서두 부분은 아주 인상적이다. 이 부분은, 기욤이 그것이 끝나길 기다리면서 공포에 휩싸여 집안에만 틀어박히기 전에 목격했다는 대참사에 관한 이야기로 이루어져 있다. 그중 어떤 것들은 완전히 그럴 듯하지 않기도 하고, 또 어떤 것들은 겨우 그럴 듯해 보이기도 한다. 그렇지만 우리는 이 이야기에서 실제로 어떤 일이 일어났다는 인상을 받게 된다.
　우선 하늘에서 여러 가지 징후들이 나타난다. 돌들이 쏟아져 내려와 생물체들을 죽여버리고, 마을은 벼락을 맞아 모두 파괴된다. 그래서 그곳이 어디인지 분명히 밝히고 있지는 않지만, 기욤이 살고 있던 마을에서도 수많은 사람들이 죽어간다. 사악한 유대인들과 기독교도이면서 그들과 공범인 사람들에 의해 사람들이 살해된다. 그들이 과연 어떻게 했기에 그 고장 사람들 모두에게 엄청난 재난을 가져오게 할 수 있었을까?

그것은 그들이 강과 식수원을 오염시켰기 때문이라는 것이다. 만행을 저지른 자들을 하늘이 폭로함으로써 하늘의 정의가 이들을 일소한다. 그러고 난 뒤에도 점점 더 많은 사람들이 여전히 죽어가던 어느 봄날, 기욤은 거리에서 음악 소리와 남녀의 웃음 소리를 듣는다. 이제 모든 것이 끝나고 사랑의 시가 다시 시작될 수 있었던 것이다.

그 기원에서부터 16, 17세기에 이르기까지 근대 비평의 본질은 텍스트에 대해 맹목적인 신뢰를 보내지 않는 데에 있다. 오늘날의 많은 사람들도 갈수록 더해가는 날카로운 불신을 요구함으로써 비평의 통찰력이 더 발전했다고 믿고 있다. 그래서 예전에는 실질적인 정보를 담고 있는 것으로 여겨지던 텍스트들도, 후세 역사가들의 해석과 재해석을 거치면서 오늘날에 와서는 그 신빙성을 의심받고 있다. 다른 한편으로, 인식론자들과 철학자들도 예전에 역사의 학문이라 불리던 것의 붕괴를 유발한 근본적인 위기를 겪고 있다. 텍스트에서 자양을 얻는 데 익숙해 있던 지식인들의 처지도 이와 유사한데, 그들도 모두 확실한 해석의 불가능성을 인정하고 있는 분위기이다.

기욤 드 마쇼의 이 텍스트는 우선 역사적 확실성에 대해 의심하는 이런 분위기에 영향을 받을 것이다. 그러나 오늘날의 독자들은 이 텍스트를 잠시 살펴보고 난 다음 이 그럴 듯하지 않은 이야기 속에서 실제 사건들이 있었다는 것을 발견한다. 그들은 하늘에 나타났던 징후도 유대인들에 대한 비난도 믿지 않지만, 그렇다고 이 테마들을 모두 똑같이 취급하는 것은 아니다. 다시 말해 이 테마 모두를 동일한 차원에서 다루는 것이 아니다. 기욤은 물론 순진한 사람으로, 어떤 것도 꾸며내지 않고, 당대 사람들의 히스테리에 사로잡힌 여론을 반영하고 있을 뿐이다. 그가 이야기하고 있는 수많은 사망자도 역시 실제적인 것으로서, 사망의 원인은 1349년부터 1350년 사이에 프랑스 북부 지방을 휩쓸었던 그 유명한 페스트로 입증되었다. 여기저기에서 떠돌던 유대인들이 독약을 풀었다는 소문을 들은 광분한 군중들의 입장에서는 정당한 것으로 여겨졌을, 유대인들에 대한 학살도 실제로 일어났던 사건이다. 이 병에 대한 사회 전체적인 공포는 이런 대학살을 유발하기에 충분한 충격을 주었던 것이다.
 문제의 유대인 학살 대목은 다음과 같다.

> 그 후에 악한 이들이 나타나는데
> 거짓말쟁이, 배덕자, 유대인들이었다.
> 사악하게도 신을 섬기지 않는 그들은,
> 모든 악을 좋아하고
> 금과 돈을 주면서
> 사람을 바보로 만들다가,
> 강이고 샘이고
> 곳곳에 독을 풀어
> 곳곳에서 사람들이 죽어갔도다.
> 거듭해서 죽어가니
> 들판에도 마을에도
> 여기저기 시체가 널렸다네.
>
> 이를 굽어보신
> 만물을 다스리는 전지전능하신 하늘은
> 이를 폭로하시어 모두에게 이들의 만행을 알게 하시도다.
> 유대인들은 모두 사형에 처해졌는데,
> 어떤 이는 교수형으로 능지처참되고
> 어떤 이는 물 속에서 죽고, 또 어떤 이는 참수형으로
> 머리가 효수되었다.
> 수많은 이들이 함께

치욕으로 죽었도다.[1]

이처럼 페스트를 두려워하였던 중세 사회에서는 페스트라는 이름만 들어도 많은 사람들은 공포에 떨었다. 그래서 그들은 이 괴질의 이름을 입 밖에 내는 것을 피하였을 뿐만 아니라, 심지어는 상태가 악화되어 가더라도, 가능한 한 오랫동안 이 괴질에 대해 필요한 조치를 취하는 것조차 피하였다. 진실을 있는 그대로 고백한다는 것이 상황에 옳게 대처하는 것이 아니라, 오히려 이 엄청난 결과에 승복하는 것이 되고 그래서 정상적 삶의 모든 외관을 포기하는 것으로 통하였을 정도로 그들은 달리 어쩔 도리가 없었던 것이다. 사람들은 모두 이런 식의 맹목적인 눈멂에 기꺼이 참여하였는데, 눈에 드러나는 명백한 사실마저도 무시하려는 이 같은 절망적인 의지는 '희생양' 추방을 더욱 용이하게 하였다.[2]

『페스트에 걸린 동물』이라는 우화에서 라 퐁텐(La Fontaine)은 페스트라는 무시무시한 말을 하는 것 자체가, 말하자면 그 해로운 힘을 사회에 풀어놓는 것과 같다는 당대인들의 믿음을 드러내 보여주고 있다. 그래서 이 말을 입 밖에 내는 것 자체를 거의 신앙에 가깝게 아주 혐오하는 당대의 분위기를 다음 구절이 잘 암시해 주고 있다.

    페스트(그 이름을 말해야 하기 때문에 어쩔 수 없이)……

이 우화 작가가 여기서 보여주는 것은 재앙을 하늘의 징벌로 보는 집단적인 자기 기만이다. 여기서 하늘이 화를 내는 것은 어떤 죄를 만인이 똑같이 공유하고 있지 않았기 때문이다. 재앙을 피하기 위해서는 죄인을

---

1) Oeuvres de Guillaume de Machaut, publiées par Ernest Hoeppfner, *I, le Jugement du Roy de Navarre*(Société des anciens textes français, 1908), 144-145쪽.
2) J.-N. Biraben, *les Hommes et la Peste en France et dans les pays européens et méditerranéens* (Paris-La Haye, 1975-1976), 2 vol.; Jean Delumeau, *la Peur en Occident*(Paris, 1978).

찾아내어 그에게 합당한 처벌을 가하거나 아니면 차라리 라 퐁텐이 쓰고 있듯이 하늘에 '맡겨버려야' 한다는 것이다.

우화에서는 맨 처음으로 맹수들이 그 범인으로 지목되는데, 맹수들은 그들 행위를 너그럽게 묘사함으로써 곧 용서를 받는다. 그러다가 맨 마지막에 당나귀가 불려나가는데, 동물 중에서 가장 약하면서 보호받지도 못할 뿐만 아니라 잔인하기로 치자면 가장 덜 잔인한 것이 실은 이 당나귀인데도, 결국 유죄로 지목되는 것은 바로 이 당나귀이다.

역사가들은, 이웃 마을에 페스트가 퍼졌다는 소문이 돌자마자 그 마을에 미처 페스트가 번지기도 전에 유대인들이 학살당했다고 추정하고 있다. 이런 점에서, 괴질이 번지기도 전에 학살이 일어나고 있는 기욤의 이야기는 역사가들의 생각과 일치하고 있다. 그러나 이 작가가 유대인들의 독약 때문에 빚어진 것이라고 묘사하고 있는 수많은 죽음들은 또 다른 설명을 암시하고 있다. 이 죽음이 사실이라면(이것을 굳이 상상적인 죽음으로 볼 이유는 없다.) 이것은 하나의 똑같은 재앙에 의한 초기의 희생양일 것이다. 그렇지만 기욤은 뒤에 가서도 이런 생각을 하고 있지 않다. 그는 전통적인 희생양들이 '이 괴질의 초기 단계'를 설명해 줄 수 있다고 보고 있다. 그는 진정한 병리학적 현상이 존재한다는 것을 마지막 단계에 가서야 비로소 인정하고 있다. 괴질이 아주 광범위하게 번지게 되자 그제서야 독약에 의한 범죄라는 기존의 설명이 무력하게 되고 만다. 그런데도 기욤은 이 사건들을 이 같은 진정한 존재 이유에 따라 재해석하지 않는다.

게다가 우리는 이 시인이 과연 페스트의 존재에 대해 어느 정도까지 알고 있었는지 궁금할 정도이다. 왜냐하면 그는 끝까지 이 결정적인 낱말을 명확하게 쓰고 있지 않기 때문이다. 결정적인 순간에 가서 그는 아주 엄숙하게, 지금도 잘 쓰이지 않는 희랍어의 에피디미(epydimie)란 단어를 차용해 쓰고 있다. 겉으로 볼 때 이 단어는 우리 텍스트의 맥락에 잘 들어맞는 것은 아니다. 이 말은 그들이 두려워하던 그 낱말과 정확히 일치하는 것이 아니기 때문이다. 그것은 오히려 일종의 대체물로서 페스트의 이름을 부르지 않기 위한 하나의 새로운 방법일 뿐, 요컨대 순전히 언어학적인 새로운 희생양이라 할 수 있다. 단기간에 그토록 많은 사람들이 죽어간 병의 원인과 성질을 명확히 규명하는 것이 불가능하였다고, 기욤은 다음과 같이 전하고 있다.

    아무도 원인을 알지 못해
    그것을 말하지 못하는,
    어디서 왔는지도 모르는
    (그래서 어떤 처방도 취할 수 없는)
    그것은 단지 병일 뿐
    사람들은 이를 에피디미라 부른다.

이런 점에서 기욤은 스스로 자신의 생각을 말하기보다는 또다시 당시 여론을 기꺼이 따르고 만다. 14세기에는 에피디미라는 이 유식한 말에서 항상 '과학성'이라는 향내가 풍겨나고 있었는데, 이 향내는 마치 페스트의 전염을 더디게 하기 위해 오래전부터 행해오던 처방인 길모퉁이에서 향내를 피우는 훈증소독법처럼, 사람들의 불안을 줄이는 데 기여하고 있다. 그들은, 병의 이름을 잘 명명하면 그 병은 이미 거의 치유된 것이나 다름없다고 여기고 있었다. 그래서 스스로 치유된 것 같은 느낌을 갖기 위해서 그들은 할 수 없이 종종 그 괴질을 재명명하곤 했다. 우리의 연구가 근거 없는 것으로 보이거나 효력이 없는 것처럼 보이는 곳에서, 이 같은 말에 의한 악마 추방 제의는 끊임없이 우리의 관심을 끌고 있다. 그런데 사람들이 이름을 명명하기를 거부하면서 결국 신에게 '맡겨버리고' 마는 것이 바로 이 페스트이다. 여기에는 인간 희생과 동시에 혹은 그에 앞서 나타나고 있는 '말의 희생'이라 부를 수 있는 것이 있는데, 이 말의 희생은 그 본질적 구조에 있어 언제나 이 희생과 유사한 인간 희생에 비하자면 분명 상대적으로 한결 더 순결한 희생이다.

돌이켜보면 기욤의 이야기 속에 나타나고 있는 실제적 상상적인 모든 희생양들, 유대인들과 고행자들이나 돌세례와 에피디미들은 여전히 아주 유효하게 작용하고 있다. 그래서 그는 우리가 '페스트'라고 부르는 것이 그 재앙과 일치한다는 것을 전혀 알아채지 못하고 있다. 다소 서로 무관하거나 아니면 그 종교적인 의미에서만 서로 연관되어 있는 이 다양한 참변들을, 이 작가는 계속해서 성서에 나오는 열 가지 이집트의 재앙과 약간 비슷한 것으로 보고 있다.

이제까지 말한 것은 거의 모두 분명한 것들이다. 우리 모두 기욤의 이야기를 같은 방식으로 이해하고 있으므로 독자들은 더 이상의 설명이 필요치 않을 것이다. 그렇지만 그 가능성과 대담성이 우리를 뛰어넘는 이런 해석을 강조하는 것은 전혀 쓸모없는 것이 아니다. 왜냐하면 우선 이 해석은 모두가 인정하고 있으며, 그래서 여기에는 아무런 논란의 여지가 없기 때문이다. 수세기 전에 형성되었던 이 해석에 대한 문자 그대로의 만장일치는 그 뒤로 한번도 무너지지 않았다. 근본적인 것에 대한 재해석일수록 이 해석은 더욱더 주목할 만한 것이 된다. 우리는 우선 작가가 텍스트에 부여한 의미를 주저 없이 거부한다. 그는 그가 무엇을 말하고 있는지 알지 못하고 있었다고 단언할 수 있다. 몇 세기가 지난 지금 우리는 그가 말하는 것을 그보다 더 잘 알며 또 그의 말을 바로잡을 수도 있다. 이 작가가 못 보았던 진실을 우리는 알고 있으며 이때의 진실은 그가 눈이 멀었음에도 불구하고 우리에게 보여주었던 바로 그 진실이라고 우리는 단언할 수 있다.

그렇다면 우리는 이 해석에 지나치게 집착할 필요가 없고 또 이 해석에 대해 우리가 지나친 관대함을 보이고 있다는 말일까? 법적 증거의 신뢰성을 부인하려면 그 증거에 공정성이 단 하나라도 결핍되어 있는 것을 증명하는 것만으로도 충분하다. 우리는 대체로 역사적 자료를 법적 증거로 여기고 있다. 그런데도 우리는 그다지 특별 대접을 받을 만하지 않을 것 같은 기욤 드 마쇼의 것과 같은 기록에 대해서는 이 규칙을 위반하고 있다. 『로이 드 나바르의 판단』에 묘사되어 있는 박해를 사실로 인정하고 있다는 것이 그것이다. 우리는 결국 본질적으로 크게 잘못된 텍스트에서 진실을 추출하려 하는 것이다. 만약 이 텍스트에 믿지 못할 근거가 있다면, 우리는 아마도 그것을 전적으로 의심스러운 것으로 간주하고 나서 거기에서 물론 박해라는 그 생생한 사실을 포함한 어떤 확실한 사실을 얻어내는 것을 아예 단념해야 할 것이다.

그런데 유대인들이 실제로 학살당했다는 우리의 확신은 도대체 어디서 나오는 것일까? 떠오르는 가능한 첫 번째 대답은, 우리가 이 텍스트를 따로 떼어서 읽지 않았다는 것이다. 같은 테마를 이야기하고 있는 동시대의 다른 텍스트들이 있는데 그중에는, 기욤의 것보다 나은 것들도 있다. 그 저자들은 기욤보다 덜 순진하게 나타나고 있다. 이 텍스트들은 역사적 지식에 대하여 기욤보다 더 촘촘한 그물을 만들고 있는데, 이 그물 속에서 기욤의 텍스트는 그 의미가 더 잘 드러나고 있다. 우리가 앞서 인용한 기욤의 구절에서 진실과 거짓을 분리해 낼 수 있는 것도 바로 이 맥락 속에서이다.

사실 페스트와 함께 자행된 유대인 학살은 비교적 널리 알려진 사건이다. 거기에는 우리로 하여금 어떤 기대를 갖게 하는 지금까지 형성된 모든 지식이 들어 있다. 기욤의 텍스트도 이 같은 기대에 부응하는 텍스트이다. 이 같은 시각은, 이론적인 면에서 만족할 만한 것은 못 되지만 텍스트와의 직접적 만남과 우리의 개인적 경험의 측면에서 보면 틀린 것이 아니다.

역사 지식의 그물은 분명히 존재한다. 그러나 역사적 지식이라고 해서,

서로 유사한 이유에서든 아니면 다른 이유에서든, 기욤의 텍스트보다 더 확실한 것은 결코 아니다. 게다가 우리는 이 문맥 속에서 기욤의 텍스트가 차지하는 정확한 위치를 정할 수도 없다. 왜냐하면 우리는 앞서 언급한 것처럼, 그 사건들이 어디서 일어났는지 정확한 위치를 알지 못하기 때문이다. 그 사건이 일어난 곳은 파리일 수도 있고 렝일 수도 있고 어쩌면 제3의 도시일 수도 있다. 어쨌든 여기서 사건이 일어난 정황은 그다지 결정적인 역할을 하고 있지 않다. 그것을 모른다 하더라도 현대의 독자들은 결국 우리가 제시하는 해석에 이르게 될 것이다. 다시 말해, 독자들은 정당하게 살해된 희생양일 거라고 결론을 내리게 된다는 것이다. 그러므로 독자들은 이 희생양은 무고한 것이므로 이 텍스트가 거짓을 말하고 있다고, 그러나 한편으로는 그 희생양이 실재하였기 때문에 이 텍스트는 동시에 진실을 말하고 있다고 생각할 것이다. 우리가 그러하듯이, 독자들은 항상 결국에 가서는 진실과 거짓을 구별하는 것으로 끝나게 될 것이다. 우리의 이런 능력이 어디에서 나오는 것일까? 상한 것이 하나라도 있으면 통째로 내던져도 좋은 사과 상자의 원칙을 곧이곧대로 적용해야 하는가? 현대 비평이라면 능히 해결하였을 그 남아 있는 순진함을, 즉 회의의 과오를 의심해서는 안 되는 것일까? 모든 역사적 지식은 불확실한 것이라고 그래서 이런 텍스트로부터는 아무것도, 심지어는 박해의 실재마저도 추출해 낼 수 없다는 것을 인정해야 할까?

이 질문들에 대해 우선 우리는 모두 '아니다'라고 대답해야 한다. 이같은 전면적인 회의론은 텍스트의 본래 성격을 전혀 고려하지 않고 있기 때문이다. 이 텍스트에 들어 있는 그럴 듯한 사실과 그럴 듯하지 않은 사실 간에는 아주 독특한 관계가 존재한다. 이 텍스트를 읽는 사람들은 물론 처음에는 이 텍스트가 거짓이라고 말하지, 진실된 것이라고 말하지는 못할 것이다. 그들은 단지 다소 믿을 수 없는 것과 믿을 만한 테마들만 볼 뿐이다. 사망자들이 늘어나는 것은 믿을 수 있을 것이다. 전염병일 수 있기 때문이다. 그러나 특히 기욤이 묘사하는 그 엄청난 규모의 독약 투약은 거의 믿을 수 없을 것이다. 그만큼 독한 효과를 내는 약품이 14세기에는 없었기 때문이다. 작가가 이른바 죄인들에 대해 품고 있는 증오는 겉으로 드러나고 있는데, 이것이 그의 주장에 대한 신뢰도를 떨어뜨리고 있다.

이 두 가지 사실을 인정하게 되면 우리는 적어도 암시적으로라도, 그들이 서로에게 영향을 미치고 있다는 것을 확인하게 된다. 정말 전염병이 있었다면 그것은 잠자고 있던 선입견을 충분히 자극할 수 있었을 것이다. 특히 위기의 시기에 박해의 탐욕은 종교적 소수를 향하여 집중된다. 유대인들에게 실제로 행한 박해도, 기욤이 아무런 의심 없이 널리 퍼뜨리고 있는 (희생자들에 대한) 이 같은 비난으로써 충분히 정당화될 수 있었을 것이다. 기욤 같은 시인이라고 해서 유별나게 잔인한 사람은 분명 아닐 것이다. 그가 자신이 하고 있는 이야기를 믿었다면 그것은 분명 그 주위의 사람들도 그렇게 믿고 있었기 때문일 것이다. 그러므로 이 텍스트는 가장 터무니없는 소문도 기꺼이 받아들이는 들떠 있는 당시의 여론을 암시하고 있다. 한마디로 말하자면, 이 텍스트는 작가가 우리에게 그것이 실제로 일어났다고 단언하는 그 살해가 일어날 수 있었던 당시의 상황을 암시해 주고 있다.

그럴듯하지 않은 문맥 속에서 다른 그럴 듯한 사실은 더 분명하고 더 확실한 것으로 변하며, 그 역도 마찬가지이다. 그럴 듯한 표현들로 가득 찬 문맥에 들어 있는 그럴 듯하지 않은 것들은 그냥 작용하는 '상상의 기능', 즉 픽션의 꾸며대는 즐거움에서 나오는 것이 아니다. 물론 상상계를 모르는 바는 아니지만, 여기서 문제가 되고 있는 것은 일반적인 상상 세계가 아니라 폭력 욕망에 사로잡힌 인간의 특수한 상상 세계이다.

그러므로 이 텍스트에 나타나 있는 모든 표현들간에는 상호 합치, 즉 단 하나의 가설로써만 설명할 수 있는 하나의 일치가 존재한다. 우리가 읽은 이 텍스트는 분명, 박해자의 시각에서 이야기되고 있는, 실제로 일어난 박해에 근거하고 있는 텍스트이다. 박해자의 시각은 자신들의 폭력의 정당성을 믿고 있다는 점에서 당연히 잘못된 시각이다. 스스로를 재판관이라고 여기는 그들에게는 그러므로 유죄의 희생양이 필요하다. 그러나 이런 시각이 드러내는 것 중에는 부분적으로 옳은 것도 있다. 왜냐하면 자신들이 옳다는 굳은 믿음을 갖고 있기에 박해자들은 그들의 살해를 당당하게 말함으로써 아무것도 속이고 있지 않기 때문이다.

기욤 드 마쇼의 것과 같은 유형의 텍스트에 대해서 우리는, 전체적으로 이 텍스트는 그 안에 들어 있는 가장 보잘것없는 정보보다 실제 정보의 측면에서 결코 나을 게 없다고 결론 내리게 되는 일반적 규칙을 적용하는 것을 일단 유예해야 한다. 어떤 텍스트가 박해에 걸맞은 상황을 그리면서 일반적으로 선택되는 희생양 유형을 보여주고 있을 때, 그리고 더 많은 확신을 주는 경우로, 박해자들이 흔히 덮어씌우는 그런 범죄의 죄인으로 희생자가 묘사되고 있을 때, 이런 텍스트들은 박해가 실재했다는 것을 말해 주고 있을 가능성이 많다. 더군다나 텍스트 자신이 그 실재를 단언하고 있다면 의심할 여지는 없다.

이 같은 박해자의 시각이 느껴지면, 희생양에 대한 비난이 어처구니 없는 것이더라도 그것이 텍스트의 정보 가치를 손상시키는 것은 아니다. 그런 비난은 오히려 그것이 보여주고 있는 폭력에 대한 믿음을 한층 더 보태주고 있다. 기욤이 독약 투약에다가 제의적인 유아 살해를 덧붙였다면 그의 이야기는 더 그럴 듯하지 못했을 것이다. 그렇다고 그 살해가 실제로 있었던 것이라는 확신을 약화시키지는 않을 것이다. 이런 종류의 텍스트에서는, 희생양에 대한 비난이 그럴 듯하지 못하면 못할수록 그 비난은 그 학살의 그럴 듯함을 더 강화시킨다. 그럴 듯하지 않은 그 비난은 그 속에서 분명히 살해가 일어날 만큼의 사회 정신적인 분위기가 있었다는 것을 말해주고 있다. 역으로, 전염병과 함께 나오는 살해의 테마

1 기욤 드 마쇼와 유대인 **17**

는 세련된 지식인들도 독약 투약의 이야기를 진지하게 받아들이고 있었다는 당시의 역사적 분위기를 보여주고 있다.

박해에 대한 표현들은 물론 거짓말이다. 그러나 이 거짓말은 또한 진실을 말하고 있다. 이 거짓말은 일반적인 박해자, 특히 중세의 박해자들과 같이 너무나 특징적인 방식으로 행하는 거짓말이기 때문에, 우리는 그 거짓말의 속성으로 미루어보아 더 확실한 짐작을 할 수 있기 때문이다. 박해자들이 그들이 행한 박해가 사실이라고 주장할 때, 그 말은 신뢰할 만한 것이다.

바로 이 같은 두 가지 유형의 사건이 결합되어 나타나는 데서 우리는 분명한 사실을 추출해 낼 수 있다. 이 같은 결합이 아주 드물게 나타난다면 거기서 나오는 추측도 완벽한 것이 아닐 테지만, 너무나 자주 나타나고 있으므로 의문의 여지가 없다고 볼 수 있다. 이 같은 사건들이 거의 규칙에 가깝게 같이 나타나고 있는 결합에 대해 우리는 오로지 박해자 시각에서 본 실제 박해로써 설명할 수 있다. 이런 텍스트에 대한 우리 해석은 또한 통계적으로도 확실한 것이다.

통계적으로 확실하다는 말은, 그러나 그 확실성이 똑같이 불확실한 자료들의 단순한 축적에 근거하고 있다는 뜻이 아니다. 이 확실성은 가장 질적인 확실성이다. 기욤의 것과 같이, 그럴 듯한 것과 그럴 듯하지 않은 것들이 서로를 설명하고 서로의 존재를 정당화해 주는 식으로 배열되어 있는 데이터들은 모두 고려할 만한 가치가 있는 데이터이다. 우리의 확실성이 통계적인 성격을 가진 것은, 개별적으로 따로 떼어서 살펴본 자료들은 모두 다 진실을 왜곡하는 것일 수 있기 때문이다. 진실 왜곡의 가능성은 약하지만 개별 자료의 수준에서는 그럴 가능성이 전혀 없는 것이 아니다. 그러나 아주 많은 자료들에서 나타나고 있을 때는 진실을 왜곡할 가능성은 전혀 없다.

사실주의적 해결책은 근대 서구 세계가 '박해의 텍스트'의 신비를 벗기기 위해 이용할 수 있었던 유일한 해결책이다. 그리고 그것은 완전하기에 확실한 것이었다. 이 해결책은 이런 텍스트에 나타나 있는 사건들을 모두 완벽하게 설명할 수 있다. 인도주의나 이데올로기가 아니라 결정적이고 지성적인 이성 덕택에 우리는 이 해결책에 도달할 수 있었다. 거의 만장일치의 공감대를 형성하고 있는 이 해석은 역사에서 얻을 수 있는 가장 확실한 결과이다. '정신'을 연구하는 역사가들은, 이론적으로 신뢰할 만한 증거들, 즉 기욤처럼 환상에 빠져 있지 않은 사람의 증언이라고 해서, 사실은 증언이라고 보기 힘든 박해자들이나 그 공범들의 증언보다 더 많은 신빙성을 가진 것으로 보지는 않을 것이다. 왜냐하면 이것들은 무의식중에 사실을 드러내고 있는 아주 효력 있는 증거들이기 때문이다. 너무나 주도면밀하여 적대자들에게 이용될 만한 것을 절대 남기지 않는 현대의 대부분의 박해자들과는 달리, 자신들이 저지른 범죄의 흔적을 지우지 않을 정도로 순진했던 박해자들의 자료가 이런 점에서 보자면 오히려 더 결정적인 자료라 할 수 있다.

여기서 순진한 박해자들이란, 끝까지 자신들이 옳다고 믿으면서 자신들이 저지른 박해의 특징적인 흔적을 위장하거나 삭제할 정도로 사악하지 않은 박해자들을 말한다. 그들 텍스트 속에서 박해는 때로는 직접적으로 나타나고 있거나, 아니면 기껏 속이고는 있지만 간접적으로는 결국 우리가 그 사실을 암시받을 수 있는 모습으로 나타나고 있다. 모든 자료들은 아주 상투적인 모습을 띠고 있다. 그래서 우리는 그 안에 들어 있는 진실된 것과 속이는 것이 상투적으로 결합되어 나타나는 것을 확인함으로써 이들 텍스트의 속성을 잘 알 수 있다.

* * *

우리는 오늘날 박해에 나타나는 상투적인 전형들을 모두 알고 있다. 여기에는 너무 진부해진 사실도 있지만, 14세기에는 전혀 알려지지 않았거나 알려졌다 하더라도 아주 조금만 알려져 있던 사실도 있다. 순진한 박해자는 자신이 무엇을 하는지를 모른다. 너무 양심적인 그들은 독자들을 속이지 못하고, 그들이 실제로 본 것만을 기록한다. 묘사를 하면서 그들은 자신이 훗날 적대자들에게 빌미를 제공하고 있다는 것을 생각조차 하지 않는다. 이것은 16세기의 그 유명한 '마녀 추방'에서도 그러하며, 오늘날 지구상의 '후진' 지역에서도 여전히 그러하다.

이렇게 되면 우리는 너무 진부한 이야기를 늘어놓고 있는 셈이 된다. 그래서 독자들은 이 책 전반부에서 제시되는 여러 예증들에 대해 지루해 할지도 모른다. 그러나 조금만 참고 기다린다면, 이것들이 전혀 쓸모없는 것이 아니란 것을 얼마 안 가서 알게 될 것이다. 때때로 이 예증들의 위치를 조금만 바꾸어보아도 그것들은 일상적인 것이 아니며 심지어는 우리 관습에도 맞지 않는 것이라는 것을 충분히 알게 될 것이다. 물론 기욤의 경우도 마찬가지이다.

내가 많은 비평가들이 신성불가침으로 여기고 있는 어떤 원칙들을 위반하고 있다는 것을, 아마도 독자들은 이미 눈치 챘을 것이다. 사람들은 언제나 텍스트에 폭력을 행사해서는 안 된다고들 말한다. 그러나 기욤에 대해 우리가 취할 선택은 분명하다. 그것은 이 텍스트에 폭력을 행사하느냐 아니면 이 텍스트의 무고한 자들에 대한 폭력이 여전히 계속되도록 내버려두느냐 하는 것이다. 지나친 해석을 피하는 훌륭한 방책을 갖고 있는 것 같기에 오늘날 보편적인 유효성을 가진 것으로 여겨지는 원칙들도 불행한 결과를 초래할 수 있다. 그런 결과는 이 원칙들을 절대적인 것으로 여기면서 모든 것을 예견했다고 믿는 사람들이 예상하지 못했던 결과이다. 비평가의 제일 중요한 임무는 텍스트의 의미를 존중하는 것이라고 어디서나 말하고들 있다. 그렇다면 기욤 드 마쇼의 '문헌'에도 이 원칙을 끝까지 적용할 수 있을까?

기욤 드 마쇼에, 아니 우리가 서슴없이 주장하는 이 해석에 비추어보면,

기상천외하다는 현대의 사상들은 차라리 별것 아닌 것처럼 보인다. 문예 비평가들은 그들이 '레페랑(référent: 지시 대상)'이라 부르는 것을 너무나 쉽게 무시하고 있는 것 같다. 현대 언어학에서 레페랑이란 용어는 텍스트가 말하려는 것 바로 그 자체, 즉 여기서는 기독교인들이 독약 투약의 범인이라고 보고 있던 유대인들에 대한 살해 그 자체를 가리킨다. 한 20여 년 전부터 사람들은 레페랑에는 거의 도달할 수 없다고 되풀이해서 말해왔다. 우리가 거기에 이를 수 있느냐 없느냐 하는 것은 그다지 중요한 일이 아니며, 때로는 레페랑에 대한 순진한 관심이 텍스트에 대한 현대적 연구에 방해가 될 수도 있다. 이때부터 항상 애매모호하고 미묘한 언어와 레페랑의 관계들이 중요해진다. 이런 점에서 우리는 어떤 것도 무조건 거부할 것이 아니라 그것을 일단 교과서적으로 적용해 보아야 할 것이다. 유명한 고문서 학회에서 기욤에 대한 편집을 맡고 있는 에르네스트 회프너(Ernest Höppfner)를 기욤에 대한 유일한 이상적인 비평가로 여길 위험이 있지만, 그렇게 보아서는 안 된다. 실제로 기욤의 전집에 그가 붙인 서문은 궁정시를 말하고 있으면서 페스트와 함께 나타난 유대인 살해는 전혀 문제삼고 있지 않다.

앞에서 인용한 기욤의 구절은 우리가 『세상 설립 이래 감추어져 온 것들』에서 '박해의 텍스트'라고 부른 것의 좋은 예다.[3]

이 말은 이 구절이 박해자의 시각에서 쓰인, 그 결과 특징적인 왜곡이 들어 있는, 종종 집단적으로 행해지던 실제의 폭력에 대한 기록이라는 것을 의미한다. 이 같은 왜곡을 들추어냄으로써 우리는, 박해의 텍스트가 합당한 것이라고 소개하고 있는 모든 폭력 속에 들어 있는 터무니없는 독단을 명확히 드러내고, 또 그것을 바로잡아야 한다.

마녀 재판 기록을 길게 살펴보지 않더라도, 기욤의 텍스트에서 보았던 실제 사실과 전혀 공정치 못한 허구의 사실이 같이 나타나는 결합이 여

---

3) *Des choses cachées depuis la fondation du monde*(Grasset, 1978), I, ch.V, 136-162쪽.

기에도 나타나고 있다는 것을 쉽게 확인할 수 있다. 모든 것이 진실인 것처럼 기록되어 있지만 우리가 그것을 모두 믿는 것은 아니다. 또 그렇다고 전부가 거짓이라고도 생각지도 않는다. 요컨대 우리는 진실과 거짓을 그다지 어렵지 않게 쉽게 구분해 낼 수 있다는 것이다.

백보 양보하여 마녀 자신들이 그들에 대한 비난의 내용을 사실이라고 여기고 있고, 심지어는 그 고백이 고문에 의한 자백이 아니었다 하더라도, 마녀들에 대한 비난들은 여전히 터무니없는 것으로 보인다. 이 피박해자들이 스스로를 진짜 마녀로 여길 수도 있다. 어쩌면 이들은 진짜 마술로써 이웃을 해치려 했는지도 모른다. 그렇지만 그들이 사형을 당할 정도는 아니라는 것이 우리의 생각이다. 우리에게는 마술처럼 효력 있는 묘책 같은 것은 없다. 그러나 이 희생자들도 박해자들과 마찬가지로, 지금 우리는 어처구니없는 것이라고 여기고 있는 그 마술의 효력을 믿고 있었을 것이다. 우리의 이런 생각은 흔들리지 않는다.

마녀 재판에서는 진실을 다시 정립하려는, 아니 진실을 처음으로 주장하는 목소리도 전혀 들어 있지 않다. 아직은 아무도 그렇게 할 수가 없다. 이 말은 재판관과 증인뿐 아니라 그 피박해자들 모두가 이런 텍스트에 대한 우리의 해석에 일치하고 있지 않다는 말이다. 진실을 말하지 않는 이 같은 천편일률은 그러나 새삼스러운 것이 아니다. 이런 자료를 쓴 자들은 거기에 있었고 우리는 없었다. 우리가 접할 수 있는 자료는 순전히 그들에게서 나온 것뿐이다. 그렇지만 수세기가 흐른 지금 우리 모두는 역사가가 아니더라도 스스로 마녀들에 대한 이런 판결을 뒤엎을 수 있는 능력을 갖추고 있다고 여기고 있다.[4]

우리가 마녀 판결을 뒤엎을 수 있다고 느끼고 있는 것은, 기욤의 것과

---

4) J. Hansen, Zauberwahn, *Inquisition und Hexenprozess im Mittelalter und die Entstehung der grossen Hexenverfolgung*(Munich-Leipzig, 1900); Jean Delumeau, 앞의 책, II, ch. II. Sur la fin des procès de sorcellerie, voir Robert Mandrou, *Magistrats et Sorciers*(Paris, 1968); Voir aussi de Natalie Zemon Davis, *Society and Culture in Early Modern France*(Stanford, 1975).

같은 텍스트에 대한 근본적인 재해석이며, 텍스트를 전복시키는 한결같은 대담성이며, 똑같은 지적 활동이며, 같은 유형의 이성에 기반을 둔 한결같은 확신이다. 우리는 상상적인 사건이 부분적으로 들어 있다고 해서 그 전체를 다 상상의 것이라고 여기지 않는다. 그 반대이다. 피박해자에 대한 터무니없는 비난이 들어 있다는 사실이 다른 자료의 신빙성을 약화시키는 것이 아니다. 그런 터무니없는 비난은 오히려 다른 사실의 신빙성을 강화시켜 주고 있다.

이들 텍스트에 들어 있는 사건들의 가능성과 불가능성의 관계가 모순적인 것처럼 보이지만 사실은 그렇지 않다. 우리가 텍스트 정보의 양과 질을 평가할 때도, 대개 말로는 표현할 수 없지만 분명히 우리 정신 속에 내재하고 있는 바로 이 관계에 따라서 평가하고 있다. 그 자료가 법적인 것이면 그 결과도 흔히 기욤의 경우 이상으로 더 실증적이고 확실한 것이 된다. 마녀들이 처형될 때 그 자료들도 대부분 같이 불타 버렸다는 것은 정말 애석한 일이 아닐 수 없다. 피박해자에 대한 비난은 터무니없고 그 판결도 부당한 것이다. 그러나 그 텍스트들은 법에 관한 자료들이 그러하듯이 정확성과 명료성에 대한 배려 아래서 씌어졌다. 그러므로 이런 자료에 대한 우리의 신뢰는 합당한 것이다. 그렇다고 우리가 마녀 추방자들에게 은연중에 동의하고 있다는 말은 아니다. 역사가가 재판 자료를 다루면서 그중의 어떤 부분이 박해자에 의한 왜곡으로 더럽혀져 있다는 핑계로, 그 재판 자료 전부를 모두 환상이라고 치부해 버린다면, 그는 어떤 것도 알아낼 수 없을 것이며 또 그의 동료들도 그를 진지한 사람으로 여기지 않을 것이다. 가장 유효한 비평은, 하나의 오류가 있으면 영원히 오류가 있을 것이라는 무차별적인 불신으로 텍스트 전부를 아주 그럴 듯하지 않은 것으로 동일시하는 데에 있지 않다. 무차별적 불신이라는 원칙은 박해의 텍스트에 대한 이 같은 우리의 원칙 앞에서는 한번 더 뒤로 물러나야 한다. 박해자의 정신 상태는 어떤 유형의 환상을 유발하고 있다. 이 환상의 흔적들은 그러나 그것을 이야기하고 있는 텍스트 이면에, 어떤 사건, 즉 마녀 추방이라는 박해가 실제로 존재했다는 것을 부인하지 않는다는 것을 오히려 입증해 주고 있다. 그러므로 되풀이하지만, 둘 다 아주 상투적인 특징을 갖고 있는 진실과 거짓을 구분하는 것은 어렵지 않다.

상투적인 박해들을 살펴보면 우리가 왜 그리고 어떻게, 박해의 텍스트에 대한 이런 확신에 이르게 되었는지를 이해할 수 있을 것이다. 이 작업도 그다지 힘든 게 아니다. 문제는, 결코 체계적으로 얻은 지식이 아니기에 그 효력에 대해 잘 알지 못하면서도 이미 우리가 갖고 있는 그런 지식에 대해 설명하는 것이다. 그런 지식은 아직 그것이 적용되는 구체적인 사례들 속에 들어 있다. 그것들은 항상 역사, 특히 서양 역사의 영역에 속한 것이다. 그런데 이 지식들은 이 같은 영역 밖, 예컨대 '민족학'과 같은 데는 지금까지 한 번도 적용된 적이 없었다. 우리가 이제 전형적 박해의 유형학의 기초를 세우려는 것도, 모두 우리의 이런 시도를 실현하기 위해서이다.

2 박해의 전형들

여기서는 집단적 박해나 집단적 선동의 박해만을 살펴보기로 한다. 여기서 집단적 박해란 페스트 창궐 때 유대인들을 학살한 것처럼 군중들에 의해 직접적으로 행해진 폭력을 말하며, 집단적 선동의 박해란 그들 나름의 형식에 의거하여 그러나 일반적으로는 흥분한 여론에 의해 유발된 합법적인 마녀 추방 같은 것을 의미한다. 그러나 이 같은 구별은 본질적인 것은 아니다. 특히 프랑스 혁명과 같은 정치적 테러에서는 종종 이 두 가지 유형의 박해가 모두 나타난다. 우리의 관심을 끄는 박해는 주로 위기의 시기에 나타나는 박해이다. 위기의 시기는 정규적인 제도가 약화되면서 '군중'들이 쉽게 형성될 수 있는 시기이다. 그런데 이 군중은 그냥 무력한 제도로 변하거나 아니면 그 시대에 결정적인 압력을 행사하기도 한다.

이 같은 현상은 항상 같은 상황에서만 생겨나는 것은 아니다. 그 상황은 때로는 전염병이나 또는 오랜 기근에 빠지게 하는 가뭄이나 홍수와 같은 외부 요인일 때도 있고, 정치적 갈등이나 종교적 대립과 같은 내적 요인일 때도 있다. 다행스럽게도, 실제 원인들을 규명하는 것이 우리의 임무는 아니다. 사실 그 실제 원인들이 무엇이든 간에, 박해를 당한 사람들은 언제나 유사한 방식으로 위기를 겪고 있으며, 그 위기는 거대한 집단적 박해를 낳고 있다. 이때 나타나는 가장 뚜렷한 특징은 당연히, 사회적인 것의 근본적 소멸과, 문화적 질서를 규정하는 '차이들'과 규칙의 소멸이다. 이에 대한 묘사들은 모두 유사하다. 우리는 특히 페스트에 대한 묘사를, 투키디데스와 소포클레스에서 루크레스, 보카치오, 셰익스피어, 드 포, 토마스 만을 거쳐서 앙토넹 아르토에 이르는 위대한 작가들의 텍스트에서 찾아볼 수 있다. 또한 이에 대한 기록들은 문학적 의도가 없는 개인의 글에서도 나타나고 있는데, 이 기록들은 문학적인 글들과 그다지 큰 차이가 없다. 이런 사실은 놀랄 만한 게 아니다. 이 텍스트들은 더 이상 차이가 없는 사실을 끊임없이 말하고 있기 때문이다. 그것은 문화의 무차별화이고 거기서 나오는 혼돈이다. 예를 들어 1697년에 프코 드 산타 마리아라는 포르투갈 수도승이 쓴 글을 보자.

어떤 왕국이나 공화국에서 일단 이 강렬한 폭력의 불이 붙게 되면, 백성들은 공포에 사로잡히고 관리들은 정신을 차리지 못하고 정치 제도는 붕괴되고 만다. 정의는 더 이상 지켜지지 않고 생업도 중단된다. 가정은 그 일상을 잃고, 거리는 생기를 잃고 만다. 모든 것이 극도의 혼란으로 변하면서, 폐허가 된다. 그토록 무서운 재앙이 어마어마한 무게와 규모로 모든 것을 덮쳐 뒤흔들어 놓기 때문이다. 신분과 재산에서도 모든 차이가 없어진 사람들은 죽음의 슬픔에 잠겨든다. (중략) 어제 장례에 참석했던 사람이 오늘 무덤에 묻힌다. (중략) 연민마저 모두 위험한 것이기에 친구에 대한 연민도 표하지 못한다.

사랑과 인성의 모든 법칙들도 그 엄청난 혼란의 공포 속에서 사라지거나 잊혀지고 만다. 어린이는 부모와, 아내는 남편과, 형제와 친구들도 순식간에 갈라지게 된다. (중략) 사나이들도 타고난 용맹성을 잃고서 어떤 말을 따라야 할지도 모른 채, 걸음을 옮길 때마다 두려움과 만나는 절망

에 빠진 맹인처럼 나아갈 뿐이다.[5]

제도의 붕괴는 동시에 모든 것에다가 한결같이 괴물 같은 양상을 부여함으로써, 위계 질서와 기능의 차이들을 없애거나 한데 뭉뚱그려버린다. 위기에 처하지 않은 사회에서 차이가 생겨나는 것은 현실의 다양성과 '차이를 부여하는' 교환 체계(système d'échanges) 때문이다. 이 교환 체계는 그것이 당연히 내포하고 있는 상호성의 요인을 감추고 있는데, 만약 그것을 감추지 못할 경우에는 이 교환 체계, 즉 문화는 사라지게 된다. 예컨대 결혼 제도의 교환이나 심지어 소비재의 교환도 거의 교환으로 보이지 않는다. 하지만 사회가 정상적인 상태에서 벗어나 있을 때는 교환의 왕복 작용이 순식간에 이루어지는, 더 빠른 상호성이 자리잡게 된다. 이런 현상은 생필품에 대한 엄격한 조처 속에서 이루어지는 물물 교환 형태의 생필품의 긍정적인 교환뿐 아니라, 재물을 불리려는 적의의 '부정적인' 교환에서도 나타난다. 말하자면 서로간의 거리가 짧아지면서 드러나는 이런 상호성은 좋은 상호성이 아니라 나쁜 과정의 상호성이다. 이것은 모욕, 구타, 복수와 신경증 증세에서 볼 수 있는 상호성이다. 그래서 전통 문명에서는 이처럼 너무 즉발적인 상호성을 좋아하지 않았던 것이다.

나쁜 상호성은 사람들을 서로 대립시키면서도 행동을 획일화함으로써 '같은 것'이 성행하게 한다. 그러나 이것은 본질적으로 대립적이며 유아독존적인 것이기에, '같은 것'이란 것은 다소 모순된다. 그러므로 무차별화의 경험은 인간 관계 면에서는 실제적인 것과 일치하고 있지만 그래도 그것은 여전히 신화적이다. 지금도 그러하지만, 사람들은 이 경험을 우주 전체에 투영하여 그것을 절대화하려는 경향이 있다.

---

5) Fco de Santa Maria, *Historia de sagradas concregaçoes...*(Lisbonne, 1697); cité par Jean Delumeau, 112쪽.

앞서 인용한 텍스트의 "어제 장례에 참석했던 사람이 오늘 무덤에 묻힌다. (중략) 연민마저 모두 위험한 것이기에 친구에 대한 연민도 표하지 못한다. (중략) 어린이는 부모와, 아내는 남편과, 형제와 친구들도 순식간에 갈라지게 된다."는 구절들은 상호성에 의한 획일화 과정을 잘 보여주고 있다. 똑같은 행동은 혼동의 감정과 전면적 무차별화의 감정을 가져온다. 그래서 "신분과 재산에서도 모든 차이가 없어진 사람들은 죽음의 슬픔에 잠겨들고", "모든 것이 극도의 혼란으로 변하게" 되는 것이다.

커다란 사회적 위기 때에는 그 실제 원인이 다양하다는 사실이 거의 영향을 미치지 못하고 있으며, 앞에서 보았듯이 이런 획일화를 묘사하고 있는 표현도 획일화되어 있다. 기욤도 물론 예외가 아니다. 그는 개인의 에고이스트적인 자기 성찰 그리고 그것이 유발하는 복수 작용, 다시 말해 상호 모순적인 결과들을 페스트의 주요 원인의 하나로 보고 있다. 그래서 우리는 위기의 상투적 전형에 대해 말할 수 있는데, 여기서 우리는 박해에 대한 논리적 연대기적으로 본 첫 번째 전형을 보게 될 것이다. 우리가 여기서 스스로 무차별화되면서 사라지고 있다고 말하는 것은 바로 문화적인 것들이다. 일단 이것을 이해하고 나면, 박해 과정의 일관성과 그 속에 들어 있는 모든 전형적인 특징들을 하나로 묶어주고 있는 논리를 더 잘 알아낼 수 있다.

문화적인 것의 소멸 앞에서 사람들은 자신의 무능을 느끼게 된다. 엄청난 재난에 당황한 사람들은 미처 그것의 자연적인 원인에 관심을 기울일 생각을 하지 못한다. 그 원인들에 대해 더 잘 알고 나서 합당한 조처를 취하겠다는 생각은 여전히 생각에 머물 뿐이다.

위기는 우선 사회 현상이기 때문에 사람들은 그 위기를 무엇보다 먼저 사회적, 그리고 특히 정신적 요인으로써 설명하려는 경향이 강하다. 결국 와해되는 것은 인간 관계인데, 이 관계의 주체인 인간은 그러므로 이 현상과 당연히 관계가 있다. 그러나 사람들은 자신을 책망하기보다는 그들에게 아무 강요도 하지 않은 사회 전체나, 유죄로 덮어씌우기가 손쉬워 보이는 타인들을 비난하는 경향이 강하다. 이때 용의자들은 어떤 특별한 유형의 죄악으로 비난받는다.

어떤 비난들은 집단 박해의 특징을 아주 잘 나타내고 있다. 그래서 이런 비난이 언급만 되어 있는 것을 보고서도 오늘날의 연구자들은 실제로 폭력이 아주 널리 유포되어 있었다는 것을 추측하게 된다. 그리고 나서 연구자들은 이러한 추측을 뒷받침해 줄 다른 지표들, 즉 박해의 다른 전형적인 모습들을 도처에서 찾게 된다.

비난의 조항들은 얼핏 보면 아주 다양한 것처럼 보인다. 그러나 그 조항들의 획일성은 쉽게 드러난다. 그 조항에는 우선 폭력 범죄가 들어 있는데, 그 폭력을 상세히 살펴보면, 절대적으로나 상대적으로, 가장 뚜렷이 유죄가 될 만한 사람들이 항상 그 폭력의 대상이 되어 있다. 절대 권력의 상징인 왕이나 아버지, 때로는 성서나 현대 사회에서의 무장하지 않은 약한 사람들, 특히 어린아이와 같은 사람들이 이 범죄의 대상이 되고 있다.

그 다음으로 비난받는 범죄로는 강간, 근친상간, 수간 등과 같은 성적 범죄들이 있다. 가장 자주 비난당하는 사람들은 언제나 그 문화와 비교해서 가장 엄한 금기를 위반한 사람들이다.

마지막으로 재물 모독과 같은 종교적 범죄가 있는데, 이 범죄 역시 가장 엄격한 금기를 위반하고 있는 범죄이다.

이상의 범죄들은 모두 근본적인 범죄들이다. 다시 말해 이것들은 가족의 차별이나 위계 질서와 같이 그것 없이는 사회 질서가 더 이상 존재할 수 없는 문화 질서의 근본을 위협하는 범죄들이라는 말이다. 그러므로 이 범죄들이 개인의 영역에 미치는 결과는 페스트나 이와 유사한 재난들이 사회 전체에 미치는 결과와 일치한다. 이 범죄들은 사회적 연대를 이완시키는 데 그치지 않고 그것을 완전히 파괴해 버린다.

끝에 가서 박해자들은 항상 몇 안 되는 개인들도, 아니 한 개인이라도, 그 상대적인 열세에도 불구하고 사회 전체에 해가 될 수 있다고 믿게 된다. 박해자들이 이 같은 것을 쉽게 믿게 되고 또 이 같은 믿음이 쉽게 인정받게 되는 까닭은 다름아닌 그 판에 박힌 비난 때문이다. 이 비난은, 왜소한 개인과 거대한 사회 구조 사이의 다리처럼, 분명 일종의 중개자 역할을 하고 있다. 사악한 범죄자가 성공적으로 사회 전체를 무차별화하기 위해서는, 그 사회의 핵심부나 머리 부분을 직접 공격하거나, 아니면 친부 살해나 근친상간과 같이 전염성이 강한 무차별화의 범죄를 범하는 개인적 영역에서 출발해야 한다.

이 같은 믿음의 궁극적인 원인에 대해, 가령 정신분석학자들이 말하고 있는 무의식의 욕망이니, 마르크스주의자들이 말하는 은밀한 제거의 의지니 하는 것으로 미리 예단해서는 안 된다. 우리는 이쪽에 머물러 있지만, 우리의 관심은 더 근본적인 데에 있다. 우리의 관심은 한결같은 그 비난의 메커니즘에 있다. 그래서 우리는 박해의 기록들과 그 실제 행위들을 한데 모아 비교해 보고자 한다. 거기에는 하나의 체계가 있는데, 그것을 이해하는 데 원인이 꼭 필요하다면 그것은 가장 직접적이고 가장 분명한 것으로 충분할 것이다. 문화적인 것의 소멸로 인한 사람들의 공포, 군중의 소요로 나타나는 전면적 혼동은 궁극적으로 말하자면, 그 시대의 인간들에게 문자 그대로 '차이를 부여하는' 모든 것을 잃어버린 무차별화된 공동체 그것이다. 그들은 이렇게 무질서하게 한순간에 한자리에 모이게 된 것이다.

그들을 괴롭히면서 그들을 '폭도(turba)'로 변하게 한 그 자연적인 원인들에 대해서는 그다지 관심이 없기 때문에 군중들은 항상 제3자를 향한 박해로 치닫는 경향이 있다. 군중들은 당연히 어떤 조치를 찾지만, 자연적인 원인에 대해선 여전히 아무런 조치도 취하지 못하고 있는 상태이다. 이렇게 되면 그들은 조치 가능하고 동시에 그들의 폭력 욕망도 만족시켜 줄 수 있을 원인을 찾게 된다. 이런 점에서 보자면, 군중들은 항상 잠재적인 박해자들이라고 말할 수 있다. 그들은 자신들의 사회를 전복시키는 폭도라고 믿고 있는 사회의 오염원들을 그 사회에서 내쫓아버리기를 항상 꿈꾸고 있기 때문이다. 군중이 군중이 된다는 것은 그들을 불러모으거나 그들에게 동원령을 내리는, 달리 말해서 그들을 '폭도(mob)'로 변하게 하는 희미한 외침 소리와 같은 것이다. 사실 '움직일 수 있는 (mobile)'이라는 말에서 나온 이 '폭도'라는 말은 라틴어의 'turba(폭도)'가 'vulgus(민중)'과 다른 만큼이나 'crowd(군중)'이란 말과도 다르다. 그러나 프랑스어에는 이런 차이가 없다.

모든 '동원'은 군사적이거나 당파적인 의미를 지니고 있다. 달리 말하자면, '동원'이란, 적으로 지목된 자나 아니면 아직 적으로 지목되지 않았다면 그들이 갖고 있는 기동력으로 군중들에 의해 곧 적으로 지목될 자들에 대항하는 것이라는 말이다.

페스트가 창궐하는 동안 판에 박힌 모든 비난들이 유대인들과 다른 집단 희생양들에게 쏟아졌다. 그러나 기욤은 이에 대해 언급하지 않는다. 보았다시피 유대인들에 대한 그의 비난은 그들이 강물에 독약을 넣었다는 것이다. 그는 아주 터무니없는 비난은 멀리하는데, 그의 상대적인 중용은 아마도 그의 '지적' 양식 때문일 것이다. 중세말의 정신 세계의 전개와 연관되어 있는 그의 이러한 지적 양식은 보다 더 일반적인 의미를 가지고 있다.

이 시기에는 신비주의적인 마력에 대한 믿음이 식어가고 있었다. 그 이유에 대해 우리는 더 깊이 생각해 볼 수 있다. 여전히 죄인을 찾는 노력은 계속되지만 그것은 보다 더 합리적인 범죄를 요구하게 되었다. 그래서 물질적인 실체를 찾아 실물로써 살을 붙이려 애쓴다. 내 생각으로는, 바로 이 때문에 '독약'이라는 테마가 자주 여기에 결부되는 것 같다. 박해자들은 아주 미량으로도 대중 전체를 오염시키는 데 충분한, 독성이 아주 강한 독약의 집결체와 같은 것을 꿈꾸게 되었다. 물질성, 그러므로 '과학적' 인과율이 필요하였던 것이다. 신기한 인과율은 아주 명백한 증거와 같았다. 전에는 순전히 마귀들린 사람들이 필요하였으나 이제는 그 자리를 화학이 이어받게 되었다.

그러나 이런 조작의 목표에는 변함이 없다. 독약 투약이라는 비난은 실제로 그런 범죄를 행하는 장면을 목격당하지 않은 사람들에게도 그 사회가 당하고 있는 재난의 책임을 통째로 전가시킬 수 있게 하였다. 독약 덕분에 작은 집단, 아니 한 개인도 감쪽같이 사회 전체에 해를 끼칠 수 있다는 것을 곧이곧대로 믿게 할 수 있었기 때문이다. 그러므로 독약은 그 이전의 비난보다 덜 신화적이지만 동시에 똑같이 신화적이다. 또한 그것은 한 개인에게 어떤 불행의 책임이라도 돌릴 수 있는 단순히 '나쁜 시력'이기도 하다. 그러므로 마시는 물에 독약을 넣었다는 비난은 전형적인 상투적 비난의 한 변형태일 뿐이다.

그것들이 똑같은 필요성에서 나오고 있다는 증거는, 바로 마녀 재판에서 이 같은 비난들이 겹쳐서 나타나고 있는 것을 보아도 알 수 있다. 용의자들은 항상 그 유명한 '마녀 집회(sabbat)'에 참석했다는 자백을 강요받는다. 피의자의 현장 존재 여부가 증거 성립에 꼭 필요한 필수 요건이 되지 않기 때문에 그들에게는 어떤 알리바이도 가능하지 않다. 범죄 집회에 참여했다는 사실은 순전히 정신적인 것일 수도 있다.

마녀 집회를 구성하는 범죄와 범죄 모의에는 다분히 그 사회에 대한 반영이 들어 있다. 여기서 우리는 기독교 국가에서 행해지던 유대인들에 대한 전통적인 혐오와 그 이전 로마 제국에서 행해지던 기독교도들에 대한 증오를 볼 수 있다. 그래서 여기에는 언제나 제의적인 유아 살해나 종교적인 신성모독, 근친상간과 수간이 들어 있다. 이런 사건에서는 죄인들이 영향력 있는 사람이나 명망가들에게 독약을 투약하였다는 사실도 중요한 역할을 하고 있지만, 독약 제조술 또한 중요한 역할을 하고 있다.

그래서 보잘것없는 신분이지만 마녀는 사회 집단 전체에 영향을 끼칠 수 있는 이런 작업에 몰두한다. 악마와 마귀들이 그녀와 동맹을 맺는 것을 꺼리지 않는 것도 바로 이 때문이다.

여기에 전형적인 상투적 비난이 있다는 것은 말할 필요도 없을 것이다. 여기에서 우리는 두 번째 유형의 전형을, 그리고 그것이 특히 무차별 위기라는 첫 번째 유형과 연결되어 있다는 것을 쉽게 알 수 있다.

세 번째 전형으로 넘어가보자. 다수의 희생양들이 완전히 불확실한 사람일 수도 있고 아닐 수도 있다. 그들에게 씌워진 혐의가 사실일 수도 있지만, 그러나 박해자들이 범인을 지목하는 중요한 기준은 그들 자신에게 있는 것이 아니라, 그들이 특별히 박해받는 어떤 집단에 속해 있다는 바로 그 소속에 있다. 강물에 독약을 투약한 용의자로서 기욤은 우선 유대인을 지명한다. 그가 열거하는 여러 지적들 중에서 우리가 보기에 박해에 의한 왜곡을 잘 드러내고 있는 바로 이 대목은 아주 중요한 의미를 담고 있다. 상상적이거나 실제적인 다른 전형들의 맥락에서 볼 때 이 전형은 분명 사실임에 틀림없다는 것을 우리는 잘 알고 있다. 현대 서양 사회에서도 사실 유대인들은 종종 박해를 받아왔다.

민족적, 종교적 소수파는 그들에게 반대하는 다수파의 관심의 표적이 되는 경향이 있다. 바로 여기에, 물론 각 사회마다 상대적이긴 하지만 그러나 원칙적으로는 문화를 초월하여 행해지는 희생양 선택의 기준이 있다. 소수파들 혹은 잘 단결되어 있지 않은, 심지어는 단순히 쉽게 구별되는 집단들에게 박해를, 박해가 아니라면 어떤 차별적 형식이라도 부과하지 않는 사회는 거의 없다. 인도에서는 이슬람교도들이 박해받고 있으며, 파키스탄에서는 힌두교도들이 그러하다. 이렇듯 희생양의 선택에는 보편적인 특징이 존재하는데, 이것이 바로 우리가 말하는 박해의 세 번째 전형이다.

문화 종교적인 기준 외에 순전히 '육체적인' 기준도 있다. 병, 광기, 선천적 기형, 후천적 불구, 심지어는 일반적인 불구들도 박해자들의 표적이 되는 경향이 있다. 이것의 보편성을 이해하기 위해서는 그 자신을, 혹은 그 주위를 살펴보는 것으로 충분하다. 오늘날에도 많은 사람들은 육체적으로 비정상적인 사람과 첫 대면을 할 때 약간 뒷걸음질쳐지는 것을 억제하지 못한다. 중세의 페스트처럼 '비정상(anormal)'이라는 이 말 자체에는 어떤 금기가 담겨 있다. 이 말은 고상하면서 동시에 저주받은 말이다. 즉 이것은 이 말에 들어 있는 모든 의미에서의 '성스러움(sacer)'이다. 그래서 오히려 이 말은 영어의 '장애자(handicap)'로 대체하는 것이 더 적당할 것 같다.

'장애자'들은 그들의 존재가 사회적 소통의 원활함에 끼치고 있는 부담과는 아무 연관도 없이, 아직도 소위 말하는 차별 대우와 희생의 대상이 되고 있다. 이제부터라도 그들을 위한 조치를 취해야 한다고 느끼는 것이야말로 바로 우리 사회의 위대함이다.

불구도 서로 연관되어 있는 희생양의 징후들 중 하나다. 가령 기숙 학교 같은 집단에서 외국인, 타향인, 고아, 그리고 명문가의 자제나 빈털터리, 혹은 단순한 신참자와 같이 적응을 잘 못하는 모든 사람들이 처한 위치는 불구자의 처지와 유사하다.

불구나 기형의 고통에 시달리는 사람들은 '원초적' 정신을 가진 사람들로부터 집중적으로 부정적인 관심의 대상이 되는 경향이 있다. 이와 유사하게 사람들이 어떤 사회적 민족적 종교적 부류에 속한 사람들을 희생양으로 선택할 때는 그 부류의 사람들에게 불구나 기형과 같은 속성을 부여하여 그들이 실제로 불구자나 기형인 것처럼 만들어 사람들의 부정적인 시선이 그들에게 더 집중되도록 하는 경향이 있다. 지금도 인종차별주의적인 삽화에 이런 경향이 잘 나타나고 있다.

이런 비정상은 육체에만 국한된 것이 아니다. 존재와 행동의 모든 영역에 비정상이 있다. 그리고 비정상이 피박해자 선택의 우선적인 기준이 되는 것은 모든 영역에서 그러하다.

예를 들어 사회적인 비정상이란 것이 있는데, 여기서 기준을 정하는 것은 중간층이다. 그래서 가장 평균적인 사회적 신분에서 어떤 방향으로든 멀어질수록 박해받을 위험은 그만큼 더 커진다. 지금도 하층 계급 사람들에게서 이런 현상은 쉽게 눈에 띈다.

단순한 하층 계급은 그래도 가난한 소외 계층이나 외부의 계층보다는 이런 박해를 적게 받는 편이다. 여기에다 또 다른 소외 계층을 보탤 수 있는데, 그것은 바로 부자나 강자들처럼 내부의 소외 계층이다. 왕과 그의 궁정은 때때로 '태풍의 눈'을 방불케 한다. 이 이중적인 소외 계층은 소용돌이와 같은 사회 구조를 암시하고 있다. 부자와 강자들은 물론 평화시에는 가난한 사람들은 갖고 있지 않는 특권과 모든 보호권을 향유하고 있다. 그러나 우리의 관심은 이런 정상적인 때가 아니라 위기의 시기에 있다. 역사를 조금만 살펴보더라도 우리는 이런 특권층 사람들이 폭도들에 의해 폭력적인 죽음을 당할 가능성이 다른 계층 사람들보다 확률적으로 훨씬 많다는 것을 알 수 있다.

부자와 가난한 자라는 극단뿐 아니라 성공과 실패, 아름다움과 추함, 악과 선, 호감과 거부감을 유발하는 힘과 같은 극단적인 성질들도 결국에는 모두 집단의 분노를 자극한다. 여인, 아이, 노인들의 약함도 그러하지만 다수 앞에서 약해지는 아주 강한 사람들도 그러하다. 아주 희한한 것은, 이전에 그들에게 막강한 영향력을 행사하며 지배했던 사람들로부터 군중들은 아주 쉽게 등을 돌린다는 사실이다.

약한 자나 가난한 자들과 같은 이유로 부자와 강한 자들도 집단 박해의 희생양 목록에 들어 있는 것을 두고 터무니없다고 말할 사람도 있을 것이다. 그것은 그들이 이 두 가지 현상이 대칭적이라는 것을 보지 못하고 있기 때문이다. 부자와 강자는 다 같이 그 사회에 영향력을 행사하고 있다. 위기의 시기에 그들에게 집중되는 폭력이 정당화되는 것은 그들이 행사하던 바로 그 영향력 때문이다. 이것이 바로 피억압자들의 성스러운 반항이라는 것이다.

합리적인 차별 대우와 독단적인 박해의 경계는 때로 구별하기가 힘들 정도로 모호하다. 오늘날 정치, 도덕, 의학 등의 근거에서 볼 때, 어떤 차별 대우들은 합당한 것으로 보인다. 하지만 그것들은 또한 예전의 박해 형태와도 유사하다. 질병이 나돌 때 감염될 수 있는 모든 개인들에 대한 격리 조치가 그 좋은 예이다. 중세의 의사들은 페스트가 환자와의 물리적인 접촉으로 전염된다는 생각을 갖고 있지 않았다. 그들은 대개 계몽된 사람들이었다. 그렇기 때문에 그들은 박해자들의 편견과 너무나 흡사하였던 당시의 전염 이론을 모두 의심하지 않을 수 없었던 것이다. 그러나 이 의사들은 물론 틀렸다. 전염 이론은 박해자의 생각과는 무관하게 순전히 의학적인 측면에서 19세기에 다시 당당하게 나타나게 되는데, 이것은 그 시대 사람들이 그 이론을 새로 가장한 편견이 다시 나타난 것이라고 더 이상 의심하지 않았기 때문이다.

여기에는 아주 흥미로운 문제가 있으나 그 문제는 우리 관심 밖의 것이다. 우리의 유일한 목표는 폭력적인 군중들로부터 집중을 받는 대상이 되는 사람들의 특징들을 고찰하고자 하는 것이다. 지금까지 우리가 살펴본 예들은, 이런 점에서, 모두 확실한 것들이었다. 오늘날에도 우리가 어떤 폭력을 정당화할 수 있다는 사실 같은 것은, 우리의 이런 연구에서는 그다지 중요하지 않다.

여기서 우리가 추구하는 것은 박해의 장면을 정확하게 묘사하려는 것도, 불의가 어디서 시작되어 어디에서 끝나는가를 상세히 규명하려는 것도 아니다. 사회 문화적인 것 중에서 좋은 것과 나쁜 것을 골라내는 것도 우리의 주된 관심의 대상이 아니다. 우리의 유일한 관심은 모든 문화를 초월하여 집단적 폭력의 도식이 존재한다는 사실과 또 그 윤곽을 쉽게 그려볼 수 있다는 것을 증명해 보이는 것이다. 도식이 존재한다는 사실과 어떤 특정한 사건이 거기에 속한다는 사실은 별개이다. 때로는 그것을 구분하기가 어려운 경우도 있지만, 우리가 시도하려는 입증에는 그다지 영향을 미치지 못한다. 어떤 사건의 특징이 박해의 상투적 전형인지 아닌지 잘 모를 때는 그 맥락에서 떼어내어 그 특징만을 가지고 평가해서는 안 된다. 그 사건에 다른 전형들도 같이 겹쳐서 나타나고 있는지를 살펴보아야 한다.

두 가지 예를 들어보자. 1789년의 프랑스 대혁명에 대해 프랑스 왕정도 책임이 없지 않다고 대부분의 역사가들은 생각하고 있다. 그렇다면 마리 앙투아네트 왕비의 처형은 우리의 도식 바깥에 있는 것일까? 사실 이 여왕은 희생양의 대표적인 범주에, 그것도 여러 개의 범주에 속해 있다. 게다가 마리 앙투아네트는 여왕일 뿐만 아니라 외국인이다. 오스트리아 출신이라는 것은 그녀에 대한 비난 속에 끊임없이 나타나고 있다. 파리 군중들은 그녀를 처단한 재판에 큰 영향을 끼쳤다. 여기에는 우리가 살펴본 첫 번째 전형이 들어 있다. 프랑스 대혁명 속에는 집단 박해를 용이하게 하는 엄청난 위기의 모든 특징들이 들어 있다. 프랑스 대혁명의 사건들을 단 하나의 똑같은 박해 도식의 전형적인 요소로 보는 것을, 물론 역사가들은 습관적으로 거부하고 있다. 그렇다고 우리는 이 같은 사고 방식이 프랑스 대혁명에 대한 우리식의 생각으로 바뀌어야 한다고 주장하는 것은 아니다. 그런 사고 방식도, 종종 침묵 속에서 진행된 그러나 분명히 여왕의 재판에 중요한 역할을 한 그녀의 아들과의 근친상간에 대한 비난 같은 것을 잘 밝혀내고 있다.[6]

두 번째로 어떤 사형수의 예를 보자. 그는 실제로 군중들의 폭력을 유발하는 행위를 범했다. 흑인인 그는 실제로 한 백인 여인을 강간하였다. 여기서 일어나는 집단 폭력은 이 말의 정확한 의미대로 더 이상 자의적

---

6) 왕비의 근친 상간에 대한 비난에 관심을 갖도록 해준 장 클로드 기으보(Jean-Claude Guillebaud)에게 감사한다.

이지 않다. 이 폭력은 그것이 징벌하려는 행위에 대해 실제로 벌을 주고 있다. 이런 정황에서 사람들은 이 폭력에는 박해의 왜곡도, 박해의 전형도, 또 우리가 부여하는 의미도 더 이상 없다고 생각할지 모른다. 그러나 여기에도 박해의 왜곡은 실제로 들어 있다. 이 사건에 대한 비난에 들어 있는 문자 그대로의 진실과 박해의 왜곡이 양립 불가능한 것은 아니다. 박해자들의 기록은 여전히 비합리적이다. 이 기록은 사회 전체적인 상황과 한 개인이 범한 위반의 관계를 전도시키고 있기 때문이다. 원인이나 동기 부여로서 이 둘을 이어주는 끈이 존재한다면 그것은 집단에서 개인 쪽으로 작동하는 것일 것이다. 그러나 박해자의 정신 구조는 그 반대 방향으로 작동하고 있다. 박해자들의 정신 구조는 개인이라는 소우주에서 그 집단의 그림자나 모방을 찾으려 하지 않고, 그 개인에게서 박해자들에게 피해를 준 그 모든 것의 기원이나 원인을 찾으려 하고 있다. 게다가 희생양의 책임은 사실 유무를 떠나서 터무니없이 과장된다. 한마디로 말해서, 우리 관점에서 볼 때 마리 앙투아네트의 경우나 박해받는 흑인의 경우나 별반 차이는 없다.

* * *

이 두 개의 첫 번째 전형들은 이처럼 서로 밀접하게 연관되어 있다. 사람들은 그 희생양들이 '무차별화'의 범죄를 저질렀다고 비난하고 있다. 그러나 그것은 실은 위기의 '무차별화'를 그 희생양들에게 전가시키기 위해서이다. 이때 박해의 희생양들이 희생양으로 지목되는 것은 바로 그들이 갖고 있는 징후들 때문이다. 그렇다면 세 번째 전형은 위의 두 전형들과 어떤 관계가 있을까? 우선 희생양의 징후는 순전히 차이에 의한 것으로 보인다. 그런데 문화의 징후들도 역시 차이에 의한 것이다. 그래서 우리는 차별화에는 두 가지 방법이 있고, 차이에도 두 가지 유형이 있다고 말할 수 있다.

모든 문화권의 사람들은, 모두 자신들은 타인들과 '다르다'고 여기고 또 그 '차이'는 합법적이며 또 필수적이라고 여기고 있다. 차이를 강조하는 현대의 추세는 이런 점에서 근본적이거나 진보적인 태도가 아니다. 이런 추세는 모든 문화에 다 들어 있는 공통적인 시각을 단순히 관념적으로 나타낸 하나의 표현에 불과할 뿐이다. 모든 개인에게는 자신을 그 누구보다도 타인들과 훨씬 '더 다르다'고 여기는 경향이 있다. 그와 마찬가지로 모든 문화도 자신을 타문화와 다를 뿐 아니라 모든 문화 중에서 가장 특이한 것이라고 여기는 경향이 있는데, 그 이유는 모든 문화는 그 구성원인 각 개인에게서 '차이'의 감정을 그대로 이어받고 있기 때문이다.

희생양 선택의 징후가 의미하는 것은 그 체제 내부에서의 차이가 아니라, 체제 밖의 차이이다. 희생양 징후란 그 체제 안에서 보자면 자기 체제가 갖고 있는 차이와 다를 수 있는 가능성, 달리 말해서 그 결과로 자신의 체제가 모든 것과 다르지 않게 됨으로써 자신이 체제로서 존재할 수 없어질지도 모를 그런 가능성이다.

육체적 불구에서도 이 징후를 볼 수 있는데, 인간의 육체는 해부학적으로 볼 때 하나의 차이 체계이다. 사고에 의한 불구 역시 우리의 마음을 조이게 하는 것은, 그것이 균형을 깨뜨리는 다이나믹한 느낌을 주면서 동시에 기존 체계에 위협을 가하고 있는 것 같기 때문이다. 우리는 그것을 제한하려 하지만 그러지 못한다. 그것은 그 주위에 흉한 모습을 한 차이들을 흐뜨려 놓는다. 차이들은 추락하고 충돌하고 뒤섞여서 결국에 가서는 와해될 위험에 처하게 된다. 이처럼 그 체제의 진실과 상대성, 그 빈약성과 소멸을 암시하고 있는 체제 밖의 차이는 당연히 그 체제에 위협을 주게 된다.

희생양 범주에 속한 사람들은 무차별화의 범죄를 당하기 쉬운 부류들이다. 종교, 민족, 국적의 소수파들이 비난받는 것은 결코 그들의 차이점 때문이 아니라, 제대로 차이가 나지 않기에, 극단적인 경우에는, 전혀 차이가 나지 않기 때문이다. 이방인들은 '진짜' 차이들을 존중하지 못한다. 그들은 그런 경우를 따르는 풍습도 없고 그런 기호도 없기 때문이다. 그들은 있는 그대로의 차이를 그다지 두려워하지 않는다. 그리스어에서 '이언어인(異言語人)'이라는 뜻의 'barbaros'는 다른 언어를 말하는 사람이 아니라, 정말 의미 있는 유일한 구분인 그리스어의 구분을 혼동하는 자이다. 부족이나 민족 등의 편견이 들어 있는 어휘들은 모두 차이가 아니라 차이의 상실을 미워하고 있다는 것을 보여주고 있다. 우리는 다른 언어에서 다른 '지방(地方, nomos)'이나 다른 규범을 보는 것이 아니라 변칙이나 비정상을 본다. 그래서 신체 장애자는 기형으로 취급되고 이방인은 '무국적자(apatride)'가 된다. 러시아에서 '세계주의자(cosmopolite)'로 통하는 것은 좋은 일이 아니다. 왜냐하면 '이방인(異邦人, métèque)'들은 아무런 차이도 갖고 있지 않다. 바로 그 때문에 그들은 모든 차이들을 흉내 내려 하기 때문이다. 조상들이 행하던 메커니즘은 세대에서 세대로 이어져오면서 되풀이된다. 이 같은 되풀이는 무의식적으로 행해지고 있지만, 다른 한편으로는 종종 과거보다는 덜 치명적인 방법으로 행해지고 있다는 것을 우리는 인정해야 할 것이다. 예컨대 오늘날의 반미 운동은, 미국에서만 나오는 무차별을 유발하는 바이러스에 대항하는 모든 차이들을 다 받아들이고 있기 때문에, 종전에 있었던 모든 편견들과는 자신들이 '다르다'고 믿고 있다.

도처에서 '차이가 박해받는다.'라고들 말하고 있다. 그러나 이 말은 당연히 희생자의 입에서 나온 말이 아니다. 이것은 여러 문화들이 말하고 있는, 보편적인 것을 거부한다는 점에서 갈수록 추상적으로 더 보편적이 되어가고 있는 천편일률적인 말로서, 이 말은 또한 항상 박해와의 투쟁이라는 필수적인 가면을 쓰고 나타난다.

가장 폐쇄된 문화 속의 사람들도 스스로를 자유롭고 보편적인 사람이라고 여기고 있다. 그들의 특별한 차이 때문에 그들은 아주 좁은 문화적 공간도 그 안에서는 아주 광활한 것으로 실감하게 된다. 이런 환상을 위태롭게 하는 모든 것은 우리를 공포에 떨게 하면서 우리 안에 잠들어 있는 아득한 옛적의 박해의 성향을 다시 되살아나게 한다. 이 성향은 항상 똑같은 방법을 이용하는데, 그 실현도 판에 박은 듯한 상투적 전형으로 행하고 있고, 또한 이 성향이 반응을 나타내는 것도 항상 똑같은 유형의 위협에 대해서이다. 사람들이 흔히 하는 말과는 달리, 박해자들을 줄곧 따라다니며 괴롭히는 것은 차이가 아니다. 그것은 오히려 무차별화이다.

　박해의 상투적 전형들은 따로 떼어낼 수 없다. 이런 점에서 대부분 나라의 언어들이 그것들을 분리하고 있지 않다는 것은 주목할 만한 점이다. 가령 라틴어와 희랍어에서도 그러하며, 이 전형적인 모습들을 살펴보다 보면 프랑스어에서도 유사한 어휘들이 서로 통하고 있음을 알 수 있다. '위기(crise)' '범죄(crime)' '기준(critère)' '치명적(critique)'이라는 낱말들은 모두 다 희랍어 '크리노(krino)'라는 어근에서 나오고 있는데, 이 말은 '판단하다' '구별짓다' '다르다'뿐만 아니라 희생양을 '비난하다', '처벌하다'라는 의미도 갖고 있다. 그렇다고 어원을 너무 믿을 필요가 없을지도 모른다. 게다가 우리의 추론이 어원에서 출발한 것이 아니지 않은가. 그러나 이 같은 현상이 너무나도 한결같이 나타나고 있기 때문에, 이 같은 어원학을 참조하는 것을 굳이 마다할 필요가 없다는 것이 우리의 생각이다. 이 같은 어원학적 현상으로부터 우리는, 집단적 박해와 전체 문화 사이에는 아직 밝혀지지는 않았지만 어떤 관련성이 있다는 것을 암시받게 된다. 이런 관계가 존재하는데도, 어떤 언어학자, 어떤 철학자, 어떤 정치가도 이 관계를 시원하게 밝혀낸 적이 아직 한 번도 없었다.

3 신화란 무엇인가?

　직접적이건 간접적이건 집단적 폭력을 이야기하고 있는 구전 자료나 기록을 검토할 때 우리는 그 자료들이 첫 번째로, 사회 문화적 위기, 즉 전면적인 무차별화에 대한 묘사(첫 번째 전형), 두 번째로, '무차별화'의 범죄(두 번째 전형), 세 번째로, 범죄 용의자들이 희생양으로 선택될 징후나 무차별화의 역설적인 지표(세 번째 전형)를 다 같이 포함하고 있는지를 따져보게 된다. 그리고 네 번째 전형인 폭력 그 자체가 있지만 그것은 차후의 문제이다.
　한 자료 속에 상투적인 전형들이 여러 개 겹쳐서 나타날 때 그 자료는 박해를 말하고 있다고 우리는 결론내릴 수 있다. 그렇다고 상투적 전형 모두가 들어 있어야 할 필요는 없다. 그중의 셋 혹은 종종 둘만으로도 충분하다. 이 전형의 존재를 통해서 확인할 수 있는 것은 다음과 같은 사실이다: 그것은, (1) 폭력은 실재했으며, (2) 위기도 실재했고, (3) 그 희생양들이 선택된 것은 집단이 비난하는 범죄 때문이 아니라 그들이 갖고 있던 희생양의 징후, 즉 그들이 위기에 대해 혐의가 있다는 관련성을 암시하고 있었기 때문이며, (4) 그 위기의 책임을 그 희생양에게 씌워서 그 희생양을 없애거나 아니면 적어도 그가 '오염시키는' 공동체에서 추방함으로써 그 위기를 벗어나고자 하는 것이 처형의 의미라는 것이다.
 이 도식이 보편적이라면 우리는 이것을 모든 사회에서 볼 수 있을 것이다. 재판이 있는 모든 사회, 즉 오늘날의 지구 도처에서, 그리고 예전의 서구 사회, 특히 로마 제국에서 실제로 역사가들은 이것을 발견하고 있다.
 그러나 이와는 달리 민족학자들은 그들이 연구하던 사회에서 이 같은 박해의 도식을 전혀 지적하고 있지 않다. 그 이유는 무엇일까? 두 가지 답이 가능할 것이다. 가능한 첫 번째 대답은, '민족학이 연구하는' 사회들은 그다지 박해를 받지 않았기 때문에 기욤과 같은 텍스트에 적용했던 유형의 분석을 그들에게는 적용할 수 없다는 것이다. 현대의 신원초주의(néo-primitivisme)가 제시하는 것도 바로 이런 대답이다. 현대의 비인간성에 대한 반론으로서 이들은 다른 모든 문화에 들어 있던 뛰어난 인간성을 내세운다. 그렇지만 아직은 비서구 사회에서 진정으로 박해가 없었다는 주장에 대해 누구도 감히 인정하지 않고 있다. 두 번째 가능한 대답은, 필요한 자료를 얻지 못했든 아니면 우리가 갖고 있는 자료들을 제대로 해독해 낼 수 없기 때문이든, 박해는 있었지만 우리가 그것을 알지 못한다는 것이다.
 우리 생각에는 두 번째 가설이 합당한 것 같다. 신화 제의적인 사회라고 해서 박해가 없었던 것은 아니다. 우리에게는 그것을 밝혀주는 자료도 있다. 여기에는 우리가 앞에서 살펴보았던 박해의 상투적 전형들이 들어 있는데, 이것들은 전체적으로 볼 때 기욤 드 마쇼의 텍스트에 있던 유대인 박해와 같은 도식을 따르고 있다. 우리 자신이 논리적이라면 이 자료들에 대해서도 기욤 드 마쇼의 텍스트에 대해 했던 것과 마찬가지의 해석을 내려야 할 것이다.
 그 자료들은 바로 신화들이다. 이해를 돕기 위해 이런 관점과 관련 있는 대표적인 한 신화로부터 시작하기로 하자. 이 신화에는 박해의 상투적 전형들이 모두 있을 뿐 다른 것은 전혀 들어 있지 않다. 여기에는 박해의 전형들이 아주 뚜렷이 나타나 있다. 문제의 그 신화는 바로 소포클레스의 『오이디푸스 대왕』에 나오는 오이디푸스 신화다. 그 다음에 우리는 해독하기가 그다지 쉽지 않은 박해의 도식을 보여주고 있는 신화들을 살펴볼 것이다. 그리고 마지막에 가서는 이 도식을 따르지는 않지만 이 도식의 유효성을 확인시켜 줄 수 있는 신화들을 해석하게 될 것이다. 이처럼 쉬운 데서 어려운 데로 진행하면서 우리는, 모든 신화는 실제의 희생양에게 행한 실제의 폭력에 근거하고 있다는 것을 밝혀내게 될 것이다.

오이디푸스 신화를 보자. 페스트가 테베를 뒤덮는다(박해의 첫 번째 상투적 전형). 그러자 오이디푸스가 페스트의 용의자로 지목된다. 왜냐하면 그는 그의 아버지를 죽이고 어머니와 결혼했기 때문이다(박해의 두 번째 상투적 전형). 이 돌림병을 종식시키기 위해서 그 극악한 죄인을 추방하라는 신탁이 내려온다. 박해의 궁극적인 목표는 분명하다. 친부 살해와 근친상간은 공공연하게 개인과 집단의 매개자 역할을 하고 있다. 너무나 무차별화적인 이 범죄의 영향은 사회 전체에 전염된다. 소포클레스의 이 텍스트는, 무차별화된다는 것은 바로 페스트에 감염되는 것과 같다는 것을 보여주고 있다.

세 번째 상투적 전형, 즉 희생양 징후는 어떻게 나타나고 있을까. 우선 불구가 있다. 오이디푸스는 절름발이이다. 또한 아무도 모르는 낯선 자로 테베에 나타난 이 주인공은 실질적인 이방인, 그렇지 않다면 적어도 법적으로는 분명 이방인이다. 결국 그는 왕의 아들이며 라이오스의 합법적 후계자로서의 왕 자신이다. 다른 신화적 인물들처럼 오이디푸스는 외부와 내부의 소외 계층의 특징을 다 갖추고 있다. 『오디세이아』 종말부에 나오는 율리시스처럼, 그는 때로는 이방인이고 거지이지만 또 때로는 전능한 왕이다.

다른 역사적 박해에서는 볼 수 없는 특이한 점은 그가 업둥이란 사실이다. 그러나 모든 사람들은 그가 업둥이라는 것을 두고 그의 불행한 미래를 예감케 하는, 앞서 살펴본 희생양 선택 징후와 일치하는 비정상이라는 징후 때문에 일찍부터 선택된 어린 희생양으로 보는 데 동의하고 있다. 업둥이의 숙명적 운명은 그 사회로부터 추방된다는 것이다. 업둥이는 구조받지만 그 구조는 언제나 일시적인 구조일 뿐이어서 기껏해야 그의 운명이 잠시 연기될 뿐이다. 신화의 결말은 어렸을 때부터 그를 집단 폭력에 바칠 것을 명하던 그 신탁이 틀리지 않았다는 것을 입증하고 있다.

어떤 개인이 희생양의 징후를 많이 가지면 가질수록 그가 화살을 맞을 확률은 더 크다. 불구, 업둥이라는 그의 과거와 이방인이라는 그의 신분, 갑자기 왕이 된다는 것 등의 이력으로 볼 때, 오이디푸스는 정말 희생양 징후를 모아놓은 집적체와 같다. 여기서 우리는 이 신화가 역사적 자료의 가치가 있는지를 검토하고 나서, 그가 지니고 있는 이 모든 희생양 징후들이 박해의 다른 상투적 전형들과 함께 무엇을 이루게 될지 살펴볼 것인데, 그 대답은 의심의 여지가 없을 것이다. 순진한 박해자들의 시각 아래에 쓰인 박해의 기록인 기욤의 텍스트에 나타나는 것을, 우리는 이 신화에서도 분명히 다시 보게 될 것이다. 박해자들은 이 희생양을 그들이 간주하는 대로, 즉 죄인으로 묘사하면서 그들이 가하는 박해의 객관적 흔적을 구태여 숨기지 않는다. 이 텍스트 이면에는 분명 실제 희생양이 있었다. 오이디푸스는 그들이 비난하는 그 전형적인 범죄 때문에 희생양으로 선택된 것이 아니다. 또 그는 실제로 아무에게도 페스트를 옮기지 않았다. 그렇지만 그는 페스트로 인해 불안에 빠진 군중들로부터 실제로 신경질적인 의심을 사기에 충분한, 텍스트에 나와 있는 그 모든 희생양의 특징들 때문에 희생양로 선택된 것이다.

기욤의 텍스트와 모든 마녀 재판과 같이, 이 신화에도 친부 살해, 근친상간, 공동체에 대한 정신적 물질적 오염이라는 소위 '신화적' 비난이 나타나고 있다. 이런 비난들은 흥분한 군중들이 희생양을 인식하는 그야말로 특징적인 태도이다. 그런데 한결같은 이 비난이 사실 그러했을 희생양 선택 기준과 중첩되어 나타나고 있다. 희생양을 있는 그대로 보여주고 있는 이 텍스트에서 우리는 그때 실제로 희생양이 있었다는 것을 안 믿을 수가 없다. 이 텍스트는 있는 그대로의 희생양을 묘사함으로써, 한편으로는 박해자들의 상상에 따른 모습으로, 또 다른 한편으로는 박해자들에게, 실제로 희생양으로 선택되기 위해서는 당연히 그러했을 모습으로 우리에게 희생양을 보여주고 있다. 심각한 위기 상황이라는, 실제로 추방을 행하는 데 유리한 환경 속에서 희생양 추방이 행해졌다고 하는 것도 우리의 확신을 더해 주고 있다. 이 모든 조건들이 한데 어울려서 나타나고 있으므로 만약 이 텍스트가 '역사적'인 텍스트였더라면, 우리가 박해자의 시각에서 쓰인 이 모든 텍스트들에 대한 해석 방법을 오늘날의 독자들도 자동적으로 취했을 것이다. 그런데 단지 신화라고 해서 이런 해석을 단념해야 하는 것일까?

기욤의 텍스트보다 이 신화에는 희생양의 상투적인 전형들이 더 완벽하게 또 더 많이 들어 있다. 이것들이 어쩌다가 우연히 그렇게 중첩되어 나타났다거나 아니면 박해의 실재만큼이나 그 정신 상태와도 무관한, 완전히 근거 없는 단순한 시적 환상적인 상상력에 의해서 중첩되어 나타난 것이라고 어떻게 믿을 수 있단 말인가? 하지만 그것은 우리 선생님들께서 믿으라고 한 것이며, 만약 내가 그 믿음과 반대되는 생각을 제안할 때 선생님들에 의해서 터무니없다고 판단되는 사람은 바로 내가 된다.

오이디푸스 신화는 만들어진 것이라고, 그게 아니면 소포클레스 자신이나 분명 다른 사람에 의해 전적으로 조작된 것이라고 말할지 모른다. 내가 언제나 오이디푸스 신화로부터 논의를 시작하는 것은 이것이 박해의 상투적인 전형과 관련된 좋은 예이기 때문이다. 그것은 아마 소포클레스가 개입하였기에 이런 완벽성이 표현된 건지도 모른다. 그렇다고 해서 달라진 것은 아무것도 없다. 소포클레스가 박해의 상투적 전형과 관련하여 이 신화에 손을 대었다면, 그것은 우리 민족학자들과는 달리 그가 어떤 것을 의심하고 있었기 때문이다. 그를 일종의 '예언자'로 보려는 사람들이 항상 짐작하듯이, 소포클레스의 가장 심원한 영감은 신화 속에서 가장 본질적으로 신화적인 것, 즉 일반적 '신화성'을 드러내고 있다. 여기서 이 신화성은 어렴풋한 문학적 향기가 아니라 자신들의 박해에 대한 박해자 스스로의 시각으로 되어 있다.

중세의 박해와 마찬가지로 신화에서도 박해의 상투적 전형들은 언제나 같이 나타나고 있다. 그리고 이처럼 중첩되어 나타나는 것은 대개 진실을 드러내고 있다. 실제의 박해 아닌 다른 어떤 것의 탓으로 돌릴 수 없을 정도로, 같은 모델에서 나온 신화들이 아주 많이 있다. 이 같은 생각을 부인하는 것은, 기욤의 유대인 박해에 대한 묘사를 순전히 픽션이라고 결론내리는 것만큼이나 터무니없는 것이다.

역사적인 것이라고 알려진 텍스트를 대할 때부터, 우리는 박해자의 정신 상태에서 나온 박해의 태도만이 많은 신화에서 박해의 전형들이 이처럼 중첩되어 나타나게 할 수 있다는 것을 알게 된다. 박해자들은 그들의 희생양을 그 사람이 저질렀다고 믿고 있는 어떤 범죄 때문에, 그리고 그 범죄가 초래한 집단의 재난 때문에 그 사람을 어쩔 수 없이 박해의 희생양으로 선택했다고 믿고 있다. 사실 여기서 박해자들의 마음을 움직인 것은 바로 박해의 기준들이다. 그런데 그 기준들은 지금 우리에게까지 충실히 전해져 내려오고 있다. 그것은 박해자들이 그 기준들을 굳이 우리에게 가르쳐주려고 해서가 아니다. 줄곧 인류는 이 기준들에는 진실을 폭로하는 가치가 있다는 것을 전혀 의심하지 않았기 때문이다.

『폭력과 성스러움』에서 나는 처음으로 신화의 기원에 실제로 희생과 집단적 폭력이 있다는 가설을 세웠다.[7]

---

7) 『폭력과 성스러움』, 3장.

그러나 대부분의 비평가들은 이 가설의 타당성을 인정하지 않았다. 그들의 말을 들어보노라면 희한하게도 아주 뛰어난 사람들도 그 책에서 오로지 '기원에서 루소까지의 우화', 즉 건국 신화의 되풀이만을 보았다는 것을 알 수 있다. 그들은 내가 신화에 적용시킨 해석 방법을 인정하지 않고 있다. 그들에 의하면 나는 신화에 대한 역사적 탐구의 가능성에 대해 환상을 품고 있다는 것이다. 사실 그 해석의 가능성에 대해 과장하지 않고서는 희생양이 실재했다고 내가 주장하지 못했을지도 모른다.

그러나 이 같은 반박들은 많은 것을 드러내고 있다. 이 비평가들은 상상적인 것에 젖어 있는 텍스트에 대해 적용할 수 있는 유일한 규칙은 가장 엄격하게 의혹을 제기하는 것이라고 믿고 있다. 하나의 텍스트 안에서 가장 덜 있을 법한 사건을 거론하면서, 그중 어떠한 사건들도 결코 있을 법한 사건이 아니라고 그들은 거듭 말하고 있다. 진정으로 이 규칙을 준수한다면, 이 신화로부터 실제의 정보를 조금이라도 추출해 내는 것을 우리는 사실 단념해야 할 것이다. 그러나 여기서 가장 덜 있을 법한 사건은 바로 친부 살해와 근친상간을 매개로 한 페스트의 발생인데 이 테마는 분명 상상이다. 그렇다고 그것이 모두가 상상이라고 결론내릴 수 있는 근거가 되는 것은 아니다. 그 반대이다. 이런 테마를 지어내는 이 같은 상상력은 고독한 문학가들이 그토록 바라던 그런 상상력이 아니다. 이 상상력은 정신분석학이 말하는 주체의 무의식이 아니라 박해자의 무의식이다. 이것은 또한 로마 제국이 기독교인들에 대해, 기독교 세계가 유대인들에 대해, 제의적인 유아 살해를 저지르도록 한 것과 똑같은 상상력이며, 페스트가 나돌 때 강물에 독을 투약했다는 이야기를 지어내는 상상력과 똑같은 상상력이다.

박해자의 상상력이 말을 할 때, 우리는 그것이 다음과 같은 사항, 즉 (1) 사건 발생이 실제 환경과 일치하는가, (2) 일반적인 희생양의 특징과 일치하는가, (3) 거기서 파생된 결과가 집단적 폭력에 일치하는가에 일치하는 경우에만 그 말을 믿어야 한다. 박해자의 상상력이 친부 살해와 근친상간뿐 아니라, 현실 세계에서 이런 유의 믿음에 뒤따라나오는 그리고 거기서 파생되는 모든 행위들을 말하고 있다면, 그것은 전자(친부 살해와 근친상간)에 대해서는 거짓말을 하고 있으므로 이 상상력은 이 모든 점에 대해 진실을 말하고 있는 것일 가능성이 있다. 여기서 우리가 다시 볼 수 있는 것은 바로 앞에서 말한 박해의 네 가지 상투적 전형들이다. 이것 역시 역사 텍스트와 같이 '진실임직한 것'과 '진실임직하지 않은 것'의 한결같은 결합인데, 우리가 궁금해하던 텍스트 속에서의 이런 결합은 바로 확신에 찬 박해자들의 부분적으로는 거짓되고 부분적으로는 진실된, 자신들의 박해에 관한 시각이라는 것을 의미한다.

이렇게 생각하게 한 것은 결코 순진성 때문이 아니다. 여기서 오히려 진짜 순진성은, 박해의 상투적 전형들을 알아채지도 못하면서 그들이 구하던 대담하지만 합당한 이런 해석을 받아들이지 못하는 지나친 회의주의 속에 숨어 있다. 오이디푸스 신화는 다른 텍스트처럼 문학 텍스트가 아니며, 정신분석학적인 텍스트는 물론 아니다. 하지만 이것이 박해의 텍스트인 것은 분명하다. 그러므로 우리는 이것을 박해의 텍스트라고 취급해야 한다.

역사 속에서 그리고 역사를 위해서 고안된 해석법을 신화에 적용하는 것은 옳지 않다고 반박할지 모른다. 나도 인정한다. 그러나 앞에서도 말했지만 기존의 역사는 박해를 기록하고 있는 자료를 해석하는 데 부차적인 역할밖에 못하고 있다. 만약 거기에 의지해야 했다면 이 해독은 아마 아직 시작조차 되지 못했을지도 모른다. 그러나 이런 해독 작업은 이미 근대 초기부터 시작되었다.

마녀 추방자들이 말하는 희생양을 우리가 실재의 희생양이라고 보는 것은, 우리가 그 마녀 비난자들로부터 아무런 조종도 받지 않은 완전히 독립된 정보원으로부터 새로운 정보를 입수했기 때문이 아니다. 물론 우리는 그 텍스트를 그것을 설명해 주는 지식의 그물망 속에 넣어서 생각하고 있다. 그러나 우리가 역사적인 박해의 텍스트들을 오이디푸스 신화처럼 취급한다면 그런 그물망 자체가 존재하지 않을 것이다.

우리는, 기욤 드 마쇼가 전해주고 있는 그 사건들이 어디서 일어났는지 정확한 장소는 모르고 있다. 극단적으로 말해 우리는 어쩌면 페스트의 존재를 포함한 이 모든 것을 전혀 모르고 있는지도 모른다. 그렇지만 우리는 기욤의 것과 비슷한 텍스트는 실제 박해의 사건을 반영하고 있다고 결론내릴 수 있다. 박해의 상투적 전형들이 단 한번이라도 중첩되어 나타나면 실제의 박해가 있었다고 말할 수 있기 때문이다. 그런데 신화라고 해서 이 같은 중첩이 나타날 때 그렇게 말해서는 안 되는 이유는 무엇이란 말인가?

나의 가설에는 비평가들이 이 말에 부여하는 의미의 역사적인 것은 하나도 없다. 역사에 나타난 박해의 기록에 대한 우리의 독법이 그렇듯이, 나의 가설도 순수히 '구조주의적'이기 때문이다. 박해의 상투적 전형들의 속성과 그 배열만으로도 우리는 그 텍스트가 실제의 박해에 근거하고 있다는 가설을 세울 수 있다. 이런 기원을 가정하지 않았기 때문에 지금까지 사람들은 왜 이 테마가 한결같이 영원히 되풀이되고 있는지, 그리고 어떻게 해서 그런 식으로 체계화되어 있는지를 설명할 수 없었던 것이다. 그 반면에, 이 같이 기원을 가정하게 되면 애매모호한 것은 사라지면서 모든 테마들이 완벽하게 설명되고, 어떠한 반대 의견에도 그다지 어렵지 않게 반박할 수 있게 된다. 바로 이런 이유 때문에 우리는 우리가 설정한 박해의 도식에 들어맞는 모든 역사적 텍스트에다가 아무런 주저 없이 이 기원을 적용하고 있다. 그 결과 우리에게 이 가설은 이제 하나의 가설보다는 이 같은 텍스트들에 대한 순수하고 단순한 진실로 여겨진다. 우리의 생각은 틀리지 않다. 이제 우리에게는 오이디푸스와 같은 신화에서는 왜 이런 해결책을 생각하지 못했을까 하는 문제가 남는다.

이것이야말로 진짜 문제이다. 박해의 상투적 전형들을 탐구할 때 하던 그런 해석을 지금까지 지루하게 분석해 온 것은, 바로 이 문제를 제대로 제기하기 위해서였다. 역사적 텍스트를 논할 때는 이 같은 해석이 타당하고 또 그래서 그 여정을 상세히 말할 필요도 없는 것처럼 보인다. 그러나 바로 이런 태도가 우리로 하여금 한걸음 물러나서 박해의 기록에 들어 있는 '지성'을 제대로 살펴보지 못하게 막고 있다. 이 '지성'은 그러나 앞에서 보았듯이 정말 명시적인 것으로 나타난 것은 아니기 때문에 아직은 완전하게 포착된 것은 아닌 '지성'이다.

우리는 알고 있다. 그러나 우리는 우리가 알고 있다는 사실을 알지 못하고, 내가 생각하기에는, 우리의 지식은 처음 영역 밖의 것도 충분히 내포하고 있는 것 같은데도, 여전히 처음 접했던 영역 안에 갇혀 있다. 내가 그들의 지식을 적용한 것이 바로 오이디푸스 신화가 될 때 나를 비난하는 문자 그대로의 비평가들은 내가 적용한 그 지식을 그들 스스로 인정하지 않는다.

그렇다고 그들의 무의식을 나무랄 생각은 없다. 나 또한 오랫동안 나의 가설의 진정한 속성을 인정하지 않았던 적이 있다. 나는 나의 작업은 프로이트와, 그리고 항상 이의를 제기받고 또 이론의 여지가 있는 현대의 다른 해석학자들의 작업의 연장선상에 있다고 생각하였다. 비평가들은 여전히 이 실수를 저지르고 있다. 내 연구의 이 놀라운 결과들은 예전에 있던 것보다도 더 논란의 여지가 많은 새로운 '방법론'에 대한 과대 포장에서 나온 것이라는 것이다. 그들이 자신들이 행한 그 해석 방식을 인정하지 않는 까닭은, 내가 그것을 조금이라도 변형시켜서가 아니라 지금껏 적용해 왔던 그 영역에서 벗어난 새로운 영역에 적용하였기 때문이다. 그들이 적용하던 기존의 영역을 존중해야 할지 모르지만 우리는 인정하지 않는다. 거기에는 그 대담성만 보일 뿐, 그것을 정당화해 주는 것은 보이지 않기 때문이다. 그것은 마치 물 떠난 물고기 같아서 그 동물에 대해 우린 아무것도 모르고 있다. 비평가들은 그것을 현대인들이 품고 있는 가장 마지막의 악마성으로 보고 있다. 나에 대한 대부분의 반박들은 모두 이 같은 오류에 근거하고 있다. 현대의 해석이 봉착하고 있는 점점 심해지는 이 난관에 대해 내 자신이 너무 느리게 대처하였으므로 어쩌면 나도 이 오해를 도와주었다고 할 수 있다.

신화에 대한 나의 주장은 모두 분명한 것이다. '역사적'인 것이라고 판명난 자료에 대해서는 더 말할 나위가 없다. 아직 그것을 믿지 않고 있는 독자들을 위해 아주 간단한 예를 들어보겠다. 그것은 오이디푸스 이야기에 약간의 손질을 해보는 것이다. 서양식에 익숙하게 하기 위해 그에게서 그리스의 옷을 벗겨내면, 이 신화는 곧 사회적 신분 제도의 서열을 한두 칸 내려오게 될 것이다. 사건의 장소와 시간을 규정하지 않고 비워두면, 독자들의 훌륭한 생각이 그 나머지를 채우게 될 것이다. 독자들은 아마 자동적으로 그 이야기를 12세기와 19세기 사이의 기독교 사회의 한 장소에서 일어난 일로 생각하게 될 것이다.

그리고 일종의 원동력이라 할 수 있을 내 이야기가 더 이상 없더라도, 그들은 신화에 대해 누구도 생각하지 못한 조치, 즉 오랫동안 그것을 정확하게 인식했던 것, 즉 우리가 신화라고 이름붙이는 작업을 행하게 될 것이다.

수확은 보잘것없어지고, 암소들은 유산을 하고, 사람들은 서로 말이 통하지 않는다. 누군가 마을에 주술을 건 것 같다. 그 절름발이가 충격을 준 것이 분명하다. 어디서 왔는지 모르는 그는 어느 날 갑자기 나타나서는 마치 자기 집인 양 자리잡는다. 심지어 그는 감히 마을에서 유산이 가장 많은 여자와 결혼도 하고 두 아이까지 낳는다. 그에게는 어떤 색깔도 필요 없는 것 같다! 사람들은 이 이방인이, 말하자면 그 지방 군주인 이 여인의 첫 남편을 살해했다고 의심한다. 이상하게 그 군주가 사라지고 나자

3 신화란 무엇인가? 53

그 군주와 그의 역할이 이 낯선 자에게로 재빨리 전이된다. 어느 날 마을 사람들은 쇠스랑을 들고서 그 마을에 불안을 일으킨 그 사람을 내쫓았다.

여기서는 아무도 주저하지 않고, 직감적으로 내가 요구하는 해석 쪽으로 나아갈 것이다. 모든 사람들은, 이 희생양은 사람들이 비난하는 것과는 아무 상관이 없으며, 그가 가지고 있는 모든 속성들이 바로 시민들이 불안과 분노를 털어놓는 배출구 역할을 한다는 것을 보여주고 있다는 것을 잘 알 수 있다. 이 짤막한 이야기 속에 들어 있는 그럴 듯한 것과 그럴 듯하지 못한 것 사이의 관계도 모두 쉽게 포착될 것이다. 아무도 이 이야기가 순진무구한 우화라고 여기지 않을 것이다. 이것을 순전히 근거 없는 시적, 혹은 단지 '인간 사고의 근본적 메커니즘'만을 보여주려는 상상의 결과라고 보는 사람은 하나도 없을 것이다.

그러나 이 이야기는 오이디푸스 신화에 단지 손을 조금 본 정도이기 때문에, 변한 것도 없을 뿐 아니라 구조도 그 신화와 같다. 그러므로 이 같은 해석 방법은 그것을 외부에서 밝혀줄 역사적 지식의 망 속에 이 텍스트를 편입시키느냐 아니냐의 선택 때문에 생겨난 것이 아니란 것을 우리는 알 수 있다. 이처럼 배경에 조그만 변화를 주는 것만으로도 우리는 해설자들로 하여금 그들이 그 텍스트가 '본래의' 신화적인 모습일 때는 거부하던 우리의 해석을 충분히 믿게 할 수 있다. 우리의 이야기를 폴리네시아나 아메리카 인디언들에게로 옮겨보자. 그러면 이 신화의 그리스 판본을 대하는 그리스 연구가들의 특징인 지나치게 격식을 차리는 존경의 태도를 여기서도 보게 될 것이다. 물론 이 태도에는 가장 효력 있는 이 해석에 의지하는 것을 고집스럽게 거부하는 태도도 같이 들어 있다. 이 효력 있는 해석은 전적으로 우리의 몫으로 남겨져 있는데, 그 이유는 뒤에 가서 살펴보게 될 것이다.

여기서 진짜 문화적 정신분열증이 드러나고 있는데, 이 정신분열증을 명백하게 드러내는 것만으로도 나의 가설은 효용이 있을 것이다. 우리는 텍스트들을 실제 있는 그대로에 따라 해석하는 것이 아니라, 상품 포장이라고 말하고 싶은, 그것을 둘러싸고 있는 외형적인 것으로 해석한다. 우리는 텍스트의 표현에 약간 손질만 한 것으로도 우리가 행하고 있는, 신비를 벗겨내는 진정 근본적인 이 작업을 시작할 수 있다. 그러나 지금껏 아무도 이런 사실을 의식하지 못하고 있었다.

* * *

지금까지는 줄곧 박해를 나타내고 있는 대표적인 신화에 대해서만 이야기해 왔는데, 이제는 그렇지 않은 신화에 대해서도 살펴보아야 할 것 같다. 그런 신화들은 박해의 텍스트와 닮은 점이 그렇게 뚜렷이 드러나고 있지는 않다. 그러나 우리가 살펴보았던 네 개의 상투적 전형들을 찾아보면 수많은 신화에서 비록 변형되어 있기는 하지만, 그 전형들을 우리는 어렵지 않게 발견할 수 있다.

우리는 신화 도입부를 하나의 특징으로 요약할 수 있다. 신화 도입부에서는 흔히, 밤과 낮이 섞여 있고 하늘과 땅이 서로 통하고 있고, 신들이 사람들 사이를 돌고 사람들도 신들 사이를 나다니고 있다. 신과 인간, 짐승들 사이에도 분명한 구분이 없다. 구별할 수 없을 정도의 쌍둥이 형제인 태양과 달은 영원히 싸우고 있다. 땅에 너무 가까이 접근한 태양은 가뭄과 혹서를 일으켜 생물들은 모두 견디기 힘든 지경이다.

언뜻 보기에, 신화 도입부에는 실제적인 것으로 볼 수 있는 것은 아무 것도 없다. 그러나 여기서 문제 되고 있는 차이란 것은 분명히 알 수 있다. 집단적 박해를 용이하게 하는 커다란 사회적 위기를 그 공동체는 무차별화의 시련처럼 겪고 있다. 이 특징은 바로 앞장에서 우리가 도출하였던 것이다. 그래서 우리는 여기서 박해의 첫 번째 상투적 전형을, 그러나 극단적으로 변형되고 양식화되어 아주 간단한 표현으로 축소된 모습을 볼 수 있지 않을까 하고 짐작해 볼 수 있다.

신화에 들어 있는 이런 무차별화에는 때로 어떤 목가적인 의미도 있는데, 이 의미에 대해서는 뒤에 다시 살펴보게 될 것이다. 신화에는 그러나 이런 목가적 의미보다는 대재난의 성격이 더 자주 나타나고 있다. 밤과 낮의 혼합은 태양의 부재와 만물의 고사를, 그리고 너무 가까이 접근한 태양도 만물이 살 수 없다는 것을, 그러나 이번에는 정반대의 이유로 살 수 없다는 것을 의미한다. '죽음을 만들어내는' 것으로 여겨지는 신화들은, '도입부에서' 서로가 뒤섞일 때, 사실 죽음을 지어내는 것이 아니라 죽음을 삶과 분명히 구별하고 있다. 내 생각으로는, 이것은 죽음 없이는 살 수 없다는 것을, 달리 말하자면 존재는 한번 더 살 수 없다는 것을 의미하는 것 같다.

'원초적인' 무차별화, '원래의' 카오스는 종종 심한 갈등의 성격을 갖고 있다. 불분명한 것들은 서로 구별되기 위해서 끊임없이 싸운다. 이 테마는 특히 인도 브라만의 후기 베다 문헌에 잘 나타나 있다. 서로 구분이 안 될 정도로 아주 닮은 신과 악마의 싸움에서 항상 모든 것이 시작된다. 요컨대, 집단적 박해를 유발하게 될 커다란 사회적 위기 속에서 모든 행동들이 획일화되는 것은, 바로 이처럼 눈에 드러나는 너무 빠르고 나쁜 상호성 때문이다. 무차별은 이 같은 사태의 한 부분을 신화적으로 표현한 것일 뿐이다. 우리는 여기서 이 테마를, 갈등적인 무차별화를 간결하게 설명해 주는 쌍둥이 원수 형제 테마와 결부시켜야 한다. 이 테마가 전세계적으로 가장 고전적인 신화의 출발점이 되는 테마 중의 하나가 되는 것은 바로 이런 이유 때문이다(쌍둥이, 원수 형제 테마는 거의 전세계에 걸쳐서 나타나고 있다).

무차별이라는 말을 쓰면서 수많은 신화의 도입부가 일치하고 있다는 것을 처음으로 지적한 사람은 바로 레비 스트로스이다. 그러나 그에게 이 테마는 단지 하나의 수사학적 의미만을 가질 뿐이었다. 그것은 차이가 드러나는 데 필요한 배경의 역할을 하고 있었을 뿐, 이 테마를 실제 사회 환경과 결부시켜서 생각하지는 않았다. 이 신화를 구체적인 현실과 관련시켜서 살펴보고자 의도한 적이 지금까지 한번도 없었던 것이다. 그러나 앞에서 살펴본 박해의 네 가지 상투적 전형으로 인해 문제가 달라졌다. 도입부가 이런 식으로 시작하는 신화들에서 나머지 세 가지 전형들을 찾을 수 있다면, 도입부의 무차별화는 도식적이지만 처음 것에 대한 인정할 만한 하나의 설명이라고 결론내릴 수 있기 때문이다.

나머지 세 가지 전형에 대해 장황하게 설명할 필요는 없을 것이다. 박해자가 그들의 희생양에게 덮어씌우는 범죄들은 거의 모든 신화에 나타나고 있다. 신화들, 특히 희랍 신화에서는 이 범죄들이 진정한 범죄처럼 취급되지 않고, 단순한 탈선 행위로 보이기도 한다. 그것들은 용서받고 축소되지만, 정신적으로는 그렇지 않다 하더라도 문자의 관점에서는 그래도 엄연히 존재하는 범죄이다. 이 범죄들은 우리가 말한 박해의 상투적 전형들과 완전히 일치하고 있다. 더 '원시적인(sauvage)', 아니 이 말은 그때부터 금지되었기에 더 '원초적인(primitif)' 신화의 주인공들은 무서운 위반자들이며 그렇게 취급되고 있다. 그래서 그들은 희한하게도 집단적 박해의 희생양들이 겪는 운명과 비슷한 징벌을 받는데, 종종 일종의 린치(처형)를 당하기도 한다. 이 같은 관점에서 볼 때, 오이디푸스 신화보다 내가 '야만적'이라고 부른 이 신화가 결국 우리가 비교해 보려는 군중 현상에 훨씬 더 가까운 것 같다.

신화에서 이제 우리가 살펴보아야 할 마지막 전형은 희생양 선택의 우선적 특징이다. 절름발이, 애꾸, 외팔이, 맹인을 비롯한 여러 불구자들이 전세계의 신화에 아주 많이 나타나고 있다는 것을 새삼 강조할 필요도 없으리라. 그뿐 아니다. 여기에는 페스트 환자도 있다.

이처럼 천대받는 운명의 주인공 옆에는 언제나 모든 결핍으로부터 벗어나 있으면서 정말 예외적으로 아름다운 인물이 있다. 이것은 신화가 문자 그대로 아무것도 아닌 것이 아니라, 되도록이면 극단으로 치닫고 있다는 것을 의미하는데, 이런 성질은, 앞에서 보았듯이, 박해자들의 관심을 집중시킨다는 특징을 낳는다.

신화 속에 희생양의 모든 징후들이 나타나고 있는데도 그것을 보지 못하는 것은, 우리가 특별히 그 희생양들이 인종적 종교적 소수파라는 그 소속에 너무 집착하기 때문이다. 신화 속에서는 이런 징후들이 있는 그대로의 모습으로 나타나지 않는다. 여기서는 박해받는 유대인도, 흑인도 보이지 않는다. 그러나 나는 집단에 의해 추방당하거나 살해된 '이방인'의 테마라는 세계 전역에서 중요한 역할을 하고 있는 테마에서 또 다른 유대인과 흑인을 볼 수 있다고 생각한다.[8]

희생양은 타지에서 온 뛰어난 이방인이다. 그는 잔치에 초대받지만 그 잔치는 그에 대한 린치로 끝난다. 왜 그럴까? 해서는 안 될 짓을 그가 한 것이다. 그의 행위는 해로운 것으로 받아들여지고, 사람들은 그의 태도를 오해한다. 여기서도 실제의 한 이방인이라는 실재한 한 희생양을 상정하면 모든 것이 해명된다. 주인들이 보기에 그 이방인이 낯설고 불경스럽게 처신하는 것은, 그가 이방의 규범을 따르고 있기 때문이다. 자민족중심주의의 문턱 저쪽에 있는 이방인은 최선이자 최악으로 정말 신화적이 된다. 그는 사소한 오해로도 사정이 악화될 수 있는 위험에 처해 있다. 살해되고 나서는 신성화되는 이방인의 테마 뒤에는, 마치 어떤 주파수를 넘어서면 인식하지 못하는 소리나 빛깔처럼, 제대로 그 정체를 알아보지 못할 너무 극단적인 '지방색'의 형태가 있다는 것을 지적할 수 있다. 너무 철학적인 해석들을 지상으로 끌어내리기 위해서 여기서도 이 신화적 테마들을 서양의 어느 시골이라는 환경 속에 위치시켜 놓고 보자. 그러면 우리는 곧, 앞에서 행한 오이디푸스의 신화에 약간의 손질을

---

8) 세 개의 신화에 대해서는 『세상 설립 이래 감추어져 온 것들(Des choses cachées depuis la fondation du monde)』(Grasset, 1978), 114-140쪽 참조.

했을 때처럼, 무엇이 문제인지를 알 수 있을 것이다. 적당한 지적 훈련을 하고서, 특히 현대 서양의 것이라면 무조건 존중하는 태도를 다소 수정하고 나면, 우리는 신화에 대한 인식과 지식의 폭을 넓힐 수 있을 것이다.

너무 그렇게 꼼꼼하게 살펴보지 않더라도 우리는 많은 신화들이 우리가 말한 박해의 네 가지 전형들을 갖고 있다는 것을 확인할 수 있을 것이다. 물론 이 전형을 셋이나 둘, 하나, 혹은 심지어 전혀 갖고 있지 않은 신화도 있지만, 그렇다고 해서 우리 연구의 효력이 떨어지는 것은 아니다. 우리는 이제 앞에서 해독하였던 박해의 기록들이, 신화라는 미로에서 진정한 길잡이 역할을 한다는 것을 알기 시작했다. 그것들을 통해서 우리는, 박해의 전형이 하나도 들어 있지 않은 신화들에서도, 그 신화의 진정한 기원인 집단적 폭력에 이를 수 있을 것이다. 앞으로 더 살펴보겠지만, 박해의 전형이 전혀 들어 있지 않은 신화들은 우리 주장과 상반되거나 아니면 의심스러운 곡예를 거쳐야만 우리 주장과 일치하는 것이 아니라, 우리 주장을 더 분명히 확인시켜 줄 것이다. 다소 변형되어 있기에 중세의 신화나 오이디푸스 신화보다는 알아보기가 약간은 더 어려울지도 모를 그런 전형들이 많이 들어 있는 신화들을 잠시 살펴보기로 하자.

아무리 극단적으로 변형되었다 하더라도 그 신화와 우리가 이미 해독한 박해 사이에 건널 수 없는 낭떠러지가 파여 있는 것은 아니다. 그 변형이 드러내는 유형을 우리는 한마디로 정말 기괴한 것이라고 정의내릴 수 있다.

낭만주의 이래로 사람들은 신화적인 괴물들은 진정한 '무(無)로부터의(ex nihilo)' 창조물, 순수한 창조물로 간주하는 경향이 있다. 이때 사람들은 상상력을 자연 속 어디에도 없는 형태를 구상해 내는 절대적인 능력으로 해석하고 있다. 그러나 정작 신화적 괴물들을 보면 그런 것을 전혀 볼 수 없다. 하나로 결합되어 그 괴물들을 이루고 있으면서 개별성을 열망하고 있는 것은 언제나 기존의 형태들에서 빌려온 요소들이다. 괴물

3 신화란 무엇인가? 59

미노타우로스가 인간과 황소의 혼합으로 되어 있는 것이 그것이다. 디오니소스도 같은 경우이지만, 여기서 괴물이라는 형태의 혼합보다는 그 속에 신이 내재하고 있다는 사실이 더 우리 주의를 끈다.

우리는 괴물적인 것을, 물론 현실 그 자체에는 아무런 영향을 미치지 못하지만 현실 인식에는 영향을 미치는 한 과정이라 볼 수 있는 무차별화에서부터 고찰하여야 한다. 갈등의 상호성이 격심해지면, 그 상호성은 주인공들의 똑같은 행동들이 진실이라는 인상을 줄 뿐만 아니라, 우리의 인식 내용을 해체시킨다. 그러다가 그 상호성도 너무 빨라져서는 아주 어지럽게 되어버린다. 괴물들은 분명 우리 인식 내용을 분쇄하고 해체하고 난 뒤 자연적 특성을 고려치 않고 행한 그 파편들의 재구성에서 나왔다. 안정을 되찾은 세계에서 사람들이 그것을 회상하는 데서 알 수 있듯이, 괴물은 안정된 형태로 그러나 괴상한 거짓 특성을 지닌 채로, 회고적으로 안착하려 하는, 불안정한 환영이다.

앞에서 살펴보았듯이, 박해에 관한 역사적 기록들은, 이런 점에서 이미 어떤 신화적인 것을 담고 있다. 이런 점에서 괴물에 관한 구절들도, 무차별 위기, 무차별화 범죄의 용의자로 지목된 희생양, 기형과 같은 희생양 선택의 특징이라는 우리가 앞에서 말한 표현들의 연장선상에 자리잡는다. 육체적 기괴함이 정신적 기괴함과 중첩될 때가 있다. 예를 들어 수간(獸姦)의 범죄는 인간과 동물의 기괴한 혼합물을 낳는다. 티레시아스 같은 괴물의 자웅 동체에서는 육체의 기괴함과 정신의 기괴함이 더 이상 구분되지 않고 있다. 이것이야말로 바로 신화적 괴물을 만들어내는 혼합의 전형이다.

이렇듯, 우리는 신화의 괴물에서 '육체적인 것'과 '정신적인 것'을 분리할 수가 없다. 그것들을 분리하려는 모든 시도가 헛된 것처럼 보일 정도로 이 둘은 아주 완벽하게 결합되어 있다. 그런데 나의 주장이 옳다면 나는 이것들을 분리해 낼 수 있어야 한다. 육체적 기형은 실제로 불구인 어떤 희생양들의 실제 특징에 상응하고 있다. 오이디푸스나 불카누스(로마 신화에 등장하는 불의 신)가 절름발이인 것도 절름발이이던 중세의 마녀들처럼 원래 실제적인 것이다. 정신적인 기괴함은 그 반대로, 위기나 집단적 혹은 심지어 개인적인 불행에 처한 박해자들이 스스로 만든 괴물의 모습을, 그 특성이 괴물과 비슷하다고 여겨지는 불구자나 이방인들에게 투영하는 모든 박해자들의 성향에서 나온 것이다.

사람들이 나의 분석을 터무니없는 것이라고 여기고 있는데, 그것은 사람들이 대체적으로 이 괴물 같은 성질을, 그 신화가 전적으로 허구이고 상상이라는 것을 말해 주는 증거로 삼고 있기 때문이다. 그러나 괴물에는 이 시론에서 이미 언급하였듯이, 거짓과 진실이 같이 들어 있다. 내가 밝힌 상투적 전형들이 모두 복잡하게 얽혀 나타나고 있어서, 사람들은 나의 주장이 터무니없다고 여기고 있다. 그러나 이것들을 중첩시켜 놓으면, 이 전형들은 일종의 통일을 이루면서 신화의 독특한 분위기를 자아내고 있다는 것을 알 수 있다. 특별히 어떤 과정을 거치지 않고도, 단순히 미학적인 이유에서라도 우리는 여기서 기본 요소들을 분리해 낼 수 있다. 그러나 오늘날의 뛰어난 해설자들도 여기서 그 기본 요소들을 분리해 낸 적이 사실 한번도 없었다. 하지만 어떤 연구가들은 그것들을 같은 지평 위에 완전히 올려놓을 수가 없었을 것이라는 것이 나의 느낌이다. 그들은 희생양의 (상상적인) 죄악과 희생양 선택의 (아마도 실제적일) 징후들 사이에서 취해야 할 결정적인 선택의 순간에 처해 있다. 희랍 신화에 관한 엘리아데의 다음 텍스트는 두 번째 전형에서 시작하여 첫 번째 전형으로 끝맺고 있다.

이들(주인공들)은 그들의 힘과 아름다움, 또 괴물 같은 특징(거인 같은 키의 헤라클레스, 아스킬리우스, 오레스트, 펠로프 등과 '중간 이하의 열등')에 의해 구분된다. 이들의 형태는 또한 열에 의해 변하거나(thériomorphes: 여우리카온) 동물로 변할 수도 있다. 그들은 때로 자웅 동체(세크로프스)이거나 성이 변하거나(티레시우스), 여자가 되기도 한다(헤라클레스). 이 주인공들은 게다가 수많은 비정상(머리가 없거나 머리가 여럿인 경우. 헤라클레스는 이빨을 세 열씩이나 갖고 있다.)으로 특징지어지기도 하는데, 그들은 특히 절름발이, 애꾸눈, 혹은 맹인이다. 주인공들은 여러 번 광기의 희생양으로 전락하기도 한다(오레스트, 벨레로폰, 예외적으로, 메라르의 아들들을 살해했을 때의 헤라클레스). 그들의 성행위는 과다하거나 변태이다: 헤라클레스는 하루 밤에 쉰 명의 테스피오 소녀들을 수태시키고, 테제는 숱한 강간으로 유명하고(엘렌느, 아리안느 등), 아킬레우스는 스트라토니를 유혹한다. 이 주인공들은 그들 딸이나 어머니와 근친상간도 범하고, 질시나 분노로 혹은 아무런 이유없이 사람들을, 심지어는 자신의 아버지와 어머니 혹은 친척들을 살해하기도 한다.[9]

이 텍스트는 변별적 특징들이 농축적으로 들어 있는 대단한 텍스트이다. 저자는 기괴함의 징후에다 희생양 선택의 징후와 그 전형적인 범죄들을 한데 묶고 있지만 뒤섞어놓고 있지는 않다. 무언가가 그로 하여금 이 둘을 뒤섞지 못하게 하고 있는 것 같다. 사실상의 구분은 있지만 그러나 그것은 법적으로 정당한 구분은 아니다. 구조주의자들의 조작보다 더 우리의 관심을 끄는 말없이 행해지고 있는 이 같은 구분은 그러나 명백하게 드러나 있는 것은 아니다.

신화에서 육체적 기괴함과 정신적 기괴함은 나란히 나타나고 있다. 이것들이 같이 나타나는 것은 정상적인 것처럼 보이는데, 그 말 자체가 이 병치를 암시하고 있다. 여기에 대해 되풀이해서 말할 필요는 없을 것이다. 역사에서는 실제 희생양의 가능성도 배제할 수 없을 것이다. 지긋지긋할 정도로 이 두 가지의 기괴함이 병치되어 나타나는 것을 두고서 우리는

---

9) Mircea Eliade, *Histoire des croyances et des idées religieuses*(Paris, 1978), I, 301쪽.

이를 박해자의 정신에서 나온 것이라고 짐작할 수 있다. 그게 아니라면 다른 어디에서 나올 수 있으며, 다른 어떤 힘이 이 두 테마를 그렇게 한 곳에서 만나도록 할 수 있단 말인가? 더 확실히 말하자면 여기에는 분명 '상상력'이 있다. 우리는 항상 현실에서 벗어나기 위해 상상력에 의지한다. 그러나 거듭 말하지만, 이때의 상상력은 우리 미학자들이 말하는 근거 없는 상상력이 아니라 기욤의 상상력이다. 이것은 또한 뒤섞여 있는 실제 희생양을 더 잘 보여주는 뒤섞여 있는 상상력인데, 그것은 언제나 박해자의 상상력이다.

불구자에 대한 박해를 정당화하고 있는 신화에서, 육체적 기괴함과 정신적 기괴함은 서로 중첩되어 나타난다. 그 주위에 박해의 다른 상투적 전형들이 존재한다는 사실도 우리의 생각을 도와주고 있다. 이런 중첩이 아주 드물게 나타난다면 의심도 할 수 있겠지만 이런 예들이 너무나 자주 나타나 신화에서 이것들이 중첩으로 나타나는 것은 일상적인 다반사가 되었다.

서투른 열성에 가득 찬 비평가들이 텍스트 안에서 어떤 상상적인 것을 하나 지적하면서 텍스트 전체가 상상적인 것이라고 추론을 내릴 때, 우리는 신화 속에서 작동하는 이 같은 유형의 상상 체계는 또 한번 실제 존재하였던 폭력을 가리키는 것은 아닐까 하는, 더 날카로운 의문을 제기하게 된다. 왜곡된 기록이긴 하지만 그것은 박해자의 필연적인 방향을 따라 체계적으로 왜곡되었다는 것을 우리는 잘 알고 있다. 왜곡의 초점은 희생양인데 이 왜곡은 여기서 시작하여 전체로 확산된다. 기욤이 말하던 돌세례나 통째로 벼락맞은 마을, 그리고 특히 독을 푼 강이 있다 해서 그것이 꼭 허구의 세계나 페스트, 희생양 학살로 가는 것은 아니다.

신화 속에 기괴한 것이 많아지면 형태도 너무 다양하게 되어서 이에 대한 어떤 해석도 불가능하게 된다고, 그래서 나의 첫 의도도 지속되지 못할 것이라고 사람들은 말하고 있다. 그러나 이 같은 생각은, 구름을 설명할 때 형태가 항상 변하고 있는 만큼 당연히 무한히 많은 설명을 요구한다는 핑계를 대면서 수분 증발 이론을 반박하는 것만큼이나 심각한 증상을 드러내는 것이다.

오이디푸스 신화와 같은 몇몇 대표적인 신화를 제외한 대부분의 신화들은 우리의 해독이 가능한 박해의 기록과 '직접적으로' 유사하지는 않지만 그러나 '간접적으로'는 유사하다. 희생양은 괴물적 특성을 희미하게 드러내는 정도가 아니라 아예 그것이 희생양이라는 것도 겨우 알아볼 수 있을 정도로 나타나고 있다. 왜냐하면 그것은 완전한 괴물이기 때문이다. 이 같은 차이가 있다고 해서 이 두 유형의 텍스트가 같은 기원에서 나온 것이 아니라고 결론을 내려서는 안 된다. 세부적인 면에 들어가면 기록의 왜곡이라는 단 하나의 동일한 원칙이 문제라는 것을 쉽게 알 수 있다. 이 원칙은 그런데 역사에서보다 신화에서 한층 더 높은 규칙으로 작용하고 있다.

역사적 박해에 나타나는 전형적인 범죄와 신화에 나타나는 전형적인 범죄들을 주의 깊게 비교하면 우리는 이것을 확인할 수 있다. 어디서나 박해자의 믿음은 비합리적일수록 당연히 더 끔찍하다. 그러나 역사적 박해에 들어 있는 믿음은, 그 믿음의 특성과 이런 믿음을 낳은 비난의 과정을 감출 정도로 충분히 강한 믿음이 아니다. 박해자들은 심정적으로 희생양을 분명 미리 심판하고 있었다. 그래서 희생양은 자신을 변론할 수도 없으며 재판은 이미 결말이 나 있는 것이나 다름없었다. 그래도 재판은 분명 재판이다. 이 재판은 바람직할 만큼 정의로운 재판은 아니지만 그러나 그 재판의 속성은 고백하고 있는 재판이다. 마녀들은 정당한 추방의 대상이며, 박해받는 유대인들은 신화 주인공들의 범죄보다는 분명히 더 진실되어 보이는 범죄로 공공연하게 비난받는다. 진실인 것처럼 보이려는 상대적인 욕망이 '강물의 투약' 이야기를 묘사하게 하는데, 이 욕망은, 텍스트의 특성을 이해하기 위해 우리가 그 텍스트에 대해 행해야 하는 작업인, 진실과 거짓의 구분을 역설적으로 더 잘 보여주고 있다. 우리가 신화에서 행해야 하는 것도 이 같은 작업이다. 그러나 신화는 사정이 한층 더 복잡하기 때문에 더 많은 대담성을 요구한다.

역사적 박해에서 '죄인'은 그들의 '범죄'와 충분히 구별되기 때문에 우리는 사건의 진행에 대해 잘 알고 있다. 그러나 신화는 그렇지 않다. 여기서 죄인은 그의 과오와 그 둘을 구별해 낼 수가 없을 정도로 너무나 동질적이기 때문이다. 그 과오는 마치 그 인물의 일종의 환상적인 본질이나 존재론적인 속성처럼 보인다. 많은 신화들에서는, 단지 이웃에 불행한 사람이 있다는 것만으로도 주위 사람 전부를 오염시킬 수도, 사람과 짐승들에게 페스트를 전파시킬 수도, 농사를 망치게 할 수도, 음식물을 해로운 것으로 만들 수도, 사냥거리를 없애버릴 수도, 주위에 불화의 씨앗을 뿌릴 수도 있다. 그가 지나가고 나면 풀이 고사하는 등, 모든 것이 탈이 난다. 그가 재난을 낳는 것은 무화과나무에 무화과가 열리는 것만큼이나 당연하다. 그가 그냥 존재하기만 해도 그렇게 되는 것이다.

과실에 의한 것이든 범죄에 의한 것이든 신화가 희생양에 대해 내리고 있는 규정은 그 자체로 아주 확실할 뿐만 아니라, 범죄와 집단적 위기의 인과 관계도 아주 강하다. 그래서 통찰력 있는 연구자들도 이 자료들을 제대로 선별하여 박해자들이 희생양을 비난하는 과정을 아직 정확히 밝혀내지 못하고 있다. 이를 위해서는 아리안의 끈과 같이 그것에 의지하여 박해를 담고 있는 중세와 현대의 텍스트들을 추적해 들어갈 수 있는 어떤 확실한 실마리가 있어야 한다.

박해자들의 시각에 동조하고 있는 역사적 텍스트도 사실은 그들의 믿음을 조금만 반영하고 있을 뿐이다. 텍스트들이 희생양에 대한 박해자들의 잘못된 비난의 정당성을 입증하려 애쓸수록 그 목표에서 더 멀어지게 된다. 만약 신화가 '오이디푸스가 그의 아버지를 살해한 것은 의심의 여지가 없고, 그의 어머니와 동숙한 것도 분명 확실한 사실이다'라고 말한다면, 이 신화는 그것이 육화하고 있는 그 거짓말의 스타일로, 즉 역사적 박해자의 믿음과 같은 스타일로 말하고 있다는 것을 우리는 쉽게 알아차리게 될 것이다. 그러나 이 신화는 '낮이 지나면 밤이 온다'라거나 '태양은 동에서 뜬다'라는 식의 단언의 어조로, '오이디푸스는 아버지를 살해하고, 어머니와 같이 잤다'라고, 담담한 스타일로 의심의 여지없는 사실에 대해 이야기한다.

신화가 실재하였던 박해에 대한 기록으로 전이되면서 박해자의 왜곡은 점차 줄어들고 있다. 이처럼 왜곡이 약화되어 있기에 거기서 우리는 우선 과거 서양에서 행해졌던 박해를 해독해 낸다. 그런데 이 첫 해독은 신화를 이해하는 발판 역할을 할 수 있다. 이미 살펴보았던 기욤의 텍스트처럼 해독하기가 비교적 용이한 신화에서 시작하여 점점 더 어려운 신화 쪽으로 나아가면서 해독을 시도해 나갈 예정이다. 우리의 끈질긴 행보는 결국에 가서, 박해의 상투적 전형들을 밝혀내고, 그 결과 너무나 환상적이기에 그것을 '순전히 그리고 단순히 상상적인 것'이라고 간주할 수밖에 없어보이던 이 테마들 뒤에서 실제의 폭력과 실제의 희생양의 존재를 발견할 수 있을 것이다.

중세의 우리 선조들은 유대인이나 나병환자들이 샘물에 독약을 풀었다는 헛된 이야기나 제의적인 유아 살해, 마녀 추방, 달빛 아래서 행해졌다는 바쿠스제 등을 사실로 여기고 있었다. 이 속에 한데 섞여들어 있는 잔혹성과 순진성의 혼합은 우리로서는 절대 뛰어넘을 수 없는 것처럼 보인다. 그러나 신화는 이보다 더하다. 신화에 비한다면 역사적 박해의 기록은 저급한 미신에 속한다. 그 속에서 유혈 사태를 보겠다고 작정하고 있기 때문에 우리는 신화의 환상에서 벗어나 있다고 생각한다. 어려운 문제를 회피하는 데 있어, 모든 것을 환상이라고 간주하는 것은 모든 것을 사실로 여기는 것보다, 아닌 게 아니라, 더 교활한 방법이다. 신화가 암시하고 있는 폭력의 모든 실상을 부인하는 이처럼 관념적인 불신은 아직까지도 가장 결정적인 최선의 알리바이가 되고 있다.

우리는 그것들이 허구적인 특징들과 연관되었다는 핑계로 신화적 인물들의 진실임직한 특징들마저 당연히 허구라고 여기는 습관을 갖고 있다. 또한 우리는 한결같은 거짓 조심성 때문에 대상을 픽션으로 보려는 선입견을 갖고 있다. 가령 기욤의 텍스트를 해석할 때 유대인 학살이라는 진실을 알아보지 못하는 것도 바로 이 선입견 때문이다. 학살 사건이 온갖 종류의 꾸민 이야기와 같이 나온다고 해서 우리는 이 학살이 실재했다는 것을 의심하지 않는다. 같은 경우 신화에서도 의심해서는 안 된다.

역사적 박해의 텍스트의 그 가면 뒤에서 희생양의 얼굴이 어렴풋이 나타난다. 그 가면이 원래 모습 그대로일 때도 신화에는 빈틈과 흠이 있게 마련이다. 신화에서는 그것이 가면인지 알 수 없을 정도로 가면이 얼굴 전체를 덮고 있다. 그래서 우리는 거기에는 희생양이든 박해자든 '아무도 없다'고 생각하게 된다. 우리는 율리시스와 그의 부하들이 눈을 찌르자 구해달라고 고함치지만 아무도 도와주지 않던 폴리페모스의 형제인 외눈박이 거인 시클로프와 닮았다. 우리에게는 역사라고 부르는 단 하나의 눈만 남아 있을 뿐이다. 우리의 귀도 집단 폭력에는 '아무도 없다'라는 말만 듣게 할 뿐인데, 이 말은 우리로 하여금 아무것도 일어나지 않았으며 모든 것은 즉흥적으로 연상된 폴리페모스와 같은 것에 의해 만들어진 것이라고 여기게 한다.

신화의 괴물들은 더 이상 초자연적인 별종이 아니며, 물론 자연적인 존재는 더더욱 아니다. 또 신학이나 동물학의 장르에 속하는 것도 아니다. 그것들은 언제나, 신화 그 자체보다 더 신화적인 우리 상상 세계의 준 장르들이며, 우리의 무의식 속에 가득 들어 있는 전설적인 '원형'들이다. 우리의 신화 연구는 역사 연구에 비해 근 400년 정도 뒤떨어져 있지만 그 장애는 극복할 수 있다. 우리가 할 일은 타고난 우리 시각의 한계를 극복하고 색깔에서 적외선이나 자외선 같은 것을 알아내는 것이다. 한때는 우리 역사에 나타나 있는 박해의 왜곡을 아무도 해독하지 못하던 때도 있었다. 그러다가 우리는 마침내 그것을 해독하게 되었는데, 그 정복 연대를 추정해 낼 수도 있다. 그 연대는 현대의 초기로 거슬러 올라가는데, 내 생각에 그 시기는 신화 해독 과정의 1단계인 것 같다. 사실 신화 해독을 향한 과정은 지금껏 중단된 적은 없었다. 하지만 신화에까지 손을 대는 진정으로 풍부한 길로 방향을 잡지 못하였기에 수세기 동안 여전히 지지부진한 상태에 놓여 있다.

* * *

이제는, 역사적 박해의 기록에는 전혀 없는 것은 아니지만 거의 들어 있지 않고 신화만 갖고 있는 성스러움이라는, 신화의 본질적인 측면에 대해 살펴보기로 하자. 중세와 근대의 박해자들은 그들 희생양을 찬미하지 않고 오로지 증오만 한다. 그래서 우리는 그것들이 희생양이란 것을 쉽게 알아볼 수 있지만, 그 반면에 우리는 그들이 찬미하는 어떤 초자연적인 존재가 희생양이라는 것을 쉽게 알아챌 수는 없다. 때로, 주인공의 행적은 집단적 희생양의 전형적인 범죄와 혼동될 정도로 분명하거나, 아주 비슷하다. 게다가 이 주인공은 희생양들처럼 그들 구성원들에 의해 추방되거나 살해되기까지 한다. 근대 그리스인들보다는 다소 지능이 뒤졌을 고대 그리스인들에 대해 정통하다고 주장하는 사람들은 그러나 이 난처한 문제를 축소하려 한다. 고상하고 초탈한 이 작업에서 이 같은 현상은, 그것을 상기시키는 것 자체가 악취미가 되는 사소한 탈선일 뿐이라는 것이다.

신화에는 성스러운 것이 배어 있는데, 이런 점에서 신화는 성스러움이 배어 있지 않은 텍스트와는 전혀 다른 것처럼 보인다. 앞에서 보았던 그토록 강하게 나타나고 있던 유사성도 이 불일치 앞에서는 빛이 바래고 만다. 우리는 실제의 박해를 상기시키는 역사적 박해의 기록들보다 신화는 더 극단적인 박해에 대한 왜곡이 들어 있다는 것을 밝혀냄으로써 신화를 설명할 수 있다. 지금까지 이 방법은 성공했는데, 그것은 아주 변형된 신화에서도 박해의 텍스트에 들어 있던 것을 모두 찾아낼 수 있었기 때문이다. 그러나 문제가 하나 제기되는데, 그것은 성스러운 것이 신화에서는 나타나고 있지만 박해의 텍스트에는 나타나고 있지 않다는 것이다. 혹시 우리는 이 본질적인 것을 제대로 포착하지 못한 것은 아닐까 하고 자문해 볼 수 있다. 신화는 낮은 데서는 우리의 비교 방법을 적용하기 쉽지만, 높은 데서는 그 속에 들어 있는 초월적인 면 때문에 언제나 우리의 방법을 적용할 수 없으며 그래서 쉽게 이해할 수 없을 것이라고들 관념론자들은 말하고 있다.

그러나 나는 그렇지 않다고 생각한다. 그것을 우리는 두 가지 방법으로 밝혀낼 수 있을 것이다. 앞에서 살펴본 텍스트의 두 가지 유형 사이의 유사성과 차이점으로부터 우리는 성스러운 것의 속성과 그것이 신화 속에 존재하는 필연성을 문자 그대로 아주 단순한 추론으로 연역해 낼 수 있다. 그리고 다시 박해의 텍스트로 되돌아와서, 겉보기와는 달리 이 텍스트에도 성스러움의 흔적이 들어 있으며, 우리의 기대에 정확히 일치하게도, 이 흔적들이 바로 변질되어 반쯤은 해체된 신화란 것을 밝혀낼 것이다.

성스러움을 이해하기 위해서는, 희생양에게 부여되는 범죄와 터무니없는 책임과 같은, 내가 비난의 전형이라고 부르는 것부터 살펴보아야 한다. 우선 우리는 그 속에 진정한 믿음이 들어 있다는 것을 인정해야 한다. 기욤 드 마쇼는 유대인들이 강물에 독을 풀었다는 것을 진지하게 믿고 있고, 장 보댕도 마법이 그 당시 프랑스를 위험하게 할 것이라고 진정으로 믿고 있었다. 그들의 믿음이 진지하다는 것을 인정한다고 해서 우리도 그들과 같은 믿음을 가질 필요는 없다.

뛰어난 지성의 소유자인 장 보댕도 마법을 믿고 있었다. 두 세기가 지난 뒤에는 아주 보잘것없는 지성의 소유자라도 이런 믿음을 보고 웃음을 터뜨릴 것이다.

그렇다면 장 보댕이나 기욤의 환상은 도대체 어디에서 나오는 것일까? 이들의 믿음에는 분명 사회적인 속성이 있다. 이 환상은 모두 그 당시의 많은 사람들도 같이 갖고 있던 환상이다. 대부분의 인간 사회에서 마법을 믿는 것은 개인이나 대다수의 일이 아니라 전체의 사건이다.

마법에 대한 믿음에는 어떤 사회적인 합의가 들어 있다. 설사 16세기, 심지어 14세기에도 전부가 동의하는 것은 아니었지만, 적어도 평균적으로는 여전히 광범위하게 형성된 것이기 때문에 이 합의는 개인들을 충분히 구속할 수 있었다. 물론 예외가 없었던 것은 아니다. 그러나 그 예외는 이 합의의 결과인 박해를 막을 정도로 영향력이 크거나 그 숫자가 많았던 것은 아니다. 이렇듯 박해의 기록에는 뒤르켐이 말하는 의미의 집단 표현의 특성이 들어 있다.

이 믿음이 무엇으로 이루어져 있는지는 앞에서 살펴보았다. 페스트나 정체불명의 장애물과 같은 두려운 재앙과 싸우던 사회의 다수 계층들은 박해의 메커니즘을 통해서 그 집단의 욕구 불만과 불안을 희생양에게 쏟음으로써 대리 만족을 하게 된다. 이때 이 희생양들은 집단 전체와 잘 통합되지 않는 소수파이기 때문에 집단은 이들을 박해하는 데 쉽게 단결될 수 있는 것이다.

박해의 상투적 전형을 담고 있는 텍스트에 대한 조사를 통해서 우리는 이것을 이해하게 되었다. 일단 이것을 이해하고 나면 우리는 거의 언제나 '희생양은 일종의 희생양이다.'라고 단언할 수 있게 된다. 사람들은 이 말의 의미를 잘 알고 있을 것이다. '희생양'이라는 말은 희생양의 무고함과 함께 희생양에 대한 집단 폭력의 집중과 이 집중의 집단적 결과를 동시에 가리키고 있다. 박해 기록의 '논리'에 갇힌 박해자들은 그 논리에서 벗어나지 못하고 있다. 기욤 자신은 분명 집단적 폭력에 가담하지는 않았지만, 이 폭력에 자양분을 대어주고 있으며 또 역으로 여기서 자양분을 얻고 있는 박해의 기록을 받아들임으로써, 결국 그는 희생양의 집단 효과에 가담하고 있는 셈이다. 이 집중화는 집중을 받는 사람에게는 아주 강한 제약을 가하고 있기 때문에, 희생양이 스스로를 정당화하는 것은 거의 불가능하다.

그러므로 우리는 '희생양'이라는 말로써 지금까지 우리가 집단적 박해에 대해 말한 것을 요약하기로 한다. 기욤 드 마쇼의 기록을 두고 희생양이라고 말하는 것은, 우리가 이런 기록에 속지 않으면서 그 체계를 파괴하여 그것을 우리의 독법으로 대체하기 위한 작업을 행하고 있다는 사실을 동시에 의미한다.

'희생양'은 또한 내가 신화에 적용하려는 해석의 유형을 요약하는 말이기도 하다. 불행하게도, 이 표현처럼 이런 해석도 마찬가지 사정에 처해 있었다. 모두 다 이 말의 용법을 잘 알고 있다는 이유 때문에, 지금까지 아무도 그것이 정확히 무엇인지 확인할 생각도 하지 않았고 그래서 오해가 더 증가해 왔던 것이다.

기욤과 일반적인 박해의 텍스트에서 이 말의 용법은 구약의 「레위기」에 묘사되어 있는 것과 같은 희생양 의식과는 직접적인 관계가 없다. 또한 이것은 이것들도 「레위기」와 다소 유사한 소위 '희생양 의식'이라는 다른 의식에서 묘사되고 있는 것과도 관계가 없다.

'희생양'에 대해 깊은 고찰을 하거나 혹은 그 기록을 박해의 맥락 밖에서 생각하게 되면, 우리는 곧 이 말의 의미를 변질시키는 경향이 있다. 희생양 의식은 우리로 하여금 정해진 날에 사제에 의해 집행되는 종교적인 의식과 같이 이것도 주도면밀하게 짜여진 막후 조작이라는 생각을 하게 한다. 여기서 우리는 아주 능숙한 어떤 전략을 떠올리게 되는데, 이 전략은 사정을 아주 잘 알고 있으면서도 마키아벨리적인 속셈을 가지고 무고한 희생양을 희생시키는 전략이며, 필시 희생양 메커니즘도 알고 있는 전략이다.

특히 우리 시대에서도 이 같은 사태는 일어날 수 있다. 그렇지만 오늘날 어떤 조작자가 거짓된 효과를 노리기 위한 군중 조작을 쉽게 하지 못한다면, 다시 말해 마음대로 사람들을 요리함으로써 그들이 박해의 기록에 들어 있는 그 체계에 빠져 희생양을 그대로 믿게 할 수 없다면, 그런 일은 일어나지 않을 것이다.

기욤 드 마쇼는 분명 조작자는 아닌 것 같다. 그는 그것을 알 정도로 영민하지는 않다. 그의 기록 속에 조작이 들어 있다면, 그것은 이미 조작된 많은 결과들 중의 하나로 보아야 할 것이다. 진실을 드러내는 세부 사항들은, 이미 그것의 참된 의미를 알고 있는 우리가 볼 때는 조작이지만 그가 볼 때는 분명, 조작이 아닌 것이다. 앞에서 우리가 순진한 박해자라고 말했던 것이 바로 이것이다. 또한 우리는 그들의 무의식에 대해서도 말할 수 있을 것이다.

현대의 용례에서 '희생양'이란 말에 들어 있는 너무 의식적이고 계산적인 개념은, 이 말의 진정한 본질을 배제하고 있다. 다시 말해 이런 개념은 이 말에 들어 있던 희생양에 대한 박해자들의 죄의식이나, 앞에서 보았다시피 박해자들이 진정한 체계인 단순하지 않은 환상 속에 빠져 있다는 사실 등을 배제하고 있다는 말이다.

박해자들이 이런 체계 속에 갇혀 있다는 사실은 우리로 하여금 박해자의 어떤 무의식에 대해 그리고 그것의 존재에 대해 말할 수 있게 해준다. 그것은 이런 면에 있어 대가로 통할지 모르지만, 아주 능숙하게 희생양을 찾아낼 줄 아는 오늘날 사람들도 그중에서 자신들과 관련된 것은 결코 찾아내지 못하고 있기 때문이다. 거의 모든 사람들은, 우리가 이 점에 대해 잘못 생각하고 있다고 여기지는 않을 것이다. 이 거대한 수수께끼를 풀기 위해서 우리는 자문해 보아야 한다. 우리 모두 희생양과 비교해 자신은 어디에 위치하고 있는지 자문해 보아야 한다. 개인적으로 나는 나를 잘 모른다. 그리고 이것은 모든 사람들에게 해당될 것이다. 우리들의 내심은 모두 합법적이다. 그러나 세상에는 희생양이 들끓고 있다. 오늘날 박해의 환상은 어느 때보다 더 들끓고 있는데, 오늘날의 환상은 기욤 드 마쇼의 것보다 언제나 더 비극적인 것은 물론 아니지만 그 음흉성은 더한 환상이다. 위선적인 독자, 나와 닮은 자, 나의 형제······.

이런 지경에 이른 우리는 이제라도 모든 통찰력과 세밀함을 총동원하여 개인적 집단적 희생양을 연구하고 있는데, 14세기에는 어떠하였을까? 그 당시에는 우리처럼 박해의 기록들을 아무도 해독해 내지 못했을 것이다. '희생양'도 오늘날 우리가 부여하고 있는 그런 의미는 아직 갖고 있지 않았다. 군중들이나 사회 전체는, 그들이 희생양에 관한 자신들의 환상이라는 감옥에 갇혀 있다는 생각은 아마 감히 상상도 못했을 것이다. 만약 지금 우리가 그들에게 그것을 설명했다 하더라도, 중세 사람들은 그것을 절대 이해할 수 없었을 것이다.

우리보다 기욤 드 마쇼는 희생양 효과를 훨씬 더 믿고 있었다. 그의 세계는 우리 세계보다 박해의 무의식에 훨씬 더 물들어 있었지만, 그것도 신화의 세계에 비하면 분명 덜 물든 것이다. 기욤의 기록에서는, 단지 페스트의 미세한 한 부분 그것도 최악이 아닌 부분이 희생양의 탓으로 되어 있지만, 오이디푸스 신화에서는 페스트 전체가 그 희생양 탓이 되고 있다. 신화 세계가 돌림병이 희생양의 탓이란 것을 설명하는 데는 물론 전형적인 범죄를 그 죄인과 함께 병치해서 거론하는 것만으로도 충분하였다. 민족학 자료들을 참조하면 이 같은 사실을 확인할 수 있다. 나의 도전적인 말에는 모습을 감추고 있던 민족학자들이지만 오래전부터 그들은 내 말에서 그들 주장에 필요한 증거가 될 만한 것들은 모두 받아들이고 있다. 소위 민족학적 사회에서의 전염병의 존재는, 곧 그 공동체의 기본적 규율의 위반을 의심케 한다. 그렇지만 이런 사회를 원시적이라고 규정해서는 안 된다. 오히려 우리는, 신화적 유형의 박해에 대한 믿음과 그 행위와 같이 우리 세계에서도 계속되고 있는 이 모든 것을 원시적이라고 규정하고 싶은 마음이다.

박해의 기록은 역사에서보다 신화에서 더 생생하게 나타나고 있는데, 신화에 나타나 있는 박해에 대한 이 같은 생생한 묘사는 우리를 어리둥절하게 한다. 이들의 단단한 신념에 비하면 우리의 신념은 아무것도 아니다. 역사에 나타나 있는 박해의 기록들은 희미하게 남아 있을 뿐이다. 그렇기 때문에 이런 기록은 오이디푸스 신화처럼 수세기를 두고 지속되면서 비밀을 알고자 하는 우리의 노력을 조롱하는 것이 아니라, 기껏해야 몇 세기 뒤에 가서는 곧 탈신비화되고 만다.

이때부터 이 끔찍한 믿음은 우리에게 낯설어보인다. 우리는 기껏해야 텍스트에 나타나 있는 흔적을 따라 추적할 수 있을 뿐이다. 이때 우리는 우리가 성스럽다고 부르는 모든 것은 기실 이 믿음에 들어 있는 맹목적이고 집단적인 것이라는 것을 확인하게 된다.

이 같은 현상에 대해 우선 그 가능성의 조건부터 살펴보기로 하자. 우리는 이처럼 철저한 믿음이 어떻게 생겨났는지는 잘 모르고 있지만, 이 믿음은 박해의 기능 면에서 우리보다 훨씬 효능 있는 다른 체제에 있는 어떤 희생양 메커니즘과 연관되어 있다는 것을 짐작할 수 있다. 전세계의 여러 신화에 이것이 자주 나타나고 있다는 것을 고려할 때, 이 뛰어난 체제야말로 인류의 정상적인 체제이며 이런 점에서 우리 사회는 오히려 예외적인 경우로 보일 정도이다.

공동체 내부의 관계가 이런 믿음을 의심하는 쪽이라면, 다시 말해 이런 관계가 고쳐지지 않는다면, 희생양이 죽고 난 뒤에 그들의 신화 속에서 박해자들이 그것을 기념할 때 이처럼 강한 믿음은 생겨날 수 없으며 또한 지속될 수는 더더욱 없을 것이다. 박해자들 모두가 그들 희생양을 해치게 하는 이 한결같은 믿음을 갖기 위해서는, 그 희생양 혼자서 이 관계를 오염시키는 모든 의혹과 긴장과 복수의 대상이 되어야 한다. 그 결과 공동체는 모든 독이 실제로 없어져야 하고, 사회는 자신을 화해롭고 자유롭다고 느껴야 한다.

대부분의 신화들이 결말에 가서 암시하고 있는 것이 바로 이것이다. 신화의 결말은 위기 속에서 위협받던 질서가 재건되거나, 그보다는 더 흔히, 방금 겪은 시련에 의해 더 단단해진 공동체의 종교적 일체감에서 전혀 새로운 질서가 생겨나는 것을 보여주고 있다.

신화에서는 항상 유죄인 희생양과 함께 폭력적이면서도 동시에 해방적인 결말부가 같이 나타나고 있는 것은 희생양 메커니즘의 극단적인 효력으로써만 설명될 수 있다. 이 가설은 실제로 모든 신화의 근본적인 수수께끼를 해결해 주고 있다. 그것은, 희생양에 의해 없어지든지 위태롭게 된 질서는 바로 그것을 위태롭게 한 그 장본인을 통해서 다시 재건되든지 새롭게 만들어진다는 것이다. 그렇다, 사건은 항상 이런 식으로 전개되었다. 집단 박해에서처럼 신화에서도 이 희생양은 곧 전체적인 불행의 책임자로 통하고 있다. 그런데 문제는, 이 희생양이 질서를 다시 재건하면서 질서를 상징하고 질서를 구현하는 것은 오로지 신화에서만 그러하다는 것이다.

우리 전문가들은 아직 여기서 벗어나지 못하고 있다. 어떤 의미에서 보면 위반자는 그가 위반한 그 질서의 회복자, 심지어는 설립자로 변한다. 범죄자가 사회 질서의 지지자로 변하는 것이다. 이 역설은 신화에 따라서 다소 완화되기도 하고 또 검열을 받아 약간 윤색되기도 한다. 그 윤색은 아마도 이 역설에 당황해하는 오늘날의 민족학자들처럼 이에 분개한 그 당시의 신봉자들에 의해 이루어졌을 것이다. 그러나 뒤에 다시 살펴보겠지만, 이런 윤색 뒤에서도 이 역설은 희미하게 드러나고 있다. 이것이 바로 신화의 분명한 특징 중의 하나이다.

플라톤이 호메로스 시대 신들의 영원불멸성을 불평할 때 그를 당혹하게 했던 것이 바로 이 같은 수수께끼이다. 해석자들은 이 수수께끼를 풀지 못하고 수세기 동안 풀이 죽어 있다. 그런데 이 수수께끼는 박해자들이 희생양에 덮어씌웠던 전능한 해로움이 돌연 이로운 것으로 반전해 버리는 '원초적' 성스러움의 수수께끼이다. 이 반전을 이해하고 이 수수께끼를 해결하기 위해서는, 우리가 앞에서 살펴보았던 테마인 다소 변형되었을 박해의 네 가지 상투적인 전형과 그리고 '이에 덧붙여' 화해된 박해자를 보여주고 있는 그 결말부를 다시 세밀히 살펴보아야 한다.

'박해자들은 실제로 화해했다.' 희생양이 죽고 난 뒤에 박해자들이 그 시련을 기념하면서 언제나 기꺼이 그 시련을 희생양 탓으로 돌리고 있는 것을 보더라도, 의심의 여지는 없는 것 같다.

잘 생각해 보면 여기에는 그다지 놀라울 게 없다. 박해자들은 위기가 끝나는 것과 그들 자신의 화해에 대해 어떻게 설명할 수 있었을까? 그 모든 공적을 자신들의 것으로 돌릴 수는 없었을 것이다. 희생양에게 완전히 겁을 먹고 있던 그들은 그 희생양을 공격하러 달려드는 그 순간에도 순전히 수동적이고 반사적인 그들을 그 희생양이 완전히 지배하고 있다고 느끼고 있었기 때문이다. 그들은 그 희생양에게 모든 우선권이 있다고 생각한다. 그들이 보기에는 다른 모든 인과 법칙을 삼켜 버리면서 모든 것을 압도하고 있는 단 하나의 근거가 있는데, 그것이 바로 희생양이라는 것이다. 그러므로 박해자들에게 일어나는 일은 모두 희생양과 직접 관련된 것들뿐이다. 박해자들이 화해하는 것은 바로 희생양이 그것을 이용하기 때문이다. 이 희생양은 모든 것에 대해 절대적인 책임이 있는 유일한 사람이기에, 또한 질병에 대해서도 책임이 있다. 그래서 그는 그 질병의 치유책도 책임져야 한다는 것이다. 이런 현상은, 희생양 제도에 너무 가까이 접근해 있거나 거기에 빠져 있기에 그 둘 사이의 일치를 느끼지 못하고 여전히 '선'과 '악'으로 확연히 구분지으려 애쓰는 이분법적 시각을 가진 사람만 모순된 것으로 여길 것이다.

희생양은 물론 진짜 돌림병과 진짜 가뭄이나 홍수를 치유하지는 못한다. 그러나 모든 위기의 중요한 차원은, 앞에서 말했듯이, 그것이 인간관계에 어떻게 영향을 끼치는가 하는 데에 있다. 외적 요인 없이도 스스로 자양을 얻는 어떤 나쁜 상호성의 과정이 작동하면서 이런 현상은 계속된다. 예컨대 페스트라는 외적 요인으로서의 질병이 존재하게 되면 희생양의 효과는 없어질 것이다. 역으로 이 외적 요인이 사라지면 모든 악을 어떤 희생양에게라도 투사하여 개인들 간의 불화를 정리함으로써 위기를 멈추게 할 수가 있다. 희생양은 위기 때문에 흐트러진 인간 관계에 대해서만 작동하지만, 때로는 페스트, 가뭄, 그리고 다른 모든 외적인 재난에 대해서도 효력이 있는 것 같다.

이 같은 믿음이 어떤 문턱을 넘어서면 희생양 효과는 박해자와 희생양의 관계를 완전히 역전시킨다. 바로 이 역전 현상이 성스러움이나 건국 선조와 신성을 만들어낸다. 실제는 수동적이던 희생양을 그를 억압하는 무리에 대항하게 하는 막강한 명분도 바로 이 같은 역전 현상이다. 어떤 인간 집단이 외적 원인이나 내부의 요인 때문에 집단적인 질병에 빠져들게 됨으로써 악화되었던 집단 내의 관계가 만약 그들 모두가 증오하는 희생양 덕택에 다시 재건된다면, 그들의 쾌유를 도와준 그 희생양이 전능하다는 환상적인 믿음에 따라 그 집단은 그 사건을 기념하려 할 것은 분명한 사실이다. 결과적으로 말하자면, 그들에게 병을 가져다 준 자에 대한 만장일치적인 증오에 그 병을 낳게 해준 자에 대한 만장일치적인 찬양이 겹쳐진 것이라 할 수 있다.

우리와 유사하지만 박해 때문에 우리보다 더 복잡해진 박해의 기록 체계가 신화에 들어 있다는 것을 알아야 한다. 그것은 도덕적, 지성적인 면에서 우리를 이중으로 놀라게 하기 때문에 우리는 이것의 효력을 인정하려 들지 않는다. 우리는 희생양이 사악한 것으로 되는 첫 번째 변형은 잘 알아보는데 그것은 정상적인 것처럼 보인다. 그러나 그 희생양이 유익한 것으로 변하는 두 번째 변형을 우리는 잘 알아보지 못한다. 게다가 우리는 두 번째 변형이 아무것도 변하지 않은 그대로의 첫 번째 변형과 중첩되어 나타나는 것은, 적어도 처음에는 상상도 할 수 없는 것이라고 여기고 있다.

군중은 희생양과의 관계를 갑자기, 최선과 최악으로, 변형시키는 경향이 있다. 희생양이 그들을 정상으로 돌아올 수 있도록 해준 변신을 보면서, 그들은 당연히 이 이중적 변형에서 그 희생양을 좌절과 구원, 벌과 보상을 번갈아 주고 있는 이중적이지만 하나인 초능력자로 믿게 된다. 이 초능력자는 폭력을 통해서 드러나는데, 이때 초능력자 자신도 그 폭력에 희생되지만, 실은 그는 그 폭력의 은밀한 선동자이다.

희생양이 죽음으로써 그를 죽인 자들을 이롭게 하는 것은, 그 희생양이 다시 살아났거나 아니면 진정으로 죽은 것이 아니기 때문일 것이다. 희생양 인과 법칙은 아주 엄격하기 때문에 죽음도 그 법칙을 막지 못한다. 이 인과 법칙은 원인에 해당하는 그 희생양을 헛된 것으로 만들지 않으려고, 희생양을 회생시켜 적어도 얼마간은 불멸의 존재로 만든다. 희생양을 두고 우리가 초월적, 초자연적이라고 부르는 것은 모두 이런 식으로 희생양 인과 법칙이 만들어낸 것이다.[10]

---

10) *La Violence et le sacré* 125-129쪽; *Des choses cachées depuis la fondation du monde*, 32-50쪽.

4 폭력과 마술

성스러움이 무엇인지 설명하기 위해 우리는 성스러움이 들어 있는 박해의 기록과 그것이 들어 있지 않은 기록들을 비교해 보았다. 동시에 우리는 역사적 박해에 대한 신화의 특이성도 같이 살펴보았다. 그러나 우리는 그것이 상대적인 것이기에 그 특이성을 무시하였다. 앞에서 역사적 왜곡은 성스러움과 전혀 무관한 것이라고 말했었지만, 그러나 그렇지 않다. 중세와 근대의 텍스트에서 성스러움은 갈수록 약해졌다. 그렇다고 그것이 완전히 사라진 것은 아니다. 그런데도 우리가 성스러움이 계속 존재하고 있었다는 것을 굳이 거론하지 않았던 것은, 이런 텍스트들과 신화의 차이를 무시하지 않기 위해서였다. 게다가 이 차이점에 대한 완벽한 설명이 될 수 있는 희생양 메커니즘이라는 것도 우리는 잘 알고 있다. 그래서 대략적인 유사성에 의지하는 것은 점점 더 힘들어질 것이다. 다소 높은 체제에서 작용하고 있는 것을 보더라도, 이 희생양 메커니즘이야말로 신화나 다른 텍스트에서 잘 드러나지 않는 모든 박해 왜곡의 참된 원인이라 할 수 있다.

이렇게 체제의 차이를 일단 상정하고 나면, 현학적인 왜곡의 언저리에 남아 있는 성스러움의 흔적으로 되돌아갈 수 있으며, 또 이것이 바로 앞에서 살펴본 이론적 정의에 일치하는지 아니면 신화와 같은 식으로 작용하는지 따져볼 수 있게 된다.

중세의 박해에서 겉으로 드러나고 있는 것은 증오이다. 그래서 사람들은 여기서 증오만을 보기도 한다. 특히 유대인의 경우가 그러하다. 그러나 그 동안 줄곧 유대인 의사들은 뛰어난 명성을 누려왔다. 이 같은 명성에 대하여 우리는, 이들이 다른 의사들보다 과학적 진보를 더 잘 받아들인 의사였으므로 실제로 우수했다는 합리적인 설명을 할 수도 있다. 그러나 이런 설명은 특히 페스트와 같은 경우에는 그다지 효력이 없다. 페스트와 같은 질병에 대해서는 가장 뛰어난 명의라고 해도 나쁜 의사와 별반 다를 것이 없기 때문이다. 귀족, 평민 할 것 없이 모두 유대인 의사들을 선호하였는데, 그것은 그들이 병을 낫게 하는 능력을 병들게 하는 능력과 같게 보고 있었기 때문이다. 그러므로 유대인 의사의 이런 명성을 아무런 편견 없이 다른 의사들과 구별되는 개인의 문제로 보아서는 안 된다. 편견과 명성은 하나의 동일한 태도의 두 얼굴이라고 나는 생각한다. 그래서 여기서 우리는 원초적인 성스러움의 흔적을 보아야 한다. 오늘날에도 의사에게서 풍겨나오는 거의 성스러움에 가까운 두려움은 그의 권위와 무관한 것이 아니다.

유대인 의사들이 우리에게 악의를 가졌다면 우리에게 페스트를 줄 것이고, 반대로 선의를 가지고 있다면 우리를 병들지 않게 해주거나 병을 낫게 해줄 것이다. 그러므로 그들은 병을 유발할 수도 있지만, 최후에 기댈 수 있는 막강한 힘이 있는 존재로 여겨진다. 아폴론도 같은 경우이다. 테베의 시민들이 많은 신들 중에서 다름아닌 이 신에게 그들이 앓고 있던 페스트를 낫게 해달라고 청원하는 것은 그를 이 재앙의 최종 책임자로 보고 있기 때문이다. 그러므로 이때의 아폴론을 두고서, 특별히 이롭고 평화롭고 신성하다고 간주하거나, 혹은 니체나 미학자들이 쓰고 있는 의미의 아폴론적이라는 말을 써서는 안 된다. 이 사람들은 올림피아 신들

굼뜬 무미건조 때문에 다른 많은 점에서와 마찬가지로 이 점에 대해서도 잘못 생각하고 있는 것이다. 호메로스가 그 말을 사용한 것을 개인적인 실수라고 플라톤으로부터 비난을 받았던 바로 그 말처럼, 외양과 이론적인 유순함에도 불구하고 이 비극적인 아폴론은 여전히 모든 신 중에서 '가장 무서운 신'이다.

이런 믿음이 어느 정도를 넘어서면, 희생양은 더 이상 그를 해치는 적대적인 힘을 받아들이기만 하는 수동적인 존재가 아니라 전능한 조작자처럼 보이게 된다. 이른바 신화는 우리로 하여금 그 희생양의 전능한 모습의 환영(幻影)을 가정하게 한다. 이런 모습의 환영은 사회적 만장일치에 의해 인정받는 것이다. 어떤 재앙의 유일한 '원인'이 희생양이라고 말하는 것은, 그 재앙은 바로 문자 그대로 그 희생양의 '것'이라서 그 희생양은 그의 마음에 들거나 들지 않음에 따라서 벌을 주거나 상을 주는 것을 제 마음대로 조작할 수 있다는 것을 의미한다.

로페즈라는 영국 엘리자베스 시대의 유대인 의사는 영국 왕실에서 아주 막강한 명성을 날리고 있던 바로 그때, 독약 투약이라는 죄목으로 처형당한다. 높은 지위에 올라간 유대인 의사들은 아주 조그만 실수나 사소한 고발로도 이처럼 하루아침에 그 지위에서 떨어지고 말았다. 테베의 속죄자이자 허가받은 치유자인 오이디푸스와 같은 희생양 징후를 지니고 있는 이 사람은 사회가 혼란기에 처하게 되자 앞에서 보았던 예의 전형적인 희생양이 되어 그의 명성이 최고점에 달했을 때 몰락하고 만 것이라 할 수 있다.[11]

---

11) Joshua Trachtenberg, *The Devil and the Jews*(Yale University press, 1943), 98쪽; H. Michelson, *The Jew in Early English Literature*(Amsterdam, 1928), 84쪽 이하. 기독교 사회가 유대인을 어떻게 표현하였는지에 관해서는 Gavin I. Langmuir, "Qu'est-ce que les juifs signifiaient pour la société médiévale?" dans *Ni juif ni Grec: entretiens sur le racisme*, Léon Poliakov(éd.) (Paris-La Haye, 1978), 179-190쪽; "From Ambrose of Milan to Embicho of Leiningen: The transformation of hostility against Jews in Northern Europe," dans *Gli Ebrei nell'alto Medioevo*(Spoleto, 1980), 313-367쪽을 참조.

희생양들에게 부여되었던 초자연적인 결함에 이제는 근대적 의미의 범죄가 보태어지는데, 이것은 마술과 같은 것에 대하여 그 시대의 특징인 합리성의 요구에 때늦게 부응한 것이라 할 수 있다. 여기서 문제가 되고 있는 것은 특히 독약 투약, 즉 다시 말해 직접적인 마술적인 비난과 같이 거의 노골적으로 피고에게서 모든 법적인 보장을 노골적으로 앗아가버리는 범죄이다. 특히 독약은 의사 같은 사람은 쉽게 숨길 수 있는 것이므로 물증을 찾아내기는 거의 불가능하다. 그러므로 독약 투약은 꼭 '입증되어야 할 필요는 없다'.

이 사실은 곧 앞에서 우리가 든 예증들과 연결된다. 이 사실 안에는 오이디푸스 신화와 기욤 드 마쇼, 박해받던 유대인과 유사한, 그리고 오이디푸스 신화를 '역사화'하기 위해 우리가 만들어 보았던 또 하나의 신화와 닮은 것이 들어 있다. 이 같은 사실은 어떤 텍스트가 역사적인가 신화적인가를 결정하는 판단이 실은 임의적이라는 것을 잘 보여주고 있다.

여기서 우리는 역사적인 문맥 속에 들어 있기 때문에 우리는 자동적으로 정신분석학적이고 탈신화적인 해석을 향하게 된다. 우리는 여기서 질투하는 경쟁자들이 만들어놓은 음모는 눈치 채고 있으면서도 신화적 성스러움을 상기시키는 면들은 잘 보지 못하고 있다.

오이디푸스나 아폴론에게서와 같이 로페즈에게서도 생의 주재자는 곧 죽음의 주재자이기도 하다. 왜냐하면 그것은 질병과 같은 끔찍한 재앙의 주재자이기 때문이다. 로페즈는 꼼꼼하게 건강을 돌보아 주는 자이기도 하지만 때로는 언제나 치유할 수 있는 질병을 주는 자가 되기도 한다. 이런 텍스트에 역사적인 흔적이 있다는 것을 볼 때 우리는 곧, 신화 특히 그리스 신화에는 신성 모독이나 용납할 수 없는 것으로까지 보일 수도 있을 그런 신화 해석으로 향하게 된다. '나는 새다, 내 날개를 보시오, 나는 생쥐이다, 쥐들 만세'라는 식이다. 이 사건을 신화의 형태로 제시하면 사람들은 높고 낮은 인간의 운명, 즉 인간 조건에 대한 강한 상징을 보게 된다. 바로 여기서 우리의 휴머니스트들은 흥분한다. 그러나 다른 한편으로 이 이야기를 엘리자베스 시대로 되돌려놓고 보면, 그것은 단지 궁정에서 일어난 하나의 불미스러운 사건일 뿐이다. 다시 말해 격렬한 야심과 위선적 폭력, 그리고 당시 근대 서양 세계에서 많이 나타나고 있던 터무니없는 미신 등으로 특징지어지는 그런 사건이 되고 만다. 여기서 이 두 번째 시각은 분명 첫 번째 시각보다 더 정당한 시각이다. 그러나 로페즈 사건에서 여전히 다른 박해의 무의식이 작용하고 있다는 것을 보더라도 이 시각이 그렇다고 완전히 정당한 것은 아니다. 두 번째 시각은 이런 면을 전혀 언급하고 있지 않다. 더군다나 이 두 번째 시각은 있지도 않은 루소식의 천진결백으로 빛나고 있는 바탕 위에다 그 실제 범죄들을 제시함으로써, 특히 우리의 역사를 비관적으로 만들고 있다.

  병을 치유하는 신들 뒤에는 항상 희생양이 있고, 이 희생양은 항상 치료제와 같은 어떤 것을 갖고 있다. 유대인들에 대해서와 마찬가지로, 마법사를 비난하면서 동시에 이들의 힘을 이용하는 사람은 모두 같은 사람들이다. 박해자들은 모두 그들의 희생양을 해로운 존재라고 주장하는데, 그 주장은 실제로 확인되거나 아니면 그 역일 수도 있다.

  신화의 모든 극단적인 면들은, 다소 약화되긴 하지만 중세의 박해에서도 다시 나타나고 있다. 되풀이되고 있는 악마라는 테마가 그러하다. 이것은 우리가 이 현상들을 약간이라도 신중히 비교해 보면 쉽게 이 악마라는 테마가 되풀이되고 있음을 알아챌 수 있다. 그런데 이 방면에 어두웠던 사람들은 이 현상들은 서로 비교할 수 없는 것이라고 섣불리 단정 내린 바 있다.

  동물과 인간이 뒤섞여 있는 것이야말로 신화에 나타나고 있는 악마의 가장 두드러진 중요한 양상이다. 이런 양상은 중세의 희생양에서도 나타나고 있다. 사람들은 그 마법사나 마녀들은 극도로 해로운 동물인 염소와 특별한 유사성이 있다고 여겼다. 재판을 하면서 사람들은 실제로 둘로 갈라진 쌍발굽으로 된 악마의 발인지를 조사하기 위해 그 피의자들의 발을 검사하기도 하고, 혹시 뿔이나 조그만 혹이 자라나거나 돋아나고 있는지 검사하기 위해 머리를 손으로 더듬어 보기도 하였다. 희생양 징조를 갖고 있는 사람들에게는 사람과 동물의 경계가 쉽게 무너지는 경향이 있다고 믿는 이런 생각에서 사람들은 온갖 수단을 다 강구하였다. 용의자인 어떤 마녀가 고양이나 개 혹은 새 같은 애완 동물을 갖고 있으면 그녀는 곧 그 동물과 닮은 것으로 간주되고, 그 동물 자체는 그녀의 일시적인 육화거나 아니면 어떤 일을 도모하기 위하여 일부러 가장한 일종의 변신으로 간주된다. 이 동물들은 레다를 유혹하는 제우스의 백조, 혹은 파시파에가 사랑에 빠진 황소와 똑같은 역할을 하고 있다. 악마라는 것이 중세 세계 속에서 통하던 너무나도 부정적인 의미 때문에, 우리들은 이 같은 유사성을 잠시 잊어버리게 된다. 그 반면에 악마는 그후에 생겨난 신화나 근대적 개념의 신화 속에서는 거의 긍정적인 의미를 갖고 있다. 소위 '고전주의' 시대에 이미 시작된 어조 완화와 검열의 과정을, 지난 세기의 작가들과 예술가들, 그리고 현대의 민속학자들이 완수하였다. 이것은 뒤에 가서 다시 살펴보기로 하겠다.

거의 신화적인 예전 마녀들의 형상은 정신적인 악마성과 육체적인 악마성이 뒤섞여 있는 경향을 잘 보여주고 있는데, 이것은 소위 신화학이 이미 언급하고 있는 것이다. 마녀는 절름발이거나 다리가 휘어 있거나 그녀의 얼굴에는 그녀의 추함을 더해 주는 무사마귀나 여러 가지 혹이나 있다. 한마디로 그녀의 모든 것은 박해를 부를 만하다. 중세와 근대의 유대인 배척주의가 보던 유대인들도 마찬가지이다. 그는 단지 다수의 과녁이 되는 개인들에게서 볼 수 있는 모든 희생양 징조들을 모아놓은 집합체에 다름아니다.

그래서 유대인도 염소나 어떤 동물과 연관된 것으로 간주된다. 여기서도 사람과 동물의 차이가 붕괴된다는 생각은 전혀 엉뚱한 모습으로 나타나고 있다. 가령 예를 들어, 요한 피샤르트(Johann Fischart)와 아우크스부르크(Augsburg) 가까이에 있는 빈츠방겐(Binzwangen)을 예로 들고 있는 1575년의《분데르차이퉁(Wunderzeitung)》지는 한 유대인 여자가 두 마리의 돼지 새끼를 보고 있는 것을 보여주고 있는데, 그 돼지를 그녀가 이제 막 낳았다는 것이다.[12]

이 같은 이야기는 세계 모든 신화 속에서 볼 수 있다. 그러나 이 두 경우에서 희생양 메커니즘이 똑같은 체제에서 작용하고 있지 않고 또 그 사회적 결과도 같은 차원에서 비교할 수 있는 것이 아니다 보니 우리는 이 두 경우의 유사점을 놓치고 만다. 신화의 고등 체제는 희생양의 신성화에 이르는데, 이때 이 희생양은 박해자의 왜곡을 숨기거나 때로는 소멸시키는 경향이 있다.

극점 가까이에 있는 캐나다 북서 지방 전체에 남아 있는 아주 중요한 신화를 살펴보기로 하자. 그것은 도그리브(Dogrib) 인디언의 건국 신화이다. 플레야드판 대백과 사전의「일반민족학」편에서 로제 바스티드(Roger Bastide)는 이 신화를 이렇게 요약하고 있다.

> 한 여인이 개와 관계를 맺어 강아지 여섯 마리를 낳는다. 부족에서 쫓겨난 그녀는 먹을 것을 구하러 황야를 헤매게 된다. 숲에서 돌아오던 어느 날 그녀는 그 강아지들이 어린아이가 되어 있는 것을 보았다. 그녀가 집을 나설 때마다 그 강아지들은 그 동물의 가죽을 벗는 것이었다. 그래서 밖으로 나가는 척하던 그녀는 아이들이 그렇게 가죽을 벗을 때 그 가죽을 빼앗아버려 그때부터 그 아이들이 자신들의 인간으로서의 정체를 갖도록 했다.

우리가 앞에서 보았던 박해의 전형들은 다소 식별해 내기 힘들지만 여

---

12) *The Devil and the Jews*, 52–53쪽.

기에 다 들어 있다. 그러나 이것들이 한데 섞여 나타난다는 것은 많은 것을 암시한다. 우리가 위기라고 부른 일반화된 무차별화는 여기서 공동체를 재현하는 아이들에게서뿐만 아니라 어머니에게서 나타나는 인간과 동물 사이를 왔다 갔다 하는 망설임과 같은 것이다. 여기서 희생양 징조는 여성이라는 것이며 전형적인 범죄는 바로 수간이다. 이 여자는 분명 이 위기에 책임이 있다. 악마 같은 한 무리의 집단을 배태한 것이 바로 그녀이기 때문이다. 그러나 한편으로 신화는 은근히 진실을 말해 주고 있는데, 그것은 그 죄인과 그 집단 사이에는 아무런 차이가 없다는 것이다. 부분적으로는 서로 차이가 없으며 또한 그 죄를 징벌한 것이 바로 그 집단이기 때문에 집단이 그 죄보다 선행한다는 것이다. 그러므로 이 이야기는 결국 전형적인 범죄로 비난받고서 "부족에서 쫓겨나서 스스로 먹을 것을 찾아서 황야를 헤매야만 했던" 한 희생양에 관한 이야기이다.

그런데 우리는 돼지를 낳았다고 비난받던 빈츠방겐의 유대인 여자와 이 이야기의 관계를 잘 보지 못한다. 그것은 여기서 작용하는 희생양 메커니즘은 근본에서 작용하고 있는 근원적인 것이기 때문이다. 이것은 실제적인 것으로 된다. 그러므로 공동체는 그것이 징벌하는 그 범죄보다 앞서가기도 하지만 동시에 그 뒤에 오기도 한다. 본질적으로 일시적인 그것의 악마성에서가 아니라 아주 다른 그 인간성에서 볼 때, 공동체가 태어나는 것은 바로 이 범죄로부터이다. 희생양들은 처음에는 먼저 공동체로부터 인간과 동물의 경계를 흐리게 하였다고 비난받지만, 뒤에 가서 인간과 동물의 차이를 영원히 정착시킨 공로가 되돌아가는 것도 바로 그 희생양이다. 그 개 여인은 수간뿐 아니라 근친상간과 모든 전형적인 범죄들, 사회의 근본 규칙에 대한 모든 위반들을 징벌하는 위대한 여신이 된다. 겉으로 보기에 무질서의 장본인처럼 보이던 자가 이제는 질서의 장본인이 된다. 그 장본인은 처음에는 자신에게 대항하여 그리고 자신의 주위에서 무서움에 떠는 그 공동체의 일체감을 다시 만들어내고 있기 때문이다.

　신화에는 두 순간이 있는데 지금까지 해석자들은 그것을 잘 분간하지 못하였다. 첫 번째 순간은 아직은 성스럽게 되지 못한 희생양을 비난하는 순간인데, 이때에는 그 희생양에 대한 적대적인 세력이 커져만 간다. 공동체와의 화해에서 생겨나는 긍정적인 신성화의 순간인 두 번째 순간에 의해 이 첫 번째 순간은 덮이게 된다. 나 자신은 박해자의 시각을 반영하고 있는 역사적 텍스트 속에서 그의 화답자로부터 나를 도와주는 이 첫 번째 순간을 추출해 낸다. 통째로 첫 번째 순간으로 환원되는 텍스트일수록 해석자들을 이 첫 번째 순간으로 인도하는 데 더 적합하다.

　박해의 텍스트들은, 신화 속에는 우리 박해의 변형과 유사한 첫 번째 변형이 들어 있다는 것을 암시하고 있다. 그렇다고 해서 이것이 말하자면 두 번째 변형의 기초가 되는 것은 아니다. 우리보다 무엇을 더 쉽게 믿었던 이 신화의 박해자들이 희생양의 효능을 얼마나 믿고 있었는가 하면, 이들은 희생양에 의해 서로 화해하거나 그 희생양에 대한 반응으로서 적의감과 공포뿐 아니라 그 희생양을 찬양하는 상반된 반응을 동시에 나타내기까지 할 정도였다. 이 같은 두 번째 변형에 대해서는 이와 유사한 것을 갖고 있지 않는 우리로서는 쉽게 이해하기가 힘들 것이다. 그러나 일단 이것이 첫 번째 변형과 분명히 구분되고 나면, 우리는 특히 그 결론 부분에서 잘 드러나는 이 두 가지 유형의 텍스트의 상이점을 논리적으로 분석할 수 있게 된다. 그리고 우리는 그게 아무리 약한 것이라 하더라도, 역사에 나타난 희생양 주위에 형성된 성스러움이 이런 성스러움과 너무나도 닮아 있기에 이것은 다른 별개의 메커니즘에서 나온 것이라고 볼 수 없다는 것을 확인함으로써, 이 같은 우리 분석의 정당성을 입증하였다.

　그러므로 우리는 집단적 폭력 속에서 우리 세계에서도 끊임없이 작동하고 있던, 그러나 곧 살펴보게 될 그런 이유 때문에 지금은 점점 더 이상 작동하지 않는, 그런 신화 제작 장치를 보아야 한다. 이 두 가지 변형 중에서 분명 두 번째 것이 이제는 거의 다 사라진 것을 보더라도, 더 허약하다. 서구 현대의 역사는 신화적 형태의 쇠퇴로 특징지어지는데, 신화적 형태는 이제는 거의 첫 번째 변형만 한정적으로 나타나는 그런 박해적 상황 속에서만 남아 있을 뿐이다. 신화적 왜곡을 박해자들의 신념과 비례해서 나타나는 것이라고 볼 수 있다면, 신화적 형태가 점점 줄어드는 이런 쇠퇴는, 아직은 불완전하지만 점점 더 커져가는 우리의 해독력의 또 다른 모습을 보여주는 것이라 할 수 있으며, 이 해독력이 바로 우리의 특징이라 할 수 있다. 성스러운 것의 해체에서 시작된 우리의 해독력 덕택에 우리는 그 다음으로 반쯤 해체된 성스러움을 해석할 수 있게 되었다. 이 해독력에 힘입어서 오늘날 우리는 여태 아무도 손대지 않은 신화 형태에까지 거슬러올라가서 소위 신화 그 자체를 해석할 수 있게 되었다.

성스러운 것으로 갑자기 표변하는 것을 제외하고 나면 도그리브 신화라고 해서 우리가 살펴본 기욤 드 마쇼의 구절보다 박해의 왜곡이 더 심하게 나타나는 것은 아니다. 우리가 잘 이해할 수 없는 것은 주로 이 성스러움에 관한 것이다. 이 같은 희생양의 이중 변신을 추적하지 않는다면, 성스러움은 여전히 분명 환상적인 현상으로, 그러나 신심 깊은 도그리브족들이 믿던 것만큼이나 확실한 하나의 현상으로만 보이게 될 것이다. 신화와 의식들은 이 현상의 분석에 필요한 모든 자료들을 담고 있지만 우리는 그것을 잘 분간해 내지 못하고 있다.

신화 뒤에 실제의 희생양이 있다고 가정하는 것이 과연 신화를 지나치게 신뢰하는 것일까? 사람들은 분명 그렇다고 말할 것이다. 그러나 도그리브족의 텍스트를 대하는 해석자들의 상황도 역시 그 바탕에 있어서는 앞에서 본 그런 예들과 똑같다. 우리의 이런 해석은 박해의 전형에 적용할 수 없는 규칙 때문에 아마도 무모한 것으로 비치기 쉬울 것이다.

여자 개 신화와 같은 특정한 신화에 대해서 물론 내가 잘못 생각하고 있을 수도 있다. 이 신화도 이제 막 우리가 '가상의' 오이디푸스 신화를 만들어본 것과 같은 이유로 여러 부분들로 만들어진 것일 수 있다. 이 경우에 생길 수 있는 실수는 완전히 국지적인 것이라서 전체적인 해석의 정확성을 해칠 정도는 안 된다. 비록 그것이 실제의 집단 폭력에서 나온 것이 아니라 하더라도, 도그리브 신화는 적어도 문자 그대로 이 같은 폭력의 효과를 재생산할 수 있는 유능한 모방자들이 만들어낸 것일 것이다. 그러므로 이 신화는 내가 만들어본 오이디푸스 신화처럼 유효한 한 본보기가 될 수 있을 것이다. 내가 이제 막 만들어본 텍스트의 이면에 실제의 희생양이 있다고 가정한다면, 나는 예외적으로 잘못 생각하는 것일 수도 있다. 그렇지만 이 실수는 이 같은 전형으로 이루어져 있는 똑같은 구조를 가진 대부분의 이런 유의 텍스트들이 지니고 있는 진실에 충실하고 있는 실수이다. 이 모든 텍스트들이 모두 허위로 만들어진 것이라는 것은 확률적으로 도저히 생각할 수 없는 것이다.

괴물을 낳는다고 비난받던 빈츠방겐의 유대인 여자를 생각해 보면 그 여자처럼 이것도 당연한 것으로 받아들여졌을 것이라는 것을 우리는 쉽게 이해할 수 있다. 배경이 조금 변한 것이나 긍정적인 성스러움이 약화되었다는 사실 때문에 우리의 해석에 반대하는 비평가들이 행하는 해석은 아마도 그들로서는 받아들일 수 없는 해석이 될지 모른다. 그들이 신화에 대하여 요구하는 해석의 유형은 그 당시의 그들의 정신에서 나왔을 것이다. 우리의 해석을 그들에게 부여해 주려고 노력한다면 그들도 스스로 그것의 신비적인 성격을 밝히게 될 것이다. 앞에서 정의한 역사적 방법, 즉 박해에 대한 탈신비화의 방법과 생소한 다른 해석들은 모두 다 아방가르드처럼 소문은 무성하지만 실제로는 퇴행적인 것일 뿐이다.

* * *

　민족학자들의 민족학은 자신의 주장이 우리 주장과 아주 동떨어져 있다고 여기고 있지만, 어떤 점에서는 아주 가까이 있다. 이미 오래전에 그들은 그들이 '마술적 사고(pensée magique)'라고 부르고 있는 것 속에서 '인과율적인' 어떤 초자연적인 설명이 있다는 것을 인정한 바 있다. 허버트와 모스는 마법을 '인과율 테마의 거대한 변이체'로 보았다. 이 인과율 유형은 과학보다 앞선 것이었고 어떤 면에서 보자면 과학을 예고하는 것이다. 그 시대의 시대 정신을 따르면서 민족학자들은 오히려 이 두 가지 유형의 설명 방식 사이의 차이점이나 유사성에 더 관심을 기울인다. 과학의 우월성을 찬양하는 사람들은 차이를 더 높이 치고 있으며, 그 반면에 우리가 허영심이 많다는 것을 알고서 우리의 입을 다물게 하려는 사람들은 유사성을 더 강조하고 있다.

　그런데 레비 스트로스는 이 두 범주에 동시에 속한다. 『야생의 사고』에서 그는 위베르(Hubert)와 모스(Mauss)의 입장을 그대로 취하면서 마법의 의식과 믿음을 '갓 태동하고 있던 과학에 대한 믿음의 행위'[13]라고 규정한다. 물론 그는 정신적인 면에 주된 관심이 있었지만, 자신의 말을 뒷받침하기 위해서 레비 스트로스는, 마법적 사고와 '마녀 추방'의 동일성을 아주 명백하게 보여주고 있는 에반스 프리차드의 다음 텍스트를 인용하기도 한다.

　자연 철학의 체계로 간주되는 그것(마법)은, 불행은 자연적 힘을 이용한 마술의 결과라는 식의 인과 법칙을 담고 있다. 어떤 사람이 물소의 뿔에 받히든가 흰개미가 기둥을 쏜 광에서 위에서 떨어진 나무 기둥에 머리를 다치든가 뇌척수막염에 걸렸다면, 물소나 광이나 혹은 그 질병은 그 사람을 죽이려는 마술과 결합된 원인이라고, 아장데(Azandé)인들은 단언

---

13) *La Pensée sauvage*(Paris, 1962), 19쪽.

할 것이다. 물소, 광, 질병은 그들 나름대로 존재하고 있기 때문에, 마술은 그것들에 대하여 아무런 책임이 없다. 그러나 그런 것들이 어떤 한 개인을 파괴하는 관계에 처하도록 만든 이런 특수한 상황에 대해서는 책임이 있다. 광은 언제고 무너질 것이다. 그러나 그 사람이 그 밑에 서 있던 바로 그 순간에 그 광이 무너지는 것은 마법 때문이다. 이것만이 사람에게서 나온 것이기 때문에, 이 모든 원인들 중에서 마법에게만 징계 조치를 취할 수 있다. 사실 물소나 광에 대해서 징벌을 가할 수는 없는 노릇이다. 사람들이 볼 때 이런 것들이 더 중요한 원인이라고 인정한다 하더라도, 이것들은 사회적 관계에서 그다지 중요한 것이 못 된다.[14]

'자연 철학'이라는 표현은 '자연의 신비'에 대해 순진한 의문을 갖던 루소의 선량한 야만인이라는 이미지를 떠올리게 한다. 사실 마법적 사고는 사심 없는 호기심에서 나온 것이 아니다. 사람들은 종종 재난의 경우에만 이것에 의지하는데, 이것은 특히 비난의 체계를 이루고 있다. 여기서 마법사의 역할을 하면서 이웃에게 해를 끼치는 사람은 언제나 타인이다.

에반스 프리차드는 바로 나 자신이 밝힌 것을 밝히고 있지만, 그러나 민족학자들을 감동시키는 언어로 말하고 있다. 마법적 사고는 어떤 인간적 존재, 희생, 희생양, 즉 '사회적 관계의 차원에서 중요한 원인'을 찾고 있다는 것이다. 마법적 설명에서 나온 '징계 조치'의 속성을 따지는 것은 그다지 중요하지 않다.

에반스 프리차드가 말하고 있는 것은 민족학적으로 볼 때 일반적으로 보이는 마법적인 현상뿐 아니라, 중세의 폭력에서부터 '엄밀한 의미의' 신화에 이르기까지 모든 범주의 박해 현상에 다 적용될 수 있는 현상을 말하고 있다.

테베인들은 이따금 돌림병이 모든 인간 집단에게 타격을 준다는 것을

---

14) E. E. Evans-Pritchard, "Witchcraft," *Africa* 8, 4(Londres, 1955), 418-419쪽.

잘 알고 있었다. 그러나 테베인들은 하필이면 왜 이때에 우리 도시에 이 질병이 나타나는가에 대해 의문을 품곤 하였다. 그 때문에 고통받는 이들은 자연적인 원인들에 대해서는 그다지 관심이 없었다. 단지 어떤 마법에게만이 '징계 조치'를 할 수 있었기에 사람들은 징계할 마술사를 찾는 데 모두 혈안이었다. 페스트로서의 페스트에 대항하거나 혹은 아폴론 그 자신에게 대항하는 처방은 없는 것이다. 그 반면에 불행한 오이디푸스에 대한 카타르시스적인 징계에는 어떠한 난관도 없다.

레비 스트로스도 마법에 관한 논문에서 이런 사실을 말했지만 그는 에반스 프리차드보다 리토트의 예술을 더 밀고 나갔다. 그는 '어떤 과학적인 태도'의 성과는 있지만 마법은 과학에 비해 초라한데, 그것은 '원시적 사고'의 신봉자들이 생각하는 그런 이유 때문이 아니다. 그는 마법은 '결정주의에 대한 무시나 멸시 때문이 아니라 더 단호하고 더 가차없는 결정론의 요구 때문에 과학과 구별된다'[15]고 쓰고 있다. 폭력은 그 어느 때보다 거의 문제가 되고 있지 않지만, 이 구절에 들어 있는 수식어들은 모두 온전히 마법적인 인과율에 젖은 박해자들이 쓰고 있는 것과 같은 방식으로 쓰이고 있다. 박해자들의 판단이나 행동이 모두 단호하고, 가차없으며, 또 당치않을 뿐더러 성급한 것이 사실이다. 대개 박해자들은 자신들의 마법적 사고는 자신을 마법에 대항하는 방어적 조치라고 여기고 있다. 페스트가 나돌 때 이 사고가 마녀 추방이나 기독교도들의 추방과 같은 행동으로 이어지는 것도 바로 이런 이유에서이다. 게다가 우리는 모든 사람들이 '마법적으로' 추론하고 있다고 기꺼이 말할 수 있는데, 이 말은 동시에 '신화적으로' 사고한다는 것을 암시한다. 이 두 낱말은 사실 둘 다 정당한 동의어이다. 에반스 프리차드가 의심 없이 단언한 것이 바로 이것이다. 역사와 신화에 들어 있는 마법에 대한 표현과 행동 사이에는 본질적인 차이가 없다.

---

15) *La Pensée sauvage*, 18쪽.

역사와 민족학, 이 두 학문은 그 정신적 태도에서 차이를 보이고 있다. 역사학자들은 박해의 차원에 강조를 두고 있으면서 당연히 이런 것들을 가능하게 한 편협함과 미신을 고발한다. 이에 반해 민족학자들은 단지 인식론적인 면과 원인의 논리에만 관심이 있다. 한마디 말도 바꾸지 않고 그 적용 영역을 전도시켜 보면, 우리는 우리 문명의 정신분열증적인 면을 한번 더 확인할 수 있다. 이런 사실을 확인하는 우리의 마음은 당연히 편치 않다. 그렇다고 해서 이것이 그것을 밝혀낸 사람의 탓으로 이 불편함을 돌리면서 이 사람들을 또 다른 희생양으로 만들어 버리는 이유 때문은 아니다. 오히려 이것은 습관과 같은 이유로서, 아득한 태곳적부터 전해져 온 근본적인, 그러나 현대에 와서는 지성화된 이유이다. 희생양에 대한 우리의 '무의식'을 위태롭게 할지도 모르는 것, 즉 희생양 메커니즘에 바탕을 둔 모든 종류의 표현물들은 이 메커니즘을 한번 더 위태롭게 하는 경향이 있다. 이 체계에서 나타나는 결함과 틈새를 보완하기 위해서 우리가 항상 무의식적으로, 어떤 때는 '노골적으로' 또 어떤 때는 '은밀히' 의지하게 되는 것이 바로 이 한결같은 체계를 발생시키고 또 재발생시키는 메커니즘이다. 우리 시대에 강조해야 할 것은 분명, 바로 이 '은밀한' 의지이다. 점점 더 박해가 많아진다 하더라도, 박해의 '무의식'과 식별하기가 정말 힘든 희생양 박해에 대한 왜곡들은 갈수록 점점 줄어들고 있다. 이 때문에 진리에 대한 저항은 약해지고 지성 속에서 모든 신화는 통째로 흔들리고 있는 중이다.

* * *

신화는 우리가 이미 해독한 것과 유사한 박해의 기록이다. 그러나 신화는 그 특징이기도 한 심한 왜곡 때문에 지금까지 본 기록들보다 해독하기는 더 힘들다.

신화에는 변형이 아주 많이 들어 있다. 희생양은 괴물이 되고 이것이 바로 환상적인 힘의 증거가 된다. 불화를 뿌린 다음에 다시 질서를 세우는 이것은 건국 시조나 신성을 가진 존재처럼 보인다. 이처럼 많은 변형이 신화와 역사적 박해를 비교할 수 없는 것으로 만드는 것은 아니며 오히려 그 반대이다. 이를 설명하기 위해서는 우리가 이미 해독했던 기록에서 상정했던 그 메커니즘에 의지하여 그것에다 더 효력 있는 기능을 부여하는 것으로 충분하다. 다시 질서나 평화를 되찾는 것은 이전에 무질서나 불화가 일어났던 것과 똑같이 바로 그 희생양과 관련이 있다. 이것은 바로 그 희생양이 성스럽다는 것을 말하고 있다. 또한 이것은 박해의 일화를 종교적이고 문화적인 것의 진정한 출발점으로 삼고 있다. 총체적인 이 과정은 실제로, (1) 종교적인 현신(顯身)으로서 그것을 기념하는 신화의 모델이나, (2) 혹은 이로운 희생양이라면 그 희생양이 행했거나 감내했던 것을 항상 되풀이해야 한다는 원칙에 따라서 그것을 재생산하려는 제의의 모델로 쓰이거나, (3) 아니면 그것이 해로운 희생양이었다면 그 희생양이 행한 것이 결코 재발하지 못하도록 해야 한다는 원칙에 따라서 그것들을 금지하는 역모델(contreèl modèle)의 역할을 하게 된다.

논리적으로 볼 때, 신화 제의적인 종교의 모든 것은 역사에서보다 한층 높은 어떤 영역에서 작용하고 있는 바로 이 희생양 메커니즘에서 나왔다. 예전의 민족학은 신화와 제의의 밀접한 관계를 주장하였는데, 이것은 옳았다. 그러나 박해의 현상에서 모든 종교 제의의 모델과 역 모델을 포착하지 못한 옛 민족학은 결코 수수께끼 같은 이 관계를 풀지 못하였다. 예전의 민족학은 신화를 볼 때는 제의를 단순히 신화의 반영으로, 또 제의를 볼 때는 신화를 제의의 단순한 반영으로만 보고 있었다. 이렇게 수수께끼를 풀지 못한 민족학자들은 종교적 제의의 속성과 관계에 대하여 의문을 제기하는 것을 포기하고 말았다.

희생양 효과는 현재의 민족학자들이 이제 그 존재를 깨닫고 있는 어떤 문제를 해결하게 해준다. 내가 제안하는 해결책의 효력을 이해하기 위해서는, 박해자들이 자신들의 박해에 대해 말하고 있는 보고서와 사실로 묘사된 사건 사이의 관계를 생각해야 한다. 무관한 사람이 실제로 가담하지 않은 집단적 폭력에서 보는 것은 힘없는 희생양이 신경질적인 집단에 의해 학대받는 것일 뿐이다. 그러나 그가 가담자들에게 무슨 일이냐고 묻게 되면 그는 그가 직접 두 눈으로 본 것을 더 이상, 혹은 거의 인정할 수 없게 될 것이다. 그 사람은 아마도 그 희생양의 신통한 능력과 그가 집단에게 행사한, 그리고 분명 죽음을 피하였을 것이기에 아마 아직도 행사하고 있을 신비로운 영향력 등의 이야기를 듣게 될 것이다.

실제로 일어난 사건과 박해자들이 그것을 보는 방식 사이에는 어떤 간극이 있는데, 신화와 제의의 관계를 이해하기 위해서는 그 간극을 더 넓혀보아야 한다. 아주 원시적인 제의에서는 항상 점차 어떤 희생양에게로 집중하다가 결국에 가서는 그 희생양에게 달려드는 한 무리의 무질서한 집단이 있음을 우리는 잘 알고 있다. 신화는 집단 공동체 내부에 무질서를 뿌린 다음에 어떤 희생을 통하거나 아니면 스스로 죽음으로써 그를 믿던 신봉자들을 구원하는 어떤 무서운 신에 관한 이야기를 해주고 있다.

이런 경배의 신봉자들은 모두 그들의 제의를 통해서 신화에서 일어난 일을 되풀이하고 있지만, 그러나 우리는 이 제의에서 희생양을 학대하는 제정신이 아닌 도가 넘친 군중을 보고 있기 때문에 우리는 그들이 하는 말을 이해하지 못한다고 주장하고 있고, 신화는 집단 공동체를 지배하는 전능한 신에 대하여 이야기하고 있다. 우리는 이 두 경우에 나타나는 인물이 똑같은 인물이라는 것을 이해하지 못한다. 그것은 박해의 왜곡이 희생양을 신성화할 수 없을 정도로 너무 심하게 박해를 왜곡하고 있다는 사실을 우리가 눈치 채지 못하고 있기 때문이다.

옛날의 민족학은 정당하게 가장 거친 제의가 가장 원시적인 제의라고 생각하고 있었다. 그것은 절대적 연대기의 측면에서 반드시 가장 오래되었다는 것이 아니고, 그들 폭력의 기원에 가장 가까운, 그래서 진실을 가장 잘 드러낸다는 의미에서 그러하다. 신화가 제의와 똑같은 박해의 장면을 모델로 취하고 있음에도 불구하고 신화들은 그 모델과 가장 닮은 바로 그 정도로 그것과 가장 덜 닮아 있다. 여기서 말은 행동보다 더 거짓된 것이다. 민족학자들은 항상 여기서 속고 있다. 그들은 한결같은 이 똑같은 집단 폭력의 일화는, 신화보다는 제의 안에서 실제 사실과 훨씬 더 닮았다는 것을 못 보고 있다. 실제로 제의 속에서 신봉자들은 그들 선조들의 집단적 폭력을 되풀이하려 한다. 그들은 이 폭력을 모방하는데, 이때 실제 사건에 대한 기록은 그들의 말과 같은 정도로 그들 행동에 아무런 영향을 미치지 못한다. 말은 박해의 기록, 즉 희생양을 상징하는 능력에 의해 완전히 결정된다. 그 반면에 제의적 행위는 박해 군중들의 행동을 직접 베낀 그대로이다.

5 테오티와칸

나를 비판하는 사람들은 내가 어떤 사건을 묘사하다가 항상 그 글이 묘사하고 있는 실제 사건으로 슬쩍 넘어가고 있다고 비판한다. 지금까지의 사정을 조금이라도 세심하게 관찰한 독자들이라면 나에 대한 이런 비난이 부당하다는 것을 잘 알 것이다. 만일에 내가 그런 비난을 받을 만하다면, 박해에 관한 거의 신화적인 중세의 텍스트들의 이면에는 희생양이 실재했다고 가정하는 우리 모두가 비난받아야 할 것이라는 것도 이해할 것이다.

하지만 나는 이제 적어도 겉으로 볼 때 나의 논지로 가장 파악하기 가장 어려워 보이는 신화를 다루어보려 한다. 왜냐하면 그것은 신화에 있어서 집단 학살의 타당성을 부인하고 있기 때문이다. 집단 학살의 타당성을 부인하는 한 방법은 정말로 희생양은 죽었지만 그들은 자의적으로 죽었다고 주장하는 것이다. 원시 사회에서의 자기희생 신화는 과연 무엇을 의미할까?

아스텍의 태양과 달의 창조에 관한 자기희생 신화를 살펴보자. 아스텍의 신화는 거의 『누에바 에스파냐의 일반 역사(*Historia general de las cosas de Nueva España*)』의 저자인 베르나르디노 데 사아군(Bernardino de Sahagun)에게서 빌려왔다. 조르주 바타유는 그의 저서 『저주의 몫』에서 이를 번역해 싣고 있는데 이를 간단히 요약하면 다음과 같다.

    빛이 존재하기 전 여러 신들은 테오티와칸(Teotihuacan)이라는 곳에 모여 '과연 누가 이 세상에 빛을 밝힐 것인가?'를 놓고 의논하였다. 이때 "내가 그 임무를 맡겠습니다."라고 테쿠치체카틀(Tecuciztecatl)이라는 신이 앞으로 나섰다. 그러자 여러 신들은 하나의 빛으론 부족하니 "세상에 빛을 밝힐 다른 신은 더 없나요?"라고 외치면서 다시 의논에 들어갔다. 그 자리에 있던 신들은 누구도 감히 그 과업을 맡지 못하였다. 두려워서 핑계만 대던 그들은 모두 과연 누가 나설까 궁금해 하면서 서로를 바라보고만 있었다. 그들 중에는 아무도 관심을 두고 있지 않는 '종기(bubas)'가 많이 나 있는 신이 하나 있었는데, 그는 아무 말도 하지 않은 채 오직 남들이 하는 말만 듣고 있었다. 그들은 그에게 "여보게 '종기,' 자네가 맡아야겠네."라고 말을 걸었다. 그러자 그는 "그러면 당신들의 명령을 은총으로 받아들이죠. 그렇게 하죠."라고 말하면서 그 임무를 기꺼이 수락하였다. 이렇게 뽑힌 두 신은 이때부터 곧장 나흘 동안 회개하기 시작했다. (중략) 밤이 되자 신들은 모두 테오텍스칼리(Teotexcalli)라고 불리는 화덕 주위에 모였는데, 거기서는 불이 나흘간 타오르고 있었다. 신들은 불을 사이에 두고 두 줄씩 늘어서 있었다. 이때 방금 선택된 두 신이 와서 서 있는 신들의 열 사이에 불로부터 얼굴을 돌린 채 자리를 잡았다. 서 있던 그들은 테쿠치체카틀에게 "자 테쿠치체카틀, 불속에 뛰어들게."라고 말했다. 테쿠치체카틀은 불에 뛰어들려고 시도해 보았지만 너무나 맹렬히 타오르고 있는 불의 그 엄청난 열기를 느끼자 겁에 질려 뒤로 물러났다. 두 번째로 용기를 내어 뛰어들려 했지만 가까이 다가서자마자 그의 몸은 딱 굳어 버리는 것이었다. 이렇게 여러 번 시도해 보았지만 허사였다. 그런데, 누구도 네 번 이상 시도할 수 없다는 규칙이 있었다. 이렇게 네 번의 시도가 끝나자 신들은 나나와친(Nanauatzin)('종기'의 이름이 나나와친이었다.)에게 "자 나나와친, 자네 차례야."라고 말했다. 이 말이 떨어지자마자 그는 두 눈을 감고서 온몸의 힘을 모아 단숨에 불속으로 몸을 날렸다. 마치 어떤 물건이 타는 것처럼 그는 곧 타닥타닥 소리를 내면서 타들어갔다. 이 모습을 보자마자 테쿠치카틀도 다시 용기를 내어 화염 속으로 뛰어들었다. 이때 독수리 한 마리도 같이 뛰어들었다고 전해지고 있는데, 독수리의 깃털에 검은 빛이 감도는 것은 바로 이 때문이라는 것이다. 또 호랑이 한 마리도 뒤를 이어 들어갔지만 불에 타지는 않고 화염에 거슬리기만 하였다. 그래서 호랑이에게는 검고 붉은 이때의 흔적이 남아 있는 것이다.

불 주위에서 무릎을 꿇고 있던 신들은 잠시 뒤 나나와친이 '해가 되어서' 동쪽에서 솟아오르는 것을 보았다. 그는 좌우로 몸을 흔들면서 아주 빨갛게 나타났는데, 누구도 감히 그것에 두 눈을 맞출 수가 없었다. 그것은 거기서 분출하여 온 사방을 비추는 너무나 눈부신 빛줄기로 빛나고 있었기 때문이다. 그리고 이번에는 테쿠치체카틀이 지평선 위로 달이 되어 솟아올랐는데, 해보다는 덜 밝았다. 이어서 신들이 죽어갔는데, 케찰코아틀(Quetzalcoatl)이라는 바람이 모든 신들을 죽였기 때문이다. 그 바람은 신들의 혼을 빼앗아 새롭게 생겨난 별들에게 그 혼을 불어넣어 주었다.[16]

여기서 첫 번째 신은 누구에게 지목받아 나선 것이 아니다. 그는 진정으로 자원해서 나갔다는 점에서 두 번째 신과 다르다. 그러나 잠시 뒤에 사태는 역전된다. 두 번째 신은 전자와 달리 아무런 시행 연습도 없이 곧장 불속으로 뛰어든다. 이처럼 이 두 신의 행동에는 항상 정반대되는 요소들이 들어 있다. 이 두 신 사이에는 항상 역전이 일어나는데, 이것을 우리는 차이인 동시에 대칭이라고 해석할 수 있다. 우선 첫 번째로 차이점부터 살펴보기로 하자. 그러나 구조주의자들이 생각하는 것과는 달리

---

16) Georges Bataille, *la Part maudite*, 101-103쪽.

여기서 중요한 의미를 담고 있는 것은 결코 차이가 아니다. 그것은 이 두 희생양의 공통점인 대칭적인 요소이다.

이 신화는 우선 의사 결정의 자유롭고 자발적인 면을 강조하고 있다. 신들은 위대하다. 그래서 그들이 세계와 인류의 존재를 보장하기 위해서 죽음에 뛰어드는 것도 기꺼이 자진해서 하는 것이다. 그렇지만 우리는 이 두 경우에서 우리로 하여금 곰곰이 생각게 하는 어떤 상반된 요소를 발견할 수 있다.

신들에 의해 지목받자 키 작은 '종기'(부보소)는 순순히 응한다. 태양을 만들어낸다는 멋진 대의를 위해 죽는다는 생각에 마음은 들떠 있지만, 그렇다고 그가 자발적으로 나선 것은 아니었다. 이 신화에는 겁에 질려 '그 임무에 응하지' 않는 그 모든 신들의 잘못이 분명 들어 있다. 물론 사소한 잘못이라고 말할 수 있다. 그러나 신화에는 신들의 잘못을 축소하려는 경향이 있다는 것을 알게 될 것이다. 그렇지만 그것은 분명 잘못이며, 부보소가 용감하게 자신에게 부여된 임무를 맡기 이전까지 행하고 있던 잘못이다.

나나와친에게는 우리의 주의를 끄는 유별난 특징이 있는데, 그것은 나병환자나 페스트 환자와 같이 어떤 전염병에 걸린 조짐을 나타내는 '종기'가 많이 나 있다는 것이다. 내가 취하고 있는 집단 박해의 관점에서는, 희생양 선택의 전형적인 특징을 살펴서 그가 희생양으로 선택된 것이 바로 그 특징 때문이 아닌가를 따져보아야 한다. 그러므로 여기에는 희생양과 그 희생양의 자기희생이라기보다는 차라리 집단 박해가 존재하고 있을 것이다. 알다시피 신화는 있는 그대로를 말해 주고 있지 않다. 물론 그렇다고 신화가 그런 종류의 진실을 말해 주기를 기다릴 수도 없는 노릇이다.

그러나 이 신화는 나나와친을 그들이 '관심을 두고 있지 않는' 한 신으로 묘사함으로써 이 신이 행하고 있는 희생양의 역할을 확인해 주고 있다.

그래서 그는 따로 떨어져서 아무 말없이 있는 것이다.

그리스인들의 아폴론처럼 아스텍인들에게 태양의 신은 동시에 페스트의 신이라는 것을 상기하자. 아폴론에게서 희생양의 모든 흔적을 지우기 위한 올림피아의 검열이 행해지지 않았다면, 아폴론는 아마도 아스텍의 그 신을 더 많이 닮았을지도 모른다.

우리는 이처럼 서로 닮은 현상들을 도처에서 만날 수 있다. 페스트와 태양은 어떤 공통점이 있을까? 이것을 이해하기 위해서는 개인적인 것뿐만 아니라 집단적인 잡다한 무의식들과 따분한 상징 해석법에서 벗어나야 한다. 거기서 우리는 우리가 원하는 것만을 보게 되고, 또 거기에다가 우리는 우리가 원하는 것만을 결부시키기 때문이다. 그보다는 두 눈에 드러나는 광경을 정면에서 그대로 충실히 관찰하는 게 더 낫다. 사람들은 항상 '종기'난 사람들을 불에 태웠는데, 그것은 인간들이 오랫동안 불에서 가장 근본적인 정화 작용을 보아왔기 때문이다. 이런 연관성이 우리 신화에서는 명백하게 드러나 있지는 않지만 암시적으로 나타나고 있다. 그뿐 아니라 다른 아메리카 신화들도 이런 것을 명백히 보여주고 있다. 전염병의 위험이 클수록 사람들은 그것을 퇴치하기 위하여 불길을 더 높이 피웠다. 그래도 희생양의 효과가 계속 나타나게 되면, 집행관들은 흔히 그래 왔듯이 희생양이 바로 그 재앙의 책임자라고 여기고서, 희생양에게 의지하여 그 재앙을 치유하는 책임도 바로 그 희생양에게 있다고 여기곤 하였다. 태양의 신들은 처음에는, 그 병이 너무나 위험하므로 그 병의 마지막 인자까지 파괴하기 위해서는 그들이 만들어낸 진정한 태양인 테오티와칸의 거대한 불길에 태워야 하는 환자들이었다. 그러다가 갑자기 그 병이 사라지게 되면 그 희생양은 불에 많이 타고 화염에 더 휘말릴수록 더 신성한 존재가 되었다. 화염은 그 희생양을 소멸시키지만 동시에 그에게 아주 이로운 능력을 부여해 주었다. 인류 위에서 빛나고 있는 꺼지지 않는 불길, 즉 태양으로의 변신이 바로 이것이다. 그렇다면,

이 불길은 도대체 그 다음에 어디로 갔단 말일까? 이 의문을 제기하는 것이 바로 이 의문에 대답하는 것이다. 엄격하게 말해서 여기서는 단지 태양과 달과 별들만이 문제이다. 별들만이 인간을 영원히 비추어줄 수 있다. 그런데 여기서는 그것들이 인간을 영원히 비추어준다는 말은 없다. 그들의 이로운 협력을 도와주기 위해서는, 그들이 발생과정을 되풀이할 수 있도록 해줄 희생양을 끊이지 않고 제공해 주어야 한다. 아직도 희생양이 더 필요하다는 말이다.

이 신은 사람들 위로 광선을 쏘아 저주와 은총을 퍼뜨리는데, 이것도 위와 똑같은 과정이다. 이 광선은 빛과 열기와 풍부함을 가져다주지만, 동시에 페스트도 가져다준다. 이때의 광선은 화가 난 아폴론이 테베인들에게 쏜 화살과 같은 것이다. 중세 말기의 성 세바스찬에 대한 숭배에서도 이상의 테마들이 모두 다시 나타나고 있는데, 이 테마들은 박해에 관한 표현의 한 체계를 이루고 있다. 이것들은 흔히 희생양 효과로 구성되어 있지만, 이때의 희생양 효과는 아주 미약한 것이다.[17]

그가 '화살을 맞았기에', 그리고 그 화살은 희랍인들이나 아스텍인들에게서 화살이 의미하는 것과 같이 항상 태양빛이나 페스트를 의미하고 있기 때문에, 사람들은 이 성인을 자신들을 페스트로부터 지켜주는 자라고 여기고 있다. 전염병은 하느님 아버지, 심지어는 그리스도께서 사람들 위로 뿌리는 화살 비로 종종 묘사되기도 한다.

성 세바스찬과 화살, 혹은 전염병 사이에는 일종의 유사 관계가 존재한다. 그래서 신도들은 그가 거기에, 즉 그들의 교회당 안에 있는 것만으로도, 그들을 대신해서 떠다니는 정처 없는 화살들을 충분히 유인할 수 있게 되기를 바란다. 요컨대 사람들은 그 질병에게 성 세바스찬을 더 나은 먹이인 양 제시하는데, 이는 이를테면 그를 마치 청동뱀인 것처럼 들이대는 꼴이다.

---

17) Jean Delumeau, 앞의 책, 107쪽.

그러므로 여기서 성인은 저주받으면서도 찬양받는다는 이 말 본래의 이중적 의미에서 페스트에 걸렸으면서도 성스러운 존재이다. 그래서 그는 사람들을 보호해 주는 희생양의 역할을 하고 있다. 모든 원시 신들처럼 이 성인도 재앙을 독점하고 있을 뿐 아니라 재앙으로부터 사람들을 보호해 주고 있다. 극단적인 경우 그는 재앙의 화신이다. 그러나 이 화신의 해로운 면은 거의 사라져버렸다. 그러므로 '이것은 아스텍인들에서도 똑같다'라고 말해서는 안 된다. 여기서는 집단 폭력이 없기 때문에 똑같지 않다. 그 대신 하위 계층, 즉 아주 축소된 신앙의 수준에서 우리는 똑같은 메커니즘이 작용하고 있다는 것을 당연히 쉽게 확인할 수 있다.

성 세바스찬과 '중세의' 유대인 박해를 비교해 보면 이들에게서 해로운 면과 이로운 면이 서로 상반된 비율로 나타나고 있다는 것을 알 수 있다. 신화를 해체한다고 해서, 성인 숭배의 원시적이고 '이교도적인' 면과 실제의 박해가 똑같은 영향을 받는 것은 아니다.

우리가 나나와친을 비난할 수 있다면, 그것은 희생양 조짐의 확실한 기준을 갖추고 있으면서도 타인들에 의해 지목될 때까지 수동적으로 기다리고 있었다는 사실이다. 그에 비해 테쿠치체카틀은 희생양 선택 기준을 전혀 갖추고 있지 않으면서도 극단적인 호언장담과 비겁함을 번갈아 보여주고 있다. 나흘간의 회개 기간 동안 그는 한층 더 과시적인 태도를 취한다. 그래서 실제로 자연에 반하는 죄를 저지르지 않았다 하더라도 그는 이 말의 그리스어의 의미와 유사한 '휴브리스(hubris)'라는 죄를 짓고 있다고 말할 수 있다.

희생양이 없다면 태양도 달도 없을 것이다. 그렇다면 이 세상은 온통 어둠과 혼돈에 잠겨 있을 것이다. 아스텍의 종교는 온통 이 같은 생각에 기초해 있다. 밤과 낮의 끔찍한 무차별이야말로 우리 신화의 출발점이다. 그러므로 여기서 우리는 고전적인 형태의 전형적인 위기, 즉 희생양 효과에 가장 적합한 사회적 환경을 볼 수 있다.

여기에는 네 개의 전형 중에서 세 개의 전형이 들어 있다. 위기, 여러 종류의 과실 혹은 범죄, 희생양 선택의 기준과 문자 그대로 차별화적인 결정을 낳는 두 폭력적인 죽음이 그것들인데, 서로 다른 두 개의 빛나는 행성이 나타나고, 또한 독수리와 호랑이라는 두 동물의 독특한 채색도 바로 여기서 생겨난다.

여기서 빠져 있는 전형은 집단 살해의 전형이다. 이 신화는 죽음이 자발적인 것이기에 집단 살해가 없다고 단언하고 있는 듯하다. 그러나 앞에서 언급하였듯이, 이 신화는 이 두 희생양들의 자유 의지에다가 강제적인 요소를 아주 유용하게 뒤섞어놓고 있다. 여기에는 집단 살해가 겉으로는 부인되거나 혹은 감추어져 있지만, 주요 장면을 재검토해 보면 그것이 분명히 들어 있다는 것을 우리는 확인할 수 있을 것이다. 우선 신들은 서로 마주 보면서 서로를 위협하는 두 줄로 도열해 있다. 모든 일을 구성하는 것은 바로 그들이며 그들이 모든 사항들을 점검한다. 항상 합의가 필요하다. 처음에는 두 번째 '지원자'를 선택하기 위해서, 그 다음에는 그 두 희생자들이 '자발적으로' 불에 뛰어들게 하기 위해서, 그들은 항상 한목소리를 낸다. 만약 쇠약해진 자기 동료의 본보기를 따라 뛰어들 결심을 하지 않는다면 어떻게 될까? 그가 아무 일도 없었다는 듯이 원래 자리로 되돌아와 앉도록 주위에 있던 신들이 그를 과연 내버려두었을까? 더 강한 사주를 하지는 않았을까? 그 희생자들이 그 조물주의 과업을 피할 수 있었을 것이라는 생각은 그럴듯하지 않다. 만약 도망이라도 쳤다면 두 줄로 평행하게 늘어서 있던 신들은 아마도 큰 원을 만들어서 그를 둘러싸 불속으로 뛰어들게 하였을 것이다.

우리가 살펴보는 대부분의 신화에는 불이나 희생양과 거의 동시에 원형이나 원형에 가까운 형태가 나타나고 있다는 것을 상기하기 바란다.

지금까지의 논의를 정리해 보자. 여기서는 두 신이 행한 희생을 본질적으로 자기 의사에 따른 희생처럼 묘사하고 있다. 그러나 이 두 경우의 다른 두 지점에서 이 자유 행위에는 모두 미미하지만 어떤 강제 요소가 녹아들어 있다. 이 강제 요소는 그러나 결정적이다. 왜냐하면 텍스트 속에서 이미 박해자의 시각에 의해 신화화되어 있는 박해 현상을 암시하고 있는 모든 것들에 덧붙여서 이 강조 요소가 나타나고 있기 때문이다. 박해의 네 가지 전형 중에서 세 가지는 여기에 잘 나타나 있으며 나머지 하나는 그 장면의 일반적 모습과 희생양의 죽음으로 잘 암시되어 있다. 만약 이 장면이 우리 눈앞에 소리 없는 생생한 그림의 형태로 펼쳐져 있다면, 그것은 그에 대한 합의도 별로 필요 없는 희생양을 처형하는 것이란 것을 의심치 않을 것이다. 인간을 희생시키는 아스텍의 종교 의식을 잘 알고 있는 만큼 더 우리는 의심하지 않을 것이다. 어떤 학자는 코르테스(Cortés)에 의해 함락되던 때는 일 년에 2만 명이나 희생되었다고 주장하고 있다. 물론 많은 과장이 있겠지만, 아스텍인들에게서 인간 희생이 그야말로 아주 끔찍한 역할을 하고 있었다는 것은 분명한 사실이라고 볼 수 있다. 이 민족들은 항상 싸우는 데 몰두하였는데, 그것은 그들의 영토 확장 때문이 아니고 베르나르디노 데 사아군이 조사하고 있는 수많은 희생 제의에 필요한 희생양들을 구하기 위해서였다.

  민족학자들은 서양 세계의 박해에 관한 표현에 대하여 처음 해독하던 시대부터 수세기 동안 이 모든 자료들을 갖고 있다. 그러나 그들은 이 두 경우에서 같은 결론을 도출하지 않고 있다. 오늘날이라고 사정이 전보다 나아진 것은 아니다. 그들은 아스텍인들에 대하여 그들이 자신의 세계 안에서 정당하게 비판하였던 것을, 축소하거나 그게 아니면 완전히 정당화시키는 데 대부분의 시간을 보내고 있다. 여기서 우리는 역사 사회와 민족학적 사회를 연구하는 인간학을 특징짓는 두 가지 추와 두 가지 척도를 다시 보게 된다. 우리는 신화에서 우리보다 훨씬 더 신비화되어 있는 박해의 표현을 찾지 못한다. 그것은 그것이 그만큼 어렵거나 또 극단적으로 변형되어 있기 때문이기도 하지만, 기이하게도 우리 지식인들에게 들어 있는 아주 단호한 눈길로 소위 '민족학적' 사회를 폄하하고 있기 때문이기도 하다.

　민족학자들의 작업은 물론 힘든 작업이다. 조금이라도 오늘날의 서양 사회와 접하게 되면 '그들의' 문화는 마치 유리잔처럼 쉽게 부서지고 만다. 그래서 오늘날 이들 문화는 거의 남아 있지 않다. 이런 상황에서 그들을 따라다니는 멸시는 이런 압박의 형태를 언제나 보다 더 신랄하게 만들었는데 사정은 지금도 마찬가지이다. 현대의 지식인들은 특히 멸시에 사로잡혀서 이 사라진 세상들을 아주 우호적인 색깔로 표현하려 애쓰고 있다. 때로는 우리의 무지가 원인이 되기도 한다. 이 사람들이 자신들의 신앙을 살고 있는 방식을 도대체 어떻게 비판할 수 있단 말인가? 그들이 말하는 희생양들은 아무 말없이 죽임을 당하는 것이 바로 자신의 존재를 확대하는 것이라고 믿고 있는 진짜 지원자들이라고 이들이 주장할 때 그 말을 부인할 수 있을 만큼 우리는 그것에 대해 충분히 알고 있지 못하다.

　요컨대, 아스텍인들에게는 희생 이데올로기가 있다. 우리가 예로 든 이 신화는 그 이데올로기가 무엇으로 이루어져 있는지를 잘 보여주고 있다. 희생양이 없다면 이 세상은 어둠과 혼돈에 휩싸이게 될 것이다. 첫 번째 희생양만으로는 충분하지 않다. 위에서 인용한 이야기의 끝에 가서 태양과 달은 하늘에서 빛난다. 그러나 그들은 움직이지 않는다. 그들이 움직이지 못하도록 하기 위해서는 처음에는 이 신들을, 그리고 다음에는 예외 없이 모든 신들을, 그리고 그 다음에는 그들을 대체할 익명의 모든 군중들을 다 희생시켜야만 한다. 모든 것은 희생에 기반을 두고 있는 것이다.

　희생에 합의하는 희생양을 보여주는 신화에는 분명 '어떤 진실된 면'이 들어 있다. 또 이 신화는 있는 그대로의 현실을 보여주고 있다. 그 허풍쟁이 신은 자신의 힘을 과대 평가하고 있지만 결정적인 순간에 가서는 물러서고 만다. 이 물러섬에서 우리는, 민족학자들이 생각하는 것처럼 희생양들이 희생에 대해 모두 다 합의하고 있었던 것은 아니라는 것을 암시받을 수 있다. 테쿠치체카틀도 끝에 가서는 두려움을 극복하는데, 처음 여러 번의 실패와 마지막의 성공이 차이를 나타내는 것은 바로 그의 동료의 본보기 때문이다. 이때 집단의 사람들을 지배하고 있는 힘이 드러나는데 그것은 바로 흉내며 모방이다. 신화 해석에서 집단 살해의 개념이 유효하다는 것을 가능한 한 단순하게 드러내고 싶었기 때문에, 지금까지 나는 굳이 이 모방에 대해 언급하는 것을 자제해 왔다. 엄격하게 필요불가결한 사실들만을 언급했는데, 모방은 사실 그런 것이 아니었다. 그러나 이제는 우리가 인용하고 있는 이 신화에서 모방이 차지하는 주목할 만한 역할을 강조하고자 한다.

 미래의 달의 신으로 하여금 기꺼이 자원하도록 한 것은 바로 다른 모든 신들을 이기려고 하는 의지, 즉 모방적 경쟁 관계 때문이다. 그는 자신의 경쟁자나 다른 모델 없이 오히려 자기 스스로가 다른 사람들의 모델이 되기를 바라고 있다. 자신에 대해서는 어떤 모방도 인정치 않고 또 자신 외에는 어떤 모델도 인정치 않을 정도로 아주 확대된 모방 욕망의 한 형태인 이것은 바로 휴브리스이다. 이 달 신이 불속에 뛰어드는 명령에 따르지 않는 것은 분명, 처음에 그가 바랐던 우선권을 획득하고 나자 갑자기 자신의 모델은 사라지고 자기가 지향할 목표가 없어지게 되면서 자기를 인도해 줄 모델은 없고 오히려 스스로가 타인들을 이끄는 모델이 되어버린 처지에 놓였기 때문이다. 하지만 그가 우선권의 지위를 요구하던 바로 그 이유 때문에 그는 그런 역할을 할 수가 없었다. 즉 그는 너무나 순수하게 모방적이었던 것이다. 그 반면에 미래의 해가 될 두 번째 신은 자신이 남보다 앞서 나가는 데 대해 그렇게 애쓰지 않고, 모방에 대해서도 덜 예민한 편이다. 그의 차례가 왔을 때 이 신이 그의 동료가 취하지 않았던 우선권을 일순간에 취하게 되었던 것도 바로 이 때문이다. 그래서 그는 모델 없이는 행동할 수 없는 자에 대해 유효한 모델 역할을 할 수 있었던 것이다.

이 신화에서 모방 요소들은 도처에 은밀히 감추어져 있다. 그것은 우화의 모랄에도 들어 있다. 이 두 인물의 대조는, 이 장면 전체를 지배하고 있는 모방적으로 하나가 된 신들 집단의 모방이라는 더 큰 다른 모방의 원 안에 들어 있다. 신들의 행동은 모두 완벽하게 만장일치적이다. 마침내 자유와 억압의 작용도 복잡하게 뒤얽혀 있는데, 그것은 이 작용도 만장일치로 통일되어 있는 모든 신들의 모방 능력에 종속되어 있기 때문이다. 나는 신들의 부름에 응해서 기꺼이 나서거나 주저없이 불속에 뛰어든 자를 두고 자유로운 행동이라고 말했지만, 이 자유는 결국 언제나 '자, 불속으로 뛰어들어라'고 말하는 신의 의지에 다름아니다. 여기에는 단지 이 신의 의지에 대한, 다소 빠르거나 뒤늦은 아니면 다소 직접적이거나 간접적인 모방만 있을 뿐이다. 여기서 자발적인 의지란 어쩔 수 없는 본보기, 본보기의 최면술적인 힘에 다름아니다. 키 작은 '종기'에게 있어 '자, 불속으로 뛰어들어라'라는 신의 말은 곧장 행동으로 변하고 마는데, 이 말은 이미 하나의 본보기의 의미를 갖고 있다 할 수 있다. 그러나 다른 신들에게는 이런 말만으로는 충분하지 않다. 말뿐만이 아니라 바로 그 행동의 모습도 필요한 것이다. 테쿠치체카틀이 불속에 뛰어든 것은 그의 동료가 그 속으로 뛰어드는 것을 보았기 때문이다. 그는 조금 전보다 더 모방적인 것처럼 보이지만, 그러나 말로는 결국 덜 모방적이라고 말해야 하는 것이 아닐까?

희생양과 희생집행관 사이의 모방적 협력 관계는 중세와 오늘날에까지 계속되고 있다. 물론 오늘날에는 다소 약화된 형태이긴 하지만 말이다. 16세기의 마녀들은 자신들의 화형대를 스스로 선택하였다고들 한다. 그렇게 함으로써 자신들의 죄악이 얼마나 끔찍한 것인지를 깨닫게 한다는 것이다. 이교도들도 종종 그들의 끔찍한 신앙이 필요로 하는 형벌을 요구하기도 하는데, 그들에게서 이것을 없애버리면 자비가 부족한 것이 될 것이다. 이와 마찬가지로 오늘날 스탈린주의적인 모든 음란한 흡혈귀들이 인정하는 바에 따르면, 그들은 그들에게 다가올 합당한 징벌을 즐거워하고 있다는 것이다. 이런 유형의 행동을 공포로써 충분히 설명하지 못할 것이라고 나는 생각한다. 오이디푸스는 그를 가장 추한 오점으로 여기고 있던 만장일치적 합의에 가담하고 있은 셈이다. 그는 스스로를 혐오하였을 뿐만 아니라 정말로 테베 시민들에게 자신을 혐오해 달라고 애원하기도 하였다.

우리 사회에서 이런 행동을 하였다면 우리는 이 같은 행동을 하는 자의 공범이 되는 데에 분개했을 터이지만, 이런 일이 아스텍과 같은 다른 원시 사회에서 일어난다면 우리는 아무런 우려 없이 그대로 받아들일 것이다. 부러움을 살 만한 희생양들의 이 같은 운명에 대해 민족학자들은 아주 상세하게 묘사해 놓고 있다. 희생되기 이전에 희생양들은 아주 특별한 특권을 누렸는데, 그러다가 그들은 침착하게, 심지어는 아마도 즐겁게 죽음을 향해서 나아갔을 것이다. 여러 사람 중에서 자크 수스텔(J. Soustelle)은 독자들에게 이 종교적인 화형대를 우리식의 개념으로 이해하지 말라고 충고하고 있다. 자민족중심주의라는 악습은 항상 우리를 유혹한다. 그러므로 이국 사회에 대해서는 그것이 아무리 사소한 것이라 하더라도 부정적인 선입견을 갖지 않도록 조심해야 한다.[18]

모르는 세계의 '명예를 회복시키려는' 배려가 아무리 좋다고 하더라도 우리는 여기서 구분을 해야 한다. 현재에 지나친 배려를 나타내는 것과 과거에 거만하게 우쭐대던 것은, 그 방향은 정반대이지만 우스운 태도라는 점에서는 변함이 없다. 그 근본에서 그것은 항상 똑같은 교만이다. 우리는 우리 사회에 적용하는 똑같은 기준을 다른 사회에 적용하지 않고, 오히려 금세기말에 아주 특징적으로 나타나던 선동적인 반전으로 적용한다. 우리의 원천이 아무 가치가 없어서 우리는 단지 침묵만 하고 있어

---

18) Jacques Soustelle, *La Vie quotidienne des Aztèques*(Paris: Hachette, 1955), 126-129쪽.

야 하든가(이렇게 되면 우리는 결코 아스텍인들에 대해 아무것도 알 수 없다), 그게 아니면 우리의 원천이 가치가 있고 이 민족의 종교가 세계적 규모의 이 인간 혐오의 박물관에서 그 지위를 부당하게 획득한 것이 아니라고, 정직하게 결론 내려야 한다. 유혈이 낭자한 대향연을 스스로에게 부여한 분명 거짓된 이미지로 정당화할 때, 자민족중심주의에 반대하는 열기는 길을 잃고 만다.

 테오티와칸 신화에는 희생 이데올로기가 들어 있다. 그러나 이 신화는 동시에 신비적인 이런 시각에 반대한다는 증거도 은연중에 드러내고 있다. 무엇인가가 이 텍스트를 인간화하고 있다면, 그것은 유감스럽게도 우리의 전후 세대인 신루소주의와 신니체주의가 받아들이고 있는 희생자와 사형 집행자에 대한 헛된 목가가 아니다. 그것은 이 위선적인 시각에 대해 공개적인 정도는 아니지만 이것에 반대하는 것으로, 이것을 둘러싸고 있는 명백한 거짓들에 대해 내가 앞서 언급하였던 그 망설임이다. 이 신화의 불안한 아름다움은 이 신화를 사로잡고 있는 이런 동요와 관련이 있다. 바로 이 동요를 확대해 나갈 때 우리는 건물을 흔들고 또 붕괴시킬 수 있는 것이다.

6 아세스, 쿠레테스 그리고 타이탄들

지금까지 우리는 집단 살해가 들어 있지 않은 한 신화를 살펴보았다. 집단 살해가 빠져 있다고 해서 그것이 꼭 우리 입장에 반대하는 사람들에게 유리한 것만은 아닐 것이다. 그러나 아직은 시작일 뿐이다. 지금까지 몇몇 예들을 살펴보았지만 나는 충분한 예를 예시하지 않았다는, 일리 있는 비난을 받고 있다. 그래서 나는 많은 예들을 제시하려 한다. 나는 집단 살해의 중심적인 장면이라고 보기 힘든 신화나 수많은 신화의 변형체들 중에서 예들을 선택할 것이다. 이런 장면은 언제나 한결같은 모습을 보여주고 있다. 살해자들이 희생자 주위에 원을 그리면서 둘러싸고 있는데, 이 장면은 분명 아주 다양한 의미들을 대신하고 있다. 이 의미들은 공통점을 하나 갖고 있는데, 그것은 그 다양한 의미들이 집단 살해 그 자체를 의미하는 것이 아니라는 것이다.

우리의 두 번째 예는 스칸디나비아의 한 신화이다. 발데르(Balder)라는 신은 모든 신들 중에서 가장 뛰어난 신으로서, 어떤 실수도 하지 않고 온갖 미덕을 다 갖추고 있으며 폭력이라고는 행사할 줄을 모르는 신이다. 어느 날 죽음의 위협이 다가오고 있다는 것을 알려주는 무서운 꿈을 꾼 그는, 그의 동료 아세스에게 이를 알렸다. 이 말을 들은 아세스는 '발데르

를 모든 위험으로부터 지켜주기를 요청하기로' 결심한다. 그래서 그의 어머니 프리그는,

> 모든 생물과 무생물들(불, 물, 금속, 돌, 흙, 나무, 질병, 새, 뱀)에게 절대로 그에게 해를 끼치지 않는다는 약속을 받아낸다. 이렇게 단단히 보호된 발데르는 공공 장소에서 아세스들과 함께 어떤 놀라운 놀이를 즐기고 있었다. 그들은 그에게 어떤 발사물을 쏘고 또 칼질도 하지만, 그는 전혀 상처를 입지 않는다.

이 요약은 조르주 뒤메질의 『신화와 서사시』[19]에서 인용한 것이다. 아세스 가족들이 벌이고 있는 놀이를 두고 이 탁월한 해석자가 '놀라운'이라고 수식하고 있는 것이 눈에 띈다. 조금 뒤에 가서 그는 신이 벌이고 있는 이 놀이를 두고 다시 '구경거리'와 '속임수'라는 두 개의 수식어를 붙이고 있다. 이렇듯 그는 우리의 호기심을 자극은 하지만, 그 호기심을 만족시켜 주고 있지는 않다. 신화 속의 이 광경에서 과연 무엇이 우리를 놀라게 할 수 있을까? 그것은 예외적인 장면일까, 아니면 그 반대로 아주 익숙하여 완전히 진부한 것이지만 의외의 의미를 담고 있는 장면일까? 그 놀이는 사실 속임수처럼 보이지만, 그것의 너무나 일반적인 모습, 즉 그것을 인용하거나 혹은 적어도 직접적으로는 한번도 언급하고 있지 않지만 신화 연구가라면 모두 다 잘 알고 있는 그런 장면만을 보여준다면, 우리는 감히 그것을 두고 속임수라고 말할 수는 없을 것 같다. 심중의 것은 밝히지 않으면서 아세스들의 놀이가 속임수라고 암시함으로써, 여기서 뒤메질은 간접적으로 이 장면을 문제삼고 있다. 물론 여기서는 집단 살해가 문제이다. 발데르가 그 정도 공격에 끄떡없는 자가 아니라면 그는 당연히 아세스들의 학대를 이겨내지 못할 것이다. 즉 이 신(발데

---

19) Georges Dumézil, *Mythe et Epopée*(Paris, 1968), 224쪽.

르)과 모든 아세스들이 두려워하는 사건이 일어날 것이다. 다시 말해 발데르는 집단 살해를 당하는 많은 신들처럼 희생양으로 죽게 될 것이다. 이런 점에서 이 발데르 신화는 집단 살해가 그 중심 비극인 다른 많은 신화들과 큰 차이가 없다.

이 신화의 광경은 진정으로 독창적인, 예기치 않았던 어떤 것을 전해 주기는커녕 우리를 놀라게 한다. 그 놀이는 여러 신화에서 자주 되풀이된 집단 살해의 표현과 흡사 두 개의 물방울처럼 아주 닮아 있기에 속임수처럼 보인다. 발데르가 끄떡없는 존재라는 묵계 때문에 살해를 나타내는 이 표현이 그다지 공격적이지 않은 놀이처럼 변해 있는 것이다.

이런 현상은 과연 단순한 일치일까, 아니면 우연한 유사성 때문일까? 이어지는 그 다음 부분을 보면 전혀 그렇지 않다는 것을 알 수 있다. 이 신화의 끝에 가서 우리는, 겉으로는 그다지 공격적이지 않은 것 같은 아세스의 놀이도 궁극적으로는 '진심에서' 나온 '집단 살해'의 신화와 같은 결과에 도달한다는 것을 확인하게 되면서, 이 신화도 다른 집단 살해 신화들과 밀접한 관련이 있다는 것을 알게 된다. 발데르는, 겉으로는 그를 죽일 의도가 전혀 없었던 것처럼 행동하고 있던 한 신에 의해 쓰러져 죽는다. 그러나 이 신화는 아마 그도 알 수 없었을 어떤 이유가 있었다는 것을 암시하고 있다.

도대체 무슨 일이 일어났는가? 이를 알아보기 위해『신화와 서사시』를 좀 더 자세히 살펴보자. 이때, 신이라기보다는 차라리 악마라고 부르는 것이 더 나을 스칸디나비아 신화에 나오는 책략가 혹은 '사기꾼'인 로키라는 신이 등장한다. 그는 이 속임수 놀이에 가담하지는 않으면서 이 놀이를 망쳐놓으려 한다. 항상 원전에 충실한 뒤메질은 "이 광경이 로키에게는 마음에 들지 않았다."라고 쓰고 있다. 발데르에게 행해지는 위장된 거짓 린치는 구경꾼들에게는 강한 반발심을, 로키에게는 불쾌감을, 뒤메질에게는 놀라움을 불러일으켰다. 그것은 물론 로키의 잘못이다. 아세스 일당이 발데르에게 행하던 어린이 놀이와 같은 위장된 거짓 린치가 진짜 린치와 똑같은 결과를 낳게 되었다면 그것은 전적으로 로키의 잘못이다.

이 스칸디나비아의 책략가는 여인으로 변장하고서, 발데르에게 어떤 해도 끼치지 않는다는 모두의 맹세에는 아무런 예외도 없는 것이냐고 프리그에게 물어본다. 프리그를 통해서 그는 '미스틸텐(mistilteinn)'이라 불리는 겨우살이 나무의 어린 싹은 너무 어려보여서 맹세를 면제해 주었다는 사실을 알게 된다. 로키는 그것을 뽑아서는 '팅(thing)'(린치를 행하던 성스러운 장소)으로 되돌아가 그것들을 발데르의 눈먼 형 호도르에게 건네준다. 그는 그때까지 자신의 동생을 때리는 것을 단념하고 있었다. 왜냐하면 그는 동생을 볼 수 없었기 때문이다. 로키는 그의 손을 인도하여 그 희생양에게로 이끌었는데, 로키가 쥐어준 그 겨우살이의 어린 싹 하나를 맞고 발데르가 죽는다.

로키는 결국 모든 폭력으로부터 발데르를 '보호하려는' 신들의 노력을 허사로 만들어버린다. 그런데 이 신화는 담합한 동료 신들에 의해 죽는 폭력적인 죽음이라는 수많은 다른 신화들과 거의 똑같은 결말에 이르기 위해 왜 이토록 기이한 우회의 길을 택한 것일까? 아주 일반적인 결말인데도 거기에 도달하기 위해서 더 일반적인 길을 왜 취하지 않은 것일까?

이 의문에 대한 그럴듯한 대답은, 우리가 분석하고 있는 이 신화가 그 '첫 번째 판본'이 아니라는 것이다. 이 신화는 발데르를 진부하고도 가장 '고전적인' 집단 살해의 희생자로 이야기하고 있는 오래된 판본들에 접목된 것임에 틀림없다. 집단 살해의 전통적인 표현들은 그 희생자만 빼고는 모든 신들을 진짜 죄인으로 만들어버리기 때문에, 그 같은 전통적인 표현을 꺼리는 사람들이 꾸며낸 작품이 바로 이런 신화이다. 원래의 숭고한 신전이 속악한 살인자 무리들과 차이가 없어지게 되는데, 그런 신전은 어떤 의미에서 더 이상 신자들의 마음에 들지 않는다. 그렇다고 그들에게 다른 신전이 있는 것도 아니기에 그들은 여러 가지 이유에서 그것에 더욱 집착하게 된다. 즉 그들은 그것을 종교적으로 숭고하게 표현하는 것에 열정적으로 매달리게 된다. 그들은 한편으로는 신들의 집단 살해에 대한 전통적 표현을 보존하려 하면서도, 다른 한편으로는 집단 살해라는 전형적인 박해를 제거하고 싶어서, 그것을 없애거나 오히려 근본에서부터 뒤엎어버리려 한다. 바로 이 같은 두 가지 요구를 동시에 만족시키려는 노력의 결과가 바로 발데르 신화와 같이 희한하게 구성된 신화이다.

이런 식으로 보는 해결책은, 원초적인 현상에서 '무엇을 보아야 할 것'인지를, 동시에 '무엇을 잘못 해석한 것'인지를, 옛사람들은 잘 알고 있었다는 것을 인정하는 것이다. 순진하고 또 약간은 야만적이었던 그들은 사건의 미묘한 성격을 이해하지 못했다. 그들은 집단 살해가 있었다고 여겼다. 그러나 그들은 유일한 진짜 살인자이자 거짓말쟁이인 사악한 로키가 파놓은 함정에 빠지고 만다. 로키는 그전에 린치를 가하던 그 사람들 모두에게 똑같이 분배되어 있던 폭력의 유일한 수렴점이 되어 자신에게 그 폭력을 집중시킴으로써, 자신은 숨김없이 사악한 자가 된다. 로키의 유일한 명성은 결국 다른 모든 신들의 복권을 위하여 자신을 희생시키는 데에 있다. 원래 장면에서 로키만이 혼자 그 린치에 가담하지 않았다는 것이 사실이라면, 여기서 악역으로 로키가 선택된 것은 실로 역설적이라 할 수 있다.

그러므로 우리는 다른 신들을 위해 한 신의 정신적인 희생을 만들어낸 신화 조작을 상정해야 한다. 원래의 살해자들을 무죄로 만들려는 의도는, 발데르의 실제 사형 집행이 행해지는 기이한 방식으로, 여러 가지 보충적인 징조를 통해 다시 나타나고 있다. 이 사건에 나오는 모든 세부 사항들은, 그의 손에 발데르가 죽었기 때문에(게다가 그는 손에 의한 살해자(handbani)처럼 나타나고 있다.) 죄인으로 지목될 만한 사람을 가능한 한 책임이 없는 것으로 돌리려는 쪽으로 가고 있다는 것이 두드러지게 나타나고 있다.

집단 살해에 가담했다고 해서 원칙적으로 모두 다 똑같이 죄가 있는 것은 아니다. 바로 이 신화에서 그것을 확인할 수 있는데, 가장 치명적인 타격을 가한 자가 가장 책임이 크다. 그래서 이 신화가 호도르의 죄를 무화시키려 한다면 이중의 노력이 필요하다. 치명적인 타격을 가했다는 명백한 이유 하나로 호도르는 그들 중 가장 죄가 많은 자가 되기 때문이다. 즉 담합해 있는 다른 모든 신들보다 그의 무고를 증명하는 것은 더 많은 노력이 필요하다.

살해의 내막을 속속들이 밝혀내기 위해서는 이 기도(企圖)를 인정하는 것으로 충분하다. 우선 호도르는 맹인이다. "그는 그때까지 그의 동생을 때리는 것을 단념하고 있었다. 왜냐하면 그는 동생을 볼 수 없었기 때문이다." 그의 동생에게 접근하기 위해서는 누군가가 그의 손을 들어 그의 동생에게 인도해 주어야 하는데, 알다시피 바로 로키가 이 역할을 맡고 있다. 호도르는 그가 던진 것이 동생을 죽일 수 있으리라는 생각은 추호도 할 수 없다. 다른 신들처럼 그도 그의 동생은 어떤 무기나 어떤 발사물에도 끄떡없을 것이라고 믿고 있다. 그를 더 안심시키는 것은 로키가 그의 손에 쥐어준 것이 치명적인 무기가 될 것이라고는 믿어지지 않을 만큼 너무나도 약하고 하찮은 것이라는 사실이다. 호도르의 무고함을 입증하기 위해서 결국 이 신화는 핑계에 핑계를 덧보태고 있는 것이다. 다른 신들의 혐의는 단지 한번의 부정으로 충분하지만 여기서 호도르의 혐의는 적어도 세 번 부정되고 있다. 그때마다 매번 그 피해를 보는 것은 로키이다. 요컨대 기술적으로는 무죄이지만 실제로는 세 번씩이나 그 살인에 대해 유죄인 로키는 뻔뻔스럽게도, 기술적으로는 유죄이지만 실제로는 무죄인 이 불쌍한 호도르를 이용하고 있다. 자기 자신이 유일한 죄인이면서 말이다.

한꺼번에 너무 많은 것을 입증하려 들면 아무것도 입증하지 못하는 법이다. 자신의 용서를 비는 사람들이 흔히 그러하듯이 지나치게 많은 변명이 들어 있는 이 발데르의 신화도 그러하다. 그들은 평범한 단 하나의 변명이 여러 개의 변명, 뛰어난 어떤 변명들보다 더 낫다는 것을 알아차리지 못하고 있다. 청중들을 속이려 할 때는 그것을, 정확히 말해서, 그들을 속이려 한다는 것을 알지 못하도록 해야 한다. 너무 잘 속이려는 욕망 때문에 항상 속이는 것이 드러나는 법이다. 너무 잘 속이려는 이 욕망은 우리가 잠시 잊을 수도 있는 것들을 모두 제거함으로써 우리로 하여금 그것이 감추고 있는 것으로 곧장 나아가게 한다. 그럴수록 이 욕망은 우리 눈에 더 잘 드러나게 된다. 로키처럼 자신은 아무런 책임이 없다면서 진짜 죄인에게 억지로 덮어씌우고 있는 무혐의의 증거보다 더 의혹을 불러일으키는 것도 없을 것이다.

보았다시피 우리는 발데르 신화로부터 신화의 모든 것들을 설명할 수 있는, 가능한 한 가장 경제적이며 가장 단순한 유일한 원칙에서 출발하는 독법을 제공할 수도 있다. 그런데 그것은 우리가 실제의 집단 살해나 아니면 적어도 이 같은 표현물이 풍기고 있는 무언가 감추고 있다는 낌새 속에서 그 유일한 원칙을 찾으려 할 때에만 가능하다. 이 신화에는 그것이 제시하는 테마들 어디에도 나타나 있지 않은 이 같은 표현이 줄곧 따라다니고 있으며 또 완전히 그것에 의해 결정되어 있다. 오늘날의 신화학자들에 따르면 이 신화는 잘못된 것이란다. 이 신화에서 집단 살해는 아무런 역할도 하고 있지 않기 때문에 이 신화가 집단 살해의 표현을 굳이 피할 이유가 전혀 없다는 것이다. 발데르의 신화가 현대의 도그마를 전혀 고려하고 있지 않다는 것을 확인하는 것은 그래도 감동적이다. 그것은 구조주의를 마치 액운인 것처럼 걱정하고 있다. 특히 신화가 하는 말이 우리의 기존 생각과 다를수록 신화로 하여금 말하도록 그냥 내버려두는 것이 좋다고 나는 생각한다.

이제 우리는 발데르 신화가 일반적인 신화에서 벗어난 예외적인 신화가 아니란 것을 증명해야 할 것 같다. 이와 유사한 것들은, 전체 다는 아니라 하더라도 그 의도에 있어서는 우리가 이제 막 살펴본 신화와 아주 가까운 전설들 속에서 찾을 수 있다. 그러나 이런 전설은 오늘날 남아 있는 그 판본의 주요 내용인 그 해결책에 있어서는 너무나 다르기 때문에, 이 체계가 전해오던 중에 '집단 살해'의 의미를 없애려는 단계가 분명히 있었을 것이라는 생각을 지울 수 없다. 집단 살해의 의미를 없애려는 이 의도는, 일반적인 통합 혹은 그보다는 집단 살해를 나타내는 이전의 표현을 보존하려는 종교적인 보수주의와 함께 나타나고 있기 때문에 아주 볼 만한 정경을 연출하고 있다.

이번에는 두 번째로 그리스의 한 신화를 예로 들어보자. 이것은 제우스의 탄생 신화이다. 크로노스 신은 자신의 아이가 자기의 왕위를 찬탈할 것이라는 예언을 듣고서 자신의 아이들을 태어나자마자 차례대로 모두 먹어치운다. 이제 마지막 아이인 제우스 차례가 되자, 어머니인 레아 여신이 이 아이를 안전하게 숨긴다. 강인한 전사들인 쿠레테스들이 그녀 주위에 원을 그리고 둘러서서 아이를 감춘 것이다. 그러나 꼬마 제우스가 놀라 고함을 치자 그의 아버지는 그가 있는 곳을 알게 된다. 제우스의 고함 소리를 막으면서 크로노스라는 그 게걸스러운 식인귀를 혼란시키려고 쿠레테스들은 그들이 갖고 있던 무기들을 서로 부딪쳐 소리를 낸다. 즉 그들은 가능한 한 시끄럽게 또 위협적으로 들리게 행동한다.[20]

아이의 공포가 커질수록 고함 소리도 더 커지고 또 그럴수록 쿠레테스들이 그를 보호하기 위해서 취하는 더 거친 행동은 당연히 그 꼬마의 두려움을 더 크게 한다. 쿠레테스들은 실제로 더 안전하게 보호하는 유능한 보호자가 될수록 더 무섭게 보인다. 실제는 그의 생명을 구하려고 하

---

20) Strabon, X, 468. Jane Harrison, *Themis*(Cambridge, 1912).

는 행동인데도 그들은 마치 그 아이를 죽이려고 그 주위에 빙 둘러서 있는 것 같다.

　이 신화에도 집단 폭력은 빠져 있다. 그러나 그것은 이 신화에 들어 있지 않는 다른 수많은 것들이 빠져 있는 것과는 다른 방식으로 빠져 있다. 집단 폭력은 우리가 앞에서 살펴본 발데르 신화에 빠져 있는 집단 폭력과 딱 일치하지는 않지만 유사한 방식으로 빠져 있다. 제우스 주위에서 사정은 명확해지는데 쿠레테스의 행동은 바로 집단 살해에 나타나는 특징적인 대형(隊形)과 행동을 떠올리게 한다. 두려움에 떠는 고함 소리와 아무런 방어도 할 수 없는 사람을 향하여 그 주위에서 부딪치는 무기 소리에서 우리는 과연 집단 살해 아닌 다른 무엇을 떠올릴 수 있단 말인가? 만약 이것이 생생한 화폭의 말없는 장면이었다면, 이 신화가 부여하길 거부하는 의미를 우리는 아무 주저 없이 여기에다 부여하였을 것이다. 아세스 무리들의 속임수 놀이나 아스텍인들의 자살처럼, 쿠레테스들의 흉내와 그럴수록 더 겁을 먹는 아이의 반응은 통계적으로 볼 때 전세계의 신화에 많이 나타나고 있는 비극과 유사하다. 그러나 이 신화는, 발데르 신화와 같이, 이런 유사성은 환상일 뿐이라고 말해 주고 있다. 이미 우리는 현대 인류학에 접어든 것이다.

　이런 장면에서 폭력의 의미를 없애기 위해, 위의 두 신화들은 모두 살인자 무리들에게 '보호자'라는 역할을 부여하고 있다. 그러나 그 유사성은 여기에서 그친다. 스칸디나비아의 신화에서 집단 살해는 사실이 아닌 것처럼 묘사되고 있지만 사실과 똑같은 결과를 낳고 있다. 이에 반해 그리스 신화에서는 집단 살해가 어떤 결과도 낳고 있지 않다. 제우스의 권위는 그가 쿠레테스의 손에 죽는 것을 도저히 용납할 수 없기 때문이다. 그러나 나는 이 신화의 초기 판본에서는 역시 집단 살해가 들어 있었을 거라고 생각한다. 어떤 변형이 일어나면서 이 신화에서 집단 살해가 사라졌는데, 이 과정에서 그 표현들은 전혀 변하지 않았거나 아니면 가능한 한 최소한으로 변했을 것이다. 문제는 같지만 그 해결책은 그리스의 것이 스칸디나비아의 것보다 더 우아하면서도 더 근본적이다. 그리스의 해결책은 희생양 주의에 둘러선 자들과 그들의 린치 행위에 보호라는 의미를 부여하는 데 성공하고 있다. 이에 비해 보았다시피, 스칸디나비아의 신화는 그 행위를 유희라고 표현하는 것 외에는 별다른 수단이 없다. 그러나 그 행위는 집단 살해에 대한 문제 의식이 없는 구경꾼이라도 거기에는 분명 '속임수'가 있다는 것을, 다시 말해 분명 '다른 의미'가 있다는 것을 알아보게 하는 그런 행위이다.

서로 영향을 주고받았다고 보기는 힘들 정도로 이 두 신화의 해결책은 아주 판이하게 다르다. 이것들은 서로가 정확히 일치하지는 않지만 비슷한 단계의 전개 과정에서 아주 유사한 목표를 추구하고 있는 두 개의 종교적 사고라고 볼 수 있다. 이런 경우를 접하면서 우리는 신화가 변화하고 있다고, 아니 오히려, 되풀이하지만, 한정된 숫자이긴 하지만 종교적 전통에서 거듭된 개혁이 일어나고 있다고 생각해야 한다.

발데르 신화와 같이 쿠레테스 신화도, 그들의 신화적 전통을 아주 변질된 형태 아래에서 전해받았다고 진지하게 믿고 있는 해석자들로부터 나왔음에 틀림없다. 그들이 볼 때 집단 살해는 진실이라고 보기에는 너무나도 엄청난 사실이다. 그래서 그들은 텍스트를 날조하고 있다고는 생각지도 못하면서 집단 살해가 들어 있는 그 장면을 그들 나름대로 재해석한 것이다. 이들의 행위 역시 잘못된 전수 행위라 할 수 있다. 우리 선조들은 그들이 전수받은 대로 전통을 충실히 전해주기는커녕 때때로 이해할 수 없다는 핑계로 아예 그것을 변형시켜 놓았다고 말할 수 있다. 이 신화에서도 신들이 그전에 함께 행하던 폭력이 단 하나의 신, 크로노스에게로 전이되어 있는 것을 볼 수 있는데, 그는 이 전이로 말미암아 정말 악마처럼 되어버린다. 그런데 대개 이런 모습은 집단 살해의 표현이 들어 있는 신화에서는 잘 나타나지 않는 것이다. '선'과 '악'이 약간씩 분할

되고 '집단' 살해가 사라지면서 그에 따라 도덕적 이원론이 나타나고 있다. 올림푸스 신화에서 앞선 세대의 한 신에게 폭력을 전가시키고 있다는 것은 분명 새로운 종교적 감수성이 그것이 변형시킨 표현들로 형성되고 있다는 부정적인 생각을 반영하고 있다.

나는 방금 제우스와 쿠레테스의 신화에서 완전한 하나의 '부재', 즉 집단 살해의 부재에 기반을 둔 독법을 제시한 바 있다. 여기서 나는 제우스의 경우가 발데르의 경우보다 더 사변적인데도 불구하고 살해의 부재를 확실한 사건처럼 간주하였다. 그것은 발데르의 경우와는 달리 제우스는 살해를 당하지 않았기 때문이다. 이 두 신화의 유사성을 강조는 하고 있지만, 그리스 신화에 대한 나의 해석은 스칸디나비아 신화에 대한 해석보다 분명 그 강도가 약하다. 이를 개선하기 위해서는 이 신화와 유사한 신화들 속에서 이것과 가능한 한 많이 닮았으면서도 어린 신에 대한 집단 살해를 그대로 나타내고 있다는 점에서는 닮지 않은 두 번째 신화를 찾아내야 할 것이다. 그 신화는 쿠레테스 신화에서는 아주 그럴 듯하게 변형시켜 놓은 그 장면의 본래 의미를 그대로 담고 있을 것이다. 그렇게 되면 이 같은 변형이 실제로 있었을 가능성, 그리고 나의 해석이 정확하게 맞을 가능성은 더 커질 것이다. 이건 너무 지나친 요구일까? 전혀 그렇지 않다. 그리스 신화 중에는 쿠레테스 신화와 몇 개의 예외를 빼고는 완벽하게 일치하고 있는 신화가 하나 있다. 거기서는 집단 폭력이 그것도 어린 신에게 행사되는 폭력이 나타나 있다. 더군다나 이 폭력은 쿠레테스에서는 '겉으로는 빠져 있던' 의미를 지니고 있다. 어떤 신화일까?

타이탄(Titan)들은 딸랑이를 흔들어서 어린 디오니소스를 유인한다. 반짝이는 이 물건에 혼이 팔려서 그들 쪽으로 다가간 이 어린아이는 곧 무서운 원 안에 갇혀버리게 된다. 타이탄들은 모두 달려들어 디오니소스를 죽인 다음에 그를 불에 구워 먹으려 한다. 이때 디오니소스의 아버지인 제우스가 타이탄들에게 벼락을 내려서 그의 아들을 구한다.[21]

앞의 신화의 쿠레테스가 타이탄으로 바뀌었고 대부분의 의미도 전도된다. 우선 아버지의 역할이 바뀐다. 타이탄에서는 보호자 역할을 하는 아버지가 쿠레테스에서는 파괴자이며 동시에 식인귀였다. 타이탄에서는 파괴자인 군중이 쿠레테스에서는 보호자 역할을 하였다. 이 두 신화에서는 다 같이 어린아이 앞에서 어떤 물체가 흔들리고 있다. 이 물체는 타이탄에서는 겉으로는 안전한 것 같지만 실제로는 치명적인 것이고, 쿠레테스에서는 겉으로는 치명적인 것 같지만 실제로는 안전한 것이었다.

신화는 변형의 조작이다. 이를 진정으로 밝혀낸 사람은 바로 레비 스트로스인데 그의 공로는 소중하다. 그러나 나와는 다르게, 이 민족학자는 이 변형이 방향성 없이 어떤 방향으로든 일어날 수 있다고 생각한다. 모든 것은 똑같은 지평에 있다는 것이다. 본질적인 것은 사라지거나 덧보태진 것이 하나도 없고, 시간의 화살은 존재하지 않는다는 것이다.

여기서 이런 생각이 충분치 않다는 것이 분명히 드러난다. 방금 드러났듯이, 이 두 신화는 서로의 변형체들이다. 마술사가 카드를 섞은 다음 순서를 달리하여 다시 펼쳐놓은 것이라 할 수 있다. 처음에 우리는 애초의 카드들이 모두 거기에 들어 있다는 인상을 갖게 된다. 그러나 그게 사실일까? 더 잘 관찰해 보면 실제로는 그가 항상 똑같은 단 하나의 카드, 즉 집단 살해의 표현이라는 카드를 빠뜨리고서 패를 섞고 있다는 것을 알게 된다. 그렇게 되면 겉으로 펼쳐진 것은 모두 이 사라진 것에 달려 있으며 그래서 펼쳐진 것만 보는 것은 바로 본질적이지 않은 것만을 보는 것이 된다. 게다가 그렇게 펼쳐진 것이 무슨 숨은 의도에 따른 것인지를 모르면 그것을 끝까지 보는 것도 불가능하다.

구조주의적 분석은 이항 대립이라는 하나의 원칙에 기반을 두고 있다. 이 원칙으로는 신화 속의 집단 폭력이 일인에 대한 만인의 행위란 것이 얼마나 중요한지를 찾아낼 수 없다. 구조주의는 거기서 그것을 단지 다

---

21) Mircea Eliade, I, 앞의 책, 382-387쪽.

른 것과 똑같은 이항 대립의 하나로 보고서 공통 법칙에다 적용시킨다. 그래서 구조주의는 폭력이 드러나 있을 때에도 폭력의 표현에다가 특별한 의미를 부여하지 않는다. 하물며 그런 표현이 나타나 있지 않을 때에는 더 말할 여지가 없다. 이 같은 구조주의의 분석 도구는 너무나 초보적이어서, 그것으로는 우리가 방금 밝혀낸 그런 변형 과정중에 무엇이 사라졌는지도 알아낼 수 없다. 마술사가 카드를 오랫동안 섞어서 다른 순서로 펼쳐놓는 것은, 우리로 하여금 그가 빼놓은 카드를 생각하지 못하게 하기 위해서이며 혹시 우리가 한 카드가 사라진 것을 자각한다 하더라도 그 사라짐을 기억하지 못하게 하기 위해서이다. 우리 구조주의자들과 같이 신화적이고 종교적인 이 마술사들은 아주 훌륭한 관중들을 마음대로 요리한다. 바로 눈앞에 있는 것을 보지 않을 채비를 갖추고 있는 이 신화학자들이 하물며 그런 장면이 꾸며져 있다는 것을 어떻게 알 수 있을까?

타이탄 신화에서 쿠레테스 신화로의 변형 과정에서 집단 살해가 사라졌다는 것을 알아채는 것은 곧 이런 식의 변형은 앞에서 지적한 대로 단 하나의 방향으로만 일어나고 있다는 것을 이해하는 것이다. 집단 살해는 물론 신화에 나타나지 않을 수도 있다. 그러나 그것은 결국 누군가가 사라지게 한 것일 뿐이다. 그러나 한번 사라지게 되면 그것은 분명 다시 나타날 수 없다. 그것은 제우스의 머리 위로 솟아오르는 미네르바처럼 어떤 순수한 결합 변이체로 무장하고서 다시 나타나지는 않을 것이다. 일단 한 신화가 타이탄의 형태에서 발데르 혹은 쿠레테스의 형태로 변하고 나면 그 이전의 형태로 되돌아가는 일은 결코 일어나지 않는다. 달리 말해 신화의 한 '역사'가 있는 것이다. 내가 이 사실을 인정한다고 해서 역사주의의 낡은 환상에 빠지는 것은 아니다. 그것은 순전히 텍스트적이며 '구조적인' 분석에서 역사적 혹은 통시적 단계의 필연성이 솟아나고 있기 때문이다. 신화는 집단 살해를 없애고 있으며 그것을 다시 만들어 내지는 않는다. 왜냐하면 신화는 명백히 그것을 만들어낸 적이 한번도 없었기 때문이다.

　이 모든 것은, 쿠레테스 신화는 타이탄 신화에서 나왔으며 다른 신화가 아니라 바로 이 신화의 변형체라는 것을 암시하기 위한 것은 결코 아니다. 집단 살해는 대부분의 신화에 나타나고 있으므로, 특별한 어떤 신화가 있어야만 우리가 집단 살해의 예를 들 수 있는 것은 아니다. 게다가 타이탄 신화를 잘 살펴보면 이 신화의 종교적 관점은 제우스 신화와 크게 다르지 않다는 것을 알 수 있다. 그리고 이 신화가 집단 살해의 표현을 담고 있다 하더라도 이 신화 역시 어떤 조작 과정을 거쳤음에 틀림없을 것이다. 여기서도 우리는 쿠레테스 신화에서와 같은 '선'과 '악'의 분할이 항상 제우스에게 유리하게 일어나는 것을 볼 수 있다. 집단 폭력이 들어 있지만 그것은 식인 풍습처럼 나쁜 것으로 표현되어 있다. 쿠레테스 신화에서처럼 여기서도 이 폭력을 이전의 신화 세대, 즉 그 후로 '야만적'이거나 '원시적'인 것으로 통하게 된 종교 체계로 전가시키고 있다.

　타이탄 신화 앞에서 어린아이들이나 순진한 사람들은 무서운 감정을 느낀다. 이를 두고 오늘날의 우리 민족학자들은 정서에 휘말렸다고 말할 것이다. 그렇다면 나는 그들 말대로 온통 감정의 비일관성에 빠지는 '정서적' 민족학을 하고 있는 셈이다. 1850년대의 리얼리즘 소설가들이 그랬던 것처럼 오늘날의 인문학자들은 비인간적인 냉철함과 무감동을 과학적인 지식 습득의 가장 적합한 정신 상태로 보고 있다. 소위 '엄격한' 학문의 수학적인 정확성으로 인해 종종 우리는 문자 그대로 엄격함의 메타포를 지나치게 취하는 것을 좋은 것이라고 높이 평가하곤 한다. 그래서 소위 학문 연구는 감정을 무시하고 있는데, 여기에는 항상 위험이 수반한다. 왜냐하면 이 감정이란 것은 그 연구 대상 자체, 여기서는 신화 텍스트 그 자체 속에서 아주 본질적인 역할을 하고 있기 때문이다. '구조' 분석과 정서 사이의 완전한 분리를 유지하는 것이 비록 가능하다 하더라도, 그런 분리를 계속 유지하는 것은 그다지 바람직스러운 것은 못 된다. 위의 두 신화에서 변형의 비밀을 밝혀내기 위해서는 민족학자가 무시하고 있는 그 감정들을 고려해야 한다. 자신이 비무장인 것처럼 보이지 않도록 단단히 위장하는 것은 사실 최선의 무기를 버리는 것과 같다.

우리가 신화를 진정으로 정복한다는 것과 이런 거짓 무감동과는 아무 관계가 없다. 진정한 신화 정복은 의식 없는 이런 학문이 존재치 않았던 시대로 거슬러올라간다. 그것은 처음으로 마녀 추방에 반항하고 군중들의 박해 기록을 비판했던 익명의 사람들의 업적이다.

순전히 형식적인 독법과 오늘날 학파의 강점이라고 여겨지는 모든 것과의 관련 아래서 보다라도 우리는 집단 살해를 고려해야만 만족할 만한 결과를 얻을 수 있을 것이다. 만약 집단 살해가 들어 있지 않다면 그 부재 때문에 야기된 난점을 고려해야만 역시 만족할 만한 결과를 얻을 수 있을 것이다. 집단 살해가 없을 때는 바로 그 부재를 둘러싸고서 모든 표현물들이 재편되고 있기 때문이다. 만약 이 난점을 고려하지 않는다면 우리는 결코 '신화들 사이의 관계의 엄격히 결합적이며 변형적인 양상들을' 밝혀낼 수 없을 것이다.

7 신들의 죄

    신화의 발전 과정에는 폭력에 대한 표현을 제거하려는 의지가 지배하고 있다. 이 사실을 잘 이해하기 위해서는 우리가 지금까지 살펴본 단계 그 너머의 과정을 추적해 보아야 한다. 이 첫 단계에서 작용하는 것은 오로지 '집단적' 폭력뿐이다. 그러다가 보았다시피 이것이 사라질 때는 언제나 '개인적' 폭력으로 대체된다. 특히 그리스와 로마 신화에서, 그 다음의 제2단계가 나타나는데 여기서는 개인적 폭력마저 사라지고 있다. 이때부터 신화에서는 어떠한 모습의 폭력도 용납되지 못하는 것처럼 되어버린다. 이 단계를 지난 신화들은, 그것을 알든 모르든 간에(대부분의 경우 그것을 모르고 있는 것 같다.) 단 하나의 목표를 향하게 되는데, 그것은 집단 살해의 흔적을 없애는 것, 말하자면 흔적의 흔적을 없애는 것이다.

    플라톤의 태도는 이 새로운 단계에 대한 중요한 예를 보여주고 있다. 『공화국』에서는 신화적 폭력을 없애려는 의지가 아주 분명히 드러나 있다. 특히 우리가 이제 막 행했던 분석과 직접 관련이 있는 텍스트 속에서 크로노스라는 인물에 대해 이 의지는 잘 나타나고 있다.

    크로노스의 행위와 그가 그의 아들로부터 당한 것에 대해 말하자면, 그것이 사실이라 하더라도 나로서는 그것을 판단력도 없는 그 순진한 사람들에게 그처럼 가볍게 떠넘겨서는 안 된다고 생각한다. 차라리 그들의 입을 완전히 다물게 해야 했다. 만약 꼭 말해야 하는 어떤 필연성이 있었다면 그것은 가능한 한 적은 청중들에게 비밀스러운 은밀한 표현으로, 그것도 돼지가 아니라 구하기 힘든 중요한 희생양을 희생시킨 뒤에 행해졌어야 한다. 그 결과 그들의 말을 들을 사람의 숫자가 최소한 적어지도록 말이다!(아디망트(Adimante)가 말하기를) 단호히 말하건대, 이 이야기는 적어도 거슬리는 이야기이다.[22]

보다시피 플라톤에게 거슬리는 것은 더 이상 집단 살해가 아니다. 왜냐하면 그것은 이미 사라지고 없기 때문이다. 그 대신 바로 이 개인적 폭력이야말로 집단 살해가 사라졌다는 것에 대한, 위치를 바꾼 징표이다.

이처럼 집단 살해를 없애려는 의지는 아주 분명히 드러나고 있다. 이 의지는 신화 텍스트에 대한 의도적인 재단인 진짜 검열과 같은 형태로 나타나고 있다. 이리하여 이 의지는 그 이전 단계가 갖고 있던 구조의 재구성 능력과 뛰어난 일관성을 이제는 더 이상 갖지 못하게 된다. 이 제거 의지가 신화 텍스트를 변형시키는 데까지 이르지 못하는 것은 바로 이 때문이다. 플라톤이 더 큰 종교적 배려가 들어 있는 일종의 중간 타협안 같은 것을 제안하는 것은 그 스스로가 이런 난점을 예견하고 있었기 때문이다. 그가 덩치 크고 소중한 희생양을 희생시킬 것을 권하는 것이, 단지 크로노스와 제우스의 비행에 익숙한 사람들의 숫자를 가능한 한 줄이려는 배려에서 나온 것만은 아니다. 그 당시의 희생적인 종교의 맥락에서 보면 플라톤의 이런 권유는, 어떤 폭력 앞에서 그것에 전염될까 봐 무서워하는 신앙심 돈독한 사람에게서 볼 수 있는 그런 행동이다. 이런 폭력에 대항하기 위해서는, 가능한 한 아주 중요한 인물을 제물로 바치는 것,

---

22) *République*, 378 a-b, traduction Léon Robin(Gallimard, 1950), 927쪽.

즉 그 폭력에 비길 만한 폭력 그러나 합법적이고 성스러운 폭력이 필요한 것이다. 요컨대, 플라톤의 텍스트에서는 폭력과 성스러움의 원(cercle)이 거의 공공연히 만나고 있다.

플라톤이 요구하는 검열은 결코 그가 예상했던 형태대로 행해지지는 않았지만, 어쨌든 그 검열은 행해졌고 또 오늘날에도, 예컨대 민족학의 규율처럼, 더 효과적인 다른 형태로 행해지고 있다. 그 이전 단계와 달리 플라톤의 단계는 신화의 진정한 재주조에는 이르지 않았지만 그래도 초석적인 성격은 띠고 있다. 다른 문화가 설립된 것이다. 그 문화는 정확히 말해서 이제 더 이상 신화적인 문화가 아닌 '이성적'이며 '철학적'인 문화이며, 철학 텍스트 그 자체이다.

많은 고대 작가들에게서 신화에 대한 저주를 볼 수 있다. 그것은 대체로 플라톤처럼 진부한 형태로 행해지고 있지만, 이런 스캔들의 속성을 아주 잘 보여주고 있다. 예를 들어 바롱(Varron)은 '시인의 신학'이란 것을 찾아냈는데, 이것이 그가 보기에 유감스러운 것이었다. 왜냐하면 이 신학은 "한마디로 말해서, 인간 아니 가장 저주받은 인간이 처해 있는 온갖 혼란은 모두 다 이들의 책임인, 도둑질하는 신, 간음하는 신, 인간의 노예인 신"을 주장하고 있었기 때문이다.[23]

바롱이 시인의 신학이라 부른 것은 진정 원초적인 성스러움, 즉 저주와 찬미를 한데 안고 있는 이중적인 성스러움이다. 플라톤이 비판하고 있는 호메로스의 구절들은 모두 신성의 이로운 측면과 마찬가지로 해로운 측면도 고려하고 있는 구절들이다. 구분하고 싶어 하는 플라톤의 의지는 신의 이 같은 도덕적 이중성을 용납할 수 없었던 것이다. 플라톤의 도덕적 위대함 대신에 그 자리에 단순한 논리적, 언어학적 배려가 들어선 것을 제외하고 나면, 오늘날의 레비 스트로스와 구조주의가 바로 이런 경우에 해당된다. '언어와 사고의 법칙'에 위배되기 때문에 불가능한

---

23) Georges Dumézil, *la Religion romaine archaïque*(Paris: Payot, 1966), 108쪽에서 재인용.

혼합의 철학…… 인간은 항상 똑같은 식으로 사고하지 않는다는 가능성이 배제되어 있다.

데니스 달리카르나스(Denys d'Halicarnasse)도 신을 두고서 "신은커녕 정직한 인간에게도 해당되지 않을, 사악하고, 해롭고, 추잡한 존재"라고 신화에 대한 불만을 토로하고 있다. 사실, 이 고대 작가들 모두 그들의 신들이 바로 사람들로부터 저주받고 짓밟힌 희생양이라는 것을 어렴풋이 짐작하고 있었다. 그러나 그런 사실을 받아들이고 싶지 않았다. 그래서 그들은 두려움에 떨면서 이런 가능성을 거부하였다. 왜냐하면 유태의 예언자들, 그리고 그 뒤의 복음 기록자들과는 달리, 그들은 그렇게 취급받는 희생양이 무죄일 수 있다고는 생각할 수 없었기 때문이다.

플라톤은 공공연히 신화를 검열하려고 하였다. 그리고 신화를 그것의 전통적인 주제들로부터 방향을 돌리려 하였다. 쿠레테스 신화에서 왜 집단 살해가 사라졌는지를 설명하기 위해서는 꼭 가정해야 하는 그런 유형의 모티브들이 플라톤의 텍스트에서는 보이지 않는다. 최초의 변형은 철학 단계 이전으로 거슬러올라간다. 이 순간, 그때까지는 날것 그대로이던 신화에 대한 변형이 일어난다. 이에 대한 증거로서 우리가 갖고 있는 것은 신화밖에 없다. 일단 그것들이 변형을 거친 것이란 것을 알고 나면 그때부터 그것들은 너무나도 이해하기 쉬워지기 때문이다. 그러므로 이 철학자의 주장은 개인적인 의사에서 나온 것이 아니다. 그것은 변화하고 있는 모든 신화의 전개 과정을 역으로 거슬러서 잘 보여주고 있다. 플라톤보다 앞서서 신화를 정화하려고 애썼던 선배들이 있었음에 틀림없다. 그러나 그 선배들은 여전히 신화적으로, 즉 신화와 전통 종교의 틀 속에서 신화를 정화하면서 신화의 이야기를 바꾸었다.

우선, 신들과 주인공들이 겪고 있는 폭력의 전형은 두드러지게 그 집단적 성격을 갑자기 상실한다. 그후 그 강도가 약화되어 개인적 폭력이 되었다가 마침내는 완전히 사라지기도 한다. 박해의 다른 전형들도 같은 원리에 따라 이와 유사한 과정을 밟는다. 신들의 집단 살해를 용납하지 못하는 사람들에게는 그 살해를 정당화하는 죄도 마찬가지로 참을 수 없는 것이다. 우리가 앞에서 인용한 텍스트들은 항상 두 가지가 짝을 이루고 있음을 보여주고 있다. 바롱은 "인간 아니 가장 저주받은 인간이 처해 있는 온갖 혼란을 모두 다 신들의 책임이라고 주장하는" 시인들에 대해 불평하고 있다. 세계의 여러 신화들을 살펴보면 알 수 있듯이, 이것이 물론 시인들의 책임은 아니다. 이미 그 시대에 오늘날처럼 '시인들', 즉 이전 시대의 해석자들을 대체할 희생양을 제공하였으며, 비난받고 있는 그들이 행한 신화의 왜곡은 신화에 대한 새로운 검열의 구실을 제공해 주었다.

  이때부터 사람들은 죄인도 아니고 희생양도 아닌 신을 원하게 되었는데, 그게 바로 희생양이란 것을 이해하지 못한 사람들은 점차 신화 속에서 신들이 행한 죄, 희생양 징표, 심지어는 위기 그 자체마저 지워나갔다. 때로 사람들은 위기의 의미를 만들어내고 신과 사람의 무차별화에다가 우리가 앞에서 암시했던 그런 유토피아적인 의미를 부여하기도 하였다.

  어떤 공동체가 그들 제의의 폭력적 기원에서 멀어지면 멀어질수록 제의의 의미는 약화되고 모럴의 이중성은 더 강화된다. 무엇보다 먼저 신들과 그들의 행동, 심지어는 아주 해로운 행동들마저 그 집단의 제의 속에서 모델 역할을 하게 된다. 이 말은 결국 종교들은 대부분의 제의 행위 속에서 무질서에게, 물론 질서보다 아랫자리이긴 하지만 한 자리를 항상 마련해 주고 있다는 말이다. 그렇지만 도덕적인 모델만을 찾아서 어떤 잘못도 없는 깨끗한 신을 요구하는 순간이 온다. 이런 점을 고려할 때 우리는 플라톤의 불평과 그 역시 신들을 개조하길 원했던 에우리피데스의 불평을 가볍게 넘겨서는 안 된다. 이런 불평은 원시적 성스러움의 분해, 즉 신에 대해서 이로운 면만을 간직하려는 이원론적인 경향을 나타낸다. 모든 이데올로기는 발전한다. 그것은 때로는 성스러움을 악마의 탓으로 돌리고 브라만교처럼 갈수록 악마와 신을 구분짓거나, 때로는 해로운 것을 무로 취급하면서 그것을 그 개조자가 의도하는 이상과 유일하게 진정으로 합치하는 어떤 '원시' 종교에다가 다시 덧붙이는 방향으로 전개된다. 그러나 이 순간 이 개조자는 실은 순전히 상상적인 과거 속에다가 자신의 기원을 만들고 있는 것이다. 그뿐 아니라 이런 행위는 원초적인 위기를 목가적이고 유토피아적인 것처럼 만들고 있다. 무차별적인 갈등이 평화로운 융합으로 전도되고 있다는 말이다.

요컨대, 이 같이 이상적인 경향은 위기, 희생양 징표, 집단 폭력과 같은 모든 전형들뿐 아니라 희생양에 대한 죄마저 변형시키거나 아니면 지워버린다. 이는 앞의 발데르 신화에서 본 바와 같다. '집단적으로 살해되지 않는' 신은 죄 있는 신이 아니다. 그는 죄가 완전히 제거된 신으로서 어떤 잘못으로부터도 면제된 완전히 숭고한 신이다. 동시에 두 가지 전형을 없앤 것은 어쩌다가 그런 것이 아니다. 그것은 그것을 믿고 있는 신자들의 가슴 속에 들어 있는 한결같은 '영감'에서 나온 것이다. 징벌과 그 원인은 서로 결부되어 있어서 없애려면 한꺼번에 없애야 한다. 그래서 그것들은 단번에 사라지고 있다.

이것이 단순한 부재가 아니라 누군가가 제거했거나 사라진 것이라고 주장할 만한 합당한 이유를 우리는 갖고 있는 것일까? 집단 살해의 경우에는 우리의 주장이 합당하다는 것을 입증하였다. 그러나 이 증명은 우리가 가정했던 모든 신들의 죄에 대해서는 단지 간접적으로만 건드리고 있을 뿐이다. 오래된 판본의 이 신화에서는 애초의 '죄 있는' 발데르가 존재했음이 틀림없다는 것이 우리가 은연중에 주장하는 바이다. 보았다시피 발데르 신화에서 부재하는 집단 살해의 끔찍한 직접 관련성과 지금 남아 있는 판본 속에 들어 있는 집단 살해의 은폐 등을 주장할 수 있는 근거는 바로 이 죄 있는 발데르에게서 찾을 수 있다. 똑같이 '부재하는' 죄라고 해서 그 사정이 똑같은 것은 아니다. 박해의 전형들이 보편적이라는 것을 증명하기 위해서는, 특히 '그 같은 전형이 들어 있지 않는' 신화들 속에도 모두 그것과 커다란 직접 관련성이 들어 있다는 것을 입증해야 할 것이다.

그러므로 죄의 전형부터 살펴보기로 하자. 신화들을 조사해 보면, 플라톤과 철학자들이 신화에다 관념적인 표현을 부여하기 훨씬 이전부터 특히 그리스 신화에서는, 신들의 죄를 축소시키려다가 그 다음에는 아예 제거해 버리려는 경향이 아주 강하게 '작용하고' 있다는 것을 암시받게 된다.

아주 피상적으로 비교해 보아도, 신화를 신의 실수와 연관시켜서 신의 유죄, 무죄라는 두 개의 범주로 분류해서는 안 된다는 것을 우리는 곧 알게 된다. 가장 악랄한 죄와 완벽한 순결함 사이에는 사소한 잘못, 실수 혹은 단순한 과오 등의 수많은 층위가 마치 스펙트럼처럼 펼쳐져 있다. 사소하고 단순하지만 이것들도 중대한 죄와 같이 진정으로 파국을 불러올 수 있다.

그렇다고 이 층위를 정태적인 것으로 해석해시는 안 되는 것은, 이것이 동태적으로 변화하고 있기 때문이다. 어떤 과오를 줄이고 용서해 주려는 의지를 그 공통 분모로 갖고 있는 테마들 전체를 살펴보면 이를 이해할 수 있다. 이 과오에 대한 문자 그대로의 정의는 어디서나 똑같겠지만, 오늘날의 우리에게는 너무 다른 인상을 주고 있기에 이 모든 과오의 근본적인 정체는 잘 드러나지 않고 있다. 고대 그리스의 당당한 신들은 보았다시피, 더 이상 희생양이 아니다. 오히려 그들은 다른 신화에 나타나는 경범죄인에 대한 사형을 정당화시키는 대부분의 전형적인 범죄를 저지르는 자들이다. 그러나 신들의 이런 행위는 지나친 아첨과 너그러운 찬사만 받아왔기에 그 결과는 우리가 '민족학적' 신화에서 이런 것을 대할 때 느끼는 것과는 너무나 이질적이다.

레다의 연인이 되기 위해 제우스가 백조로 변신할 때 우리는 수간이라는 죄를 떠올리지 않는다. 그러다가 미노토르가 파시파에와 결혼할 때에 가서야 우리는 그것을 겨우 떠올리면서 우리로 하여금 그것을 떠올리게

7 신들의 죄 133

만든 작가의 '악취미'를 비난한다. 그러나 이것은 우리가 4장에서 살펴보았던 개와 관계를 맺은 여인의 도그리브 신화나 빈츠방겐의 유대 여인이 돼지 새끼를 낳았다는 중세의 끔찍한 픽션과 아무런 차이가 없다. 박해의 결과를 느끼고 예감하느냐 아니면 전혀 느끼지 못하느냐에 따라 우리는 똑같은 우화에 대해서 아주 다르게 반응한다. 박해의 전형들을 치장하는, 즉 텍스트 생산의 고유한 메커니즘인 희생양 메커니즘을 드러낼지도 모르는 것을 모두 윤색하고 감추는 미학적, 시적인 조작 방법은 아주 많다.

다른 엄격주의들처럼 플라톤의 엄격주의에도 그 목표가 빠져 있는데, 그 목표는 마땅히 희생양 메커니즘의 폭로, 즉 박해의 표현물에 대한 탈신비화가 이루어졌어야 할 것이다. 그래도 그것은 문제 제기의 본질을 없애 버리는 현대 해설자들의 심미주의나 시인들의 도덕적 관용주의보다는 더 큰 위대함과 깊이를 갖고 있다. 플라톤은 신들에게 전형적인 범죄를 모두 덮어씌우는 것에 대해서뿐 아니라 거기서 우리로 하여금 사소한 잘못, 단순한 직무 유기와 탈선만을 보게 하는 범죄에 대한 시적 조작에 대해서도 비난하고 있다.

아리스토텔레스의 '아마르티아(hamartia)'라는 개념은 신들의 잘못을 이처럼 시적으로 축소하고 있는 것을 관념화하고 있다. 이 개념은 옛 신화에 가득 찬 해로움보다는 탈락으로 인한 실수나 단순한 태만을 암시하고 있다. 비극적 분열이나 영어의 '비극적 결함(tragic flaw)'이라는 말로 번역하고 보면 이 말은 아주 작은 잘못, 전혀 흔들리지 않는 한결같은 커다란 미덕 속에 나 있는 단 하나의 틈을 연상시킨다. 그것의 해로운 측면은 최소한으로 축소된 채로 언제나 거기에 남아 있는데, 이 측면은 그것의 해로운 결과를 논리적으로 정당화하는 데 없어서는 안 되는 것이다. 해로운 것과 이로운 것이 균형을 취하고 있는 신화들과 이것은 거리가 멀다. 소위 '원시적'인 신화들 대부분은 이 첫 번째 균형 상태를 유지하고 있다. 옛날 민족학이 이런 신화들을 두고 원시적이라고 규정한 것은, 이런 점에서 일리가 있다고 나는 생각한다. 옛날의 민족학은 이런 신화들이 아주 해로운 것의 투영이 야기하는 효과이자 신화의 바탕이 되는 희생양 효과에 아주 가깝다는 것을 간파하였던 것이다.

신을 용서하려는 의지가 곧장 그의 잘못을 완전히 지워버리는 것으로 이르지 않기 위해서는(다른 한편에서 플라톤 같은 사람은 공공연하게 주장하고 있기는 하지만) 어떤 세력이 전통적인 텍스트를 존중하는 방향으로 오랫동안 작동하여야 하는데, 그것이 바로 희생양 효과이다. 이 효과는 또한 제의와 희생 단계에 있던 원시 종교의 고유한 논리이다. 여기서는 앞에서 말했듯이 신이 재앙으로 나타나고 있다. 신은 선악 그 너머에 있는 것이 아니라 바로 그 안에 있다. 신이 구현하고 있는 차이는 아직 도덕적인 분별로 나타나지 않으며, 희생양의 초월성 또한 아직 신의 이로운 힘과 해로운 힘으로 나뉘어 있지 않다.

그러다가 구분이 행해질 때에는, 원초적인 신화에 대해 모든 방향으로 행해지는 압력 아래에서 행해지는데, 이때 선악의 균형은 신화 속에서 때로는 해로운 쪽에 유리하게, 때로는 이로운 쪽에 유리하게 또 어떤 때는 동시에 이 두 방향으로 깨어진다. 그리하여 이중적이던 애초의 신성은 완전히 선한 주인공과 공동체에 해를 끼치는 완전히 악한 악마로 나뉜다. 오이디푸스와 스핑크스, 성 요한네스와 용[24], 아라와크(Arawak) 신화에 나오는 물뱀과 그를 해방시켜 주는 살해자 등이 그 좋은 예다. 악마는 '위기'와 '죄' 그리고 희생양 선택의 '기준'이라는 박해의 세 가지 전형들처럼 모든 나쁜 것을 이어받고, 이에 반해 주인공은 살해와 희생적 결단이라는 네 번째 전형만을 이어받는데, 그는 사악한 악마가 폭력을 정당화하면 할수록 더 공공연한 해방자가 된다.

---

24) 전설에 따르면 로마의 장군 요한네스는 용을 죽이고 이교도 공주를 구해주어서 그 나라의 왕과 백성들을 기독교로 개종시켰다. (옮긴이)

이런 유형의 분리는 분명 늦게 일어난다. 왜냐하면 이 분리는 아주 쇠퇴하였기에 더 이상 진정한 종교적인 믿음의 대상이 되지 않는 신화의 형태인 콩트와 전설로 연결되고 있기 때문이다. 그러므로 이제 뒤로 되돌아가 보자.

한꺼번에 신의 죄를 없애 버리는 것이 문제가 아니다. 신중을 기하지 않고 행한 검열은 하나의 문제는 해결하지만 결국은 또 다른 문제를 야기시킬 뿐이다. 신화를 진지하게 받아들이던 사람들은 항상 오늘날의 민족학자들보다 더 통찰력이 있었다. 그들은 그들의 신에게 가해진 폭력이 그 신이 이전에 행한 폭력에 의해 정당화된다는 것을 아주 잘 알고 있었다. 아무런 단서도 없이 이런 정당화를 없애버리는 것은 바로 그 성스러운 사람에게 면죄부를 부여하는 것이기는 하지만, 그러나 동시에 그것은 그를 벌한 것이 정당했다고 믿고 있는 그 공동체 자체를 유죄로 만드는 것이기도 하다. 그런데 그에게 테러를 가한 이 집단은 동시에 그를 믿는 집단을 만들어냄으로써 거의 그 초석적 희생양만큼이나 성스럽다. 신화를 수정해 보려는 욕망은 이처럼 딜레마에 봉착하게 된다. 신화의 중요한 테마들에서 이런 딜레마는 쉽게 눈에 띈다. 그러나 때로는 신의 유죄성에 대해 아주 미묘한 색채를 띠고 있는 아주 발전된 텍스트 속에서도 우리는 이런 딜레마의 흔적들이 나타나는 것을 볼 수 있다. 이런 텍스트는 이제까지는 잘 이해할 수 없었다. 그러나 이제 우리는 이것은 숱한 세월과 여러 신화 속에서 그 성스러운 드라마에 나오는 사람들 모두를 '죄의식에서 해방시키기' 위해 신자들이 만들어낸 다소 뛰어난 해결책이었다는 것을 알 수 있다.

가장 간단한 해결책은 희생양의 죄를 있는 그대로 두면서 그 죄가 고의적이 아니라고 주장하는 것이다. 그 희생양은 분명 사람들이 비난하는 그런 행동을 하였다. 그러나 그는 '고의로' 그런 것이 아니다. 오이디푸스는 그의 아버지를 죽이고 어머니와 같이 잤지만 그는 그런 사실을 전혀 짐작도 못했다. 이렇게 되면 한마디로 아무도 더 이상 유죄가 아니게 되고 또 전통적 텍스트를 '거의' 전부 준수하는 가운데 도덕적 요구 조건들도 모두 지키는 것이 된다. 그 전개 과정, 즉 그 해석에 대해 다소 '비판적'인 단계에 이른 신화들은 오이디푸스식으로 악의도 없이 죄인이 된 집단과 함께 종종 무고한 죄인들을 보여주고 있다.

6장에서 살펴본 스칸디나비아의 호도르 신의 경우에서도 우리는 유사한 현상을 볼 수 있다. 물리적으로는 살해에 책임이 있음에도 불구하고, 발데르를 죽인 사람은 오이디푸스보다 더 무고한 자일 수 있다. 보았다시피 호도르에게는 그의 살인 행위를, 동생에게 치명적인 결과를 초래할 것 하나 없는 아무런 해가 없는 한낱 재미로 하는 흉내로만 볼 수 있을 합당한 이유가 있기 때문이다. 호도르는 어떤 일이 일어날지 결코 예측할 수 없었던 것이다.

완전히 죄가 있던 처음의 신은 이리하여 제한적이거나 아니면 전혀 죄가 없는 신으로 바뀌게 된다. 그렇다고 이 무죄 선언이 어디서나 다 통하는 것은 결코 아니다. 한 곳에서 신의 잘못을 지우고 나면 그것은 대개 그 근방인 다른 곳에서, 처음보다 더 심한 형태로 다시 나타나게 된다. 이때 우리는 로키나 크로노스와 같이 전보다 한층 더 죄가 있는 신, 아니 일종의 악마가 나타나는 것을 볼 수 있다. 이들은 한마디로 겉으로는 단순히 말뿐인 것 같지만 끝까지 올라가보면 항상 어떤 실제의 희생양과 닿아 있는 두 번째 층위의 희생양의 역할을 하고 있다.

신의 유죄성을 폭력적 집단의 수준으로 깎아내리지 않으면서, 또 특히 드러내서는 안 되는 것, 즉 희생양 메커니즘을 폭로하지 않으면서도 신의 유죄성을 축소시키는 방법은 이외에도 많이 있다. 우리는 희생양이 원래부터 나쁜 것이 아니라 그 자신도 모르는 어떤 상황으로 인해 나쁜 결과를 초래한 행위 때문에 유죄가 되었다는 것을, 그래서 그에 대한 집단 폭력이 정당화되고 있다는 것을 알고 있다. 사실 이들은 나쁜 의도가 전혀 없는 죄의 한 변형일 뿐이다.

이 같은 이중 정당화의 극단적인 형태는 테러를 가한 집단과 희생양의 관계를 단순한 오해와 잘못 해석한 메시지 탓으로 보는 것이다.

신의 죄를 사실로 받아들이면서도 신화는 이 죄의 또 다른 원인으로 몽환약을 마신다거나 독충에게 쏘이는 것처럼 자신의 의사와는 무관하게 어쩔 수 없이 그 신으로 하여금 그렇게 행할 수밖에 없도록 한 거역할 수 없는 자연의 힘을 제시하기도 한다.

엘리아데가 그의 『믿음과 종교 사상의 역사』에서 소개하고 있는 벌에 쏘인 히타이트의 신에 대한 이야기를 살펴보자.

> 이야기 앞부분이 사라져서 텔리피누(Telipinu)가 왜 '사라질' 마음을 먹었는지는 알 수 없다. (중략) 그러나 그 결과는 곧 나타난다. 화로의 불은 꺼지고 신과 사람들은 '짓눌리는' 느낌을 받는다. 암양은 새끼양을, 암소는 송아지를 돌보지 않는다. '밀과 보리도 더 이상 자라지 않고', 동물도 사람도 더 이상 짝을 짓지 않는다. 초원은 시들고 샘도 말라버린다. (중략) 마침내 어머니 여신이 벌을 보낸다. 조그만 숲속에서 잠자고 있는 그 신을 발견한 벌은 침을 쏘아 그를 깨운다. 화가 난 텔리피누는 그 지방에다 엄청난 재해를 불러일으키는데 이에 겁이 난 신들은 그를 진정시키기 위해 마술에 의지한다. 의식과 마술을 행하고 나자 텔리피누의 화는 가라앉고 그 '병'도 사라진다. 평정을 되찾은 그는 다시 신들에게로 돌아오고 모든 생명체들도 리듬을 되찾는다.[25]

위기와 그 위기를 야기한 신의 잘못이라는 박해의 두 가지 전형이 아주 분명히 드러나 있다. 벌에 쏘이는 것은 여기서 이 신의 책임을 증대시키는 것이기도 하지만 그와 동시에 경감시키는 것이기도 하다. 여기

---

25) M. Eliade, *Histoire des croyances et des idées religieuses* I, 156-157쪽.

서 해로움을 이로움으로 바꾸고 있는 것은 직접적인 집단 폭력이 아니라 그에 해당하는 제의이다. 바로 마술적 의식이 폭력을 의미한다. 이 제의는 언제나 본래적인 희생양 효과를 재생산하는 것을 겨냥하고 있으며 게다가 집단적인 성격마저 들어 있다. 겁이 나서 파괴 행동을 멈추도록 텔리피누에게 간섭한 것은 바로 '다른 모든 신들'이다. 그러나 이 간섭 속에 들어 있는 폭력은 감추어져 있다. 텔리피누가 정말로 사람들의 적이 아니듯이 신들 또한 텔리피누의 적이 아니다. 집단에 혼란이 일어나는데 그 원인은 신에게서 나왔다. 그러나 정녕 나쁜 의도는 어디에도 없다. 텔리피누는 사람들에 대해, 다른 신들 또한 텔리피누에 대해 아무런 악의도 갖고 있지 않다.

신의 잘못을 축소시키고 있는 다른 변형체로 우리는 북아메리카의 트릭스터(trickster)[26]의 행동과 또 거의 도처에서 볼 수 있는 '속이는 신'을 들 수 있다. 이 신들도 다른 신들과 마찬가지로 희생양들이다. 그들의 선행은 모두 그들의 희생을 통해 사회적 규약이 더 굳어지는 것으로 귀착하는데, 이 같은 선행은 언제나 의심할 여지없이 벌받아 마땅한 악행 다음에 나타난다. 그러므로 이것이야말로 해롭기 때문에 이롭고, 혼란을 조장하기 때문에 질서를 만드는 자가 되는 신의 패러독스이다. 결국 박해를 다루고 있는, 잘 보존된 신화적 기록 속에서 신의 의도에 관한 문제는 제기되지 않을 수 없는 문제이다. 그렇다면 신은 결국에는 도와주고 보호해 주고 말 사람들을 처음에는 왜 난처한 입장에 빠지게 하며, 이 때문에 그 자신 또한 왜 난처한 입장에 빠지는 것일까? 악인 줄 모르기 때문에 악을 행하는 신이나 어쩔 수 없이 악을 행하는 신들과는 별도로, 여기서 나는 할 수 없이 제삼의 해결책으로 즐기려고 악을 행하는 신, 익살스러운 나쁜 신을 제시하려 한다. 그는 언제나 끝에 가서는 사람들을 도

---

[26] trickster: 신화나 옛이야기에 등장하는 장난꾸러기 또는 어릿광대로, 문화인류학에서는 도덕과 관습을 무시하고 사회질서를 어지럽히는 신화 속의 인물이나 동물을 지칭한다.(옮긴이)

와준다. 하지만 그는 골려주는 장난을 좋아하고 또 끊임없이 그것을 즐긴다. 처음에 그가 우리들에게 알려지는 것도 바로 이런 장난을 칠 때이다. 그 결과를 주체하지 못할 정도로 그는 너무 심하게 장난을 친다. 그는 작은 불씨를 지피다가 큰불을 내고 오줌을 싸서 온 땅이 홍수가 나게 하는 솜씨 서툰 초보 마법사와 같다. 그래서 그의 잘못을 바로잡는 모든 '교정 간섭(intervention corrective)'이 정당화된다. 그리고 그가 이로운 자로 변신하는 것도 언제나 바로 이 간섭 덕분이다.

'트릭스터'는 때로는 아주 영악한 자로 또 때로는 그 반대로 임무 완수에 아주 서툴고 둔한 자로 통한다. 그래서 그는 자기 의지와는 무관하게 사고를 일으키고 그 사고는 의도하던 결과를 위태롭게 하지만 그와 동시에 이 서툰 자에 대항해서 그 집단의 정상적 운행에 꼭 필요한 만장일치가 일어나게 함으로써 의도하던 결과를 확실히 보장해 주기도 한다.

이 같은 '트릭스터' 안에는 신성화된 희생양에서 나온 두 가지 신학 이론 중의 하나인 '신의 변덕'이라는 신학 이론이 작용하고 있다는 것을 알아야 한다. 다른 하나의 이론은 '신의 노여움'이라는 이론인데, 이 이론은 박해의 표현에 사로잡혀 있는 자들에게 그들이 볼 때 정말로 죄인처럼 보이는 자들이 효율적으로 화해하기 위해 제기하는 문제에 대한 다른 해결책을 이루고 있다. 만약 그가 죄인처럼 보이지 않고 또 이 메커니즘의 수혜자들이 희생양의 인과율을 의심하게 되면 화해도 신성도 없게 될 것이다.

이런 시각에서는 신은 언제나 그렇듯이 전적으로 착한 신이지만, 일시적으로는 나쁜 신으로 변하기도 한다. 신이 그의 신도들을 괴롭히는 것은 그들을 옳은 길로 더 잘 인도하고 그들의 부족함을 바로잡기 위해서이다. 신이 곧장 자신의 선한 모습을 드러낼 수 없는 것은 바로 그들의 부족함 때문이다. 진정 사랑하는 자는 벌도 잘 준다. 이 해결책은 앞의 것보다는 덜 흥미롭지만 사람들로 하여금 그들의 희생양이 폭력의 화신만은 아니라는, 아주 드문 생각을 갖게 한다는 점에서 더 심오한 해결책이라 할 수 있을 것이다. 공동체도 이 악에 대한 책임을 신과 함께 공유하면서 자신의 무질서에 대해 죄인이 되기 시작한다. 신의 노여움이라는 이 신학 이론은 진실에 닿아 있긴 하지만 그러나 아직 박해의 기록에서 벗어나지 못하고 있다. 희생양 메커니즘을 분석하지 않고는 또 그 자신에 대한 신화학적 표현을 막고 있는 매듭을 풀지 않고서는 여기서 벗어날 수 없을 것이다.

신의 잘못에 대한 논의를 마치면서 이상의 해결책들을 너무 엄격한 범주로 여기면 안 된다는 것을 보여주기 위해 나는 이런 해결책들에 들어 있는 이점들을 아주 교묘하게 짜 맞추고 있는, 지구상에서 아주 멀리 떨어져 있는 곳에서 발견할 수 있는 신화에 대해 살펴보고자 한다.

모든 테베 신화의 선조인 카드모스가 용을 죽인 다음에 용의 이빨을 땅에 뿌리자 곧 갑옷과 창으로 무장한 무사들이 솟아난다. 이처럼 다시 나타나는 이 위협은 인간 집단 속의 박해의 위기와 용과 같은 모든 전설적인 야수들의 관계를 극명하게 보여주고 있다. 이 무사들을 물리치기 위해 카드모스는 아주 간단한 술책을 쓴다. 그는 눈치 채지 못하게 은밀히 돌멩이 하나를 주워서 무사들 속으로 던진다. 아무도 돌에 맞지 않았지만 돌이 떨어지는 소리를 듣고서 무사들은 모두 다른 사람이 그랬다고 생각하게 된다. 잠시 후 그들 사이에 싸움이 붙는데, 마지막 사람이 남을 때까지 그들은 서로를 죽인다.

카드모스는 여기서 일종의 '트릭스터' 같다. 어떤 의미에서, 무사들을 마지막 파멸에까지 몰고 가는 대혼란을 불러일으킨 장본인은 바로 카드모스이다. 아무도 돌멩이에 맞지 않았기에 그 자신으로는 그다지 중대한 사건이 아닐지도 모른다. 그 술책이 진정으로 나쁜 것이 된 것은 오로지 무사들의 어리석은 성급함, 분쟁을 일으킬 소지가 있는 그들의 맹목적인 확대 성향 때문이다. 나쁜 상호성은 그 가담자들이 그것을 알지 못할수록 분쟁을 더 잘 일으키고 또 그것을 확대시켜 나간다.

이 신화의 놀라운 점은 사회를 위기로 몰아넣으면서 갈수록 차이가 없어져 가는, 그래서 갈수록 더해만 가는 상호성을 아주 멋지게 폭로하면서 그와 동시에, 희생양의 존재 이유와 그 효용성의 근거를 은근히 밝히고 있다는 점이다. 일단 나쁜 상호성이 작동하고 나면, 처음에는 단지 추측에 지나지 않던 모든 불만의 씨앗들이 시간이 가면서 사실로 변한다는 바로 그 점 때문에 사정은 점점 악화될 수밖에 없다. 싸우는 사람들 중의 반 정도는 정당한 복수를 행함으로써 자기가 정의를 구현하였다고 믿고 있다. 그에 반해 나머지 반도 만족해 있는 이들에게 결정적인 타격을 가하여 그들 자신이 또 이 정의를 구현하려 한다.

이처럼 악순환이 아주 심각하기 때문에 나쁜 상호성은 모두가 인식할 때에만 이를 멈출 수 있다. 그러나 모두에게 그들 집단 내의 관계가 그들의 불행을 증폭시킬 뿐 아니라 바로 그 불행을 낳고 있다는 것을 이해하라고 요구하는 것은 그들에게 너무 지나친 요구이다. 어떤 공동체는 좋은 상호성에서 나쁜 상호성으로 옮겨갈 수가 있는데, 이것은 사소한 이유로도 그럴 수 있지만 그 반대로 너무나 강제적인 심각한 이유일 수도 있다. 그렇지만 그 결과는 결국 마찬가지이다. 거의 언제나 모든 사람들이 다 같이 책임이 있지만, 아무도 그것을 알려고 하지 않는다. 만약 그들의 나쁜 상호성을 분명히 인식한다 하더라도, 사람들은 거기에는 책임 있는 사람과 벌받을 만한 실제의 기원이 있기를 여전히 바라고 있다. 그들은 그것의 역할을 축소하는 데 동의할지도 모른다. 그렇지만 그들은 여전히 에반스 프리차드가 말하는 '교정 간섭을 할 수 있는, 사회 관계에서의 유효한 원인'인 최초의 원인을 원할 것이다.

우리는 희생양 메커니즘이 때때로 무슨 이유로, 그리고 어떤 식으로 이 과정을 방해하는가를 쉽게 이해할 수 있다. 맹목적인 복수의 충동, 가까이 있거나 눈에 보이는 적수를 향하게 하는 야비한 이 상호성은 절대 어떤 결정된 것에 기초를 두고 있지 않다. 물론 신경질적인 순간에는 더 그렇겠지만 사람들은 언제나 거의 대상을 가리지 않고 어느 누구를 향해서나 수렴될 수 있다. 그러므로 처음에는 순전히 우연히 일어나거나 아니면 희생양 징조에 의해서든 간에 이 같은 수렴은 시작되기만 하면 된다. 어떤 목표가 다른 것보다 별로 나아 보이지 않는다 하더라도 이것만 가지고도 아무런 주저없는 확신 속에서 단번에 화해로운 만장일치를 뒤흔들어놓을 수가 있다.

폭력에는 다른 명분에 대한 보편적인 믿음 외에는 절대 다른 이유가 없다. 그렇기 때문에, 교정 간섭이 '효과 있는 것처럼 보이는' 정도가 아니라 실제로 효과가 있기 위해서는, 모든 생존자들의 복수 의지가 사라지면서 이 보편성이 다른 실재, 즉 모든 사람들의 타인이 되는 희생양으로 육화되기만 하면 된다. 이때 복수를 원하는 자는 희생양뿐이지만 그는 그럴 능력이 없다.

바꾸어 말해, 카드모스 신화에서 전사들이 바로 카드모스야말로 그들을 부추기는 선동자라는 것을 알아차리고 서로 화해하게 될 때 상호 파괴가 멈추게 된다는 말이다. 이때는 선동자가 실재 인물인가 아닌가가 중요한 게 아니다. 단지 사람들이 그의 존재와 정체를 믿는 것만으로 충분하다. 다른 돌멩이 위에 조그만 돌멩이 하나가 떨어지면서 난 소리 말고는 아무런 일도 일어나지 않았는데, 과연 진짜 범인을 잡았다고 어떻게 확신할 수 있을까? 이와 유사한 사태는, 그 일을 저지른 자의 입장에서 볼 때 아무런 악의 없이도, 심지어는 그런 일을 저지른 자가 없이도, 언제든지 일어날 수 있는 일이다. 여기서는 단지, 무질서를 조장하고 그리하여 질서를 다시 세우려는 의도와 능력에 대한 '믿음'이 중요하다. 그런데 이 믿음은 우연히 일어날 수 있는 희생양이 불러일으키는 것인데, 경우에 따라서 그 믿음의 강도나 보편성은 차이가 날 수 있다. 실제 사태를, 즉 그 막강한 희생양을 제대로 몰랐기 때문에, 이 전사들은 싸움을 멈추지 않았고 그래서 위기는 마지막 소멸에까지 이르게 된 것이다.

여기서 살아남은 사람들은 카드모스 신화에서 생겨난 공동체를 나타내고 있고, 죽은 사람들은 카드모스와는 달리 유일한 무질서를 나타낸다. 이 신화에서 카드모스는 무질서의 힘(용의 이빨을 뿌린 사람이 바로 카드모스다.)인 동시에 질서의 힘(처음에는 용을, 다음에는 수많은 무사들을, 그리고 괴물의 유해에서 나온 천의 머리를 한 괴물(draco redivivus)을 무찌른다.)이기도 하다. 그러므로 카드모스는 늘 혼란을 야기시키지만 '꼭' 그것을 종식시키고 마는 여러 신들 중의 하나라 할 수 있다. 또한 카드모스는 이 신화 속에서 겉으로 드러나는 희생양은 아니다. 이 신화에서 그는 암묵적인 희생양이며 신화 그 자체의 성스러운 희생양이자 테베인들의 신이다. 이 신화는 결국 뛰어난 신화이다. 이 신화는 자신의 발생의 비밀을 끝까지 드러내지 않으며 또 그렇게 할 수도 없다. 이 신화는 여전히 희생양 메커니즘에 의지하고 있다.

'사소한 원인에 큰 효과', 혹은 '작은 희생양에 큰 위기'라는 유형의 신화들은 세계 곳곳에서 찾아볼 수 있다. 그러나 때로 이 신화들은 영향이니 확산주의니 하는 개념을 이용하여 넘어갈 수가 없을 정도로, 그 세부 사항에서 매우 특이한 형태를 취하고 있는 것도 있다. 인디언판 카드모스 유형 신화는 아직 인도 유럽의 '영향'이라고 볼 수 있지만, 레비-스트로스의 『신화』에 나오는 남미의 카드모스 유형 신화는 그렇게 보기에는 조금 미묘한 면이 있다. 눈에 잘 띄지 않게 나무에 앉아 있던 사람 모양을 한 앵무새 한 마리가 부리에서 무언가를 떨어뜨림으로써 불화의 씨앗을 뿌린다. 이 모든 신화들이 단 하나의 절대적으로 논리적이고 변별적인 의미를 갖는다고 말하기는 어렵다. 마찬가지로 인간 사이의 폭력과 아무런 관계가 없다고도 절대 말할 수 없을 것이다.

* * *

    더 오래된 신화를 담고 있는 텍스트들은 집단 살해를 감추고 있지 않다. 그러나 역사학자들뿐 아니라 성서 주석자들, 특히 비극 작가들과 같은 위대한 작가들에게서는 중요한 예외들도 있다. 이들의 주석을 읽을 때는 우리가 이제 막 행한 그런 분석을 항상 마음속에 담고 있어야 한다. 언젠가 이 분석은 로물루스의 소문이나 이와 유사한, 도시나 종교의 많은 설립자들에 관한 모든 '소문들'을 명백히 설명할 수 있을 것이다. 프로이트는 이런 소문들을 진지하게 생각한 현대인들 중의 한 사람이다. 『모세와 유일신(*Moïsée et le Monothéisme*)』에서 그는 불행하게도 너무 논쟁적인 목적이긴 하였지만, 유대인들의 전설 여기저기에 흩어져 있는 '소문들'을 이용한다. 그것에 의하면 모세 역시 집단 살해의 희생양이었다는 것이다. 그러나 『토템과 터부』의 이 저자는 그의 이상한 태만과 아마도 유태교에 대한 편파적인 비판 때문에, 모세에 관한 소문과 나른 많은 입법자들과 종교 설립자들에 대한 소문들 사이에 분명히 드러나고 있는 일치 현상을 마땅히 활용했어야 함에도 불구하고 이를 활용하지 않는다. 가령 어떤 소문에 의하면 차라투스트라는 어떤 제의 집단의 이리로 분장한 구성원들에 의해 살해된다고 암시되어 있다. 차라투스트라는 그 제의 집단이 되풀이하고 있는 초석적 살해의 만장일치적인 성격을 아직 가지고 있는 폭력, 즉 희생적 폭력과 대항해 싸우고 있었다는 것이다. 공식적 연대기의 여백에는 종종 다소 '신비적인' 집단 살해에 관한 전설이 있다.

    현대의 역사가들은 이런 이야기들을 진지하게 여기지 않는다. 그렇다고 그들을 비난할 수도 없다. 그들에게는 그런 이야기를 그들 연구에 적용시킬 방법이 아직 없는 것이다. 그들은 이 이야기들을 단 하나의 작가, 즉 '그들' 작가의 틀 안에서 고찰하든지(이때 그들은 '할머니 이야기'와 같이 정확성을 확인할 수 없는 이야기들인 그들의 자료들이 역설적으로 혹은 신중하게 보고 있는 것만을 볼 수 있을 뿐이다), 아니면 그 반대로, 신화의 틀 혹은 보편적인 이야기의 틀 안에서 볼 수 있을 뿐이다. 이제 그들은 이 테마가 그 자체로는 보편적이지 않지만 너무나도 자주 나타나고 있기에 이에 대한 설명을 안 하고 넘어갈 수가 없다는 것을 어쩔 수 없이 인정해야 한다. 그것을 단순히 신화적이라고만 말할 수 없다. 왜냐하면 그것은 언제나 신화에 대해 단호히 반론을 제기하고 있기 때문이다. 이리하여 어쩔 수 없이 이들이 그 문제를 직시하고 문제의 존재를 인정하게 되었는가? 너무 믿을 바가 못 된다. 진실을 회피하려고 하는 자들이 이용할 수 있는 자료는 무한히 많다. 여기서 이런 의미를 거부하는 것은 그것의 대단한 무기인 진짜 살인 광선에 의존하는 것이다. 그것은 이 성가신 테마를 순전히 수사학적인 것이라고 단언한다. 이들은 부재하는 집단 살해에 관한 모든 주장, 그 결핍으로의 믿지 못할 이 같은 회귀는 모두 순전히 장식용의 회의에서 나온 것이라고 판정을 내린다. 이런 식으로 내버려두는 것은 너무 순진한 짓인지 모른다. 곤경에 처한 자들을 구해 내는 널빤지 중에서 이보다 더 안전한 것도 없을 것이다. 한동안 보이지 않다가 오늘날 다시 나타나고 있는 이것은 아무리 폭풍우가 몰아쳐도 끄떡없다. 메두사의 뗏목보다 더 많은 나그네가 타고 있는데도 이것은 침몰하지 않는다. 이것을 다시 침몰시키기 위해서는 어떻게 해야 하는 걸까?

    요컨대, 아무도 집단 살해에다가 중요성을 부여하지 않는다. 그것을 인질로 삼고 있는 보편성보다 더 흥미있는 티투스 리비우스[27]의 글로 돌아가보자. 이 역사가는 그 크나큰 폭풍우 속에서 로물루스가 어떻게 해서 '두꺼운 구름으로 둘러싸여 무리의 눈길을 피할 수 있게 되었는지를, 또 그 뒤로 이 지상에 다시는 나타나지 않게 된다는 것'을 이야기하고 있다. 잠시 죽음과 같은 적막이 흐른 뒤 '로마의 젊은이들은 로물루스를 새로운 신이라고 환호하였다'. 그러나,

---

27) Titus Livius(?-64): 로마의 역사가로 『로마사』의 저자.(옮긴이)

이때부터 그 왕이 사제들의 손에 의해 산산조각났다는 이야기가 몇몇 의심 많은 사람들에 의해 나지막이 이야기되고 있었던 것 같다. 사실, 그것은 또한 커다란 수수께끼처럼 말해지고 있었다. 그러나 다른 판본의 이야기들은 이 주인공의 명성이나 그 순간의 위험 따위에 의해 통속화되어 버리고 말았다.[28]

플루타르코스는 로물루스의 죽음에 대해 여러 개의 이야기를 하고 있는데, 이중 세 개는 집단 살해를 이야기하고 있다. 한 판본에 의하면 로물루스는 침대에서 적들에 의해 질식당해 죽고, 다른 판본에 따르면 불켕 사원에서 원로원들에 의해 갈갈이 찢겨 죽는다. 또 다른 판본에 의하면 그의 죽음은 쉐브르의 늪에서 티투스 리비우스가 말하는 커다란 폭풍우 중에 일어난 것으로 되어 있다. 폭풍이 일자 '서민들은 도망가고' 원로원들은 서로 바짝 모여들었다. 티투스 리비우스에서처럼 새로운 신에 대해 경배를 올린 사람들은 바로 그 원로원들, 즉 그 살인자들이었다. 왜냐하면 그들은 '그를 향해 바짝 모여들었기 때문이다'.

서민들은 대부분 그것을 보상으로 여기면서 이 소식을 아주 즐거운 마음으로 듣고서는, 진심으로 신심을 가지고 로물루스를 경배하러 갔다. 그러나 어떤 사람들은 엄하고도 날카롭게 그 사실로부터 진실을 찾으려 애쓰면서, 헛되고 미친 설득을 남발하면서 또 스스로의 손으로 왕을 죽인 자는 바로 귀족들이었다는 것을 사람들에게 알림으로써, 세습 귀족들을 아주 곤란하게 했다.[29]

이것도 그중 하나인 이 전설은 하나의 반전설(contre-légende)이다. 그

---

28) Titus Livius, *Histoire romaine* I, 16쪽.
29) Plutarque, *Vie de Romulus*, XLIII-XLV, traduction Amyot(Paris, 1950), 72-75쪽; 르네 지라르, 『폭력과 성스러움』, 김진식·박무호 옮김(민음사, 1993), 298, 378, 432쪽 참조.(옮긴이)

것은 결국 프로이트의 의도와 비슷한 분명한 탈신비화의 의도에서 나온 것이다. 이것은 전설로 통하고 있는 공식적인 판본인데, 권력은 이것을 유포시켜 자신의 권위를 공고히 할 수 있는 이점을 갖고 있다. 로물루스의 죽음은 『바쿠스 여사제들(les Bacchantes)』에 나오는 판테우스의 죽음과 비슷하다.

> 그러나 원로원들이 모두 그에게 달려들었다고는 아무도 생각하지 않았다. (중략) 그를 조각 내어 죽인 그들은 그들 옷자락 주름에 모두 그 조각 하나씩을 갖고 떠났다.

이 결말 부분은 희생양이 여러 사람에 의해 찢겨 죽는 디오니소스의 '디아스파라그모스(diasparagmos)'를 연상시킨다. 그러므로 이 대목의 신화적, 종교적인 영향에 대해서는 의심의 여지가 없다. 그러나 디아스파라그모스는 살인의 광기에 사로잡힌 사람들에게서 자발적으로 일어나는 것이다. 종교 전쟁중의 프랑스 민담에는 플루타르코스의 텍스트와 비슷한 예들이 아주 많이 나타나고 있다. 폭도들은 희생양의 잔해를 놓고 싸울 정도이다. 그들은 그것을 진짜 거래의 목표가 될 수 있으며 또 엄청난 가치에 도달할 수 있는 하나의 성유물처럼 보았다. 집단 폭력과 이미 강하고 유명해져 있는 희생양이 없어도 되는 신성화 과정 사이에는 밀접한 관계가 있음을 수많은 예들을 통해 암시받을 수 있다. 유해가 성유물로 변하는 것은 오늘날의 인종차별주의자들이 행하는 린치의 어떤 형태에 의해 역시 증명되고 있다.

요컨대 희생양을 성스럽게 만드는 것은 다름아닌 그 살해자들이다. 로물루스의 '소문'을 통해서 알 수 있는 것이 바로 그것이다. 이 소문은 우리들에게 이것이 특별히 현대적으로 말하고 있다. 왜냐하면 이 소문은 이 사건을 일종의 정치적 음모로, 즉 절대로 분별을 잃지 않으면서 언제나 그들이 원하는 것을 알고 있던 사람들이 만들어낸 이야기로 보고 있기 때문이다. 이 텍스트는 서민들의 시각을 반영하고 있다. 귀족들에 대한 반감 때문에 로물루스의 신성화는 평민들에 대한 일종의 음모로, 원로원들의 선전 수단으로 격하되고 있다. 신성화가 어떤 사건을 비열한 실체로 변형시킨다는 생각은 아주 중요한 생각이다. 주도면밀한 위장이라는 주장은 그것의 어떤 경향을 예고하고 있는 현대의 정신에 매력적으로 보이지만 그래도 성스러움의 발생에 있어서 군중과 집단의 모방 현상의 본질적 역할을 짐작하고 있는 연구자들을 완전히 만족시켜 주는 것은 아니다.

신화의 과정을 그 어떤 단계에서도 의식을 잃지 않는 하나의 조작으로 보게 되면, 티투스 리비우스와 플루타르코스가 전해주고 있는 그 '소문들'로 인해 우리는 종교에 대한 현대 이성주의의 실수에 다시 빠지게 될 것이다. 이 소문들의 가장 큰 이점은 차라리 이것들이 암시해 주는 신화 발생과 흥분한 군중 사이의 관계일 것이다. 19세기의 박식자들은 결코 이 정도도 암시해 주지 못했다. 그래서 그들은 이런 소문에서 진실되지 않은 것만을 취하였다. 그들에게 있어 종교는 약자들에 대하여 강자들이 꾸민 하나의 음모에 불과하였다.

모든 집단 폭력의 흔적들을 추적하여 이것으로써 서로의 폭력을 비판해야 한다. 이 분석을 통해 얻은 새로운 시각 속에서 '소문'은 '진/위', '역사적인 것/신화적인 것'에 대한 거친 양자택일인 전통적 실증주의를 뛰어넘어 또 다른 차원을 획득하게 된다. 이 같은 양자택일의 틀 안에는, 우리가 말하는 이런 '소문들'이 들어갈 자리는 어디에도 없고, 이런 틀 안에서 이것을 제대로 다룰 수 있는 사람은 아무도 없다. 역사가들은 소문을 고려의 대상으로 삼을 수 없다. 로마의 기원에 대한 말 중에서 소문이 가장 의심스러운 것이다. 티투스 리비우스도 이를 인정하고 있다. 신화적이기보다는 반신화적이길 더 원하는 것에 대해 신화학자들은 더 이상 흥미를 가질 수가 없을 것이다. 정규 지식의 틈 사이에 떨어져 있는 것이 바로 이런 소문이다. 집단 폭력의 흔적에서 만나게 되는 것이 바로 이런 소문이다. 문화가 진보할수록, 흔적들은 많이 지워져 있어 찾기가 한층 더 힘들다. 이런 점에서 현대의 철학과 비평은 철늦은 신화학 작업을 완성하고 있다. 이것이 소위 지식이라고 부르고 있는 것이다.

집단 살해의 은폐는 예전과 같이 막강하고 음흉한 세력들에 의해 지금도 계속되고 있다. 이를 살펴보기 위해 로물루스와 레무스 신화를 다시 보기로 하자. 감히 말하지만, 우리는 이를 통해서 오늘날에도 이 과정의 전모를 포착할 수 있다. 티투스 리비우스의 텍스트에서 우리 스스로가 행한 것 속에서, 우리 자신의 매개를 통해 그러나 당연히 우리도 모르는 사이에, 집단 살해의 흔적 은폐가 행해지고 있다는 것을 알게 된다.

독자들 대부분은 로물루스의 죽음을 이야기하고 있는 이 이단적인 판본이 이 신화에서 집단 살해를 나타내는 아마도 '유일한' 기록일 거라고 여기고 있을 것이다. 물론 이 신화에는 또 다른 폭력적 죽음이 있다는 것을 독자들은 알고 있을 것이다. 이 죽음도 하나의 살해이지만, 그러나 이것은 '개인적' 살해라고 여기고들 있을 것이다. 물론 이 죽음은 레무스의 죽음이다.

이 죽음에 대한 유일한 살인자는 로물루스이다. 모든 사람들에게 이것을 물어보면 다들 그렇다고 대답할 것이다. 로물루스는 화가 나서 레무스를 죽인다. 왜냐하면 그의 동생이 그가 겨우 그어 놓았던 로마의 상징적인 경계선을 조롱하면서 넘어버렸기 때문이다.

이 살해의 판본은 물론 티투스 리비우스에도 들어 있다. 그러나 이것이 유일한 최초의 판본은 아니다. 첫 판본은 집단적인 판본이다. 두 번째 판본과 달리 이것은 아직 집단 살해의 기록을 감추지 않고 있는 신화의 고전적인 예가 되는 판본이다. 이 첫 번째 판본에는 새의 점과 싸움이 같이 나온다. 새 때문에도 적수가 되는 이 쌍둥이 형제, 로물루스와 레무스의 싸움은 판정이 나지 않는다. 이 이야기는 널리 알려져 있다. 그것은 아무도 이 이야기를 감추고 있지 않기 때문이며, 또 이 이야기는 항상 이 신화의 결말을 제공하고 있는 두 번째 판본과 쉽게 연결되고 있기 때문이다. 그래서 우리는 의식하지도 못하는 사이에 이것을 선택하게 된다. 왜냐하면 집단 살해를 감추고 있는 것이 바로 이 판본이기 때문이다. 이 두 형제가 '버려졌던 그리고 거기서 자랐던' 바로 그곳에서 새로운 도시를 건설하는 계획을 놓고 경쟁하는 이야기를 하고 난 다음에 티투스 리비우스는 이렇게 덧붙인다.

　이 계획에는 곧 대대로 내려오는 정념인 다스리고 싶은 욕망이 뒤섞이게 된다. 그런데 이 정념으로 인해 처음에는 아주 평화롭기만 하던 이 사업에서 죄악의 갈등이 나오게 된다. 이 두 쌍둥이 사이에는 연장자 우선의 선택도 불가능하였기에 그곳을 수호하는 신들이 나서서 새점에 의해 누가 그 새로운 도시에 이름을 붙일 것인지, 그래서 그 도시를 설립하고 또 다스릴 것인지를 결정하기로 하였다.……
　새점에서 먼저 레무스가 독수리 여섯 마리로 이겼다. 이를 확인하자마자 그는 곧 로물루스에게 그것을 보여주었다. 이때 이들을 추종하는 무리들이 각기 이들을 왕으로 추대하려고 함성을 올렸다. 한 무리는 우선권을 주장했고 다른 무리는 왕권을 인수할 수 있는 새의 숫자를 주장했다. 이러다가 싸움이 붙어 주먹다짐이 벌어졌는데, 점점 화가 치솟자 살인적인 싸움으로 번져나갔다. 레무스가 쓰러져 죽은 것도 바로 이 싸움판 속에서였다.[30]

이 두 쌍둥이는 언제나 모든 것이 똑같다. 이들 사이에는 시합과 경쟁이 있기 때문에 갈등이 있다. 갈등은 차이가 아니라 그 차이의 부재이

---

30) I, VI-VII, Traduction Gaston Bayet, "Les Belles Lettres"(1940), 13쪽.

7 신들의 죄　151

다. 차별화의 이항 대립으로 보는 구조주의가 '언어와 같이 구조화된' 심리 분석뿐만 아니라 원수 쌍둥이를 이해하지 못하는 것은 이런 이유 때문이다. 에테오클레스와 폴리니스와 같은 쌍둥이 이야기를 할 때의 그리스 비극에 대해 티투스 리비우스는 정확히 이해하고 있다. 그는 이 쌍둥이 테마와 무차별화되었기에 해결하기 힘든 갈등의 테마와 같은 것이라는 것을 잘 알고 있다. 그것은 결정적인 분리와 같은 분리가 없다는 것을 의미한다. '이 두 쌍둥이 사이에는 연장자 우선의 선택도 불가능하다.' 그래서 사람들은 신들에게 문의한다. 그러나 신들의 제시 또한 겉으로만 판정인 판정으로, 결과적으로는 분쟁을 일으키고 그 분쟁에 기름을 붓는 것에 다름아닌 그것 자체가 '풀기 어려운 판정'인 결정이다. 이 두 형제들은 모두 상대방이 원하는 것을 원하고 있다. 아직 존재하지 않는 똑같은 하나의 대상인 로마라는 도시를 원하는 것이 그것이다. 경쟁은 완전히 모방적이다. 이것은 동일한 갈등적 욕망에 휩싸인 모든 사람들을 획일화시키고, 이 두 형제뿐만 아니라 만인을 자신들 폭력의 쌍둥이로 만들어버리는 희생 위기와 같다.

위에서 방금 우리가 인용한 뷔데 총서의 프랑스어 번역은 분명 틀린 것이 아니다. 그러나 충분치 못한 아쉬운 면이 있는 것이 사실이다. 그것은 무엇보다도 본질적인 것이 드러나지 않게 하고 있다는 것이다. 티투스 리비우스의 라틴어판에서는 레무스 살해의 집단적 성격이 분명히 드러나고 있는데 이 프랑스어판에서는 거의 드러나 있지 않다. 프랑스어로 '싸움판 속에서'로 번역된 것은 원래 '무리들 속에서'라는 의미의 라틴어 'in turba'라는 말이다.

미셸 세르(Michel Serres)는 나에게 "ibi in turba ictus Remus cecidit"라는 라틴어 원문과 함께, 이 프랑스어 번역에서 두드러지게 나타나 있는 집단 살해의 축소 과정을 지적해 주었다. 싸움판이라는 말이 이 문맥에서는 여러 사람의 싸움꾼들을 같이 의미한다고 분명 말할 것이다. 사실이다. 그러나 turba라는 말은 거의 기술적인 의미를 담고 있다. 즉 '혼란을 일으키고(troubl)' '어지럽히고(perturb)' '교란하는 자(per-tirbateur)'에 담겨 있는 '무리 혹은 군중'이라는 의미가 그것이다. 이 단어는 티투스 리비우스의 책 한 권에 들어 있는 수많은 집단 살해 이야기에 자주 나타나고 있는 단어로서, 아주 중요한 의미를 갖고 있다. 그래서 티투스 리비우스 책의 모든 번역에서는 이 단어에 문자 그대로 일치하는 단어를 대응시키는 것이 꼭 필요하다. 만약 그렇지 못할 때는 필연적으로 발데르 신화나 쿠르테스 신화와 같은 텍스트들이 집단 살해를 감추어버리는 것과 비슷한 결과를 낳게 될 것이다. 이 말은 결국 문화의 어떤 단계에서도 우리는 항상 초석적(fondateur) 살해를 감추어버리는 과정에 또 다시 빠져버릴 수가 있다는 말이다. 가령 고전적 휴머니즘이나 '서구 자민족중심주의(ethnocentrisme occidental)에 대한 투쟁'과 같은, 아주 다양한 이데올로기의 매개를 통해서 이런 과정은 오늘날에도 계속 진행되고 있다.

  나의 이런 말에 대해 분명 사람들은 당장 내가 '헛것'을 보고 있다고 말할 것이다. 그러나 그렇지 않다는 증거가 있으니 그것은 이제 막 내가 암시했던 개념, 즉 로물루스와 레무스의 신화 같은 데에 집단 살해의 표현이 들어 있지 않다고 여기는 거의 일반적인 환상이 바로 그것이다. 그러나 거기에는 집단 살해의 표현이 하나 있다. 이 표현은 완전히 중심적인데, 일종의 질식 혹은 협살과 같은 과정에 의해 점차 사라지고 있다. 이 과정은 플루타르코스에 나오는 로물루스의 죽음에서 그가 로마의 귀족들에 죽는 과정과 정말 일치하는 과정이다. 중심에서 밀려서 주변에서 떠돌고 있다가 우연히 완전히 배제되는 또 다른 살인들도 여러 개 있다는 것을, 미셸 세르는 보여주고 있다. 첫 암시에서 소위 '식자'들은 이맛살을 찌푸린다. 두 번째 암시에서 당신은 이제 종교 현상은 존재할 수 없다고 말하는 소위 '신중한' 연구자 집단으로부터 자동적으로 배제되고 만다. 사람들은 당신을 두고 마치 센세이션과 자기 과시에 걸신들린 일종의 지적 모험가로 볼 것이다. 그러나 정작 당신은 신화 연구의 전설상의 큰 바다뱀인 집단 살해를 추적하는 사람, 그것도 한 점 부끄럼 없는 추적자일 뿐이다.

한 번 더 말하지만, 내가 보기에 티투스 리비우스의 이점은 특히 레무스의 죽음을 감추고 있는 판본, 잊었거나 아니면 다소 날조된 판본과 로물루스의 죽음의 총체적이고 전복적인 변형태들이 집단 살해를 표현하는 신화의 대열에 또 하나의 신화를 추가로 더 넣을 수 있게 해준다는 데에 있지 않다. 모든 신화가 애초에는 다들 집단 살해의 표현을 담고 있다는 것을 증명할 수 있다 하더라도, 이 증명은 단지 부차적인 의미만 가질 뿐이다. 그것보다는 오히려 집단 살해를 감추려는 과정이 훨씬 더 의미 있을 것이다. 왜냐하면 그것은 어쩌다 생긴 것이라고 볼 수 없을 정도로 항상 존재하기 때문이다. 결국, 우리가 고집스럽게 그것의 약점을 모르고 있는 데 반해, 간접적이긴 하지만 거대하게 증언을 하고 있는 것은 다름아닌 신화 그 자체이다.

티투스 리비우스는, "쌍둥이의 의미(혹은 무의미), 모방적 경쟁, 거기서 나오는 희생 위기, 그 결과인 집단 살해" 등, 우리가 '기본적 신화의 드라마'라고 부를 수 있을 것들을 꼼꼼히 찾아내고 있다. 그뿐 아니라 우리는 바로 이런 것들을 모든 고대 작가들 그리고 이들을 모방하고 있는 고전 작가들 속에서 찾을 수 있다. 가령 티투스 리비우스와 코르네유, 혹은 에우리피데스와 라신 사이의 동일성을 인정한다는 것은 2, 3세기 동안 근시안적인 검열이 있었다는 사실을 인정하는 것이지, 위대한 텍스트들을 오늘날의 스타일에 맞춘 새로운 '비판적 물레'에 넣는 것을 인정하는 것은 결코 아니다.

우리가 티투스 리비우스에게서 높이 평가하면서 모방 이상으로 본받아야 할 것은, 레무스의 죽음에 관한 집단 살해와 개인적 살해라는 두 판본을 그 연대기적 순서에 따라 제시하고 있다는 점이다. 아직도 공시태적인 것에만 신경을 쓰는 오늘날의 역사가와는 달리 이 로마 역사가는 생성의 '시간'이 있으며 이것은 항상 같은 방향으로만 움직이면서 항상 같은 목표를 향하고 있다는 것을 알고 있었다. 게다가 그 목표에는 숱한 노력과 거의 만장일치적인 집착에도 불구하고 결코 다다르지는 못하는데, 그 목표는 다름아닌 집단 살해를 감추는 것이다.

집단 살해가 빠져 있는 판본은 아직 그것이 들어 있는 판본에 비해 2차적인 것처럼 보인다. 내가 발데르와 쿠르테스 신화에서 증명해 보이려고 하였던 것이 바로 이것이다. 신화의 변형은 한 방향으로만 일어나고 있으며 그 흔적을 지우는 쪽으로 행해지고 있다.

이쯤에서 로마에는 항상 묵시록적인 전설이 있었다는 것을 지적하는 것은 사뭇 흥미로운 일일 것이다. 그 전설은 이 도시의 폭력적 기원에서부터 폭력적 파괴까지 예언하고 있다. 엘리아데는 그의 『종교 사상의 역사』에서 로마인들의 의식 속에 들어 있는 로물루스와 레무스 신화의 영향에 대해 이렇게 이야기하고 있다.

> 첫 번째 사람이 로마의 신에게 바쳐진 유혈이 낭자했던 이 희생에 대해 사람들은 항상 끔찍한 기억을 갖게 되었다. 로마 건국 후 700년도 더 지난 뒤에 가서 호라티우스는 다시 이것을 그것 때문에 어쩔 수 없이 후손들이 서로를 학살하게 되어 국가의 소멸에 이르게 된 일종의 원죄처럼 간주하게 된다. 역사상 로마가 위급한 경우에 처할 때마다 로마 사람들은 어떤 저주가 내리누르는 것을 느끼면서 번뇌 속에서 되묻곤 하였다. 로마는 그 설립 때에 사람들과 평화롭지 않았을 뿐만 아니라 신들과도 사이가 좋지 않았다. 이 같은 종교적인 근심은 그들의 운명을 짓누르고 있었다.[31]

아주 흥미로운 이 전설은 집단 전체가 이 초석적 살해에 책임이 있는

---

31) *Histoire des croyances et des idées religieuses*, II, 109쪽.

것으로 보고 있다. 이 전설은 당연히 이 살해에 관한 집단적 판본에 기초를 두고 있다. 이 전설이 이 살해의 먼 영향 아래서 만들어졌다고 생각하는 데에는 약간 무리가 있다 하더라도, 이것은 그 표현 방식과는 무관한 어떤 진실을 그 나름대로 나타내고 있다. 원칙적으로는 근본적으로 파괴적인 폭력으로부터 질서를 잡아나가면서 끝까지 이를 유지해 나가야 한다는 집단의 의무감을 표현하고 있다. 그러나 집단이 어떻게 그 폭력을 '연기시킬' 수 있었는지, 그리고 어떤 조화로 한때나마 이 폭력이 체제 건립적이고 또 화해를 낳을 수 있는 것인지는 모르고 있지만 말이다.

8 신화의 과학

　이제 우리는 일반적으로 종교의 형식과 사상 그리고 제도에는 그 집단적인 측면에서 보자면 예외적으로 '성공한' 폭력의 왜곡된 영향이 들어 있으며, 신화에는 이 성공을 위해 그 범죄자들이 행했던 것에 대한 기념이 들어 있다는 것을 인정해야 한다는 것을 알게 되었다. 몇 세대에 걸쳐 이어져 내려오면서 이 기념도 당연히 변해왔다. 그러나 결코 그 왜곡된 원초적인 비밀을 찾지 못하고 오히려 그 반대로 그것을 다시 취해서는 더 깊이 묻어왔다. 종교와 문화는 자신의 기초를 흔들지 않고 또 지속시키기 위해 이 폭력을 감추고 있다. 그것들의 비밀을 찾아내는 것, 그것은 바로 인문학의 최대 수수께끼인 종교의 속성과 그 기원의 문제에 대하여 '과학적'인 해답을 주는 것이다.
　이 과학적 성격을 강조하면서, 나는 인간의 영역에 대해서는 엄격한 의미의 과학이 불가능하다고 말하고 있는 오늘날의 독단론에 대해 반박하려 한다. 나의 주장은, 특히 원칙적으로 과학이나 혹은 오히려 인간에 대한 비 과학의 전문가들 속에서 극단적인 회의론자들을 만나고 있다. 나에게 가장 덜 엄한 사람들조차 종종 나의 지나친 주장에도 불구하고(주장 덕택이 아니다.) 나는 관용을 받을 만하다고 말하고 있다. 그들의 호의는 물론 나의 힘이 되어주긴 하지만 나로서는 놀라울 뿐이다. 나의 주장이 아무런 가치가 없다면 나를 옹호하기 위해 쓰인 그 책들 또한 무슨 소용이 있단 말인가?

내가 누그러진 상황의 덕을 보고 있다는 것도 잘 알고 있다. 더 이상 아무것도 믿지 않는 세상에서 지나치게 주장한다고 해서 큰 차이가 나는 것이 아니다. 발간되는 책의 숫자가 늘어나고 있는 세상에서, 독자들의 관심을 끌기 위해 오늘날의 불쌍한 작가는 어쩔 수 없이 자기 주장의 중요성을 과장할 수밖에 없는 상황에 몰려 있다. 스스로 자신을 광고해야 하는 것이다. 그러므로 그의 지나친 말을 용서하지 않을 수가 없다. 진정으로 흥분한 것은 그 작가가 아니라 문화 창조의 객관적 환경이다.

나에 대한 관대한 해석을 논박할 수밖에 없는 나도 안타까울 뿐이다. 곰곰이 생각할수록 내 말이 달라질 가능성은 더 없는 것 같다. 그러므로 혹시 잘못 알고 나를 지지하는 사람들을 잃을지 내심 걱정되긴 하지만, 내 임무로 되돌아가야겠다.

항상 더해가는 '방법'과 '이론'의 회오리, 그리고 한 순간 독자들의 관심을 차지하다가 또 다른 한 순간에 결코 빠져나오지 못할 망각의 구렁텅이로 빠지고 마는 숱한 해석의 왈츠 속에서는, 어떠한 안정성도 없으며 어떠한 진실도 독자들의 관심을 끝까지 '잡아둘' 수 있을 것 같지 않다. 이 점에 관한 마지막 외침은 해석들의 숫자는 무한하며 어떠한 해석도 다른 것보다 더 진실되거나 더 거짓일 수 없기에 그것들은 모두 다 가치가 있다고 말하는 것이리라. 한 텍스트의 해석은 그 텍스트가 허용하는 독자의 수만큼 있을 것이다. 그래서 이 해석이란 것은 마침내 정복한 자유의 환희 속에서 끝없이 꼬리를 물고 이어지도록 운명지어져 있다. 그렇다고 어떤 해석도 다른 경쟁적인 해석들을 결정적으로 능가하지도 못하면서 말이다.

그렇다고 이렇게 하나의 의식(儀式)처럼 되어버린 '방법론들'의 상호 추방을 오늘날의 지성계 전체와 혼동해서는 안 된다. 이 비극이 우리를 어지럽히기는 하지만 그것은 대양 위의 폭풍일 뿐이다. 폭풍은 대양의 수면만 건드릴 뿐 저 깊은 곳의 꿋꿋함은 하나도 흐트러뜨리지 못한다. 우리가 흔들릴수록 우리의 동요만이 더 사실인 것처럼 보이면서 우리 눈에 보이지 않는 것은 더 미지의 것으로 남아 있게 된다.

유사 탈신비론자들은 서로를 잡아먹을 수도 있다. 하지만 그들이 모두 기초를 두고 있는 비판 원칙(정말 거기에 기초를 두고 있는지는 갈수록 더 미심쩍긴 하지만)을 진정으로 약화시키지는 못한다. 근래의 독트린들은 모두 서구 세계가 만들어낸 가장 오래된, 그리고 진정으로 지속할 수 있는, 단 하나의 해석 방법에서 연유하고 있다. 어떤 검증도 불가능하다는 바로 그 사실 때문에 이 해석 방법은, 마치 신이 그런 것처럼, 간과되고 있다. 그것은 우리 정신을 너무나도 강하게 지배하고 있기 때문에 직접적인 인식처럼 여겨질 정도이다. 그 방법을 쓰고 있는 사람에게 그 방법을 쓰고 있는 바로 그 순간, 그 방법에 대해 주의를 환기시키면, 그 사람도 깜짝 놀랄 것이다.

독자들은 박해 기록에 대한 해석이라는 우리의 오래된 경험을 이미 인정한 바 있다. 우리 역사의 맥락에서 보면 이 해석은 진부한 것처럼 보인다. 그러나 이것을 역사 바깥에다 놓고 보면 그 순간 그것은 아주 낯선 것처럼 보인다. 그러나 이때의 우리의 무지는 그 문장을 알지도 못하면서 그 문장에 대해 행한 주르댕(Jourdain)의 무지와는 완전히 다르다. 이 방법의 지엽적인 진부함은 분명, 인류학적인 틀 안에서 그것이 갖고 있는 예외적이며 독특한 면을 감추고 있지 않다. 누구든지 우리 문화 밖에서는 어디서도 이것을 발견한 적이 없다. 심지어 우리는 이것을 제대로 보지도 않으면서 사용하는 등 그 사용 방식에는 수수께끼 같은 면이 있다.

오늘날에 들어와서 이 해석 방법은 너무 남용되고 있다. 우리는 상대방에게 박해의 경향이 있다고 비난할 때에도 이 방법을 쓰고 있다. 이렇듯 이것은 이데올로기와 투사들에 의해 오염되어 있다. 내가 오래된 텍스트를 택해서 그것을 설명하려고 하는 것도 오로지 이 방법을 있는 그대로 순수한 상태로 되돌려놓기 위해서이다. 이런 텍스트에는 항상 논란이 뒤따라다니지만 그것이 해석에 영향을 주는 것은 아니다. 기욤 드 마쇼의 탈신비화 주위에는 만장일치가 형성되어 있다. 내가 출발하는 곳도 바로 여기이며, 텍스트에 나와 있는 모방적인 쌍둥이에 대한 끝없는 논란에 종지부를 찍기 위해 내가 되돌아오는 곳도 바로 여기이다. 하찮은 논란은 단단한 우리의 이 해석에 어떤 영향도 주지 못할 것이다.

특히 오늘날처럼 혼란한 세계에서는 너무나도 확실한 증거인데도 이를 무시하는 경솔한 사람은 언제나 있는 법이다. 그러나 이들의 억지 트집에는 지적인 중요성이 조금도 들어 있지 않다. 그럴수록 더 밀고 나가야 한다. 언젠가는 내가 말하는 그런 증거에 대한 반항이 다시 힘을 얻게 되어 우리는 또다시 수많은 뉘른베르크의 군대나 그와 같은 무리들 앞에 직면하게 될 날이 올 수도 있을 것이다. 그렇게 되면 그 역사적 결과는 그야말로 파국적일 수 있다. 하지만 그것의 지적인 중요성은 그렇게 크지 않을 것이다. 이 진실은 어떤 타협도 받아들이지 않을 것이며, 어느 누구도 이것을 바꿀 수 없을 것이다. 당장 내일 이 진실을 입증할 사람이 하나도 없다 할지라도 이 진실은 여전히 진실로 남아 있을 것이다. 이 진실에는 우리의 문화적 상대주의, 그리고 우리 시대의 어떤 '자민족 중심주의'에서도 벗어나 있는 어떤 것이 들어 있다. 좋건 싫건 간에 우리는 이 사실을 인정해야 한다. 우리들 대부분은 어쩔 수 없을 때 그것을 인정하지만 우린 그런 강제를 좋아하지 않는다. 이런 강제가 우리가 원하는 것 이상으로 확대되지 않을까 어렴풋이 걱정이 되기 때문이다.

이런 '진실'을 두고 '과학적'이라고 말할 수 있을까? 검증도 없이 확실한 것에 과학이라는 말이 쓰이던 시대에는, 많은 사람들이 '그렇다'고 긍정적으로 대답하였을 것이다. 오늘날에도 주위 사람들에게 이렇게 묻는다면 많은 사람들이 망설이지 않고 과학 정신만이 마녀 추방에 종지부를 찍을 수 있다고 대답할 것이다. 여기서 마녀 추방이란 바로 박해가 통하던 그 시절의 마술적 인과율을 의미하는 말일 것이다. 마녀 추방을 없애기 위해서는 그와 동시에 이런 것에 대한 믿음부터 없애야 한다. 사실 서구에 있어서 최초의 과학 혁명은 마녀 추방에 대한 단호한 결별과 동시에 생겨났다. 민족학의 용어로 말하자면, 자연스러운 명분을 향한 과감한 방향 전환이 사람들이 오래전부터 갖고 있던 '사회관계의 측면에서 의미 있는 명분', 달리 말하자면 바로 '희생양'인 '교정 간섭이 가능한 명분'에 대한 타고난 선호도를 갈수록 더 앞지르고 있다.

　과학과 마녀 추방의 목표 사이에는 아주 밀접한 관계가 있다. 그것을 폭로함으로써 박해의 기록을 전복시키고 있는 이 해석을 '과학적'이라고 부르기에 충분할까? 우리는 세심한 배려를 하게 된다. 요즈음 아마도 시대 조류의 영향을 받아서 그렇게 되었을 테지만 과학철학자들도 갈수록 확실성을 인정하지 않고 있다. 기욤 드 마쇼의 신화에서 신비를 벗겨내는 것과 같이 위험도 어려움도 없는 작업을 보고서는 분명 그들은 까다로운 입을 놀릴 것이다. 여기서 갑자기 과학을 언급하는 것이 엉뚱하다는 것을 인정하자.

　그러므로 이처럼 진부한 일에 대해 그처럼 정중한 말을 쓰는 것은 그만두기로 하자. 우리 방법의 당연히 과학적인 면모가 과학이라는 이 말을 통해서 더 잘 드러날수록 바로 그 순간에 그 말을 그만두는 것이 더 내 마음에 든다.

　그렇다면 과연 무엇이 필요할까? 신화에서도 수도 없이 그 효력이 입증되는 등 온갖 시험에서 유효성이 입증되어 온 오래전부터 내려온 이 해석 방법을, 지금껏 아무도 적용해 볼 생각을 갖지 않았던 그런 텍스트에다 적용해 보는 것이 필요하다.

　나의 가설에 대한 논의는 아직 시작도 되지 않았다. 나는 아직 그것을 정확히 어디에 위치시켜야 할지도 모르고 있다. 좋은 문제를 제기하기 위해서는 우선 나의 문제 제기의 좁은 한계를 인정해야 한다. 나의 가설이 갖고 있는 참신성은 사람들이 생각하는 것과는 거리가 멀다. 나는 아무도 그 효력을 의심치 않는 해석 방법의 시각을 확대하는 것으로 만족하고자 한다. 이 확대의 기초가 제대로 되어 있느냐 하는 것이 진짜 문제일 것이다. 내가 옳다면 나는 진정으로 어떤 것을 발견할 것이고, 틀렸다면 나는 시간만 낭비하는 셈이 될 것이다. 내가 만들어낸 것이 아니라 방향을 바꾸어본 것에 불과한 이 가설을 신화에 적용할 때는, 기욤 드 마쇼에 적용할 때 그랬던 것처럼, 약간의 손질만 하면 된다. 내가 옳을 수도 있고 아닐 수도 있지만, 나의 가설에 과학적이라는 수식어만이 붙기 위해서, 꼭 내가 옳아야 할 필요는 없을 것이다. 내가 틀렸다면 나의 가설은 곧 잊혀질 것이다. 그리고 내가 옳다고 하더라도, 내 가설은 이미 역사적 텍스트가 그러하듯이 하나의 신화처럼 되고 말 것이다. 이들은 같은 가설을 갖고 있는 같은 유형의 텍스트들이다. 만약 이 가설을 적용한다면, 그것은 다른 데서 이것을 적용하는 것과 같은 이유로 적용될 것이다. 우리 가설은 역사적 기록물에 대하여 강한 영향을 주었던 것만큼 사람들에게 아주 큰 영향을 주게 될 것이다.

앞에서 말했듯이, 기욤 드 마쇼에 대한 우리 해석에다가 과학적이라는 수식어를 붙이길 거부하는 유일한 이유는 불확실성 때문이 아니다. 그것은 오히려 그 해석이 너무나도 확실하며, 위험도 전혀 없을 뿐 아니라 대안이 될 만한 다른 식의 해석이 없기 때문이다.

우리의 오래된 이 탈신비화 작업을 신화 영역에다 옮겨놓고 보면 그 성격이 변한다. 일상적으로 잘 알고 있던 자명한 사실도 모험으로 바뀌게 되면서 미지의 것이 다시 나타난다. 경쟁적인 이론들은 수없이 많은데, 적어도 한 순간은 그것들이 나의 이론보다 '더 진지한 것'으로 여겨지게 된다.

내가 항상 옳다고 가정하고 나면 오늘날 사람들이 제기하고 있는 회의주의는, 만약 17세기 프랑스에서 마법에 대해 국민 투표를 실시했다면 그 투표가 의미 없었을 것만큼이나 의미 없는 것이다. 그랬다면 분명 전통적 생각이 이겼을 것이다. 마법을 단지 박해의 기록으로 보는 생각은 표를 얼마 얻지 못했을 것이다. 그러나 한 세기도 안 지나서 똑같은 투표가 정반대의 결과를 낳았다. 이 가설을 신화에다 적용시켜 보면 신화도 마찬가지이다. 우리는 마녀 추방에 익숙했던 것만큼이나 갈수록 신화를 박해 기록의 시각으로 보지 않게 될 것이다. 그 결과는 너무나도 완벽한 것이어서 이미 역사적인 박해 기록물이 그랬던 것처럼 신화로서는 이 가설에 의지하는 것이 아주 무의식적이며 또 '자연스러운' 것이 될 것이다. 오늘날 이 두 텍스트를 비교하는 것이 이상하게 보일지 모르지만, 오이디푸스 신화를 기욤 드 마쇼처럼 해석하지 않는 것이 이상한 것으로 보일 날이 올 것이다. 그날이 오면 신화학의 문맥에서 행한 어떤 신화 해석과 그 똑같은 신화에 대한 역사적 문맥에서 행한 신화 해석 사이에는 앞에서 보았던 그런 큰 차이는 없어질 것이다.

기욤 드 마쇼도 그후 과학이 문제가 되지 않았던 것처럼, 그렇게 되면 신화의 신비를 벗겨내는 작업에 있어서도 과학은 더 이상 문제가 안 될 것이다. 그러나 바로 오늘 나의 가설에 대해 과학성을 부인한다면, 그것은 훗날 내 가설이 과학성을 거부하게 될 그 이유와 정반대되는 이유 때문이다. 나의 가설은 너무나 확실한 것이 되어 비등하는 지식의 경계선 아주 뒤에 자리잡을 것이다. 거의 모두에게 거부되는 오늘과 모두에게 받아들여지게 될 내일 사이의 이 중간 시기야말로 나의 가설이 '과학적인' 것으로 통하게 될 시기이다. 마찬가지로, 유럽에서 마법에 대한 탈신비화를 과학적인 것으로 보았던 시기도 바로 이 같은 중간 시기 때였다.

너무 위험도 없고 불확실성도 없는 가설을 과학적이라고 규정하는 것을 꺼리는 것을 우린 방금 확인해 보았다. 그러나 위험과 불확실성으로

만 된 가설 또한 더 이상 과학적이지 않다. 이 영예로운 이름에 걸맞기 위해서는 최대한으로 현재의 불확실성과 잠재적인 확실성을 겸비하고 있어야 한다.

나의 가설이 갖추고 있는 것이 바로 이것이다. 지나간 과거에 있었던 단 한 번의 실패를 너무 믿은 나머지, 연구자들은 수치화가 가능한, 그래서 실험적인 검증이 가능한 영역에서만 '현재의 불확실성과 잠재적인 확실성'이란 조합이 가능하다고 너무 성급하게 결정내리고 있다. 그렇지 않다는 증거는 지금부터 벌써 그것이 실현되고 있다는 것이다. 나의 가설은 벌써 수세기 전부터 존재해 왔다. 그래서 그 덕택에 탈신비화에 대한 불확실성에서 확실성으로의 첫 번째 이행이 있었고, 이제는 두 번째의 것이 행해질 것이다.

그러나 우리는 그때부터 확실한 것을 별로 좋아하지 않기에 이런 사정을 잘 못 보고 있다. 마음 깊은 한구석에 우리는 이처럼 확실한 것을 거부하는 경향을 갖고 있는 것이다. 마찬가지로 우리는 백년 전에는 불확실한 것을 거부하는 성향을 갖고 있었다. 마법이나 박해적인 미신에 대한 우리의 탈신비화 작업이야말로 흔들리지 않는 확실성을 이루고 있다는 사실을 우리는 쉽게 잊어버리고 있다.

만약 이런 확실성이 내일 신화에까지 미친다면 우리는 모든 것에 대해서는 알지 못할지도 모른다. 그러나 그 반대로, 우리의 연구가 꼼꼼하고도 명확한 해답을 찾으려는 희망을 버리지 않는다면 당연히 제기하게 마련인 수많은 문제에 대해 엄격하고도 명확한 대답은 줄 수 있을 것이다.

수치화가 가능하든 않든 간에, 이런 결과를 두고 과학이란 말을 붙여서는 왜 안 되는지 난 알 길이 없다. 그렇다면 어떤 말을 붙여야 한단 말인가? 내가 그 말을 사용할 때 그 말이 무엇을 두고 하는 것인지도 모르면서 사람들은 내가 과학이란 말을 쓰는 것을 두고 잘못이라 야단치고 있다. 내가 오만스럽다고 지레 짐작하고서 사람들은 화를 내고 있다. 자신들은 조금의 위험도 감수하지 않으면서 나에게 겸손을 가르쳐줄 수 있다고 그들은 생각하고 있나 보다. 그러므로 그들은 내가 애써 이해시키려 하는 것을 받아들일 여유가 거의 없는 사람들이다.

또 심지어는 내가 포퍼나 그외에 옥스퍼드나 비엔나, 혹은 하버드 등에서 나온 훌륭한 사상을 '도용'하고 있다고 말하는 사람도 있다. 확실한 것을 만들어내기 위해서는 아마 가장 엄격한 과학들도 이루지 못할 준엄한 조건들을 다 만족시켜야 한다는 식이다.

기욤 드 마쇼에 대해 우리가 행한 탈신비화 작업은 포퍼적 의미에서 분명 '도용할 수 있는 것'이 아니다. 그렇다면 이 작업을 포기해야 하는가? 만약 바로 여기서 확실성을 받아들이지 않는다면, 그리고 오늘날 수치화가 가능한 것만이 옳고 그름이 있을 뿐, 수치화가 불가능한 영역에 대한 해석은 무엇이든 결코 옳지도 그렇다고 결코 틀리지도 않는다는 식의 이 위대한 민주주의를 흔쾌히 받아들인다면, 우리는 탈신비화 작업을 포기해야 하는 사태를 결코 피할 수 없을 것이다. 우리는 과거로 돌아가 마녀재판에 종지부를 찍은 사람들을 비난해야 한다. 마녀 추방자들보다 훨씬 더 독단적인 이들은 또 그들과 마찬가지로 자신들이 진실을 갖고 있다고 믿고 있었다. 그래서 그들의 주장을 기각해야 하는 걸까? 유명한 마녀 추방자들은 그 문제에 대해 그들과 아주 다르게 생각하고 있었다. 그중에는 장 보댕(J. Bodin)과 같은 진보적인 대학 교수도 들어 있었다. 사정이 이런데도 그들은 과연 어떤 권리로 자신들의 해석만을 단 하나의 유일한 옳은 해석이라고 감히 주장할 수 있었을까? 이 얼마나 참지 못할 오만이며 눈뜨고 보지 못할 편협이며 끔찍한 청교도란 말인가! 마녀든 아니든, 자연스러운 명분이든 마술적인 명분이든 교정 간섭이 가능한 것이든 그에 합당한 교정을 결코 받아들이지 않는 것이든 간에, 이 모든 해석들의 백가쟁명(百家爭鳴)을 그대로 내버려두면 왜 안 된다는 걸까?

대상의 본질은 조금도 바꾸지 않으면서 그 문맥만 약간 바꿈으로써 우리는 현대인들의 태도, 적어도 이 대상들을 응용하는 태도의 우스꽝스러운 면을 쉽게 보여줄 수 있을 것이다. 한때는 바람직한 것일 수도 있는 극단적인 데카당스에는 분명 비판 사상이 들어 있었다. 그러나 그 병 또한 심각하다. 왜냐하면 스스로를 비판 정신의 극단적인 세련이라고 생각하고 있기 때문이다. 우리 선조들이 만약 그 시대의 대가들처럼 생각하였다면 그들은 결코 마녀 재판을 없애지 않았을 것이다.

그러므로 근래의 역사로부터 이론의 여지없는 확실한 공포를 느낀다고 해서 놀랄 것이 없다. 지식인들은 무용한 자기 과시와 거기서 나온 주장들로 인해 무기력해져 있다. 이런 주장에 들어 있는 자기 파괴적인 성격은 감추어져 있고 단지 겉으로는 '긍정적인' 발전인 양 우리에게 다가오고 있다. 이런 판국에 공포를 느끼지 않는다면 그것이 더 이상할 것이다.

9 성서에 나타난 예수 수난의 핵심

　지금까지의 분석을 통해서 우리는 인간의 문명이라는 것은 결국 집단 폭력 속에 들어 있는 자신의 기원을 계속 감추려는 방향으로 나아가고 있다고 결론내리게 된다. 일단 문명을 이렇게 정의내리고 나면 우리는 문명이 신화에 그 흔적이 나타나 있는 위기를 거치면서 변해온 과정을 이해할 수 있게 된다. 이때의 위기는 언제나 유사한 위기, 실제로 박해가 행해졌던 그때와 유사한 위기들이다. 그런데 기존의 체제를 전복할 만한 새로운 지식이 생겨나는 것은 언제나 바로 이런 위기의 시기, 그래서 폭력이 확산되는 그런 시기이다. 다시 말해 혼란이 절정에 달했을 때에 바로 이 같은 희생 제의적인 재편이 일어난다.

　이런 모델은 우리 사회에서도 유효하다. 아니 그 어느 때보다도 설득력을 더 많이 갖고 있다고 말할 수 있다. 그렇다고 우리가 흔히 말하는 우리의 역사를 이것으로 설명할 수 있을 정도는, 분명 아니다. 이 모델이 모든 신화에 당장 적용될 수는 없다 하더라도 이것으로써 역사상에 나타난 박해의 기록을 해석할 수 있다는 사실은, 이미 인간 문명 속에 들어 있는, 그러면서 인간이 감추려고 하는 속성이 곧 커다란 기능 장애에 이르게 될 심각한 결함을 나타내고 있다는 징표로 해석할 수 있을 것이다.

그게 아니라면 인간의 문명이라는 것이 우리가 생각하는 그런 것이 아니든지, 그것도 아니라면 문명이 존속하는 데에 기여하는 감추는 힘에, 아득한 옛날부터 행해져 온 그 허구성을 들추어냄으로써 처음의 힘을 방해하는 두 번째 힘이 뒤늦게 첨가되었는지도 모른다.

현대 문명 속에는 분명 허구를 드러내려는 힘이 있다는 것을 우리는 잘 알고 있다. 그런데도 대부분의 사람들은 거기서 인간 문명의 전형적인 은폐의 힘만을 볼 뿐, 거기서 더 나아가 우리가 말하고 있는 그런 것을 보지는 않는다. 바로 여기에서 문명에 대한 가장 큰 오해가 생겨난다. 그렇지만 신화에는 우리가 역사 속에서 그것의 축소된 결과를 해석한 바 있는 박해자들이 꾸며낸 환상이 가득차 있다는 사실을 인정하고 나면 이런 오해는 사라지게 될 것이다.

기독교인들은, 구약과 신약이 서로 일치하고 있다는 것이 바로 그것의 진실을 드러내는 힘을 이루고 있다고 생각하고 있다. 우리가 박해의 기록을 해석할 수 있었던 것도 바로 이 때문이며, 그외의 것들, 즉 종교적인 것 전체를 해석할 수 있도록 가르쳐주는 것도 바로 이것이라는 것이다. 또 승리는 너무나 확실한 것이기에 그 승리를 몰고 오는 힘의 계시가 나타나지 않을 수 없다. 복음은 그 자체가 계시의 보편적인 힘으로 나타날 것이다. 몇 세기 전부터 아주 영향력 있는 사상가들은 한결같이, '성서는 많은 사람들을 설복시키고 있는 하나의 신화에 불과하다'고 말해 왔다.

사실 복음서는 세상 모든 신화와 같은 드라마인 그리스도의 수난을 중심으로 펼쳐지고 있다. 앞에서 보았듯이 '모든' 신화들이 다 그러하다. 새로운 신화를 낳기 위해서, 즉 그것을 박해자의 시각에서 재현해 보이기 위해서는 항상 이 드라마가 있어야 한다. 그렇지만, 박해자가 만든 이 환상을 물리치고 희생양의 시각에서 표현하기 위해서도 마찬가지로 이 드라마는 똑같이 필요하다. 모든 신화의 궁극을 파헤칠 수 있는 유일한 텍스트를 만들려 해도 이 드라마는 또한 필요하다.

지금 바로 우리 눈앞에서 실제로 진행 중에 있는 이 어마어마한 작업을 완수하기 위해서는, 즉 신화적 표현물들의 신빙성을 영원히 파괴하기 위해서는, 오랜 세월 동안 온 인류를 자신의 제국 아래 거느리고 있었던 만큼 정말 진실인 것처럼 되어버린 그 힘에 대항하여 그보다 더 큰 힘을 가진 진실을 나타내는 표현물을 내세워야 한다. 그런데 이때 표현하는 사건은 똑같은 것이어야 한다. 만약 그렇지 않다면 성서는, 그 역시 수난자에 대한 환상인 신화의 특징적인 환상들을 정확히 반박하여 그 신빙성을 떨어뜨릴 수가 없을 것이기 때문이다.[32]

성서가 박해를 거부한다는 것은 잘 알려져 있다. 그러나 성서가 동시에 박해의 원동력을 해체하고 있다는 것까지는 잘 알려져 있지 않다. 성서는 바로 인간 종교의 일반적인 것과 거기서 나온 문명을 해체하고 있다. 우리 주변에 떠돌고 있는 모든 상징적인 힘들 속에는 박해의 표현에서 나온 것들이 섞여 있다는 것을, 우리는 모르고 있었던 것이다. 그러나 지금 이런 형태의 제국이 느슨해지면서 환상의 힘도 약해지고 있는데, 그것은 이런 환상의 밑바닥에 있는 희생양 메커니즘이 갈수록 더 잘 알려지고 있기 때문이다. 희생양 메커니즘은 일단 한번 밝혀지고 나면 더 이상 제대로 작동하지 못한다. 이제 희생양에게 더 이상 죄가 있지 않으며 그래서 이 메커니즘에서 나온 제도들도 하나씩 붕괴되고 있다. 우리가 제대로 알든 모르든 간에 성경이야말로 이 붕괴의 원인이다. 이제부터 그것을 밝혀보기로 하자.

예수 수난의 구절에는 구약 중에서도 특히 「시편」의 구절이 자주 언급되고 있다. 초기 기독교인들은 이 구절들을 아주 중요하게 여겼으며, 이 구절들을 이른바 알레고리적으로, 혹은 형상적(상징적)으로 해석하는 것이, 중세 내내 신약 연구의 연장이며 또 강조였다. 그러나 현대인들은 이 대목에 별로 관심도 두지 않으면서 이를 잘못 생각하고 있다. 현대인들

---

32) *Des Choses cachées depuis la fondation du monde*, 161-304쪽.

은 예수 수난에 자주 등장하는 구약 구절의 인용을 단지 하나의 수사학이나 전략쯤으로만 해석하려 한다. 복음서의 저자들은, 그러나, 당연히 신학적인 관계를 고려하면서 혁신을 꾀하였다. 그들은 그들이 쓰고 있던 신약의 가치를 구약의 명성으로써 가능한 한 많이 보장받고자 했을 것이다. 예수의 기행에서 도저히 쉽게 받아들이기 힘든 부분들을 더 쉽게 납득시키기 위해 그들은 이미 권위가 있던 텍스트의 그늘 아래에다 자신들의 텍스트를 위치시켰던 것이다.

성경은 「시편」 구절에 비하면 너무 과하다 싶은 강조를 할 때도 있다. 그것은 그 고유의 의미가 너무 약하고 밋밋해서 그 정도의 의미로는 그 존재가 정당화되지 않을 성싶은 구절들을 강조하기 위해서이다.

가령 요한이 예수의 처형 장면(「요한의 복음서」 15:25)에서 근엄하게 "그들은 아무 이유도 없이 나를 미워합니다."(「시편」 35:19)라는 구절을 인용하고 있는 것을 두고 무슨 결론을 내릴 수 있을까? 이 성서 기록자의 고집은 계속된다. 수난에 대한 기록을 모으는 것은 "기록의 '말씀'을 증거하기 위해서"라고 말한다. 이처럼 판에 박힌 듯한 서투른 말은 우리들의 의혹을 더욱 증폭시킨다.

성서 기록자들이 예수의 죽음을 전하는 방식과 「시편」 사이에는 의심의 여지없이 분명 어떤 관계가 있지만, 그 말이 너무나 진부하고 그 적용 또한 너무나 분명하다 보니 사람들이 거기에 대해 별로 관심을 기울이지 않게 된 것이다.

"예수께서 '사람들이 그를 죄인으로 취급하였다.'라는 말씀의 기록이 나를 통해서 완성되어야 한다"(「루가의 복음서」 22:37, 「마르코의 복음서」 15:28)라는 기록에서도 우리는 비슷한 느낌을 받게 된다. 여기서 '말씀'은 「시편」이 아니라 「이사야」 53장에서 나온 '말씀'이다. 이런 식의 인용은 과연 어떤 깊은 생각을 나타내려 한 것일까? 우리는 정확히 알지 못한다. 단지 우리는 우리들 마음속에 들끓고 있는 조잡한 속마음으로 추측만 할 수 있을 따름이다.

　사실 위에 든 두 개의 문장은 그 자체로도, 그리고 수난의 이야기에 비해서도 아주 흥미로운 문장이다. 그러나 그것을 이해하기 위해서는 수난, 그리고 인류 전체에 군림하였던 박해 기록의 제국 속에서 무엇이 작용하였고 또 무엇이 사라졌는지를 이해해야만 한다. 아주 단순히 마술적 인과율에 대한 거부, 그리고 이 문장들이 말하고 있는 너무나 진부하여 우리 주의를 끌지 못하는 상투적인 비난에 대한 거부이다. 그것은 박해에 가담한 군중들이 맹목적으로 받아들이던 모든 것에 대한 거부이다. 근친상간을 범했다는 이유로 테베인들이 주저없이 오이디푸스 같은 사람을 페스트의 원인으로 지목하여 비난한 것이나, 이집트인들이 요셉에게 홀딱 빠진 옹졸한 간부(姦婦)의 말을 그대로 믿고서 불쌍한 요셉을 옥에 가둔 것도 바로 이런 이유에서이다. 이집트인들은 절대 다른 것을 행한 것이 아니다. 특히 이집트인들에게서 유대인의 진상을 찾으려고 했던 프로이트와 같이 우리들도 신화학적인 관점에서 보면 그야말로 이집트인들과 다를 게 하나도 없다. 현재 유행하고 있는 이 프로이트의 아류들이 친부 살해나 근친상간 등에 대해서는 아주 집착하면서도 이에 대한 판에 박힌 듯한 비난의 허구성을 하나도 못 보고 있다는 것은 참으로 이상하다. 이런 점에서 우리는 성서, 심지어는「창세기」보다도 더 뒤처졌다고 말할 수 있다.

　예수 수난시의 군중들도 예수에 대한 비난을 맹목적으로 받아들이고 있다. 그들이 보기에 예수는 그런 징계, 즉 십자가형을 받을 만한 원인 제공자로 보인다. 사실 이런 원인은, 마술적 사고를 옹호하는 자라면 누구나 그들의 좁은 세계 안에서 아주 사소한 혼란의 조짐에서도 찾기 시작하는 그런 원인이다.

　위의 두 인용문은「시편」에서 이미 비난하였던 예수 수난시의 군중과 일반적인 박해 군중들 사이의 연속성을 강조하고 있다. 구약의「시편」이나 신약의 복음서들은 군중들이 갖고 있는 난폭한 이런 환상을 옹호하고 있지 않다. 이런 점에서 이 두 인용문은 기존의 신화적 해석에 종지부를 찍고 있다고 말할 수 있다. 이것들은 정말 나무 뿌리를 뽑는 것과 같은데, 그것은 희생양의 유죄성이 희생양 메커니즘의 주원동력이기 때문이다. 성서의 이런 단절은, 아주 진화된 신화, 즉 학살 장면을 조작하거나 감추고 있는 신화에서 겉으로는 희생양이 나타나고 있지 않는 것과는 질적으로 다르다. 성서가 발데르나 쿠레테스의 문체에 들어 있는 속임수를 단절한 것은, 마치 종기를 완전히 뽑아버리는 처방이 돌팔이 의사의 '마술적인' 처방을 완전히 종식시킨 것과 같다.

박해자들은 항상 그들의 명분이 합당하다고 믿고 있지만, 실은 그들은 희생양들을 '아무런 이유도 없이 미워하고 있다'. 그러나 희생양에 대한 그들의 비난이 아무런 명분도 없다는 것을, 정작 그 박해자들은 전혀 알지 못한다. 그러므로 그 속에서 썩어가면서도 그곳을 천하낙원이라고 착각하고 있는 지하 암흑, 보이지 않는 감옥 속에서 이 불쌍한 사람들을 구해내기 위해서는 무엇보다도 먼저 이 환상 문제부터 해결해야 한다.

기존의 관습을 무시하고 박해를 있는 그대로 묘사한 복음서의 이 대단한 업적에 대해 구약 성서는 합당한 참조의 원천 역할을 하고 있다. 그러므로 신약이 구약에 종속되어 있거나 의지하고 있다고 보는 것은 전혀 근거가 없는 것이 아니다. 이 둘은 똑같은 사업에 동참하고 있는 것이다. 처음 발단은 구약에 있지만 그것을 끝까지 밀고 나가서 결정적으로 완수하는 것은 신약인 것이다.

특히 회개의 「시편」에서 우리는 박해자에게서 희생양에게로, 그 사건을 만든 자에게서 그것을 참고 견딘 자에게로 이야기가 옮겨가는 것을 보게 된다. 희생양들은 목소리를 높일 뿐 아니라 박해받는 순간에는 고함까지 치고 있고, 그들의 적대자들은 그들 주위를 둘러싸서 그들을 때리려 한다. 이들은 때로는 신화에서처럼 괴물과 같은 동물 형상을 하고 있는데, 개의 무리라든가 소떼, 아니면 '바산(Bashan)의 맹수'와 같은 식이다. 이 같은 텍스트는 그러나 라이몬트 슈바거가 잘 보여주고 있듯이 신화와는 거리가 멀다. 왜냐하면 이런 텍스트들은 희생양의 성스러운 양면성을 점차 떨쳐내면서 희생양의 인간성을 복원시키고 또 그에게 가해지는 폭력의 자의성을 폭로하고 있기 때문이다.[33]

「시편」에서 말하고 있는 희생양은 물론 거의 '도덕적'인 것 같지는 않고 또 현대의 선량한 사도가 될 만큼 '복음적'이지도 못하기에, 우리의 휴머니스트들은 기분이 별로 좋지 않을 것이다. 불행한 자가 그를 미워하는 자에게 되돌려주는 것은 바로 미움이다. '구약 성서에 특징적으로 나타나는' 폭력과 원한의 연속은 정말 우리를 우울하게 만든다. 분명 거기에는 특별히 이스라엘 신의 그 유명한 사악함이 들어 있다는 증거가 있다. 특히 니체 이래로 「시편」에서 우리는 우리도 지니고 있는, 굴욕과 원한과 같은 나쁜 감정의 발로를 찾아내고 있다. 악의가 가득 찬 「시편」에 대해 우리는 기꺼이, 특히 그리스와 게르만 신화의 아름다운 신들을 내세울 수 있을 것이다. 합당한 지지를 받고 있으면서, 그들의 희생양이 정말로 죄가 있다고 믿고 있는 이들 박해자들의 마음이 흔들릴 이유는 하나도 없는 것이다.

사실 「시편」에 나오는 희생양들은 성가신 존재들이다. 고전적인 조화를 조롱하는 멋진 취향을 가진 오이디푸스와 같은 사람의 입장에서 본다면 이들은 심지어 불쾌한 존재이기까지 하다. 자, 그렇다면 이런 사람들이 도대체 어떤 기술로, 어떤 순간에, 어떻게 멋지게 자아 비판을 하는지 지켜보기로 하자. 그는 의자에 앉아 정신 분석 치료를 받고 있는 자이거나 스탈린 시대의 낡은 볼셰비키에 대해서 열광하고 있는 사람이다. 그가 소란스러운 아방가르드와 같이, 현대의 극단적 순응주의의 모델 역할

---

33) Raymond Schwager, *Brauchen wir einen Südenbock?*(Munich, 1978). 특히 구약에 관한 2장을 참조. 또한 Paul Beauchamp의 *Psaumes nuit et jour*(1980)도 참조할 것.

을 하고 있다는 것은 의심의 여지가 없다. 우리 지식인들은 굴종을 아주 좋아하고 있었기 때문에 스탈린주의가 생겨나기 이전부터 이미 그들 나름대로 스탈린주의를 행사하고 있었다. 이런 자들이 인류 역사의 커다란 박해에 대해 의문을 제기하기까지 50여 년을 기다렸다는 사실은, 그러므로 그다지 놀랄 만한 일이 아니다. 잠시 침착을 되찾고서 신화로 되돌아가 보자. 성서와 신화 사이에서 우리는 절대 망설이지 않는다. 우리는 처음에는 고전적이다가 그 다음에는 낭만적이며 필요하면 원시적이 된다. 또 열렬한 모더니스트이다가 모더니즘이 맞지 않으면 새로운 원시주의자가 되곤 한다.

마술적 인과율이나 신화는 다른 것이 아니다. 그러므로 마술적 인과율에 대한 부정의 중요성은 아무리 과장해도 지나치지 않다. 성서 기록자들은 자신들이 무슨 일을 하는지 분명 알고 있었다. 항상 이 부정을 되풀이하기에 유리하였기 때문이다. 그들은 예수를 취조한 뒤에 "나는 그들이 이 자를 미워하는 이유를 모르겠다."고 단언하는 필라테(빌라도)의 입을 통해서도 이 부정을 표현하고 있다. 아직 군중들의 영향을 덜 받고 있어 진실 쪽으로 기울어 있는 재판관으로서의 필라테의 모습은 법 이성, 즉 로마법의 화신이었다.

여기서 성서가 희생양을 복권시키고 있는 것이 무슨 특별한 의미가 있느냐고 반문할지도 모른다. 그런 것이야 아주 흔한 일이고 또 예전부터 있어왔던 것이라고 말이다. 물론 그렇다. 그러나 이 복권은 항상 다른 집단에 대항하는 어떤 집단의 사건이었다. 그래서 복권된 희생양 주위에는 언제나 그를 따르는 무리들이 모여들어 있었고 저항의 불길도 꺼지지 않았다. 진실은 묻히지 않는 법이다. 바로 여기에 잘못이 있는데, 박해자의 시각에서 묘사된 박해의 신화적 기록이 결코 정확하게 이해되거나 심지어는 그럴 조짐마저 나타나지 않았던 것은 바로 이 때문이다.

가령 예를 들어 소크라테스의 죽음을 보자. '참된' 철학은 속세의 일에 가담하지 않는다. 그것은 희생양과의 접촉을 피한다. 세계에는 언제나 진실이 있다. 그리스도가 죽는 순간에는 없었지만 말이다. 그때에는 가장 아끼던 제자들마저도 군중들에게 한마디 말도, 아무런 몸짓도 하지 못하였다. 그들은 문자 그대로 군중들 속에 흡수되어 버린다. 사도들 중의 제일 사도인 베드로가 그의 스승을 부인한 것을 우리에게 알려주고 있는 것은 바로 그 베드로의 복음서이다. 이 배반은 단순한 에피소드도 아니며 그렇다고 베드로의 정신 분석과도 관계가 없다. 사도들조차 이런 희생양 효과에 저항할 수 없었다는 사실은, 박해자들의 박해의 기록들이 그들도 어쩔 수 없을 정도로 아주 막강한 힘을 가지고 있었다는 것을 잘 말해주고 있다.

여기서 일어난 일을 이해하기 위해서는, 평소에는 서로 의견이 맞지 않다가도 예수를 처벌하는 데에는 완전한 합의를 이루고 있는 이 영향력 막강한 사람들 속에 예수 제자의 무리도 같이 넣어서 생각해야 한다. 처형당한 사람에게 그 의미를 부여할 수 있는 자는 바로 이 막강한 사람들이다. 우리는 이런 사람들을 쉽게 들 수 있는데, 이들은 항상 같은 자들이다. 이들은 마녀 추방에서도 나타나며 현대에 와서는 전체주의적인 억압에서도 볼 수 있다. 그들은 우선 종교 지도자들이며 정치 지도자이들이며 그리고 특히 군중들이다. 이들은 처음에는 질서가 없지만 곧 다 함께 같은 방향으로 몰려간다. 이 영향력 있는 사람들은, 실제적인 중요성의 순서에 따라, 처음에는 가장 약한 자에서부터 시작하여 마침내는 가장 강한 자에게까지 개입한다. 여기서 고위 성직자들의 음모는 상징적인 중요성은 있지만 거의 실제적이지는 않다. 그래서 예수의 수난에서도 헤로데의 역할은 그다지 크지 않다. 그렇지만 예수에 대한 판결을 강화시킬 수 있는 세력을 하나라도 빠뜨릴지도 모른다는 우려 때문에 루카는 분명, 예수 수난 이야기 속에 그를 포함시켰을 것이다.

필라테는 진짜 권력자이지만 군중은 그보다 위에 있다. 일단 움직이기 시작한 필라테를 압도하면서 제도도 뒤로 밀쳐내고서 분해시키는데, 이것이 바로 신화를 만드는 집단 살해의 만장일치인 것이다. 이 군중은 융해된 집단이며 문자 그대로 와해되어서 희생양이 있어야만 다시 결합될 수 있는 집단이다. 박해자가 기록하는 박해의 기록물이 생겨나는 데에 이보다 더 좋은 상황도 없을 것이다. 그런데도 복음서는 그런 기록을 전혀 보여주지 않는다.

복음서들은 필라테에게 군중들의 판결에 저항하는 반대 의견을 부여하고 있는데, 이것은 냉혹한 유태 당국자들에 비해 그를 더 관대하게 만들기 위해서일까? 복음서에는 물론 그런 의도가 있었을지도 모른다. 그들은 신약 성서 안에서 막무가내로 모든 것을 설명하려 한 군중들이다. 그들은 진정으로 오늘날의 군중과 같으며 아마도 영원한 군중일 것이다. 동시에 그들은 항상 틀린 군중이다.

결국에는 필라테도 박해자들의 소동에 합류하고 만다. 그렇다고 필라테에 대해 정신 분석 같은 것을 할 필요는 없다. 반대하고자 하는 그의 본심에도 불구하고 그쪽으로 기울게 한 군중의 힘이 그만큼 막강하였다는 것을 강조할 필요만 있을 뿐이다.

그러나 필라테는 그 일에 그다지 관심이 없다. 그가 보기에 예수는 별다른 중요성이 없는 존재이기 때문이다. 그는 사소한 존재였기에, 정치인이라면 누구나 소동의 위험을 감수하면서까지 그를 구하려고 하지는 않을 것이다. 여기서 필라테의 결정은 너무나 쉽게 번복됨으로써 우리는, 권력이 군중에 종속되어 있다는 것, 다시 말해 희생양 메커니즘이 발동할 때 격앙된 군중들이 행하는 주도적 역할의 예를 볼 수 없을 정도이다.

여기서 요한은 필라테의 아내라는 한 인물을 등장시키고 있는데, 이것은 필라테의 결정 번복이 그렇게 쉽지만은 않은 것으로, 그래서 더 많은 것을 암시하는 것으로 만들기 위한 것이라고 나는 생각한다. 예수의 말에 눈이 뜬 이 여인은 자기 남편을 군중들에 반대하는 쪽으로 유도한다.

한쪽에는 무고한 자를 구원하고자 하는 아내가 있고 다른 한쪽에는 로마인이 아니면서 몰개성적인 완전히 익명인 군중들, 즉 모방적 유혹의 화신들이 있는 이 양극단 사이에서 필라테가 갈등하는 모습이 바로 요한이 우리들에게 보여주려 했던 것이다. 자기 아내만큼 필라테에게 더 가까운 사람도 없으며 또 그의 처지를 잘 아는 사람도 없을 것이다. 또한 종교적인 경외감을 불러일으키는 그의 아내만큼 그에게 영향력을 행사할 수 있는 사람도 없을 것이다. 그런데도 그에게 가장 크게 영향력을 행사한 것은 다름아닌 바로 그 군중들이었다. 이들의 영향력보다 더 중요한 것은 없다. 희생양 메커니즘에서 이보다 더 의미 있는 것도 없을 것이다. 우리는 뒤에 가서 세례 요한의 참수라는 다른 살해 장면에서도 성서 기록자들이 이와 유사한 군중들의 막강한 영향력을 강조하는 것을 다시 보게 될 것이다.

여기서 이 군중들이 모두 하층민들로만 이루어져 있다고 여긴다면 그것은 크게 잘못 생각하는 것이다. 그들은 소위 '하층민'을 대표하기도 하지만 여기에는 또한 엘리트층도 포함되어 있다. 그러므로 복음서에 사회적인 교만이 들어 있다고 비난해서는 안 된다. 한번 더 구약 성서의 인용문을 살펴봄으로써 우리는 이 군중이 어떻게 이루어져 있는가를 충분히 알 수 있을 것이다. 복음서의 의도를 가장 잘 드러내는 구절을 찾아야 할 곳은 바로 구약에서이다.

복음서와 거의 유사한 성격인「사도행전」7장에서 베드로는 십자가의 의미를 되새기기 위해 주위 사람들을 불러 모은다. 여기서 그는 이 세상의 권력자들이 한결같이 메시아에 대해 적의를 갖고 대하고 있음을 묘사한「시편」의 다음 구절을 길게 인용한다

어찌하여 열방이 분노하며
족속들이 허사를 경영하는고?

세상의 군주들이 나서며 관원들이 함께 모여
주와 그 그리스도를 대적하도다.(「시편」 2:1-2)

과연 헤로데 왕과 본티오 필라테, 그리고 모든 민족과 이스라엘의 모든 부족들은 주께서 기름부으신 우리 주 그리스도에게 대적하기 위해 정말로 그 도시에 모였나이다. 이리하여 그들은 주님의 뜻으로 미리 예정해 놓았던 그 모든 의도를 완성하였나이다.(「사도행전」 4:25-28)

여기서 현대의 독자들은 다시 한번 이 인용문의 의도에 대해 의문을 갖게 될 것이다. 우리는 그 저의를 제대로 알 수는 없고 어렴풋이 짐작만 할 따름이다. 이것은 아주 단순히 생각해서 혹시 예수의 성스럽지 못한 죽음을 성스럽게 만들기 위한 것은 아닐까? 즉 갈릴리의 일개 예언자에 불과한 자에 대한 사소한 형벌을 장엄하게 만들기 위한 조작은 아닐까? 이 말은 결국 우리는, 복음 기록자들이 박해의 군중을 멸시한다고 비난하다가, 이제는 그들 영웅의 명성을 드높이기 위해 바로 그 군중들을 너무 추켜세우는 아닐까 하는 의혹을 보내고 있다는 말이다.

이를 어떻게 받아들여야 할까? 우선, 이런 식의 사념은 버려야 할 것 같다. 복음서 전체를 통째로 의심하게 되면 그렇게 유익한 결과를 얻어낼 수 없을 것이기 때문이다. 차라리 우리의 의문을 낳은 그 질문으로 되돌아가서 생각하는 게 더 낫다. 즉 박해자의 기록, 그리고 그 바탕이 되는 만장일치의 폭력을 담고 있는 텍스트 안에는 과연 무엇이 들어 있을까, 라고 말이다. 이 모든 것은 이런 기록의 바탕이 되는 권력의 만장일치라는 최고 정점에서 전면적으로 전복되고 있다. 여기에는 실제적인 전복뿐 아니라 모든 박해의 신화를 전복시키려는, 그리고 그것을 독자들에게 보여주려는 의식적인 의도도 들어 있다. 이 점을 인정하고 나면 우리는 위 「시편」의 효용성을 금방 알 수 있게 된다.

「시편」에는 모든 권력 기관이 나타나고 있는데, 그중에서도 '민족들의 교만'이라는 민중의 흥분과 왕과 족장이라는 제도적 기관들의 연대야말로 가장 본질적인 권력 기관이다. 예수 수난을 제외한 다른 모든 곳에서는 바로 이 연대 현상이 막강한 힘을 갖고 나타나고 있다. 이런 연대가 그 정도가 상대적으로 덜하고 그리고 로마 제국의 한 변방 지역에서 일어나고 있다고 해서, 예수 수난의 중요성이 결코 줄어드는 것은 아니다. 박해자 기록들의 의도를 좌절시킨 데에, 그리고 그 좌절의 본보기 역할을 충분히 한 데에 예수 수난의 중요성이 있다.

이런 연대는 물리적 힘의 차원에서는 어쩔 수 없는 것이다. 그러나 그것이 사물을 바라보는 시각까지 강요하지는 못하므로,「시편」이 말하고 있듯이, 이 연대는 역시 '헛된' 것이 되고 만다. 이들은 예수를 쉽게 죽일 수는 있지만 의미의 차원에서는 그를 이기지 못하고 있다. 사도들에게 성금요일의 좌절은 성령 강림(Pentecôte)으로 이어져 신심이 더욱더 단단해지는 계기가 되었으며, 권력자들이 의도했던 것과는 다른 의미로 예수의 죽음을 되풀이해서 회상하는 계기가 되었다. 그 의미는 물론 대단한 참신함으로 즉각적으로 나타나지는 않았지만 그래도 조금씩 복음에 전파된 민중들 속으로 파고들어갔다. 이리하여 민중들은 그들 주위에 있던 박해자의 기록들을 갈수록 더 잘 식별해 낼 수 있게 되었고 또 그것을 거부할 수 있는 능력을 키워나가게 되었던 것이다.

예수를 죽임으로써 권력자들은 오히려 함정에 빠진 셈이다. 왜냐하면 수난의 이야기 곳곳에 기록되어 있는 우리가 앞에서 든 인용문을 비롯한 구약의 여러 구절들이 폭로하고 있는 것은, 바로 그들의 한결같은 비밀이기 때문이다. 다시 말해 희생양 메커니즘이 가장 밝은 빛 아래에 드러난 것이다. 그리하여 그것은 대단한 광고가 되어 이 세상에서 가장 잘 알려진 가장 널리 퍼진 지식이 되고 만다. 그런데 이 지식은 인간이, 그렇게 머리가 뛰어나지 않기에 박해자들의 박해 기록에서 뒤늦게, 그것도 아주 뒤늦게 배우기 시작한 지식이다.

결국 우리 인간을 여기에서 해방시키려면 우리는 우선 바로 이 지식을 보편적인 격자로 이용하여 우리 역사상에 나타나 있는 신화적 기록들의 신비를 벗겨내어야 할 것이다. 그러고 난 뒤에 우리는 그것을 적극적으로 믿어서가 아니라 성서의 진실로부터 우릴 보호하기 위해, 우리가 그 허구를 믿어왔던 지구상의 모든 신화를 파괴해야 한다. 이제 바야흐로 성서의 진실은 오랫동안 우리가 그것과 혼동해 온 신화의 잔해로부터 되살아날 차비를 갖추고 있다. 인간의 헛된 사업이 그 어느 때보다 더 자주 인간의 입에 오르내리고 있다. 메시아가 이것을 좌절시키는 것은 너무나 쉬운 일일 것이다. 오늘 우리 눈을 많이 속인 것일수록 내일이면 그만큼 더 웃음거리밖에 안 될 것이다.

그런데 신학에서도, 인문학에서도 이제껏 한번도 밝혀진 적이 없는 본질적인 것이 있으니 그것은 바로 박해자의 기록이 그들의 본래 의도대로 그 뜻을 이루지 못하고 실패했다는 사실이다. 그것이 최대의 의미를 갖기 위해서는, 그것이 진실에는 가장 불리하지만 새로운 신화를 생산하는 데는 아주 유리한, 아주 어려운 상황에서 일어나야 한다. 그래서 신약 성서는 한결같이 정당한 자를 심판한 그 판결의 '무고함'과 동시에 박해자들, 즉 자신들이 명분이 있다는 것과 또 그 명분이 아주 당연하다고 믿거나, 혹은 믿는 척하면서 자신들의 믿음을 보편적인 것으로 강요하려 애쓰는 모든 사람들의 한결같음을 주장하고 있다.

현대의 어떤 성서 주석자들처럼, 복음 기록자들이 예수 수난에 나오는 여러 인물들을 비난하는 일관성 없는 태도에 대한 의문 때문에 시간을 보내는 것은 애초부터 이 이야기의 진정한 의도를 모르고 있는 것이다. 여기서 복음 기록자들은 영원한 아버지이건 그 누구이건 간에 차별 대우를 하고 있지 않다. 그들에게 진정으로 관심 있는 것은 오로지 박해자들의 만장일치이기 때문이다. 반유대주의, 선민 의식, 반진보주의나 희생양이라 할 수 있을 무고한 인류에 대해 복음서가 범했을지도 모르는 어떤 범죄를 들추어내려는 모든 작업들이 흥미로운 것은 그것들의 명백한 상징성 때문이다. 이런 작업을 하는 사람들은 그들이 스스로 명쾌하게 해결하고 있다고 믿고 있는 바로 그 텍스트에 의해 바로 자신이 해석되고 있다는 것을 알지 못한다. 인간의 헛된 사업들 중에서 이보다 더 우스꽝스러운 것도 없을 것이다.

복음서가 말하고 있는 것을 이해하지 못하는 방법은 많고도 많다. 정신분석학자들이나 정신과 의사들이 예수 수난을 대할 때 이들은 흔히 박해자들의 만장일치 속에서 '초기 기독교인들의 특징적인 편집광'의 흔적, 즉 '박해 콤플렉스'의 반영을 본다. 그들은 그들 일을 확신하고 있다. 왜냐하면 그들 뒤에는 성서를 억압한다는 데에 있어서만은 모두 동의를 하고 있는, 모두가 마르크스이며 모두가 니체이고 모두가 프로이트인 가장 확실한 권위가 있기 때문이다.

마녀 추방을 설명할 때는 똑같은 정신분석학자라도 이런 설명은 생각조차 못했다. 이제 그들이 칼을 갖다 대는 곳은 더 이상 희생양이 아니라 그 박해자들이다. 이들의 목표 수정은 정말 축하할 만한 일이다. 실제로 박해가 있었다는 것을 일단 인정하고 나서 살펴보면, 우리는 이들 정신분석학자들이 실제의 희생양, 실제의 집단 폭력에 대해 다루고 있는 논문이 얼마나 우스꽝스러운 것인지를 충분히 알 수 있다. 물론 박해 콤플렉스는 존재하고 또 병원의 대기실에도 존재하는 것이다. 그러나 동시에 박해 또한 존재한다. 박해자의 만장일치는 특히 오늘날 서양에서는 바로 특권층들의 편집광적인 현상이다. 그러나 이 현상은 때때로 실제로 일어나고 있는 현상이다. 오늘날 머리 좋은 사람들은 이 같은 망상을 주저 없이 그들 원칙에 적용시키고 있다. 그들은 언제나 우리 역사 외에서는 환상만 있다는 것을 선험적으로 알고 있다. 어떤 희생양도 없다는 것을 말이다.

도처에서 볼 수 있는 것이 한결같은 박해의 전형들인데도, 아무도 그것을 알아보지 못하고 있다. 한번 더 여기서 우리는, 우리 해석의 선택을 결정짓는 것은 그 텍스트의 내용이 아니라 그것을 싸고 도는 외형들, 때로는 역사적이거나 때로는 종교적인 외형들이라는 것을 알게 된다. 또한 우리 문화에는 보이지 않는 선이 관통하고 있다는 것도 느끼게 된다. 그 선 안에서는 실제 폭력의 가능성을 믿지만 그 밖에서는 그것을 더 이상 인정하지 않으면서 우리는 온갖 관념이 만들어낸 공허함을 현실감 없는 언어의 유희를 가미한 유사니체주의로써 채우고 있을 뿐이다. 이런 사정은 갈수록 더 심각하게 나타나고 있다. 독일 관념론 이후 나타난 현대의 숱한 이론들의 부침은 사실, 신화의 신비를 벗겨내는 것을 방해하는 일종의 장애물이며, 이런 점에서 이런 것들은 성서의 진실 폭로의 길을 막는 새로운 장치물들에 다름아니다.

* * *

우리가 주장하듯이, 성서가 물론 우리와 같은 용어는 아니지만 희생양 메커니즘을 폭로하고 있다면, 그것의 은밀한 효과로부터 우리를 보호하고 또 도처에, 특히 우리 안에 그것이 숨어 있는 것을 밝혀내기 위해서, 우리는 여기서 우리가 앞에서 이 메커니즘에 대해 밝혀낸 것, 특히 그것의 '무의식적인' 성격을 다시 밝혀야 할 것이다.

그들 희생양이 유죄라고 믿던 이 무의식이 없었다면, 박해자들은 박해 기록에 그렇게 고집스럽게 집착하지는 않았을 것이다. 거기에는, 그들은 그 벽을 보지 못한 감옥이 있으며 그들은 자유라고 믿었지만 그럴수록 더 깊은 종속이 있었으며 그들이 통찰력이라고 여긴 맹종이 들어 있다.

무의식이라는 이 개념은 복음에도 들어 있을까? 이 말은 나타나지 않지만, 이 텍스트 앞에서 전통적인 신앙심이나 반신론이라는 옹졸한 끈에 묶이지만 않는다면 현대의 지식인들은 곧 이것을 알아차릴 수 있을 것이다. 박해의 무의식을 분명히 드러내주고 있는 대목은 바로 수난 이야기의 핵심 부분인 유명한 「루가의 복음서」에 있다. "아버지, 무엇을 하는지도 모르고 행하고 있는 저들을 용서하소서."(「루가의 복음서」 23:34)

기독교인들은 이 부분이 예수의 어진 관용에서 나온 것이라고 주장한다. 이들의 주장이 이 대목의 본디 내용을 가리지만 않는다면 이런 주장도 옳을 수 있다. 그런데 사람들은 그것을 거의 강조하지 않고 있다. 분명 사람들은 그것을 별로 대수롭지 않게 여겨버리면서 이런 식으로 주석을 달 것이다. '극악무도한 살인자들을 용서해 주려는 욕망이 예수로 하여금 수난당하고 있는 자신의 현실과는 맞지 않는, 아니 공연한 변명을 지어내게 만들었다'는 식으로 말이다.

이 대목이 말하고 있는 바를 진정으로 믿지 않는 주석자들은 그 자신의 허위 취향이 이 텍스트에다 약간은 꾸며낸 찬미와 자신들의 허약한 신앙을 갖다 붙여놓은 것이라는 것을 인정하지 않는다. 바로 여기서 우리는 성서의 가장 끔찍한 부분, 우리의 엄청난 위선이 감싸고 있는 뭔지 모를 달콤한 위선을 만나게 된다. 사실 복음서를 기록한 사람들은 상황에 맞지 않는 변명을 지어낼 엄두를 내지도 못한다. 그들은 결코 하나마나한 말을 하지 않는다는 말이다. 기분에 따른 군더더기 말은 그들의 관심사가 아니다.

이 대목의 참된 의미를 알기 위해서는, 희생양 메커니즘의 폭로에서 이것이 차지하고 있는 거의 기술적인 역할을 알아야 한다. 이 대목은 희생양 주변에 모여든 사람들에 대해 아주 정확한 어떤 것을 말하고 있는데, 그것은 바로 "그들은 자기들이 하는 바를 모르고 있다."는 사실이다. 그래서 그들을 용서해야 한다는 것이다. 이런 말을 한 것은 박해 콤플렉스 때문이 아니며, 실제 폭력에 대한 두려움을 감추고자 하는 욕망 때문은 더더욱 아니다. 앞에서 우리는 무의식에 관한 인류 역사상 최초의 정의를 보았는데, 바로 여기에서 나온 다른 무의식들이 결국 이것을 약화시키고 말았다. 혹은 그렇지 않다면 그런 무의식들은 프로이트 같은 사람으로 인해 박해의 차원을 무대 뒤로 치워버렸거나 아니면 융과 같은 사람으로 인해 아예 제거해 버리고 말았다.

「사도행전」도, 예수 수난 시의 군중인 예루살렘의 바로 그 군중들 앞에서 '그러나 그대들은, 그대들의 족장들과는 달리, 모르고 그렇게 행동했다는 것을 나는 잘 알고 있습니다'라고 말하는 베드로의 입을 통해서, 이 같은 생각을 보여주고 있다. 이 대목은 다 같이 무의식적인 군중과 족장들이라는 두 권력 범주에 대해 한번 더 관심을 갖게 한다는 점에서 한층 더 각별한 관심을 끈다. 이 문장은, 예수 수난 사건이 진실을 폭로한 점에서 유일한 사건임에도 불구하고, '악의 차원에서'만 유일한 사건으로 보는 기독교의 잘못된 생각을 암암리에 거부하고 있다. 만약 우리가 기존의 잘못된 후자의 생각을 따른다면 그것은 다시 폭력을 숭배하는 것이며, 또 다른 형태의 신화적인 이교도로 전락하는 것이 될 것이다.

10 단 한 사람만 죽으면……

이제 우리에게 남은 것은 마지막으로 그 본질적인 특징들, 이를테면 타인을 위해 대가를 치르는 사건 속에 들어 있는 희생양 과정에 대한 직접적인 공식화이다. 이런 점에 있어서 복음 중에서 가장 분명한 대목은, 요한이 대사제 가야파의 입을 빌려 한 말인데, 결국에는 예수를 죽이기로 결정하게 되는 한 토론에서 가야파는 다음과 같은 말을 분명히 천명하고 있다.

그래서 대사제들과 바리사이파 사람들은 의회를 소집하고 "그 사람이 많은 기적을 나타내고 있으니 어떻게 하면 좋겠소? 그대로 내버려두면 누구나 다 그를 믿을 것이고 그렇게 되면 로마인들이 와서 이 거룩한 곳과 우리 백성을 짓밟고 말 것입니다." 하며 의논하였다. 그 해의 대사제인 가야파가 그 자리에 와 있다가 이렇게 말하였다. "당신들은 그렇게도 아둔합니까? 온 민족이 멸망하는 것보다 한 사람이 백성을 대신해서 죽는 편이 더 낫다는 것도 모르십니까?" 이 말은 가야파가 자기 생각으로 한 것이 아니라 그 해의 대사제로서 예언을 한 셈이다. 그 예언은 예수께서 유대 민족을 대신해서 죽게 되리라는 것과 자기 민족뿐만 아니라 흩어져 있는 하느님 자녀들을 한데 모으기 위해서 죽는다는 뜻이었다. 그날부터 그들은 예수를 죽일 음모를 꾸미기 시작하였다.(「요한의 복음서」 11:47-53)

이들이 모인 것은 예수가 너무 인기가 있기 때문에 생겨난 공공연한 위기 때문이었다. 그러나 이것은 반세기도 안 지나서 맞이하게 되는 유태 국가의 전면적인 파멸로 이어지는 유태 사회의 위기라는 더 큰 위기의 일시적인 한 형태에 불과하다. 여기서 토론이 벌어졌다는 사실은 결정이 그만큼 힘들다는 것을 이미 암시하고 있다. 결정하기 힘든 토론은 또한 그들이 결말을 내려 애쓰는 위기를 반영하고 있다. 토론이 애쓰는 결론에 도달하지 못하여 참지 못하고 중간에 끼어드는 가야파는 약간의 성급함도 보여주고 있다. 그는 "당신들은 거기에 따르지 않고 있는군요."라고 말했다. 가야파의 말에 의하면 거기에 참석한 족장들도 모두 '그렇고 말고, 나라가 망하는 것보다는 한 사람이 죽는 것이 더 낫지. 나라고 어찌 그런 생각을 못할 리가 있나.'라고 생각하고 있었다는 말이다. 그들은 분명 약간은 그렇게 생각했을 수도 있다. 그러나 그들 중 가장 대담하고 결단력 있는 자만이 그 생각을 겉으로 표명할 수 있었다.

가야파는 하나의 명분, 그것도 정치적 명분인 희생양의 명분을 말하고 있다. 폭력을 최대한으로 제한할 것, 그러나 더 큰 폭력을 피하기 위해서는 필요하다면 마지막 극한에 달한 그 폭력을 이용할 것, 이것이 그가 말하는 명분의 골자이다. 가야파는 낮은 차원이 아닌 높은 차원의 형태로 정치를 구현하고 있다. 그보다 정치를 더 잘 하는 사람은 아무도 없었던 것이다.

하지만 폭력에는 온갖 위험이 따르는 법이다. 그 위험을 감수하고 있어 우두머리처럼 보이는 가야파에게 다른 사람들은 모두 의지하고 있다. 그들은 그를 모델로 간주하고 그의 경건한 확신을 모방한다. 가야파의 말을 듣고서 이들은 그제서야 망설임을 끝낸다. 나라가 통째로 망하는 게 확실하다면 그것보다는 분명 다른 사람들을 위해 단 한 사람이 죽는 것이 더 낫다. 더군다나 그 사람이 잠자코 있기를 거부하면서 위험을 가중시키고 있는 자일 때는 두말할 나위도 없다.

가야파의 말은 어느 정도 희생양 효과를 내고 있다. 그의 말은 청중들에게 확신과 용기를 주고 오늘날 전사나 '군인'들에게 쓰고 있는 의미에서 그들을 '동원'한다. 그런데 여기서는 과연 무슨 일이 일어날까? 사르트르가 그렇게 꿈꾸던 그 유명한 집단 융해가 생겨난다. 그러나 사르트르는 그것이 희생양을 낳는다는 것에 대해서는 물론, 결코 말하지 않았다.

이 말이 그런 효과를 내기 위해서는 이 말을 표피적이면서도 항상 신화적인 방법으로 이해해야만 한다. 위에서 말한 정치적 명분은 여전히 신화적이다. 그것은 우리 세계와 마찬가지로 가야파의 말을 지배하고 있는 정치적 해석의 차원에서, 희생양 메커니즘으로 감추어져 있는 것 속에 그 명분이 기초하고 있기 때문이다. 희생양 효과는, 우리가 위에서 살펴본 역사적이며 현대적인 의미에서, 분명 아주 감소되었다. 바로 이 때문에 정치적 명분은 이제, 그 희생양에 의해서 항상 이의를 제기받고 있으며, 만약 가야파와 비슷한 상황에 처해 있었다면 필요한 경우 그것을 알지도 못한 채 이 명분에 의지하였을 사람들에게서조차 그것이 '박해적'인 것이라고 고발당하고 있는 것이다. 이 메커니즘은 그 초월적 성격을 잃어버리고 사회적 효용성만으로 그것을 정당화하려는 등 극도로 쇠약해졌을 때, 이 같은 정치적 명분을 '생산한다'. 정치적 신화는 이 과정을 훤히 보여주고 있으므로, 정치적 해석이 보편화되어 있는 오늘날 때때로 사람들이 나에게 부여하기도 하는 환상(희생양 메커니즘을 폭로하면서 동시에 그것을 정당화하고 있다.)을 많은 사람들에게 심어줄 만하다.

이 대목이 진정으로 폭로적인 것이 되려면, 우리는 정치적인 의미에서가 아니라 이제 막 설명한 문맥에서 성서적인 의미로 이것을 이해해야 한다. 그러할 때 우리는 거기에서 이 수난 이야기, 모든 복음서 그리고 성서 전체 속에 드러나 있는 이 메커니즘에 대한 분명한 정의를 알아 볼 수 있게 될 것이다. 이 같은 희생양 효과는 애초에 유대인들이 행하던 제물 희생의 효과와 일치하고 있다. 여기서 가야파는 산 사람들을 구하기 위해 희생양을 죽이는 전형적인 제사장과 같다. 이를 상기시키면서 요한은, 인간 문명 속에서의 진정한 '결정'은 모두 희생적인 성격을 갖고 있으며(거듭 말하지만, 라틴어로 '결정하다(decidere)'라는 말은 '희생양의 목을 자르다'라는 의미이다.) 그래서 이 말은 아직 밝혀지지 않은 희생양의 효과에까지, 성스러운 유형의 박해자 기록에까지 소급해서 올라가고 있다고 강조하고 있다.

  이 대사제의 결정에서 언급된 것은 바로 희생과 그 기원에 대한 분명한 폭로인데, 그것은 그것을 말하는 사람도 듣는 사람도 모르는 사이에 말해지고 있다. 가야파나 그 청중들이나 그들은 그들이 무엇을 하는지 모르고 있을 뿐 아니라, 그들이 무슨 말을 하는지도 모르고 있다. 그러므로 그들을 용서해야 한다. 그뿐 아니라 우리의 정치 현실이 일반적으로 그들의 정치 현실보다 더 더러운 만큼 더욱더 그래야 한다. 우리 언어는 더 위선적이다. 우리는 가야파처럼 말하는 것을 피한다. 그런 말의 의미를 잘 알고 있기 때문이다. 그렇다고 그 말을 아직 완전히 이해하고 있다는 것은 아니다. 이것이 바로 폭로가 우리들에게서도 아직 진행중이라는 증거이다. 하지만 신약 연구, 종교역사학, 민족학, 정치학 등의 현재 상태를 고려해 볼 때, 이것은 아직 거의 알려지지 않은 것 같다. '전문가'들도 지금 우리가 말하고 있는 것을 전혀 알지 못하고 있다. 그들을 제외한 데서는 문제의 이 지식이 아주 널리 퍼져 있는데도 방금 거론한 학문들은 이런 것을 전혀 알려고도 하지 않는다. 이 학문들은 모두 진정한 직관들을 연마시키기보다는 오히려 억제하거나 무력화시키려 하는 것 같다. 대변혁의 초기에는 언제나 이러하다. 희생양에 대한 지식을 홀대한다고 해서 변혁이 완성되지 않는 것은 아니다. 그것은 단지 그 변혁이 임박했다는 것을 말해 주는 하나의 징조일 따름이다.

앞의 요한의 말을 진정으로 이해하고 그것이 성서의 문맥에서 가져다 주는 폭로를 이용하기 위해서는 그 문맥에서 벗어나서는 안 된다. 이 메커니즘을 정당화한다고 해서 바로 그것을 이해하는 것은 아니다. 그 이해는 희생양에 의지하고 싶어 하는 우리의 유혹, 그것을 싸고 있는 박해의 기록, 그것을 유리하게 해주는 모방의 매력 등에 대한 우리의 저항력을 키우기 위한 이해이다. 이것은 처음 이 말을 들었던 사람들에게서 일어났던 것과는 정반대의 효과이다. 오늘날 이 두 가지 효과는 서로를 감시하고 있다. 이것은 바로 우리 역사 전체가 성서의 폭로에 의해 영향을 입고 있다는 징조 중 하나이다.

* * *

인류학적인 측면에서 성서적 폭로의 본질은, 그것이 야기시키는 모든 박해자 기록의 위기에 있다. 박해의 측면에서 보자면 예수 수난 그 자체는 특이할 것이 하나도 없다. 세상의 권력 기관들이 모두 하나로 동맹한 것도 특이한 것이 아니다. 모든 신화의 기원에는 항상 이런 동맹이 있어 왔다. 놀랄 만한 것은 성서 기록자들이 그런 동맹의 만장일치를 강조하고 있지만 그 강조는 모든 신화 텍스트나 정치적 텍스트, 심지어는 모든 철학 텍스트들처럼 그 동맹의 만장일치에 빠져들거나 아니면 그 심판에 복종하기 위해서가 아니라, 그것의 완전한 과오, 전형적인 비(非)진리를 고발하기 위해서였다는 것이다. 바로 여기에 성서 폭로의 엄청난 근본주의(radicalisme)가 있다. 이를 이해하기 위해서는 그 반대로 현대 서구 세계의 정치를 간단히 살펴볼 필요가 있을 것 같다.

이 세계의 권력은 비대칭적인 두 개의 세력으로 나누어져 있는데, 하나는 법정 권력 기관이며 다른 하나는 군중이다. 평상시에는 전자가 후자보다 힘이 세지만 위기시에는 그 반대가 된다. 위기시에 군중은 힘이 세진다. 그뿐 아니다. 겉으로 보기에 아주 단단한 권력 기관이 거기서 융해되어 나오는 하나의 도가니가 되는 것이 바로 군중이다. 이 융해 과정은 희생양, 즉 성스로움의 매개를 통해서 권력 기관이 재주조되는 것을 보장해 주고 있다. 정치학이나 기타 인문과학들이 밝혀내지 못한 이 과정을 모방 이론은 이처럼 명백히 밝혀낼 수 있다.

군중은 그 엄청난 결과를 얻기 위해 따로 공동체 전체를 다시 모을 필요가 없을 만큼 그 힘은 아주 막강하다. 필라테가 예수를, 혹은 헤로데왕이 세례 요한을 넘겨준 것처럼, 법정 권력 기관은 군중에게 굴하여 이들이 요구하는 희생양을 넘겨 주게 된다. 이때 권력 기관은 군중의 숫자를 더 키우게 되는데 권력 기관들 자체도 그 속에 포함되게 된다. 예수 수난을 이해한다는 것은, 곧 이것이 가야파와 필라테, 유다와 베드로뿐만 아니라, "그를 십자가에 못박아라!"라고 고함치는 자와 그 고함을 듣고 있는 자들의 차이를 일시적으로 모두 없애고 있다는 것을 이해하는 것이다.

'보수적'이든 '혁명적'이든 현대의 정치 사상들은 결국 군중이나 법정 권력 기관 중의 한 범주만을 비난하는데, 그것은 이들이 그 나머지 쪽에 완전히 의지하여야 하기 때문이다. 이 선택이 바로 그 정치 사상을 '보수적'인가 아니면 '혁명적'인가를 결정짓는 것이다.

『사회계약론』이 오랫동안 누리고 있는 명성은 그것이 담고 있는 진리에서 나오는 것이 아니라, 이 두 권력 기관 사이를 왔다 갔다 하는 현기증 나는 일종의 진동에서 나오는 것이다. 이 둘 중 어느 하나를 선택하여 그중에서 가장 '합당한 것'에 집착하는 것이 아니라, 루소는 공존할 수 없는 이 둘을 화합하려 하였다. 그래서 그의 저서는 실제로 혁명의 소용돌이를 닮아 있는데, 이것은 그 책이 천명하고 있는 주요 원칙과도 어긋나는 것이다.

보수주의자들은 모든 법적 권위와 종교적, 문화적, 사법적 전통의 연속성이 구현되어 있는 모든 제도들을 공고히 하려고 애쓴다. 이들은 기존 권력에 대해 지나치게 너그럽다는 비난을 받고 있는데 사실 그럴 만하다. 그 반면에 이들은 군중에게서 나오는 폭력의 위험에 대해서는 아주 민감하게 느끼고 있다. 이에 반해 혁명론자들은 그 반대이다. 제도에 대해 철저히 비판적인 그들은 아무런 주저도 없이 군중의 폭력을 신성시한다. 혁명적 역사가들은 프랑스 혁명과 러시아 혁명에서 나타나는 모든 범죄들을 신화화하고 있다. 그들은 군중에 대한 신중한 연구를 모두 '반동적'이라고 취급해 버린다. 여기서는 빛도 그들의 관심을 끌지 못한다. 희생양 메커니즘이 '세상을 변화시키기 위해서는' 그림자를 필요로 하는 것이 사실이다. 생 쥐스트(Saint-Just)가 왕의 죽음에 대해 한 것처럼, 위대한 혁명적 작가들도 실제 폭력의 상징적 역할을 분명히 인정하고 있다.

혁명가들은 공공연히 폭력에 의지하고 있기 때문에 그들이 바라던 효과는 더 이상 일어나지 않는다. 신비로움이 빠져나간 것이다. 폭력에 의한 국가 설립은 이제 더 이상 유효하지 않다. 그것은 이제 오로지 공포에 의해서만 유지될 수 있을 뿐이다. 영미의 민주주의와 비교해 볼 때 프랑스 혁명에서 그것은 이미 거의 사실이며, 마르크스주의 혁명에서는 한층 더 사실이다.

현대의 정치 사상은 모럴이 꼭 필요하다. 그런데 그것이 정치적인 모럴인 한 그것은 절대 순수한 모럴이 될 수가 없다. 그러므로 모럴 속에 들어갈 다른 성분이 있어야 한다. 그것은 무엇일까? 진정으로 그것을 찾으려고 애쓰면 우리는 '공동체가 사라지지 않고 이 사람 혹은 저 사람들이 죽는 것이 더 낫다.'라는 가야파식의 논리에 당도하게 될 것이다.

성서의 폭로를 부분적으로 그리고 편파적으로 자기 것이라고 가로채고 있는 것은 정치적 반대파만 그러는 것이 아니라 모든 경쟁적 비판자들 또한 그러하다. 현대 사회에는 기독교적 이단만 있다. 다시 말해 분리와 편가름밖에 없다. 그것이 이단이란 말의 의미이다. 성서의 폭로를 모방적 경쟁 관계 속에서 하나의 무기로 이용하고 그것을 분리의 힘으로 삼기 위해서는, 우선 그것을 분리부터 해야 한다. 성서의 폭로는 그것이 온전히 있는 동안은 평화의 힘으로 유지되고 있다가 전쟁에 쓰일 때에만 분리된다. 일단 분리되고 나면 그것은 적대하고 있는 짝패들에게는 그 어떤 무기보다도 더 강한 무기를 제공한다. 사람들이 이 유해 조각을 둘러싸고 끊임없이 싸우고 있는 것은 바로 이 때문이다. 그런데 오늘날에 와서는 이 폭로 그 자체를, 그것을 잘못 사용하여 생겨나는 해로운 결과의 원인으로 여기고들 있다. 「마태오의 복음서」의 한 장은 '그 시체가 있는 곳에 독수리들이 모여들 것이로다'(「마태오의 복음서」 24:28)라고 이런 과정 전체를 잘 요약하고 있다.

복음 기록자들은 항상, 신화는 물론이고 역사에 나오는 박해자들이 감추고 있는 것을 보여주고 있는데, 그들은 기욤 드 마쇼가 유대인들을 두고서 '그들은 희생양이다'라고 말하던 그 의미에서 그들의 희생물이 그야말로 희생양이었다는 것을 끊임없이 우리들에게 밝혀주고 있다.

물론 복음서에 희생양이라는 말이 나오는 것은 아니다. 그러나 거기에는 그보다 더 나은 표현이 있는데, 그것은 '하느님의 어린 양(agneau de Dieu)'이라는 표현이다. 이 말은 희생양(bouc émissaire)이라는 말과 흡사하면서도 숫염소(bouc)라는 말이 갖고 있는 혐오스럽고 냄새나는 내포 의미를 어린 양이라는 아주 긍정적인 내포 의미로 바꿈으로써,[34] 이 희생물이 무죄란 것을, 그래서 그를 벌주는 것은 부당하며 그를 미워하는 것은 아무런 근거도 없다는 것을 더 잘 나타내고 있다.

이제 모든 게 완전히 분명해진다. 예수는 끊임없이, 구약에 나오는 희생양들인 아벨, 요셉, 모세, 야훼의 종들과 같이 그 사회에 의해 살해된 모든 선지자들에 비유되거나 그 스스로 자신을 그들에게 비유하고 있다.

---

34) 고대 유대의 제의에서는 주로 염소의 수컷(bouc)을 제물로 바쳤는데, 여기서 붙어 victime émissaire라는 말이 나왔다.(옮긴이)

타인에 의해서든 자신에 의해서든 이런 식으로 복음서에서 예수의 역할은 '죄 없는 희생양'이라고 지칭되고 있다. 그는 집 짓는 사람들이 버린 돌이었지만 결국에는 용마루에 쓰일 돌이었던 것이다. 그는 또한 항상 애매모호하여 예전의 신들과 혼동되기 쉽기 때문에 아주 뛰어난 현인들도 넘어뜨릴 '유혹의 돌'[35]이기도 하다. 그러나 그는 성스러운 왕국의 희생양이라는 특징을 지닌 '왕'의 위치에는 이르지 못한 것 같다. 분명한 징조를 요구하는 사람이 있다면 그는 '요나의 징조'에 만족해야 할 것이다.

요나의 징조는 무엇일까? 「마태오의 복음서」에서 고래를 언급하고 있는 부분은 그렇게 명확하지 않다. 그래서 모든 해석자와 같이 차라리 루가처럼 침묵하고 있는 것이 더 나은지도 모른다. 그러나, 우리라고 해서 예수 스스로 대답 없이 던져놓은 그 질문에 마태오보다 더 나은 대답을 찾으려 애써보지 못하라는 법도 없다. 첫 줄에서부터 우리는 어떤 정보를 얻게 된다. 요나는 폭풍우 속에서 조난당하는 것을 막기 위해 뱃사람들이 바다에 던져넣은 희생양이라는 것을, 운명은 가리키고 있다. 요나의 징조는 그가 집단의 희생양임을 한번 더 말해주고 있다.

* * *

이리하여 우리는 이제껏 '희생양'에 관한 두 가지 유형의 텍스트들을 살펴보았다. 이 텍스트들은 모두 희생양에 대해 이야기하고 있는데, 그 중 하나는 기욤 드 마쇼의 텍스트처럼, 그 희생물(victime)이 희생양(bouc émissaire)이란 것을 말해주고 있지는 않지만 우리로 하여금 그들 대신 그것을 말하게 하는 텍스트들이며, 다른 하나는 그 희생물이 바로 희생양이라고 말해주는 텍스트인데 성서가 바로 그것이다. 그렇다고 내가 예수가 희생양이라고 말하는 것은 특별히 나에게 통찰력이 있거나 특별한 재

---

[35] pierre de scandale: 고대 로마에서 파산자가 앉은 "넘어지는 돌"인데, 이것은 성서적 의미로는 우리로 하여금 '죄를 짓게 하는 기회'로 비유되어 왔다. 이런 의미에서 우리는 이를 "유혹의 돌"이라 옮긴다. (옮긴이)

능이 있어서가 아니다. 왜냐하면 그 텍스트 스스로 가능한 한 가장 분명하게, 즉 하느님의 어린 양, 목수가 버린 돌, 다른 모든 사람들을 위해 고통 받는 자라고 예수를 지칭하고 있으면서, 특히 우리들에게 박해의 왜곡을 왜곡으로, 다른 말로 하자면 '믿어서는 안 되는 것'으로 제시해 주는 등, 그것을 이미 말하고 있기 때문이다.

이에 반해, 기욤 드 마쇼의 텍스트에 대해서는 해석을 해야 했으며 또 그 텍스트를 통해서 '이 유대인들은 희생양이다'라고 결론 맺기 위해서는 통찰력이 필요했다. 무엇보다도 나는 그 텍스트 안에 나타나 있지도 않는 어떤 것, 더군다나 그 필자가 의도한 의미와 상충되는 어떤 것을 주장하였다. 그 필자는 박해자의 시각에서, 우리들에게 왜곡을 보여준 게 아니라 '믿어야 하는 것', 즉 그 내용이 온전한 진실이라고 제시하였던 것이다.

텍스트가 보여주는 희생양은 텍스트 '안'의, 그리고 그 텍스트를 '위한' 희생양이다. 이에 비해 우리 스스로 텍스트에서 찾아내야 하는 희생양은 텍스트 '의' 희생양이다. 희생양은 텍스트 안에서는 제대로 나타날 수가 없다. 있는 그대로의 모습으로는 절대로 언급되어 있지 않다. 희생양은 스스로가 '구조화하는' 텍스트의 테마가 될 수가 없다. 이런 점에서 희생양은 하나의 테마가 아니라 하나의 '구조화하는(structurant)' 메커니즘이라 할 수 있다.

앞에서 나는 가능한 한 간단하게 설명하겠다고 약속했었다. 그런데 이제 막 나왔던 테마와 구조의 비교가 어떤 사람들에게는 너무 추상적이어서 얼른 알아듣기 힘들지도 모른다. 그러나 이 비교는 안 할 수가 없다. 이를 분명히 하기 위해서는 이를 우리 문제에 적용시켜 보면 알 수 있다.

기욤의 텍스트를 보고서 '그 유대인들은 희생양이다'라고 말할 때, 우리는 이 텍스트에 대한 정확한 '해석'을 요약하고 있다. 우리는 여기서 그 필자의 무비판적인 박해자 기록을 확인하고서, 필자의 이 기록을 예수 수난 이야기에 나오는 예수와 같은 위치에 유대인들을 위치시킨 해석으로 대체시킨다. 그들은 죄가 없으면서 아무 근거 없는 증오의 희생양이라고 말이다. 군중들은 때때로 권력 기관과 그 반대를 말하기로 합의를 보는데, 그러나 우리의 주된 관심은 이런 만장일치에 있지 않다. 박해자들은 그들이 무슨 일을 하는지 알지 못하고 있다.

이런 식의 해석을 행할 때 우리는 모두 모르는 사이에 어느 정도 구조주의를 행하고 있다. 구조주의 비평은 우리가 생각하는 것보다 훨씬 오래전부터 있어왔던 것이다. 구조주의 비평을 찾으러, 그리고 아주 확실한 그 예증을 제시하기 위해서 나는 아주 멀리 갔다온 셈이다. 기욤 드 마쇼의 경우에는 희생양이라고 말하는 것만으로 충분하다.

왜냐하면 이 표현은, 그가 말하고 있는 유대인들이 복음 기록자들이 본 예수처럼 '희생양'인 줄을 우리는 알고 있지만 정작 그 자신은 알지 못하는 필자의 이 잘못된 시각 속에 나타나 있는 박해의 모든 전형들뿐 아니라 다른 모든 테마들이 거기서 나오고 있는 어떤 감추어져 있는 구조적 원칙을 천명하고 있기 때문이다.

둘 다 '희생양'과 어느 정도 연관된 것이라는 이유로 기욤 드 마쇼의 텍스트와 성서의 텍스트를 동일시하는 것은 정말 어처구니없는 것이다. 이들은 하나의 사건에 대해 너무나 다른 방식으로 묘사하고 있기 때문에 이를 혼동하는 것은 어리석은 짓이다. 희생양이 죄가 있다고 말하고 있는 전자의 텍스트는 무비판적인 박해자의 기록에 이르게 되는 희생양 메커니즘을 반영하고 있다. 그래서 우리 자신이 이를 비판하고 있는 것이다. 이에 비해 후자의 텍스트는, 희생양의 무죄를 주장하고 있다는 점에서 우리를 앞질러서 이런 박해자의 시각을 비판하였다고 말할 수 있다.

조금 전에 우리가 상상해 본 그런 혼동은 가증스럽고 웃기는 것이란 것을 진정 깨달아야 한다. 가령 그것들 모두 그다지 명확하지도 않은 의미의 '희생양'과 밀접한 관계가 있다고 해서, 그 진술 속에 들어 있는 기욤의 반유대주의와 오늘날의 역사가에 의한 바로 그 기음을 구별하지 않는다면, 그것은 바로 우리 스스로 죄인이 되는 것이다. 그런 식의 혼동은 진정 그로테스크의 극치, 아니면 지적인 타락일 것이다.

그러므로 희생양의 텍스트에 대해 논할 때는 언제나 그것이 텍스트'의' 희생양(감추어진 구조 원칙)인지 아니면 텍스트 '속'의 희생양(잘 드러나 보이는 희생양)인지를 우선 따져보아야 할 것이다. 전자의 경우만을 두고서 우리는 전형적인 박해자 기록을 따르고 있는 박해의 기록이라고 말해야 한다. 이 텍스트는 희생양 효과에 의해 지배받고 있지만 희생양에 대해 말하고 있지는 않다. 그 반면에 후자의 텍스트는 희생양 효과를 말하고는 있지만 그것에 지배받고 있지는 않다. 이 텍스트는 더 이상 박해의 텍스트가 아닐 뿐 아니라 박해의 진실을 폭로하고 있는 텍스트이다.

반유대주의와 역사가의 경우는 우리로 하여금 이런 구별을 아주 간단히 이해할 수 있게 해준다. 그런데 흥미로운 것은, 이 구별을 다른 유형의 텍스트들, 즉 신화와 성서의 텍스트 사이에서 행하게 되면 누구도 그것을 잘 이해하지 못하게 된다는 것이다.

나의 비판자들은 신화를 기욤 드 마쇼의 텍스트처럼 읽을 수 있다는 것을 인정하지 않고 있다. 그들 스스로 이와 아주 유사한 텍스트에다 도입하는 그 방법을 신화에는 도입할 수 없다는 것이다. 강한 등불을 들고서 그들은 내가 살펴본 텍스트들에서 결코 찾을 수 없는 것들, 아니 절대로 찾아낼 수 없는 것들을 헛되이 찾으려 애쓰고 있다. 그것은 바로 희생양의 '테마' 혹은 그 '모티브'이다. 내가 구조적 원칙이라고 말하는 것을 보지도 않은 채 여전히 테마 혹은 모티브라고 말하고 있는 사람들이 바로 이들이다.

그들은 나를 두고 신화에서 있지도 않은 것을 보고 있다고, 있지도 않은 것을 신화에다 덧보태고 있다고 비난하고 있다. 그들은 텍스트를 들이대면서 내가 말하는 그 유명한 희생양을 분명히 지칭하는 낱말, 행, 구절을 보여달라고 성화들이다. 그러나 나는 그들을 만족시켜 주지 못한다. 그러면 그들은 곧 나를 '철저히 반박한 것'으로 여긴다.

　신화는 희생양에 대해 말이 없다. 중요한 발견인 것 같다. 나의 비판자들은 내 책을 읽으면서 그들 스스로 이를 발견하였기에 내가 그것을 '미리' 말했어야 했다고 주장한다. 이 엄중한 사실을 나에게 엄하게 가르쳐주기까지 한다. 그들은 모두 나를 '체계의 정신'으로 불리는 '아주 프랑스적인' 혹은 '아주 미국적인' 이 병폐의 전형적인 예라고 보고 있다. 이런 종류의 사람들은 그들 이론을 강화시켜 줄 수 있는 것들만 보고 들을 수 있는 눈과 귀를 가졌다. 그 나머지는 단호히 배제해 버린다. 물론, 나는 모든 것을 단 하나의 이론으로 환원하고 있다. 새로운 '환원주의'를 만들어낸 셈이다. 예전의 많은 사람들처럼 나도 특별한 한 사건을 선택하여 다른 것들은 생각지 않고 이것만을 무한히 부풀려나간다.

　이 비평가들은 마치 신화 속에 희생양이 직접 거명되고 있는 것처럼 말하고 있다. 그렇다고 나의 불만이 완전히 해소되는 것은 아니지만, 그들은 양보할 생각이 있고 그래서 테마나 모티브가 있던 자리를 조금 좁혀서라도 희생양에게 조그만 자리를 내주려 하고 있다고 나는 생각하고 있다. 정말 그들은 지나치게 관대한 사람들이다. 내가 말하는 의미의 희생양은 '신화에는 그 어디에도 그 자리가 없기' 때문이다. 만약 희생양이 신화 속에 들어 있다면 나는 당연히 틀리게 되고 '나의 이론'도 와해될 것이다. 희생양은 또 내가 말하는 그런 것이 아니게 되며 그 밖의 모든 테마를 지배하는 구조적 원칙도 마찬가지가 되고 말 것이다.

　기욤 드 마쇼의 텍스트에 그 언급이 하나도 안 되어 있다고 해서 그것이 희생양 구조와 아무런 관계가 없다고 주장한다면 그것은 정말 어처구니없는 일이다. 어떤 텍스트가 희생양 효과에 대해 덜 언급할수록 또 그것을 지배하고 있는 구조를 우리가 알아보지 못할수록, 그것은 희생양 효과에 더 지배받고 있는 것이다. 희생양이 유죄라는 환상이나 마술적인과율이 생겨나는 것은 이런 경우, 아니 바로 이런 경우에서만 그러하다.

우리는 적어도, 희생양이나 그에 해당하는 표현이 그것의 박해 정도와 비례해서 텍스트 속에 아주 뚜렷이 나타나 있다고 주장할 만큼 어리석지는 않다.

박해의 기록을 해석하는 데, 폭력을 행사하는 자들이 스스로를 희생양을 이용한 자라고 자신을 천명해 주는 친절을 베풀어주기를 기대한다면, 우리는 아주 오래 기다려야 할 것이다. 그들이 그들의 박해에 대한 간접적인 힌트라도 남기고 있다는 게 우리로서는 여간 다행스러운 일이 아니다. 물론 그것들은 너무 뻔한 것이긴 하지만 해석을 행하는 우리에게는 꼭 필요한 단서들이다. 도대체 신화에서는 왜 이렇게 차이가 나는 것일까? 똑같은 박해의 전형들이나 아니면 그것을 감추려는 장치들이 왜 여기서는 박해의 구조, 즉 희생양 '효과'에 대한 간접적인 힌트가 되지 못하는 것일까?

신화에 대한 오해는 성서에 대한 오해와 겹쳐 있다. 여기서 사람들은 나의 소매를 당기면서 나의 주의를 환기시키려고 이렇게 말할 것이다. "아니 당신은 성서는 희생양이나 희생 구조와 무관하다고 보고 있는데, 아닙니다. 그렇지 않습니다. '하느님의 어린 양'이란 표현이나 가야파의 말을 보세요. 당신이 생각하는 것과는 반대로 복음 기록자들은 예수를 희생양으로 보고 있습니다. 당신은 그것을 못 본 것 같은데, 그러나 이것은 너무나 분명한 사실입니다."라고.

이것은 같은 오해의 다른 얼굴이다. 어떤 비평가들의 말에 의하면, 요컨대 나는 희생양이 없는 텍스트에는 그것을 집어넣고 희생양이 들어 있는 텍스트에는 그것을 빼는 등, 내가 연구하는 텍스트의 모든 분명한 사실들을 전도시키고 있다는 것이다. 사람들은, '나의 이론'이 요구하는 것과는 정반대되는 이미지에서 출발하여 내가 일관성이 없다고 쉽게들 주장하고 있다. 그들은 내가 그것을 배제한 곳에서 나에게 분명한 희생양을 요구하고 있으며, 내가 주장하는 곳에서는 그것을 배제하고 있다. 그러고는 종종 내가 현대 비평의 주요 원칙을 모르고 있다고 결론을 내리기도 한다. 내가 그들이 주장하고 있는 것처럼 그러하다면, 나는 '구조 원칙(principe structurant)'과 그 안에 '구조화된 테마들(thèmes structurés)' 사이의 양립 불가능성을 모르고 있어야 한다. 그런데 이것이야말로 나로서는 정말 놀라운 것이며 혹은 전혀 놀라운 것이 아닌 것 같다. 명석한 논리 안에서는 이것은 결국 같은 것이기 때문이다.

나는 최근의 두 책에서 구조 원칙이 문제가 될 때는 항상 '희생양(bouc émissaire)'을 '희생물(victime émissaire)'이라고 바꾸어 씀으로써 혼동을 피하려 하였다. 내가 보기에 후자는 박해 표현의 이면에 실제의 희생양이 존재했다는 사실을 암시해 주는 이점이 있는 것 같다. 그렇다고 이런 구분만으로 충분한 것은 아니다.

나의 말을 이해하는 데 필요한 지식을 모두 갖추고 있는 독자들이 역사적 박해에 대한 반응 방식이 그것을 잘 보여주고 있듯이, 어떻게 그처럼 함부로 '나의 이론'을 잘못 이해할 수 있을까?

우리는 우리를 둘러싸고 있는 이 세계에게만 희생양의 구조적 용법을 적용하려 한다. 과거로 올라가더라도 기껏해야 중세까지만 올라가려 한다. 역사적 텍스트에서 신화적, 그리고 종교적인 텍스트로 넘어가게 되면 우리는 곧 물론 조금은 진부해진 이 표현을 문자 그대로 '잊어버린다'. 그리고 우리는 그것을, 우리를 어디든지 인도해 줄 수 있는 성서의 의미에서가 아니라 우리를 난관에 빠지게 하는 프레이저(Frazer)와 그의 제자들이 사용하던 의미로, 일종의 제의적 희생양이라는 말로 대체해 버리고 만다.

제의는 물론 그것을 행하는 사람에게도, 아니 특히 그들에게는 신비의 행위이다. 그러나 그것은 의도적으로 심사숙고된 행위이다. 문화는 절대로 그들의 제의를 아무런 의식도 없이 행하지 않는다. 제의는 넓은 문화의 텍스트 안에 있는 수많은 '테마' 혹은 '모티브'들이다.

프레이저는, 단지 제의적 의미로만 희생양이라는 표현을 사용하면서 이를 일반화함으로써 민족학에 큰 오류를 범했다. 이 말의 가장 흥미로운 의미를 가려버렸기 때문이다. 현대의 여명기에 생겨난 그 의미는 거듭 말하지만, 절대로 제의나 테마나 문화의 모티브를 가리키는 것이 아니라 박해 행위와 그 표현의 무의식적 메커니즘, 즉 희생양 메커니즘을 가리킨다.

모든 제의의 기원이 희생양 '메커니즘' 안에 있다는 것을 전혀 이해하지 못한 프레이저는, 희생양 제의를 만들어냄으로써 아주 유감스럽게도, 그 시대의 학문이 모두 그렇듯이, 테마와 구조의 구분을 건너뛰고 말았다. 우리가 기욤 드 마쇼의 텍스트를 대할 때 우리 입에 맴돌던 대중적이면서 약간은 속된 표현이 실은, 순전히 테마 위주이고 그래서 억지가 많은 백과 사전 속에 있는 모든 '테마'와 '모티브'들보다 훨씬 더 풍부하고 더 흥미롭고 미래의 전망을 더 많이 담고 있다는 것을, 그는 보지 못했다. 프레이저는 곧장 「레위기」로 들어가서는 히브리의 한 제의를 모든 제의 범주(존재하지도 않는)의 대표 주자로 간주해 버린다. 우리가 한 개인이나 소수의 사람을 두고 다수 집단의 '희생양'이라고 말할 때 우리가 암시하고 있는 그런 유형의 현상과 일반적인 종교 사이에는 아무런 관계가 없는 것은 아닐까, 하고 한번도 곰곰이 생각해 보지도 않은 채 말이다. 바로 여기에 희생양에 대해 생각할 때마다 깊이 고려해야 하는 어떤 본질적인 면이 들어 있다는 것을 그는 보지 못했던 것이다. 그는 이런 현상이 우리 세상에까지 연장되어 있다는 것을 보지 못했다. 그는 여기서, 종교를 믿지 않거나 실증주의의 태도를 가지는 것만으로도 충분히 제거할 수 있는 미신만을 보았다. 그는 기독교를 기타의 것으로, 심지어는 이런 미신의 최종적인 승리로 보았다.

오늘날에도 우리는, 역사적인 데서 신화적인 데로 옮겨가기만 하면 구조적인 희생양에서 프레이저와 그의 동료들이 만들어낸 테마니 모티브니 하는 서글픈 대양 속으로 여지없이 빠져들고 만다. 그러나 이들이 이런 일을 하지 않았다면 다른 사람들이 그들 대신 그렇게 했을 것이다. 게다가 그들이 이런 일을 시작했을 때는 이미 거의 완성된 단계였다. 이런 실수가 쉽게 고쳐질 수 있는 실수라고 여김으로써 이들이 행한 실수를 되풀이해서는 안 된다. 여기에는 어떤 본질적인 것이 문제이기 때문이다. 내 작업이 야기한 끈질긴 오해를 생각해 보면, 사회와 종교가 문제되자마자 구조적인 용법을 고려의 대상으로 삼는 것에 대한 반감은 민족학의 틀을 훨씬 뛰어넘고 있다. 이 같은 반감은 일반적인 것으로서 앞에서 말한 문화적 정신분열증과 같다. 우리는 한편으로는 역사적인 것에 대해, 다른 한편으로는 신화와 종교에 대해 똑같은 해석 기준을 적용시키기를 거부하고 있는 것이다.

케임브리지 민족학자들은, 오이디푸스 신화와 일치한다고 생각되는 희생양 '의식'을 도처에서 찾으려 애썼는데, 이것은 많은 것을 시사해 주고 있다. 그들은 오이디푸스와 '희생양'은 밀접한 관계에 있다고 보았는데 이 점에서는 옳았다. 그러나 그들은 그 관계가 어떤 관계인지는 알지 못했다. 그 시대에 풍미했던 실증주의가 그들로 하여금 어디에서나 테마나 모티브 외의 것은 못 보게 하였던 것이다. 그것에 의해 구조화된 텍스트에 '부재하는' 구조 원칙이라는 생각이 그들에게는 이해할 수 없는 형이상학으로 보였을 것이다. 이런 현상은 앞으로 많은 연구자들에게서도 마찬가지로 일어날 수 있는 현상이다. 그래서 심지어는 기욤 드 마쇼에 대해 주저 없이 '그 텍스트에 들어 있지 않은' 희생양이라고 내린 해석에도 불구하고, 내 생각을 온전히 전달할 수 있을는지 장담하지 못할 지경이다.

프레이저 이래로 다른 유능한 독자들, 그중에서도 특히 마리 델쿠르(Marie Delcout)와 가장 최근의 장피에르 베르낭(Jean-Pierre Vernant)은 다시금 신화가 희생양과 '관계가 있다'는 것을 예감하였다. 분명 눈이 멀고 귀가 멀지 않고서야 신화 여기저기에 드러나 있고 또 그래서 신화를 마법에 대한 가장 조잡한 조서쯤으로 만들어버리고 있는 박해의 전형들을 보지 못할 수가 없었을 것이다. 이런 상태는 물론 정상적인 것은 아니었지만 그렇다고 당시 대학에서 그렇게 드문 현상도 아니었다. 그러나 박해의 표현을 이해하기 위한 보편적인 열쇠인 희생양의 구조적 기능 쪽에 관심을 기울이지 않았기 때문에 누구도 이 별것 아닌 수수께끼를 결코 풀지 못했던 것이다. 신화, 특히 현실적으로 투명한 만큼 정신분석학적으로나 비극적으로나 미학적으로 그리고 휴머니즘적으로도 더욱더 성스러움이 강화되는 오이디푸스 신화가 문제되자마자, 희생양에 대한 생각은 어쩔 수 없이 테마와 모티브의 인습 속으로 다시 빠져들면서, 박해의 신비를 벗겨내는 자발적인 구조주의는 영원히 사라지고 만다.

 그의 '구조주의'에도 불구하고 장피에르 베르낭 역시 테마주의에 빠져서 신화에서 오로지 테마와 모티브로 뒤덮인 단조로운 면만을 보고 있다. 내 생각으로는, 그는 그의 동료들로부터 자민족중심주의라는 비난을 받지 않으려고 특히 희생양에다가 '파르마코스(pharmakos)'라는 그리스어의 이름을 붙이고 있는 것 같다.[36] '파르마코스'가 그리스 문화의 한 '테마'인 것은 사실이다. 그러나 정통 철학자들은 이 테마가 오이디푸스 신화 어디에도 들어 있지 않다는 것을 분명히 보았을 것이다. 그리고 그것이 들어 있다 하더라도 그것은 비극 속에 들어 있는 방식이 문제이다. 소포클레스도 장피에르 베르낭처럼 '무언가를 의심하고' 있기 때문이다. 내가 보기에 소포클레스의 의심은 좀 지나친 것 같다. 그러나 그가 비극 안에서 자신을 직접적으로 표현할 수 없었던 것이 비극은 이야기를 조금이라도 변형시켜서는 안 되기 때문인데, 그것은 '아리스토텔레스가 그렇게 말하였기(Arisotles dixit)' 때문이다. 『오이디푸스 대왕』에 대표적인 박

---

36) *Mythe et tragédie en Grèce ancienne*(Maspero, 1972), 99-131쪽.

해의 전형이 들어 있다면 그것은 분명 소포클레스 때문이다. 그는 신화를 고발로 바꾸어버린다. 그는 모방적 경쟁 관계의 전형적인 비난을 강조하면서 오이디푸스를 때로는 그의 신하를 대신해서 고통받는 외로운 왕으로, 또 때로는 라이오스에 대한 '집단' 살해자들을 대신하여 홀로 범인 역할을 한 자를 암시하는 생각들을 텍스트 여기저기에서 보여주고 있다. 실제로 이 저자는 끈질기게 라이오스가 여러 사람들에 의해 살해되었음을 암시하고 있다. 그는 오이디푸스가 이 다수에 의지하여 자신의 무죄를 증명하고 있음을 보여준다. 그런데 정작 소포클레스 자신은 희한하게도 자기가 제기했던 문제에 답하기를 스스로 단념하고 있다.[37] 그렇다. 분명 소포클레스는 무언가 의심하고 있지만, 복음 기록자들이나 아니면 예언자들처럼 구조적인 희생양을 폭로하는 데까지는 결코 이르지 못하고 있다. 그리스의 문화가 그것을 금하고 있었기 때문이다. 그의 손에서 이 신화 이야기는 그 원동력을 드러내지는 못한다. 즉 오이디푸스에서 함정이 다시 닫혀버린다는 말이다. 그러자 우리들의 모든 해석자들도 다같이 이 함정 안에 갇혀버리고 만다. 다른 테마들에 붙어있는 테마들만 보고서, 진짜 문제, 즉 비극에 의해 물론 뒤흔들려진, 그러나 완전히 전도되어 성서에서처럼 거짓으로 판명될 정도는 아닌, 박해의 문제를 제기하지 않는 장 피에르 베르낭도 여기에 속한다.

여기서 사람들이 결코 보지 못하고 있는 것은, 오이디푸스는 근친상간과 친부 살해를 범한 아들이면서 동시에 '파르마코스'일 수가 없다는 것이다. 우리가 '파르마코스'라고 말할 때 사실 우리는 분명 유태교와 기독교에 물든, 그렇지만 그다지 민족주의적이지는 않는 의미로, 죄 없는 희생물을 의미한다. 왜냐하면 유대인이나 기독교인에게 '파르마코스' 혹은 희생양이 무죄라고 말하는 것은, 거듭 말하지만 우리가 기욤 드 마쇼의 신비, 즉 마술적 사고의 신비를 벗겨버리는 것을 단념할 때에만, 거기서

---

37) Sandor Goodhart, "Oedipus and Laius's many Murderers," *Diacritics*, mars, 1978, 55-71쪽.

결별할 수 있을 '진실'에 도달하는 것이기 때문이다.

오이디푸스는 친부 살해나 근친 상간의 범인이 아닌 희생양이든지, 아니면 그 범인이 적어도 그리스인들이 보기에 장 피에르 베르낭이 점잖게 '파르마코스'라고 칭하는 무고한 희생물이 아니든지, 둘 중에 하나일 뿐이다.

이 비극이 이 두 가지 의미를 다 갖고 있다면, 그것은 이 비극이 안으로 와해되어 있기 때문이다. 다시 말해 그 신화에 일치할 수 없으면서 그렇다고 예언서, 잠언집, 복음서가 그랬던 것처럼 끝까지 단호하게 그것과 결별할 수도 없는 상태에 있기 때문이다.

그뿐 아니라, 이처럼 드세게 와해시키고 있는 이 내적 모순이야말로 이 비극의 아름다움을 만들어내고 있다. 언변 좋은 휴머니즘의 형식미의 조화 속에서 유죄의 아들과 무고한 희생양의 공존은 불가능한 게 아니다.

희생양이라기보다는 '파르마코스'라고 칭함으로써 장 피에르 베르낭은 이 신화에서 풍겨나는 희생양의 냄새를 전혀 느끼지 못하는 그의 동료들의 비난을 피하고자 하였던 것이다. 그러나 그토록 감수성이 둔한 사람들을 왜 굳이 만족시키려고 애쓰는 것일까? 장피에르 베르낭은 그 자신이 너무나도 예민한 사람이기에 거기에 이르지 못하고 (주위를 만족시킬 수 없으며) 나 또한 그의 감수성을 의심하고 있듯이, 주위 사람들의 감수성을 의심할 수밖에 없다.

기욤 드 마쇼의 경우에 대해서는 아마 어느 누구도 '파르마코스를 희생양으로' 대체한다는 생각을 떠올리지 못했을 것이다. 기욤 드 마쇼가 페스트라는 말을 '돌림병(epydimie)'이라는 말로 바꾸어 쓰면서 현대의 모든 유식한 학자들처럼, 그리고 그 자신도 이미 조금은 그렇게 하고 있듯이, 그리스어로 썼다 하더라도, 내가 알기에 '파르마코스' 효과 때문에, 무고하게 박해받은 자들에 대한 그의 시각이 왜곡되었다는 생각을 우리들은 풀지 못했으리라. 우린 언제나 '희생양'이라고만 말할 것이다. 드디어 우리가 오이디푸스 신화에서 무슨 일이 벌어지고 있는지, 그리고 이 신화가 어떤 발생 구조적 메커니즘에서 나오게 되었는지를 이해하게 되는 날, 우리는 아마도 '오이디푸스는 희생양이다'라고 말하는 것을 단념해야 할 것이라 생각한다. 이 문장과 베르낭의 '파르마코스' 사이의 거리는 그렇게 멀지 않은데도 숱한 편견 때문에 많은 사람들은 이 사이를 건너뛰지 못하고 있다.

내가 '희생양'이라고 칭함으로써 그러는 것처럼, 장피에르 베르낭 역시 '파르마코스'라고 칭함으로써 그 신화로부터 거리를 두고 있다. 그러나 내가 베르낭과 다른 점은, 나는 아무런 망설임도 없다는 것이다. 나는 이 거리두기를 완전히 정당화할 수 있으며, 또 실증주의 철학자들을 비웃을 수 있다고 나는 고백할 수 있다. 그들이 우리 모두가 하는 식으로 그것을 읽을 때 기욤 드 마쇼에게서 거리를 두고 있는 바로 그만큼 나도 그 신화에서 떨어져 있다.

박식한 실증주의자들은, 기욤 드 마쇼가 문제일 때는 문자 그대로의 충실성이라는 이름으로 단호히 금지하던 것을 오이디푸스와 그 신화가 문제일 때는 왜 그렇게 좋게 보고 있는 것일까? 그들은 아마 대답할 수 없겠지만 그들을 대신해서 나는 충분히 대답할 수 있다. 즉 그들은, 기욤 드 마쇼는 진정으로 이해하지만 오이디푸스 신화는 이해하지 못하고 있는 것이다. 그들은 무엇이 그들의 마음을 그렇게 사로잡았는지 알지 못한다. 왜냐하면 서양의 휴머니즘이 성서나 복음서 앞에서 자신을 정당화할 때 필요로 하는 그런 위대한 텍스트들을 그들 자신도 숭배하고 있기 때문이다. 똑같은 환상의 변형에 불과한 전투적인 탈민족주의의 투사들에게서도 사정은 마찬가지이다. 이들은 왜 기욤 드 마쇼가 희생양이라고 표현하는 것을 두고는 자민족중심주의라고 비난하지 않는 것일까?

독자들을 지루하게 할지도 모를 위험을 무릅쓰고 계속해서 기욤을 거론하고 있는 것은 그것이 특별히 흥미로워서가 아니다. 그것은 우리가 거기에 대해 내리고 있는 해석이, 근본적으로 구조적이라는 바로 그 점에서 텍스트와 완전히 거리를 두고 있기 때문이다. 이 해석은 그 텍스트에서 한번도 문제가 된 적이 없는 원칙에 기초하고 있는, 흔들리지 않는, 합당한 해석이다. 내가 언급하고 있는 텍스트들에 대해서는 이 해석이 기욤의 텍스트에 대해 행하고 있는 것 이상은 절대 행하고 있지 않다. 그러므로 이것은 나에게는 훌륭한 반증의 역할을 하고 있다. 이것은 또한 오늘날 신화학이나 종교학뿐만 아니라 해석에 관한 모든 영역에서 숱하게 창궐하고 있는 헛된 사상들을 가장 빨리, 가장 지적으로, 그리고 가장 확실히 씻어낼 수 있는 방법이다. 이것은 또한 오늘날 허무주의의 '근본주의적' 주장들 뒤에 숨겨져 있는 퇴폐성을 드러나게 해준다. 그 어디에도, 특히 우리가 해석하고 있는 이런 텍스트에도 진실은 없다고 주장하는 위험천만한 생각들이 판을 치고 있는 것이 오늘날의 판국이다. 기욤 드 마쇼의 텍스트와 마녀 재판의 조서에서 우리가 함께 추출해낸 진실을 이런 생각을 하고 있는 사람들의 코앞에, 우리는 지체 없이 들이대야 한다. 그리고는 이들 허무주의자들에게 물어보자. 이런 진실도 포기할 것인지, 그들이 보기에는 이 모든 '담론'들이 진정 똑같은 것인지, 박해자에게서 나온 담론이든 아니면 박해를 폭로하는 담론이든 간에 말이다.

11 세례 요한의 참수

　내 작업에 대한 해석의 실수에 대해 지금까지 지루하게 이야기했는데, 이것은 단순한 논쟁 때문이 아니다. 그것은 바로 이 실수로 인해 적어도 3세기 동안 성경과 모든 종교의 관계에 대한 해석의 실수가 되풀이되면서 확대되고 있기 때문이다. 그런데 이 실수는 기독교도와 그 적대자들에게 공통적으로 나타나는 실수이다. 본질적인 것은, 그들은 마치 적대적인 형제들처럼 그 상태에 머물러 있기를 원하는 것처럼, 언제나 엄격히 서로 대칭적으로 행동한다는 것이다. 그들이 진정으로 집착하는 것은 그들 간의 싸움뿐이다. 그 싸움에 의해서만 그들 스스로가 유지될 수 있기 때문이다. 그들을 그냥 내버려두자. 만약 개입하기 시작하면 당신은 언제나 세상 모든 사람들로부터 시달리게 될 것이다.
　기독교인이나 비기독교인이나 독창성에 관해 똑같은 생각을 갖고 있다는 점에서 그들은 서로 닮았다. 낭만주의자들 이래로 우리는 독창성을, 옆사람과 똑같은 것을 말하지 않고 유행과 학파의 새로움이라는 의미에서 항상 새로운 것을 행한다는 것으로 알고 있다. 그것은 오늘날의 우리 관료들과 이념론자들이 흔히 말하듯이 개혁을 하는 것이다. 그러나 이 개혁은 허구한 날 '새로운'과 '현대적인'이라는 말만 끝없이 번갈아 붙이고 있다. 우리의 개혁은 다른 제3의 것은 생각해 낼 재주가 없어, '새로운' 과 '현대적인'이라는 이 꼬리표조차 바꾸지 못하고 있다.

성서에 관한 논쟁에는 이 같은 독창성에 관한 생각들이 지배하고 있다. 성서와 기독교가 진정으로 독창적이 되려면 그것들은 다른 모든 종교들과는 다른 것을 말해야 한다는 것이다. 그런데 그것은 정확히 똑같은 것을 말하고 있다. 몇세기 전부터 우리의 민족학자들과 종교사학자들은 이를 보여주고 있다. 그런데 바로 그것이 모든 학문의 깊은 영감이다.

'성서가 얼마나 원시적인가 보아라'. 이 말은 우리의 주도면밀한 학자들이 우리들에게 온갖 방식으로 되풀이해서 말하고 있는 것이다. 가장 원시적인 신화에서처럼 한가운데서 벌어지는 저 집단 형벌을 보아라, 즉 저 희생양 사건을 보아라. 이 얼마나 기이한 일인가! 소위 '민족학적인' 신화만이 문제일 때 폭력은 전혀 문제가 되고 있지 않다. 신화와 종교에 대해서는 '원시적(primitif)' 혹은 특히 더하든 덜하든 간에 '야만적(sauvage)'이라는 말을 붙이는 게 금지되어 있다. 그러나 사람들은 이런 '민족학의 문제 제기'에 대하여 어떤 타당성도 인정치 않는다. 그러다가 성경이 문제가 되면 갑자기 이 말은 쓸 수 있는 것으로 되고 심지어는 아주 권장할 만한 것으로 된다.

나는 이런 식의 사고 방식을 진정으로 받아들인다. 그리고 민족학자들의 말을 쌍수를 들어 환영한다. 성서는 신화와 똑같은 사건을 이야기하고 있다는 그들의 말은 지당하다. 게다가 그들은 또한 모든 신화의 중심에 있는 초석적 살해에 대해서도 말하고 있다. 그들은 또한 성서와 가장 닮은 것은 가장 원시적인 신화들이라고 말하고 있는데, 이 점에서도 그들의 말은 백번 옳다. 왜냐하면 그것들은 바로 그 살해로부터 시작하는 똑같은 것들이기 때문이다. 가장 진화된 신화들은 이 살해를 변형시키든지 아니면 아주 교묘하게 얼버무려서 지워버리고 있다.

성서가 신화와 같은 사건을 이야기하고 있다면, 거기에는 분명 신화적인 요소가 있을 것이라고 민족학자들은 생각한다. 그런데 이 사람들이 잊고 있는 게 하나 있다. 같은 살인 사건에 대해 똑같은 식으로 말하지 않고서도 이야기할 수 있다. 우리는 그것에 대해 마치 그 살인자가 말하는 것처럼 이야기할 수도 있고, 또 그냥 어떤 희생자가 아니라 성서에 나오는 그리스도라는 비길 데 없는 희생자가 말하는 식으로 이야기할 수도 있다. 우리는 이 희생자를 두고 그 어떤 감정적인 신앙심이나 수상쩍은 측은지심과는 상관없이, 비길 데 없는 희생자라고 말할 수 있을 것이다.

박해자 시각에 대해 어떤 점에 대해서도 굴복하지 않았다는 점에서, 이 희생양은 '비길 데 없는' 희생양이다. 그는 적극적으로는 살해자들에게 동의하지 않았으며, 소극적으로는 그 또한 애초의 박해 기록물들, 즉 모방의 반복에 대한 역방향의 재현에 불과한 복수의 시각을 갖지 않았다는 점에서 더욱 그러하다.

성서 그 자체의 밖에서 박해 기록물의 체계, 즉 모든 기록의 체계를 끝까지 폭로하기 위해서는, 적극적이든 소극적이든 간에 폭력과 어떤 공범 관계도 가지지 않는 것, 바로 그것이 필요하다. 바로 거기에 기원 회귀라는 진정한 독창성이 있다. 그것은 기원을 드러냄과 동시에 그것을 취소하는 그런 회귀이다. 개혁의 거짓 독창성의 특징인 끊임없는 기원의 반복은 이 기원의 은폐와 위장에 바탕을 두고 있다.

기독교인들은 성서의 진정한 독창성을 이해하지 못하였다. 그들의 생각은 그들 적대자들의 생각에서 크게 벗어나지 않고 있다. 성서는 신화와 완전히 다른 것을 말해야만 독창적일 수 있다고 보는 것이 기독교인들의 생각이다. 그러므로 그들은 성서의 비(非)의미를 감수하기로 한다. 그들은 막연한 혼합주의를 택하고 있어 그들의 개인적 교리는 볼테르의 교리에서 많이 후퇴하고 있다. 그래서 그들은 언제나 똑같은 사고 체계 내에서, 때로는 민족학이 입증하는 것과는 정반대되는 것을 입증하려고 헛되이 애를 쓰고 있다. 그들은 예수 수난은 모든 점에서 근본적으로 전혀 새로운 것을 갖다준다는 것을 입증해 보려고 애를 쓰지만, 허사다.

그들은 예수의 재판, 군중의 간섭, 십자가 처형을, 그것 자체로 전혀 비길 데 없는 전 세계적인 사건이라고 보는 경향이 있다. 반면 성서는, 예수는 예전에도 있었고 그 당시 그리고 앞으로 올 다른 모든 희생양들과 똑같은 위치를 지닌 존재라고 말한다. 그러나 신학자들은 이런 이야기를 하는 성서 대목들을 형이상학적이고 신비적인 메타포 이상으로는 보지 않는다. 성서를 문자 그대로 받아들이지 않는 그들은, 그래서 예수 수난을 우상화하듯 높이 받든다. 말하자면, 그들은 그들 적대자들 그리고 모든 신화의 역할을 의심도 없이 그대로 되풀이하고 있다. 그들은 성서의 텍스트가 탈신성화해 놓은 폭력을 다시 신성화하고 있는 셈이다.

이런 식으로 여겨서는 안 된다는 증거가 될 만한 것으로, 성서 텍스트 그 자체에 집단 살해의 두 번째 예가 있다. 이 사건은 첫 번째 사건과 그 구체적인 면에 있어서는 차이가 나지만, 그것이 행하고 있는 메커니즘과 살해 가담자들의 관계에서는 똑같은 사건이다.

그것은 바로 세례 요한의 살해 사건이다. 마르코가 전하는 이 사건의 전말을 살펴보자. 비록 축소되어 있긴 하지만, 이 텍스트는 모방 욕망, 모방 경쟁, 그리고 결국에는 이것들로 인해 생겨난 희생양 효과에 대해 아주 뚜렷한 강조를 하고 있다. 이 텍스트에는 예수 수난에 대한 단순한 반영이나 복사판 같은 것은 보이지 않는다. 예수 수난 이야기와 차이가 너무나 크기 때문에 이 두 이야기가 단 하나의 동일한 원천에서 나왔다고, 그리고 심지어는 이들이 서로 영향을 주었다고 결론내리기는 힘들다. 이 두 이야기의 닮은 점은 이 사건들의 동일한 구조, 그리고 이 사건들을 이루고 있는 개인적, 집단적인 관계에 대한 단 하나의 유일한 생각, 즉 모방적 생각에 의해 더 잘 해명될 수 있다.

세례 요한의 살해 사건은 우리가 예수 수난에 대해 한 분석에 대해 일종의 반증을 제공한다. 이를 통해 우리는 집단 살해에 대한 성서의 생각과 다른 종교의 발생에서 집단 살해가 차지하고 있는 역할에 대하여 체계적인 특징을 확인할 수 있을 것이다.

헤로데 왕은 자신의 동생의 아내였던 헤로디아와 재혼하려 한다. 그러자 예언자 요한은 이 결합을 비난한다. 헤로데는 그를 투옥시키는데 이는 그의 무례함을 벌하기보다는 그를 보호하려는 것 같다. 헤로디아는 매정하게도 그의 목을 요구하였다. 헤로데는 그러나 차마 그러고 싶지는 않았다. 그러자 마침내 그의 아내는 잔치중에 헤로데왕과 내빈들 앞에서 그의 딸을 춤추게 해놓고 요한의 목숨을 앗아간다. 어머니에게 세뇌당한 딸은 손님들의 환호에 힘입어서 세례 요한의 목을 요구하는데 헤로데 왕은 이를 거절할 수가 없을 지경에 놓이게 된다.(「마르코의 복음서」 6:14-28)

그 발단부터 보자.

결혼한 자신의 동생 필립보의 아내 헤로디아 문제 때문에 요한을 잡아서 감옥에 가둔 것은 바로 헤로데왕이었다. 요한이 헤로데에게 "동생의 아내를 취하는 것은 아니 됩니다."라고 말했던 것이다.

이 예언자가 강조하고 있는 것은 결혼의 엄격한 합법성 여부에 관한 문제가 아니다. '당신의 동생의 아내를 취하는 것은 아니 됩니다'라고 말할 때의 '취하는 것'이라는 동사 exein은 법적인 의미를 갖는 말이 아니다. 프로이트식 구조주의자들은 성서에 적합하지 않은 유형의 해석을 즐겨 사용하고 있다. 그것을 비난한다는 핑계로 결코 그것이 적용되지도 않던 곳에다가 너무 판에 박힌 준법제일주의를 적용하지 말자. 성서의 정신과 드러난 글이 서로 상반되어 있다.

그렇다면 과연 무엇이 문제일까? 원수 형제가 문제이다. 이 형제는 닮았다는 것 때문에 경쟁에 빠져든 것이다. 그들은 같은 유산, 같은 왕위, 같은 아내를 놓고 싸운다. 신화와 마찬가지로 원수 형제 이야기가 모든 것의 발단이다. 그들은 서로 닮았기 때문에 같은 것을 욕망하는 것일까, 아니면 같은 것을 욕망하기 때문에 서로 닮은 것일까? 신화 속에서의 혈족의 관계가 욕망의 동일성을 결정하는 것일까, 아니면 욕망의 동일성이 형제와 같이 분명한 유사성을 결정하는 것일까?

우리 텍스트에서는 이 가설들 모두 동시에 옳은 것 같다. 헤로데와 그의 동생은 마르코가 관심을 표하고 있는 욕망의 상징인 동시에 이 욕망 효과에 대한 역사적인 실제의 예를 이루고 있다. 헤로데는 실제로 동생의 아내 헤로디아를 빼앗는다. 동생을 밀어내고 대신 그 자리를 차지하는 기쁨은 헤로데에게 있어 씁쓸한 뒷맛을 남긴다는 것을, 우리는 요셉을 통해서 알고 있다. 우리 텍스트는 그 같은 씁쓸한 뒷맛에 대해 드러내 놓고 말하고 있지는 않다. 하지만 그것은 모방의 복잡한 상황의 스타일과 그 결과, 예언적인 법정 명령 속에 다 들어 있다. 헤로데는 첫 번째 아내를 버렸는데, 그러자 그의 장인은 그에게 쓰라린 좌절을 가함으로써 이 절개 없는 사위를 벌하려 한다.

헤로데가 헤로디아를 '취하는 것', 그녀를 점유하는 것이 나쁜 것은, 어떤 공식적인 법 때문이 아니라 헤로디아를 취하기 위해서는 필연적으로 동생을 희생시켜야만 하기 때문이다. 이 예언자는 왕에게 모방 욕망의 해로운 결과를 경계하도록 한다. 성서는 이 형제들의 중재 가능성에 대한 환상을 품지 않고 있다. 짧지만 많은 것을 시사하고 있는 이 텍스트의 경계를 「루가의 복음서」 속에 넣어서 생각해 보자.

그때에 무리 중의 한 사람이 예수에게 말했다. "주여 내 형제에게 우리 유산을 나와 함께 나누어 가지라고 말해주세요." 그러자 예수께서 "친구여, 누가 나를 당신들의 재판관으로, 또 당신들의 분할 문제를 해결하도록 임명하셨나요?"라고 대답하셨다.(「루가의 복음서」 12:13-14)

나뉘지 않는 유산 때문에 형제들이 나뉜다. 예수는 스스로 그럴 능력이 없다고 선언한다. "누가 나를 당신들의 재판관으로, 또 당신들의 분할 문제를 해결하도록 임명하셨나요?"라는 말은 「출애굽기」의 첫 부분을 연상시킨다. 모세는 처음에는 한 이집트인과 한 히브리인 사이에 개입하여, 히브리인을 학대하는 그 이집트인을 죽인다. 두 번째로 그는 두 사람의 히브리인 사이에 개입하는데, 그러자 저지당한 그 히브리인이 그에게 "누가 당신을 우리의 지도자와 재판관으로 임명하셨나요? 그 이집트인을 죽였듯이 날 죽일 작정인가요?"라고 되묻는다. 예수가 모세의 말이 아니라 모세의 권위에 이의를 제기하기 위해 그 히브리인이 한 말을 자신의 말로 되풀이하고 있다는 것은 놀라운 일이다. 예수는 여기서 모세의 경우와 마찬가지로 자신의 경우에도 이런 문제는 어떠한 대답도 허용하고 있지 않다는 것을 암시하고 있다. 어떤 누구도 바로 그 예수를 이 형제의 판관으로 또 그들 분배를 조정할 수 있도록 임명하지 않았다.

이 말은 곧 예수는 모세처럼 하느님의 임무를 부여받았다는 생각에 저항한다는 것일까? 물론 그렇지 않다. 그러나 예수는 그의 임무는 모세의 그것과 아주 다르다는 것을 암시한다. 민족 해방과 입법관의 시간은 지나갔다. 적당한 폭력을 통해 그들 폭력을 종식시킴으로써 원수 형제들을 떼어놓는 것은 더 이상 가능한 일이 아니다. 모세에게 그전에 행했던 살인을 상기시키고 있는 이 히브리인의 이의 제기는 이때부터 보편적인 유효성을 갖는다. 이제부터 합법적 폭력과 비합법적 폭력의 구분은 더 이상 없다. 이제는 원수 형제만 있다. 그러므로 우리는 그들이 그들의 모방 욕망을 조심하도록 경계시키면서 그들이 폭력을 포기하기를 바랄 뿐이다. 이것이 바로 요한이 한 것이다. 그의 예언은 예수의 업적에서 하느님의 왕국의 예언을 상기시키고 있다.

이 예언자를 제외하고 나면 이 텍스트에는 어머니와 딸, 헤로데와 동생, 헤로데와 헤로디아 등, 원수 형제들과 모방적인 쌍둥이들만 있을 뿐이다. 특히 마지막 쌍의 이름은 음운론적 쌍둥이를 암시한다. 이 이름은 텍스트 처음부터 교대로 되풀이되어 나온다. 반면에 아마도 아무런 의미가 없기 때문인지 무희의 이름은 나오지 않는다. 왜냐하면 그녀의 이름은 모방 효과라는 점에서 아무런 영향도 미치지 않는다.

그 동생, 오히려 헤로데와 함께 헤로디아를 다투는 그 반(半) 형제의 이름은, 마르코가 잘못 알고 필립보라고 불렀지만, 그렇지 않다. 그의 이름은 그의 형과 같은 헤로데이다. 그러므로 헤로디아는 두 헤로데 사이에 있는 셈이다. 만약 마르코가 이것을 알았다면 그는 아마 이 동음어를 이용하였을 것이다. 그리고 보면 이 텍스트보다 실제의 역사적 현실이 더 멋있게 들어맞고 있다.

이 텍스트 주변에서 요한의 예언은 이 이야기 전체를 지배하고 또 이 예언자의 죽음으로 연결되는 관계 유형을 가리킨다. 헤로데는 예언자의 경고를 따르지 않고 사람들도 그의 예를 따르기 때문에 욕망은 자꾸 새끼를 치고 확대되어 나간다. 이 텍스트의 모든 사건과 세부 사항들은 이 욕망의 지속적인 순간들을 보여준다. 모든 순간은 이전 순간의 실패로 갈수록 더해만 가는 격정의 미친 논리에 의해 만들어진다.

헤로데는 무엇보다 자기 동생을 이기려는 욕망만 있었다는 증거로서, 우리는 일단 취하고 난 뒤의 헤로디아는 그녀 남편에게 아무런 영향력을 행사하지 못한다는 것을 들 수 있을 것이다. 헤로디아는 그의 남편에게 직접적인 영향력을 모두 잃고 만다. 그녀는 남편으로 하여금 그다지 중요하지도 않은 일개 예언자 하나 죽이게 할 수 없을 정도이다. 그녀의 목적을 달성하기 위해 헤로디아는 그녀의 딸을 이용하여 삼각형적인 구도를 다시 짜야만 한다. 그 구도는 그 두 원수 형제의 내기가 됨으로써 헤로데를 사로잡을 수 있었던 그 구도와 흡사한 구도이다. 어느 시점에서 모방 욕망은 사라질 때도 있다. 그러나 그것은 그때마다 좀 떨어진 다른 곳에서 언제나 더 신랄한 모습으로 되살아나기 위해서이다.

헤로디아는 요한의 말에 의해 자신이 부정당하고 제거되었다고 느낀다. 그녀는 한 사람의 인간으로서는 그러하지 않지만 모방의 내기로서는 사실 그러하다. 그녀 자신이 모방에 너무 휩싸여 있었기 때문에 구분할 수가 없을 뿐이다. 헤로디아의 복수로부터 예언자를 구해내기 위해서 헤로데는 욕망의 법칙에 따라서 움직인다. 그는 예언의 계시를 확인하는데, 전처의 증오도 가중된다. 그에 의해 거부당했다고 느꼈기 때문에 요한에게 매력을 느낀 그의 욕망은 파괴의 욕망으로 변한다. 그는 곧장 폭력으로 미끄러져 들어가게 된다.

나의 형제의 욕망을 모방하면서 나는 그가 욕망하는 것을 욕망하고, 우리는 우리의 공통된 욕망을 만족시키는 것을 서로 방해한다. 상대방의 저항이 커질수록 그 욕망은 더 강해져만 가고, 모델이 장애물이 될수록 그 장애물은 더 모델이 되어간다. 그래서 결국 그 욕망은 그를 막는 것에만 관심을 갖게 된다. 욕망은 그 자신에 의해 유발된 장애물들에 반한다. 세례 요한은 어떤 타락의 시도로도 범접할 수 없는 바로 이 불굴의 장애물이다. 그리고 바로 이 점이 헤로데와 헤로디아를 더 매료시킨다. 헤로디아는 언제나 헤로데의 욕망의 생성이다.

모방이 커질수록 매력과 배척이라는 그 이중적인 힘도 커지고, 증오의 모습으로 모방은 한 개인에게서 다른 개인에게로 더 빨리 전파되어 간다. 다음이 좋은 보기이다.

그 자리에 헤로디아의 딸이 나와서 춤을 추어 헤로데와 그의 손님들을 매우 즐겁게 했다. 그러자 왕은 그 소녀에게 "네 소원을 말해 보아라. 무엇이든 들어주마." 하고는 "네가 청하는 것이면 무엇이든 들어주겠다. 내 왕국의 반이라도 주겠다." 하고 맹세하였다. 소녀가 나가서 제 어미에게 "무엇을 청할까요?" 하고 의논하자 그 어미는 "세례 요한의 머리를 달라고 하여라." 하고 시켰다. 그러자마자 소녀는 급히 왕에게 돌아와 "지금

곧 세례 요한의 머리를 쟁반에 담아서 가져다주세요."라고 청하였다.(「마르코의 복음서」 6:22-25)

헤로데의 제의는 이상한 사태를 불러일으킨다. 아니 그것이 어떤 것도 불러일으키지 않는다는 것이 이상하다. 처녀가 원할 만한 소중한 것들을 거론하기는커녕 살로메는 잠시 침묵을 지킨다. 마르코도 마테오도 이 춤추는 아가씨에게 이름을 부여하지 않고 있다. 하지만 우리는 헤로디아의 딸을 이렇게 부르면서 이야기를 하고 있는 역사가 조셉을 따라 그녀를 살로메라 부르기로 한다.

살로메는 딱히 드러낼 욕망이 없다. 인간에게는 자신의 고유한 욕망이 없는 법이다. 사람들은 자신의 욕망에 대하여 이방인들이다. 어린아이들은 무엇을 욕망할지 알지 못한다. 그래서 남이 그들에게 그것을 가르쳐 줄 필요가 있다. 헤로데는 그녀에게 무엇이든 다 줄 작정이기 때문에, 살로메에게 아무것도 암시하지 않는다. 살로메가 어머니에게 가서 무엇을 욕망하는 게 좋을지 묻는 것도 바로 이 때문이다.

그러나 어머니가 딸에게 전달한 것이 바로 하나의 욕망일까? 살로메는 말 잘 듣는 매개자요, 어머니의 끔찍한 부탁을 순순히 수행하는 영악한 아이에 불과하단 말인가? 아니다. 살로메는 그 이상이다. 어머니가 말하자마자 그녀가 보여주는 서두르는 태도에서 그 증거를 볼 수 있다. 그녀가 갖고 있던 미심쩍은 마음은 사라지고 그녀는 완전히 변신한다. 라그랑즈(Lagrange) 신부와 같이 세심한 연구자들은 이 태도의 차이를 이미 잘 지적했다. 그러나 그들은 그것이 무엇을 의미하는지는 알지 못했다.

그러자마자 소녀는 급히 왕에게 돌아와 '지금 곧 세례 요한의 머리를 쟁반에 담아서 가져다주세요.'라고 청하였다.

'그러자마자', '급히', '곧' 등의 표현이 바로 그것이다. 이토록 세세한 것이 많이 들어 있는 텍스트가 여러 번에 걸쳐 초조함과 흥분을 나타내고 있는 것은 아무런 의도도 없이 그냥 나온 것이 아니다. 이제 춤도 끝나고 또 춤추던 사람도 시야에서 사라지고 난 지금 어쩌면 왕이 이제는 미망에서 깨어난 맨 정신으로 자신이 이제 막 했던 약속을 취소할지도 모른다는 생각에 살로메는 초조했던 것이다. 그녀를 초조하게 만든 것은 바로 그녀의 욕망이다. 그녀 어머니의 욕망은 이제 그녀의 욕망이 되었다. 살로메의 욕망은 완전히 타인의 욕망을 모방한 것이라는 사실이 그녀의 욕망의 강도를 줄어들게 하지는 않는다. 오히려 그 반대이다. 언제나 모방본이 원본보다 훨씬 더 강렬한 법이다.

헤로디아의 딸은 어린아이이다. 그리스어 원본에서는 그녀를 '젊은 소녀', 즉 '처녀(kore)'라고 부르지 않고 지소사를 첨가하여, '작은 소녀'를 의미하는 korasion이라고 지칭하고 있다. 예루살렘본 성경에서는 이를 '꼬마 소녀(fillette)'라고 정확히 번역하고 있다. 살로메를 두고 그녀가 남자의 마음을 홀리는 데 이력이 난 여자쯤으로 생각하면 곤란하다. 성서의 뛰어난 점은 플로베르에 나오는 고급 창녀나 일곱 베일을 쓰고 추는 춤이나 동양풍의 골동품 같은 것하고는 전혀 다르다. 어린아이임에도 불구하고 아니 아직 어린아이이기 때문에, 살로메는 무고한 상태에서 최고조의 모방적 폭력 속으로, 거의 순식간에 빠져드는 것이다. 이보다 더 명쾌한 장면도 없을 것이다. 처음에는 왕의 엄청난 제의, 소녀의 침묵, 어머니에게 물어보는 딸, 그리고 어머니의 대답, 어머니의 욕망, 이 욕망을 마침내 자신의 욕망으로 받아들이는 딸, 딸의 욕망으로 이어지는 장면이 그것이다. 이 어린아이는 어른에게, 욕망이라 할 수 있을 자신의 결핍을 채우는 게 아니라, '욕망 그 자체를' 자신에게 채워달라고 부탁한다. 여기서 우리는 모방이 순수한 욕망이라는 새로운 사실을 알게 된다. 그런데 이 사실은 지금까지 알려지지 않은 것이며 또 알려질 수도 없었다. 왜냐하면 이것은 너무나 괴상하여, 정신분석학적인 욕망 이론뿐만 아니라 모방에 대한 철학적 생각에서도 생소하기 때문이다.

이 사실에는 분명 도식적인 무언가가 있다. 그런데 이것은 어떤 심리적 사실주의를 통해서 실행된다. 한 개인에게서 다른 개인으로 전해 가는 욕망의 이행이 아무리 순간적으로 일어난 것이라 하더라도 그것이 오로지 그 어머니의 짧은 대답에서 나온 것이라고만 생각하기는 힘들다. 모든 성서 해석자들은 이처럼 판에 박힌 듯한 도식에 당혹해한다. 처음에 마태오는 그것을 받아들이지 않았다. 헤로데의 제안과 살로메의 대답 사이에서 그는 어머니와 딸이 주고받는 말을 빼버렸다. 그는 그것을 어색하다고 보았든지, 아니면 그녀의 재치를 인정치 않았거나, 아니면 그 표현에는 뭔가가 빠져 있다는 느낌이 들어 그대로 받아들일 수 없다고 생각했기 때문이다. 그는 간단하게 그 딸이 어머니가 '시킨(endoctrinée)'이라고만 표현한다. 바로 이것이 「마르코의 복음서」에서 일어난 일에 대한 정확한 해석일 것이다. 그러나 이 해석은 우리로 하여금 한순간에 제2의 헤로디아로 변해버리는 살로메의 감동적인 변신 광경을 보지 못하게 한다.

어머니의 욕망을 자신의 것으로 '취한' 뒤의 딸은 이제 더 이상 어머니와 구분되지 않는다. 이 두 여인은 헤로데에게 연속적으로 똑같은 역할을 한다. 욕망에 대한 변함없는 우리의 경배 때문에 우리는 이 획일화 과정을 제대로 보지 못하고 있다. 그것은 우리의 기존 생각을 뒤흔들어놓는다. 오늘날의 해석자들은 이 점에 대해 두 그룹으로 나누어지고 있다. 이들은 실은 별로 중요하지도 않은 문제이지만, 어떤 이들은 헤로디아를 또 어떤 이들은 살로메를 가장 강렬한 욕망의 화신으로 여기고서, 한 무리는 헤로디아를 찬양하고 또 다른 무리는 살로메를 찬양하고 있다. 그래서 이들에 따르면 그녀들은 가장 독특하고, 가장 자연스럽고, 가장 자유로운, 또 가장 해방자적인 인물, 그리고 마르코의 복음이 부인하고 있는 모든 것이 된다. 그런데 마르코는, 정신 분석, 사회학, 민족학, 종교

사학 등, 우리가 만들어낸 분석 도구들에 들어 있는 통속성(이 말은 문자 그대로 이해해야 한다.)에서 완전히 벗어나 있는 힘과 단순성을 갖고 이런 것을 부인하였다.

헤로디아와 살로메에서처럼 서로 갈라지고 있는 현대인들은 욕망을 찬양하고 있다. 그러나 이들은 은연중에 그들의 욕망 찬양을 인정하고 있지 않는데, 이것은 다시 말해 갈수록 더 모방적으로 되어가는 욕망은 그 욕망이 클수록 개인들을 개인화하기는커녕 그 욕망에 사로잡힌 사람들을 더 차이가 없는, 그래서 서로 교체가 가능한 사람으로 만들고 있다는 것을 의미한다.

춤에 대해 이야기하기에 앞서 비록 우리 텍스트에서는 겉으로 드러나 있지는 않지만 텍스트 속에 녹아들어 있는 하나의 생각을 다시 상기시켜야겠다. 그것은 '스캔들' 혹은 뜻하지 않은 '장애물'이다. '다리를 절다'라는 의미인 skadzein에서 나온 skandalon이란 말은 '당기기 위해 물리치는' 혹은 '물리치기 위해 당기는 장애물'을 가리킨다. 우리가 이 돌에 걸려 비틀거리게 되면 언제나 우리는 또 거기에 걸리게 된다. 첫 사건과 그 다음의 사건들로 인해 그 돌은 갈수록 더 매혹적인 것으로 되기 때문이다.[38]

나는 스캔들에서 모방 과정에 대한 엄격한 정의를 본다. 현대적 의미는 이 말의 성서적 의미의 극히 미세한 한 부분만을 담고 있다. 욕망은 타인이 욕망하는 것을 욕망하면서 그 모델을 경쟁자와 장애물로 여긴다는 것을 정확히 알고 있다. 그가 현명하다면 그 부분을 포기할 것이지만 욕망이 현명하다면 그것은 욕망이 아닐 것이다. 장애물만을 발견하는 그는 그것들을 자기 시각 속의 욕망할 만한 것에 넣어버리고, 그것들이 전면에 나서게 한다. 이제 그는 그것들 없이는 더 이상 욕망할 수 없게 된다. 이리하여 그는 그것들, 즉 장애물들을 한없이 경배하게 된다. 이리하여 그것은 장애물에 대한 증오에 사무친 열정이 되어, 자신을 분개시키도록

---

38) *Des Choses cachées depuis la fondation du monde*, 438-453쪽.

내버려둔다. 헤로데에서 헤로디아로 또다시 살로메에게로 넘어가는 이행에서 우리가 볼 수 있는 것은 다름 아닌 바로 이 같은 전개였다.

헤로디아에게 있어 세례 요한은 하나의 스캔들인 셈이다. 그가 진실을 스캔들로 여기는 것은 바로 이런 까닭에서이다. 진실 자체가 스캔들다운 것이며, 그것도 가장 나쁜 스캔들인 것이다. 헤로데와 헤로디아는 그 진실을 감옥에 가두어 제지하고서, 그것을 하나의 내기로 만들어버리고, 그것을 그들의 춤과 욕망에 연루시킨다. 예수는 말했다. "나를 그들 스캔들에 연루시키지 않은 사람들은 행복한 사람들이다."라고.

스캔들은 끝에 가면 항상 전도되면서, 그것에서 완전히 벗어나 있기에 그대로 두면 가장 무관하게 있을 사람을 연루시키는 것으로 끝난다. 예언자의 말이 그 예이며 어린아이가 또 다른 예이다. 살로메를 나처럼 해석하는 것은 그녀를 스캔들의 희생이 된 하나의 어린아이로 보는 것이고, 스캔들과 어린아이에 대해 한 예수의 말을 그녀에게 적용하는 것이다.

누구든 어린아이를 대할 때 (중략) 그는 바로 나를 대하는 것이다. 나를 믿고 있는 이 어린아이를 죄를 범하게 유혹하는 것보다는 목에다가 달고서 깊은 바다에 빠져버리는 것이 더 나을 것이다.(「마태오의 복음서」 18:5-7).

어린아이는 당연히 가까이 있는 어른을 모델로 삼게 된다. 너무 욕망에 사로잡혀 자신에게서 한걸음도 벗어날 수 없이 닫혀 있는, 이미 죄를 범한 사람만을 만나게 되면 이 어린이는 그 같은 갇힘을 자신의 모델로 삼고서, 이 갇힘에 대한 모방적 재생산, 즉 갈수록 더 기괴하게 강조된 기묘한 희화를 만들어내게 된다.

헤로데를 구슬려 그로부터 그 의로운 사람에 대한 사형의 동의를 구해내기 위해 헤로디아는 자신의 친딸을 이용한다. 그런데 어떻게 살로메가 스캔들에 빠지지 않게 할 수 있을까? 이 어린아이는 스캔들로부터 자신을 보호하기 위해 어머니의 지독한 욕망을 자신의 것으로 여기면서 거기에 빠져든다.

앞의 인용문에서 목에 맷돌을 달고서 깊은 물에 빠지는 것은 스캔들의 한 표상이다. 다른 표상들처럼 이것은 초자연적인 간섭이 아니라 자기 파괴의 자연적인 메커니즘을 암시한다. 스캔들의 악순환에 빠져들면서 사람들은 그에게 합당한 운명을 만들어낸다. 욕망은 누구나 목에 끼고 있는 하나의 올가미이다. 그것은 올가미를 끼고 있는 사람, 즉 스캔들에 걸린 사람이 거기서 벗어나려고 애쓸수록 더 죄어드는 올가미이다. 이 과정을 물리적으로 표현하고 있는 '나귀가 돌리는 맷돌'은 이 과정보다는 덜 끔찍스럽다. 목에 매달고 있는 것은 또 다른 표현이다. 스스로 이 형을 택한 유다는 그의 병, 즉 스스로가 그 희생양인 스캔들, 그를 사로잡은 모방적 질투를 연장하고 있는 이 형벌을 스스로에게 과하고 있다.

사람들은 자신의 지옥을 스스로 판다. 그러고는 서로 기대어서 여기에 떨어지고 만다. 나쁜 욕망과 나쁜 방법은 상호적인 것이기에 파멸하고 마는 것은 결국 공정한 결과라 할 수 있다. 이중에서 무고한 희생자는 어린아이들뿐이다. 그들은 스스로 가담하지도 않으면서 다른 사람들 때문에 스캔들을 받아들이게 되기 때문이다. 다행스러운 것은 어른들도 애초에는 모두 어린아이였다는 사실이다.

스캔들과 춤은 서로 상반된다. 스캔들은 춤을 방해하는 모든 것이다. 춤을 즐기는 것, 그것은 바로 무희와 춤추는 것이며, 그리고 그것은 무엇보다도 우리를 말라르메적인 의미의 얼음의 죄수로 가두어버리는 스캔들을, 그리고 사르트르적인 의미의 점착성 물질에 달라붙게 하는 스캔들을 피하는 것이다.

춤이 현대적 의미에서 단순한 구경거리, 우리가 꿈꾸는 단순한 자유의 모습일 뿐이라면, 그 효과는 현대 탐미주의의 가장 공허한 의미에서, 진정 상상적이거나 아니면 상징적일 수밖에 없을 것이다. 그러나 춤에는 다른 힘이 들어 있다.

춤은 욕망을 제거하지 않는다. 그것을 확대한다. 나로 하여금 춤을 못 추게 하는 것은 본질적으로 물리적인 것이 아니다. 우리의 발을 바닥에서 떨어지지 못하게 붙들어 매어두는 것은 다름 아닌 우리 욕망들의 교차이며 혼합이다. 이 불행의 원인으로 보이는 것은 언제나 이 욕망의 '타인'이다. 우리는 모두 세례 요한에게 반해버린 헤로디아들이다. 욕망의 올가미들이 아무리 각기 다르고 또 개인들은 모두 각기 다른 자신의 모델 장애물을 갖고 있다 하더라도, 항상 그 메커니즘의 동일성은 이들의 상호 대체를 용이하게 한다. 춤은 모방 과정을 가속한다. 그것은 춤 속으로 그 잔치에 참석한 하객들을 다 끌어넣으면서, 모든 이의 욕망을 단 하나의 대상, 즉 살로메의 쟁반 위의 세례 요한의 머리를 향해 몰리게 한다.

세례 요한은 처음에는 헤로디아의 스캔들이었다가 다음에는 살로메의 스캔들이 된다. 그리고 이제 살로메는 뛰어난 재주로 이것을 모든 구경꾼들의 스캔들로 바꾸어버린다. 그녀는 모든 욕망을 한다발로 묶어서 그녀를 대신해서 헤로디아가 선택한 희생양에게로 향하게 한 것이다. 여기에는 특히 난마처럼 뒤얽힌 욕망들의 올가미가 있다. 춤의 끝에 가서 이것이 풀리기 위해서는 순식간에 그 올가미의 화신이 되고 만 그 희생양이 죽어야 한다. 그 이유는 그것을 찾기 위해 아무리 거슬러올라가 보더라도 항상 모방적인 이유이며, 또한 세례 요한의 경우와 예수의 경우를 제외하고는 거의 언제나 사소한 이유 때문이다. 왜냐하면 예수와 세례 요한의 경우 이 치명적인 메커니즘을 불러일으킨 것은 다름아닌 이 욕망의 메커니즘에 대한 진실된 발언이었기 때문이다.

헤로데와 모든 손님들이 살로메의 춤을 좋아했다고 말하는 것은, 곧 그녀의 욕망을 그들 모두 자신의 것으로 받아들였다는 것을 말한다. 그들은 세례 요한의 머리를 그 무희만이 요구하는 것, 혹은 일반적 스캔들, 존재하지도 않는 스캔들에 대한 철학적 개념으로 보지 않는다. 그들은 모두 그것을 자신의 스캔들, 자신의 욕망과 자신의 증오의 대상으로 간주하게 된다. 세례 요한의 참수에 대하여 참석한 손님들이 모두 찬성한 것을 두고, 세련된 찬동이라거나 정말 별 의미 없는 상냥함의 표시로 해석해서는 안 된다. 이들은 모두 살로메에게 반해 있었다. 그래서 그들은 곧장 서둘러서 세례 요한의 머리를 요구하였던 것이다. 살로메의 열정이 그들의 열정이다. 이처럼 언제나 모방이다. 춤의 위력은, 환자에게 그의 몸 안에 들어 있던 해로운 물체를 끄집어냈다는 느낌을 주는 샤먼의 위력과 비슷하다. 그들은 그들을 사슬에 묶고 있던 그 어떤 것에 사로잡혀 있었는데, 바로 그 춤이 그들을 거기서 풀어준 것이다. 그 무희는 이 장애인들을 춤추게 할 수 있다. 그녀는 춤추면서 그들을 사로잡고 있던 악령을 그들에게 넘겨준다. 그녀는 그들을 피곤하게 괴롭히는 모든 것을 세례 요한의 머리와 바꾸게 한다. 그녀는 그들 안에 들어 있는 악령만을 보여주는 게 아니라 그들을 대신해서 그들이 꿈꾸고 있는 복수까지 실행한다. 살로메의 포악한 욕망을 자신들의 것으로 여김으로써 이 손님들은 모두 자신들의 욕망도 만족시켜 주고 있다고 느낀다. 그 모델·장애물에 대해 모두들 똑같은 광란을 하고 있는 것이다. 그래서 그들은 모두 이 대상을 제대로 보지 못하는 것을 용인하고 있는데, 그것은 이 대상이 그들의 폭력의 욕구를 채워주고 있기 때문이다. 이 예언자의 머리가 갖고 있는 상징성을 확인시켜 주는 것은 헤겔의 부정성이나 철학자들의 몰개성적 죽음이 아니라, 집단 살해가 갖고 있는 모방적 유혹이다.

 살로메가 춤추다가 죽는 민담이 하나 있는데, 유리 위에서 춤추던 그녀는 발을 삐끗해 넘어지면서 목이 모서리에 찍혀 머리가 베인다.[39]

 살로메는, 성서에서는 멋지게 균형을 유지하면서 춤을 추어 그녀가 바라던 머리를 얻을 수 있었지만, 여기서는 마침내 균형 유지에 실패하여 그 대가로 자신의 머리를 지불한다. 그런데 이 응보는 그 누구의 개입 없

---

39) *Ellicott's Bible commentary*, Grand Rapids(Michigan, 1971), 715쪽.

이 일어나고 있는 것 같다. 그야말로 복수자 없는 복수이다. 그러나 유리에서 우리는 구경꾼, 되비추는 거울 등의 '타인'의 이미지와, 특히 볼 만한 것을 연출해 내기 좋은 아주 미끄러운 지면을 볼 수 있다. 그녀의 이 찬양자들은 갈수록 더 위험하게 그녀로 하여금 중력의 법칙에 도전하도록 부추긴다. 그러나 그들은 치명적인 함정을 만들고 있었다. 그러다가 결국 그녀는 쓰러져서 일어나지 못한다. 이때 그들은 그녀의 쓰러지는 모습을 지켜보는 증인이자 동시에 그렇게 만든 사주자들이다.

그녀가 욕망을 더 이상 이겨내지 못하면 구경꾼들은 그녀에게서 등을 돌리게 될 것이다. 그렇게 되면 희생양으로 쓰일 수 있는 사람은 그녀 자신 외에는 이제 더 이상 남지 않을 것이다. 맹수를 길들이는 사람도 바로 이런 식이다. 이 의식의 대가들은 항상 갱신하는 용기로도 그놈을 제압할 수 없으면 자기를 잡아먹을지도 모를 그놈들을 날뛰게 내버려둔다.

복수의 차원에서 이 전설에는 성서적인 의미가 전혀 들어 있지 않다. 그러나 이 전설은, 민중들은 의식 속에서, 요한의 죽음, 춤과 스캔들, 즉 성공한 춤의 반대인 균형 상실을 연결해서 생각하고 있었다는 것을 확인시켜 준다. 그것이 비판자들이 하는 말처럼 우리 해석의 '단순주의' '체계주의' '독단주의'를 확인하는 것이라 하더라도, 이 전설은 결국 우리의 모방적 해석을 확인시켜 주고 있다. 그것은 이 해석이 이 짧은 글 속에서도 모든 요소들이 그것을 이용하게 한다는 점에서 그러하다. 하지만 이 전설은 타인이나, 짝패나, 스캔들로서의 경쟁자처럼 성서에 항상 뚜렷이 드러나고 있는 것들을 유리, 거울과 같이 가장 평범한 신화적 '상징'으로 바꾸어놓음으로써, 마르코가 벗겨놓은 신비를 다시 씌우는 면이 없지는 않다.

스캔들이란 욕망이 붙잡으려 하지만 잡을 수 없는 어떤 것이며, 욕망이 소유하려 하는 없어서는 안 될 꼭 필요한 것이다. 더 가벼울수록 더 다루기 쉽고 진정 갖고 다니기 쉽기 때문에, 일단 몸통에서 떨어져나와서 더군다나 쟁반 위에 올려 있는 머리는 제일 나은 표현이 된다. 요한의 머리 아래로 미끄러져 들어가는 칼날과 쟁반, 이것은 이 춤추는 소녀의 차가운 포악성을 더 잘 드러나게 한다. 그의 머리는 소녀의 액세서리로 변하고 말았지만, 이것은 다름아닌 욕망이 갖고 있는 무시무시한 꿈이 형상화된 것에 불과하다.

여기서 우리는, 원시 문화의 제의에서 적대자로 규정된 자의 머리에 대해 부여하던 고정 관념의 흔적을 볼 수 있다. 이때의 적대자는 그들과 영원한 모방적 경쟁 관계에 있는 이웃하는 부족의 구성원이다. 원시인들은 때로 이 머리의 크기를 줄이거나 또 썩지 않게 하거나 하여 이 머리를 일종의 실내 장식품처럼 만들기도 한다. 살로메의 이 끔찍한 욕망도 이 같은 작업에 견줄 만하다.

이 전설은 살로메를 위대한 예술가로 인정하고 있는데, 이처럼 특징적인 전설이 그냥 만들어진 것은 결코 아니다. 어떻게 해서 만들어졌을까? 여기서는 결코 춤은 묘사되고 있지 않다. 살로메의 욕망은 결코 독창적인 것이 아니다. 헤로디아의 욕망을 그대로 모방한 것이기 때문이다. 단어 하나하나도 헤로디아의 말과 그대로 일치하고 있다. 살로메는 거기에다 단 한마디만 보탰을 뿐이다. 그것은 바로 쟁반에 관한 생각이다. 그녀는 '저는 당신이 곧 쟁반 위에 세례 요한의 목을 갖다 주시길 원합니다'라고 말한다. 헤로디아는 머리 이야기를 했지만 쟁반 이야기는 꺼내지도 않았다. 쟁반만이 살로메에게서 나온 그녀 고유의 새로운 요소이다. 살로메가 이만큼 유명하게 된 데에는 텍스트에서 나온 원인이 있어야 한다면 바로 여기서 그것을 찾아야 할 것이다. 다른 데서는 그녀의 명성을 정당화해줄 만한 것이 하나도 없다.

모든 것은 두말할 나위 없이 이 쟁반에서 나오고 있다. 마르코의 이 장면에다가 가장 확실한 명성을 가져다준 것도 바로 이 쟁반이다. 다른 것은 다 잊혀져도 꼭 기억에 남는 것도 바로 이것이다. 위대한 근대에 득세하면서 헤로디아와 살로메를 물리치던 자유주의 휴머니즘은 사실 이런 식의 징조들에 의지하여 '위대한 문화'를 식별하였다는 것을 잊지 말자(혹은 그럴 능력이 없으면 깡그리 잊어버리자). 바로 여기에 거칠기 때문에 세련되어 보인다는, 요컨대 데카당트한 예술가의 놀랍고도 혼란스러운(스캔들스러운) 생각이 있다.

그러나 이것이 참신성(nouveaut)이란 말의 현대적 의미에서 진정으로 '독창적인' 생각일까? 조금만 생각해 보면 우리는 이 같은 독창성의 겉모습을 뜯어내어 그것이 사실은 모방이라는 것을 밝혀낼 수 있을 것이다.

딸에게 '세례 요한의 머리'라고 대답할 때 헤로디아는 참수까지는 생각하지 않았다. 그리스어와 마찬가지로 프랑스어에서, 어떤 사람의 '머리를 요구한다'는 말은 그가 '죽는 것을 원한다'는 것이지 그 이상도 이하도 아니다. 즉 이 말은 부분으로서 전체를 대표하는 표현이다. 그러므로 헤로디아의 대답은 어떤 구체적인 사형 집행 방법을 암시하는 것이 아니다. 게다가 이 텍스트는, '헤로디아로 말할 것 같으면, 그녀는 세례 요한이 너무나도 증오스러웠다. 그래서 그가 죽기를 바랐다'라고, 자신이 미워하는 요한의 머리를 딱히 지목하지 않는 표현으로 헤로디아의 욕망을 언급하고 있다.

백보 양보해서, 헤로디아가 '세례 요한의 머리'라고 외칠 때 그 사형 집행의 방법을 암시하고 있었다고 하더라도, 우리는 그녀가 그 머리를 꼭 자신의 손으로 만지고 싶어했다고, 그래서 그 물리적 대상을 원했다고 결론내릴 수는 없다. 단두대가 있는 나라에서도 어떤 사람의 머리를 요구한다는 것은 수사학적인 차원을 말하고 있는 것이다. 그런데 이것을 그녀의 딸은 무시했다. 살로메는 어머니의 말을 문자 그대로 받아들인다. 그녀는 일부러 그런 것은 아니다. 말과 실제를 구분하기 위해서는 어른이 되어야 하는 것이다. 이 머리는 그의 생애 중 가장 멋진 날이다.

세례 요한의 머리를 갖는다는 것과 그 머리를 두 팔로 안는다는 것은 별개이다. 살로메는 그것을 껴안는 가장 나은 방법을 궁리한다. 잘라낸 머리는 어딘가에 두어야 하는데 가장 나은 것이 바로 쟁반 위에 두는 것이다. 이 생각은 평범하기까지 한 생각이며 주부라면 대부분 당연히 생각할 수 있는 생각이다. 살로메는 그 말을 너무 곧이곧대로 이해하므로 그 말이 전하는 바를 정확히 실행할 수가 없다. 지나치게 문자 그대로 받아들여 범한 죄는 알지도 못하면서 해석한 것이기 때문에, 잘못 해석한 죄다. 모방의 부정확은 정확성에 대한 너무 지나친 근시안적인 배려와 같은 것이다. 요컨대 살로메의 역할 중에서 가장 창조적으로 보이는 것은 그 반대로, 가장 기계적인 것, 정확히 말해서 모델의 욕망에 복종하는 중에 나타나는 최면 상태적인 것이다.

모든 위대한 미학적 생각들은 다 이런 식, 엄밀하게 '모방적'이다. 전통적으로 예술을 두고 '미메시스'라고 말하던 것은 이것을 잘 알고 있었기 때문이다. 그러나 정확히 요즘 들어서 예술이 퇴조하기 시작한 이래로 우리는 수상쩍은 열정으로 이것을 부인하고 있다. 모방을 저지하는 것은 물론 모방을 없애버리는 것은 아니다. 하지만 그것은 모방의 방향을 오늘날의 거짓 개혁들인 유행이니 이데올로기니 하는 우스운 형태 쪽으로 돌리는 것이다. 독창성에 대한 의지는 기껏해야 하찮은 불만으로 끝나고 만다. '미메시스'라는 개념을 포기해선 안 된다. 모방을 욕망의 차원으로 확대하거나, 아니면 욕망을 모방의 차원으로 확대해야 한다. 그런데 철학자들은 모방과 욕망을 분리함으로써 이들을 모두 잘라내 버렸다. 그래서 우리는 지금도 이 절단에서 벗어나지 못하고 있다. 오늘날의 문화에서도, 미학적인 것과 미학적이지 않은 것, 신화적인 것과 역사적인 것처럼, 온갖 것에 대한 거짓 절단이 계속되고 있다.

이 텍스트는 춤 그 자체에 대해서는 엄격히 아무것도 말하고 있지 않다. 단지 '그리고 그녀는 춤을 추었다.'라는 식으로만 이야기하고 있을 뿐이다. 하지만 이 텍스트는 항상 서양 예술을 매혹하였듯이 매혹하기 위해서는 무언가를 말해야 한다. 살로메는 이미 로마네스크식 기둥 머리에 올라가 춤을 추고 있다. 그 춤은 계속되고 있다. 현대인들이 그녀의 스캔들에 더 깊이 빠져들수록 그녀의 춤은 당연히 갈수록 더 기교적이고 스캔들적인 춤이 된다.

현대의 텍스트에서는 '묘사'에 해당하는 공간이 여기서는 춤의 선행조건과 결과들이 자리잡고 있다. 모든 것은 똑같은 유일한 모방 유희의 필연적인 순간들로 귀착하고 있다. 그러므로 이 공간은 '모방'이 차지하고 있다. 그러나 이것은 리얼리즘의 대상을 그대로 베낀다는 의미에서 그런 것이 아니다. 그것은 모방적 경쟁 관계라는 회오리가 지배하고 있다는 관계의 의미에서 그러하다. 이 회오리가 가속되면 희생양 메커니즘이 생겨나는데, 희생양 메커니즘이 생겨나면 이 회오리바람은 멈춘다.

춤과 모든 모방 효과는 상관관계가 있다. 그것들은 이미 춤의 효과이다. 그러나 그것들은 그저 생겨난 것이 아니다. 그 효과는 '미학적 이유' 때문에 거기에 있는 것이 아니다. 마르코가 관심 있어 하던 것은 바로 가담자들 사이의 관계이다. 무희와 그녀의 춤은 상호 유발적이다. 모방적 경쟁의 끔찍한 진행, 모든 사람들이 '비슷한 사람'으로 변해가는 것, 희생적 위기가 희생의 대단원으로 나아가는 것, 이것들은 모두 살로메의 무용과 일체가 된다. 그러므로 이런 식으로 말할 수 있을 것이다. 즉 예술이란 다소 감추어진 형식으로 이 위기, 이 대단원을 재생산하는 것에 다름아니다라고. 모든 것은 항상, 결국에는 희생양의 원무 속에서 끝나고 말, 대칭적인 대결로부터 시작한다.

전체적으로 볼 때, 이 텍스트에는 춤추는 어떤 것이 들어 있다. 모방 효과를 가능한 한 단순히, 그러면서 꼼꼼히 추적하기 위해서는, 한 인물에서 다른 인물에게로 갔다가왔다가, 또 되돌아오곤 하는 선을 그어야만 한다. 그런데 이 선은 모든 사람들이 차례차례 무대 앞에 나섰다가 마지막 음산한 피날레에서 자신이 맡은 역할을 수행하기 위해 다시 무리 속으로 사라지곤 하는, 일종의 발레의 선과 같다.

그러나 여기에는 특히 머리를 쓴 주도면밀한 계산이 들어 있다고 말하는 사람이 있을 것이다. 헤로데는 양보하려 하지 않았지만 헤로디아는, 줄을 치고 먹이를 기다리는 거미처럼 기회를 노린다.

드디어 때가 왔다. 헤로데가 생일을 맞이하여 궁정에서 잔치를 베풀었던 것이다.

헤로데의 생일이라는 이 기회는 제의적인 성격을 띠고 있다. 이것은 일 년마다 돌아오는 잔치인데, 이때는 한번 더 제의적인 축제 같은 행사가 펼쳐진다. 공동체가 잔치에 모여들고 잔치의 끝판에 가서 펼쳐지는 볼거리인 춤은 그 자체가 제의적인 성격을 갖고 있다. 이렇듯 헤로디아가 요한을 해치기 위해 이용하는 이 제도들은 모두 제의적인 성격을 지니고 있다.

예수 수난의 이야기에 나오는 성직자들의 음모가 그러하듯이 헤로디아의 음모도 조연의 역할만 수행할 뿐이다. 그녀의 음모는 사태를 약간 가속화시키기만 하는 것이 전부다. 제의가 그러하듯이, 그녀의 음모도 욕망과 모방의 방향으로 나아가고 있기 때문이다. 그렇게 뛰어나지도 않은 너무 차별화된 이해는 헤로디아가 모든 욕망을 조작하고 있다고 상상할 것이다. 그것이 바로 헤로디아 그녀의 이해이다. 더 모방적이며 덜 차별화적인 뛰어난 이해는 헤로디아 자신이 바로 그녀의 욕망에 의해 조작당하고 있다는 것을 알아챌 것이다.

이 텍스트에서 언급하고 있는 행위들은 모두 제의에도 들어 있는 것들로서, 제의 중에서도 대체로 희생양 처형 순간의 그 절정에 달하는 것들이다. 요한의 살해는 바로 희생의 지점과 시점을 차지하고 있다. 그러므로 이 텍스트의 모든 부분들은 엄격히 제의적인 열쇠를 통해서 읽을 수 있다. 그렇다고 이런 독서가 명백한 의미를 갖는 것은 아니다. 예전의 민족학은 우리와 같은 텍스트에서 그것의 제의적인 면을 강조함으로써 그것을 해명하고 있다고 믿었다. 그러나 그런 식은 수수께끼를 더 미지의 것으로 만들 뿐이다. 왜냐하면 그것은 제의나 제의의 존재 이유에 대해 어떤 것도 해명하고 있지 않기 때문이다. 인문학에서는 그 자체의 불투명성 때문에 가장 불투명한 것을 두고 설명적인 의미가 있다고 여기는 경우가 종종 있다. 연구자에게 아무것도 갖다주지 않는 것을 두고, 아무런 의혹도 갖지 않고, 일관된 하나의 덩어리라고 표현되고 있는데, 자신의 애매성 때문에 그것을 분명한 생각이라고 보기 때문이다.

모든 것을 욕망으로 해석한다고 해서 이 텍스트에 들어 있는 제의적이고 제도적인 면들을 도외시하는 것은 아니다. 제의적인 것을 설명할 수 있는 이 유일한 도식에게 나는 합당한 자리를 마련해 주고 있다. 희생양 메커니즘에 의해 순간적으로 해결되는 모방 위기의 절정과 이 도식은 서로 닮은 정도가 아니라 완벽한 겹침과 일치가 있다. 이 같은 겹침은 언제나 가능하다. 이미 말했듯이, 제의는 애초의 모방 위기를 되풀이만 하고 있기 때문이다. 왜냐하면 제의에는 독창적인 것을 더 이상 전혀 담고 있지 않을 뿐만 아니라, 위기에 대한 완전한 미메시스, 모방, 되풀이라는 제의적 차원이 우리 텍스트의 욕망의 이야기 속에 아무런 단절 없이 녹아들어 있기 때문이다. 제의는 자신의 고유한 해결책을 갖다주지 못한다. 거듭 말하지만, 그것은 저절로 작동하는 해결책을 다시 베끼기만 할 뿐이다. 그러므로 정확하게 말해서 모방 위기의 자연 발생적인 과정과 제의 사이에는 구조적 차이가 없다.

욕망의 모방적 작동을 억제하고 막기 위해, 제의는 바로 그 작동을 이용하여 그것을 미리 정한 희생양 쪽으로 유도한다. 실제 모방적 혼란에 위협받는다고 느끼면 이런 제의를 믿고 있는 사람들은 그때마다 기꺼이 거기에 뛰어든다. 그들은 그들 자신의 갈등을 모방한다. 그리고 그들은 희생양을 통해 다시 일치를 가져다줄 수 있는 희생적 해결책을 위한 온갖 처방을 다 쓴다.

이제 우리의 해석은 더 확실해진다. 제의와 거기서 나온 예술은 모방적인 속성을 띠고서 모방적으로 움직인다. 이처럼 이것들은 우리가 진정으로 특성이라고 부를 만한 것은 갖고 있지 않다. 그렇다면 이것들은 자연 발생적 위기와, 그리고 헤로디아의 복잡한 조작과 정확히 일치한다는 말인가? 아니 이 모든 것은 다 같은 것이란 말인가? 절대 아니다. 진정한 제의는 진정한 혼란과는 다르다. 희생양에 대한 만장일치에서 차이가 난다. 신화적으로 부추겨져서 신성화되는 이 희생양의 도움을 받아서 이 만장일치는 다시 되풀이되고 있다.

'제의'는 모방 위기의 모방적 되풀이이다. 그것은 종교적, 사회적인 협동 정신에서 행해진다. 다시 말해 제의가 희생양 메커니즘을 다시 작동시키는 것은 영원히 되풀이해서 죽는 희생물에게 손해를 입히려는 게 아니라, 바로 그 사회를 위한다는 의도에서 행하는 것이다. 제의의 변화상을 보면, 제의에 들어 있는 축제와 잔치의 양상은 더 중요해지는 반면에, 희생적인 제물 처형에 앞서서 행해지는 혼란의 양상은 갈수록 완화되어 가고 있다. 이것도 바로 이런 이유 때문이다.

그러나 제의적인 제도는 그것이 비록 가장 희석되어 있고 또 가장 완화된 제도라 하더라도, 여전히 희생적 제물 처형에 적합하게 되어 있다. 아주 많이 먹고 마신 군중들은 색다른 어떤 것을 원하게 된다. 그들이 원하는 것은 아마도 에로티즘이나 폭력일 것이다. 더 나은 것은 동시에 둘 다일 것이다. 헤로디아는 제의에 관해서, 그것의 힘을 불러일으켜서는 요한을 죽이려는 자신의 의도에 맞게 그 힘의 방향을 돌릴 수 있는 충분한 노하우를 갖고 있었다. 그녀는 제의의 기능을 전도시키고 왜곡시킨다. 왜냐하면 그녀에게는 공동체의 화합보다는 희생양의 죽음이 더 중요하기 때문이다. 물론 제의의 진정한 기능에 관한 상징이 우리 텍스트에 나타나 있지 않은 것은 아니다. 그러나 그것은 순전히 흔적으로만 남아 있을 뿐이다.

헤로디아는 제의의 힘을 되살려서는 의도적으로 그 힘을 그녀가 증오하는 희생양에게로 몰아간다. 제의를 왜곡시키고 있는 그녀는, '모방'을 애초의 신랄한 유독성으로 되돌려놓고, 희생을 살인이라는 기원으로 환원시킨다. 즉 그녀는 종교적, 희생적인 모든 설립의 핵심에 들어 있는 스캔들을 폭로하고 있다. 그녀는 그러므로 예수 수난 시에 가야파가 했던 것과 유사한 역할을 하고 있다.

헤로디아는 그녀 자신으로는 중요하지 않다. 그녀는 제의를 폭로적으로 이용하여 폭로의 '모순적인' 성격을 드러내는 폭로의 도구일 뿐이다. 그녀가 제의를 폭로적으로 이용하는 것은 그 방법이 왜곡되어 있기 때문이다.

그녀가 세례 요한을 죽이려 하는 것은 "당신 동생의 아내를 취하는 것은 아니 됩니다."라고 말하는 데서 보았듯이, 요한이 그녀와 헤로데의 결혼을 반대하였기 때문이다. 그러나 원칙적으로, 희생양을 통해서 이처럼 모방 욕망을 은폐하고 있는 것이야말로 제의적 신비화에 다름아니다. 이런 점에서 우리는 헤로디아와 가야파를 두고, 종교적이고 문화적인 은폐물을 벗겨내는 폭로의 기운 때문에, 그것의 기원인, 제의적인 것이 되기 이전의 있는 그대로의 살인 사건으로 되돌아가게 되는 제의의 살아 있는 비유라고 정의할 수 있을 것이다.

나는, 마르코의 복음이 언제나 진실을 말하고 있는 것처럼 말하고 있다. 실제로 그것은 진실을 말하고 있다. 그러나 그것의 어떤 면들은 전설처럼 보일 수도 있다. 그 면들은 불행하게 끝나는 음침한 동화 이야기를 어렴풋이 떠올리게 한다. 살로메와 그녀의 어머니의 관계, 두려움과 천진난만한 복종의 뒤섞임 같은 데에서, 또 춤을 잘 춘 그녀를 보상하기 위해 제시한 지나치게 엄청난 그 제의에서도 이런 면을 볼 수 있다. 그러나 헤로데에게는 나누어가질 왕국이 없다. 사실을 말하자면, 그는 왕이 아니라 태수이며 그의 제한된 권력도 완전히 로마의 선처에서 나오고 있다.

주석자들은 항상 문헌에서 정보를 찾고 있다. 「에스델」에서 아하스에로스 왕은 여주인공 에스델에게 헤로데와 꼭같은 제안을 하고 있다.(「에스델」 5:6) 마르코와 마태오는 분명 이 텍스트에서 영향을 받았을 수 있다. 그럴 가능성은 있다. 그러나 엄청난 제안이라는 테마는 전설적인 이야기에서는 너무나 흔한 것이기에, 마르코나 마태오는 특정한 텍스트를 염두에 두지 않고서도 이런 생각을 할 수 있었을 것이다. 그러므로 우리는 이 테마가 무엇을 의미하는지를 따져보는 것이 더 나을 것 같다.

민간 설화의 주인공은 종종 어떤 '시험'을 이겨내면서 영웅적인 일을 완수하여, 처음에는 알려지지 않았던 자신의 뛰어난 점을 발휘하곤 한다. 그런 시험을 부과했던 왕은 그가 그 주인공의 매력을 오랫동안 거부할수록 그가 해낸 성공을 더 찬미하게 된다. 그래서 왕은 그의 왕국이나 결국은 같은 것이지만 그의 외동딸을 준다는 등의 파격적인 제안을 하게 된다. 일단 이 제안이 받아들여지면 빈털터리였던 그는 모든 것을 가지게 되는데, 그 역도 마찬가지이다. 왕의 존재가 그의 소유물, 그의 왕국과 분리될 수 없는 것이라면, 이 기증자가 수증자에게 주는 것은 다름아닌 문자 그대로 그의 존재 자체이다.

자신의 소유를 스스로 박탈하면서 이 기증자가 원하는 것은 그 수증자를 또 다른 자신으로 만드는 것이다. 그의 현재를 이루고 있는 모든 것을 주어버리고 자신에게는 하나도 남지 않게 된다. 여기에서처럼 이 제안이 왕국의 반이라 하더라도 그 의미는 결국 같은 것이 된다. 헤로데의 반을 소유하게 될 살로메 같은 여자는 왕국의 나머지 반인 헤로데와 같은 것, 같은 존재가 될 것이기 때문이다. 이 두 인물에게는 서로 교환 가능한 단 하나의 존재만 있을 뿐이다.

그 직위와 부유함에도 불구하고 이 기증자는 열등한 위치에 있다. 한 춤추는 여자에게 우리가 가진 모든 것을 앗아가라고 제안하는 것, 그것은 바로 그녀에게 우리를 기꺼이 소유하라고 부탁하는 것이다. 이것은 바로 소유당하고자 하는 욕망, 즉 가장 강한 욕망의 표현이다. 그 욕망 때문에 궤도에서 벗어난 주체는 그를 눈부시게 하는 태양의 궤도에 다시 진입하기를, 즉 문자 그대로 그것의 '위성'이 되기를 원한다.

여기서 우리는 '소유(possesion)'라는 말을 어떤 경배 의식에서 거행하는 최면 상태라는 기술적인 의미로 이해해야 한다. 장미셸 우구를리앙(Jean-Michel Oughourlian)이 주장하는 것처럼, 모방의 표현은 너무나 강렬하여 지금까지 통하던 '소외(자기 양도, aliénation)'라는 시각으로는 통하지 않는다는 것을 인정해야 할 것 같다. 소외는 여전히 자아의 경계성, 즉 시련에 의해 완전히 마모되지는 않지만 바로 그 때문에 그 시련을 이를테면 소외, 굴종, 복속이라고 느끼고 있는 일종의 주체를 전제로 하고 있다. 소유당하는 자의 경우, 모방의 모델이라는 타인에 의해 포로가 되는 현상은 너무나 전면적인 것이기 때문에, 그 누구도 또 그 무엇도 이를 저지할 수 없으며 또 시각도 완전히 뒤바뀌고 만다. 자신이 스스로를 양도했다고 말하는 사람은 하나도 없다. 타인만 있을 뿐이다. 그는 타인 안에 있는 것처럼 거기에 있다. 그는 영구히 자리 잡는 것이다.[40]

'제안(offre)'이라는 이 말은 서약의 말인 동시에 주술적인 기도이다. 이것은 몹시 날카로운 모방의 언어이다. 살로메는, 헤로데가 그에게 항상 같은 말을 되풀이하면서, 한결같은 약속을 제안하면서 하소연하는 바로 그 신이 되었다.

"네가 원하는 것은 무엇이든 다 주마." 그리고 그는 서약을 했다. "무엇이든지 다. 나의 왕국의 절반이라 하더라도."

---

40) Jean-Michel Oughourlian, *Un mime nomm désir* 참조.

제안을 하는 자는 언제나 그가 특별히 애착을 갖고 있어 자신에게 확보해 두고 싶은 대상이나 혹은 그런 사람을 갖고 있다. 그가 제안을 할 때는 이 존재에 대해서는 언급하지 않는다. 아마도 그는 자신의 욕망의 광란 때문에 그를 실제로 잊고 있었을 수도 있고, 아니면 보잘것없는 자신의 그 소유물 때문에 그 제안을 산만하게 할지도 모른다는 두려움을 갖고 있었을 수도 있다. 어쩌면 그는 그 대상을 언급함으로써 그것이 실제로 욕망 가능한 것이 될지 모른다는 걱정을 갖고 있었을 것이다. 어쨌든 간에, 소유의 재능은 성공을 거두고 그 제안에는 어떤 제약도 따르지 않는다. 이것은 별로 중요하지 않는 것 같다. 다른 편에 있는 엄청난 부에 비한다면, 이 존재는 너무나 무게가 나가지 않기 때문에 다른 무엇보다도 먼저 이 존재가 선택되지는 않을 것이다.

그런데도 일이 일어나는 것은 언제나 바로 이 존재에서이다. 그녀의 요청은 어김없이, 아무도 언급하지 않고 있어 누구도 관심을 가지지 않고 있을 것 같은 바로 이 의미 없는 존재를 향하고 있다. 이야기를 지어낸 자의 운명이나 숙명, 사악함, 혹은 프로이트식의 무의식 탓일까? 물론 아니다. 여기에는 너무나도 간단한 설명이 있다. 물론 여태껏 사람들이 인정하지 않던 설명인데, 그것은 바로 모방 욕망이다. 어떤 대상의 가치를 만드는 것은 그것의 실제 가치가 아니라, 이미 거기에 결부되어 있는 욕망들이다. 이 욕망들은 그것과 무관한 욕망들에게 그것이 매력적인 것처럼 보이도록 만든다. 욕망은 굳이 말하지 않더라도 자신을 드러낼 수 있다. 모방 욕망들은 그들 자신을 감추고 있으므로 그들이 욕망하는 것을 감추고 있다. 그러나 이들 욕망들끼리는 아무것도 감추지 못한다. 인물들을 때로는 장님으로 만들고 또 때로는 엄청난 통찰력을 갖춘 사람으로 만드는 등, 이들 욕망의 작용이 그럴 듯함의 규칙을 어기고 있는 것처럼 보이는 것도 바로 이 때문이다.

헤로데는 요한을 감옥에 가둠으로써 그에 대한 자신의 관심을 잘 감추고 있다고 여기고 있다. 그러나 헤로디아는 이를 다 알고 있다. 게다가 이 예언자는 더 이상 아무런 소란도 피우지 않으며, 왕이 그를 감추었다고 여기고 있는 감옥에 대한 것만 제외하고는, 아무런 주의도 끌지 않는다. 당연히 모방 욕망은 전통적인 극적 분기점을 만들어내는 데에 그 누구보다 더 정통하다. 그렇기 때문에 우리가 조금이라도 갈피를 잡을 줄 알거나, 아니면 반대로 그 안에서 완전히 길을 헤맬 줄 안다면, 우리는 진정한 비극은 우리 일상의 삶과, 두 개의 물방울처럼 정말 흡사하다는 것을 알 수 있게 된다.

    과도한 제안에 대해, 실제로는 세상 모든 왕국보다 더한 가치가 있지만 겉으로는 소박한 것처럼 보이는 요청이 응답하고 있다. 이 요청이 갖는 가치는 지상의 척도로 잴 수 있는 것이 아니다. 중요한 것은 '희생'이 필요하다는 것을 알고 있다는 것이다. 이 요청은 귀한 존재를 포기해야 하는 사람에게는 가장 힘든 희생을 나타낸다. 여기서 이 희생양을 요구하고 있는 자는 바로 거의 신에 가까운 괴물인 살로메라는 일종의 우상이다. 이것은 감옥에 내팽개쳐진 그 사람의 자유와 안녕 그리고 생명에 관한 문제이다. 그리고 특히 여기에 관련된 모든 사람들의 정신적 공정성에 관한 문제이다. 이미 위태롭게 된 헤로데의 공정성은 집단 살해의 사자굴 안에 있는 이 예언자와 함께 무너지고 만다. 이 텍스트는 그러므로, 예컨대 파우스트나 돈 주앙의 이야기처럼, 과도한 제안과 희생적인 요청의 여러 변형체들이 들어 있는 모든 위대한 전설들처럼, 희생에 반대해서 씌어지고 있다.

    어쩌다 있는 현대 사회의 '신화'들은, 요컨대 진정한 신화가 아니다. 이 신화들은 진짜 신화들처럼 정신적 거리낌 하나 없이 일단 받아들인 희생적 해결책에만 매달리지도 않고, 또 박해자의 시각을 반영하지도 않으면서, 이런 식의 희생을 거부하고 또 이에 대한 혐오를 드러내고 있다. 이것들은 결국 성서의 영향을 받았기 때문이다.

대단한 사람들이 전설 속에서 가장 없애버리고 싶어 하고, 또 그들의 알량한 허영심에 가장 거슬리는 부분이야말로 언제나 그 전설의 가장 중요한 부분이다. 희생이 던지는 문제 제기가 그들에게 거슬리고 있다. 그들은 이런 전설 속에서, 당장 없애야만 할 신앙심, 그들의 그 대담한 각오로도 이제 더 이상 떠안으려 하지 않는 편협한 신앙심 같은 것을 보고 있다. 그들은 메피스토펠레스가 요구하던 불멸의 영혼을 비웃으며, 장군의 동상과 냉냉한 향연을 조롱하고 있다. 그들은 이 뜻하지 않은 장애물이 그들에게 남아 있는 유일한 것이라는 것을 알지 못하고 있다. 현대 사회가 종교와의 마지막 관련성을 찾을 수 있었던 곳도 실은, 지식인들이 꾸준히 밝혀낸 바로 이 스캔들 주변에서이다. 그러나 바로 여기서 그것을 통속화함으로써 그들은 마지막 순간에 망쳐버리고 만다.

모든 것을 지배하고 있기에 강조할 가치가 있는 유일한 것인, 희생 문제의 마지막 흔적을 지워버림으로써, 현대 작가들은 파우스트와 돈 주앙을 단순히 여자와 부에 대한 상상적 탐닉으로 변형시키고 있다. 그래도 그들은 소위 소비 사회에 대한 비난은 하고 있다. 분명 그 사회는 순전히 상상의 사회가 아니기 때문일 것이다. 그 사회는 그들이 요구하는 유형의 자양을 실제로 제공한다는 점에서 그들보다 우세하다.

여기서도 중요한 것은 집단 모방인 세례 요한의 살해와 춤에 의해 유발된 최면 상태 사이의, 겉으로 드러나 있는 관계이다. 이 최면 상태는 곧 이 텍스트에 나타난 즐거움, 즉 헤로데와 그 손님들의 즐거움과 하나를 이루고 있다.("헤로디아의 딸이 춤을 추었다. (중략) 그녀는 헤로데와 그 손님들을 즐겁게 했다.") 우리는 이 즐거움을 프로이트와 그의 쾌락 원칙보다 더 강한 의미로 받아들여야 한다. 이것은 진짜 홀림이다. 홀린 사람이 모방적 동일화에 빠져 있을 때 그녀의 혼이 그를 사로잡고서 그에게 '중첩된다'. 마치 이런 경우 종종 "그는 그와 함께 춤추기 시작했다."라고 말하는 것처럼 말이다.

이처럼 모방에 빠진 주체는 자신의 목적뿐 아니라 자기 자신에 대한 의식마저 잃는다. 이렇게 되면 그는 모델과 경쟁하기는커녕 나약한 꼭두각시로 변하게 되고, 모든 대립은 무너지고 욕망의 모순들도 와해되고 만다.

그렇다면 그전에 그를 방해하던 그 장애물은 어디로 갔을까? 그 괴물은 분명 어딘가에 숨어 있을 텐데, 그 시련이 철저한 것이 되기 위해서는 그것을 다시 찾아내어 전멸시켜야 할 것이다. 이때는 언제나 만족시켜 주어야 하는 희생의 욕구, 소비할 희생양, 참수형에 처할 희생양이 있다. 이리하여 말할 것도 없이, 최대 강도의 희생적 모방이 지배하게 된다. 그래서 진정으로 속 깊은 텍스트들은 항상 여기에 도달하게 되는 것이다.

사정이 일단 이렇게 되고 나면 모방은, 섹스, 야망, 심리학, 사회학, 제의처럼, 조금이라도 자신과 경쟁할 수 있을 것 같은 차원의 것들은 다 삼켜버린다. 모방을 전면에 내세운다고 해서 이런 차원의 것들을 다 감춘다거나 '축소한다'는 의미는 아니다. 그것들은 모방 분석 속에 공공연히 드러나 있지는 않지만 암묵적으로 들어 있다. 그래서 이제 막 제의의 차원에서 그랬던 것처럼, 우리는 이런 것들을 명백히 드러낼 수 있는 것이다.

착한 일을 해보려는 이 사람은 결코 살로메의 부탁을 예상하지 못한다. 그래서 뜻하지 않은 괴로운 일을 당하지만 그렇다고 그것을 거역할 수가 없다. 춤춘 아이가 그에게 요한의 머리를 요구했다는 것을 알려주면서 마르코는 '왕은 마음이 몹시 괴로웠지만 이미 맹세한 바도 있고 또 손님들이 보는 앞이라서 그 청을 거절할 수가 없었다'라고 말하고 있다.(「마르코의 복음서」 6:26) 헤로데는 요한을 구하고 싶었다. 다시 말하지만, 그의 욕망은 모방 과정의 초기 단계에 속해 있다. 헤로데는 요한의 목숨을 구하려 하지만 그 반면에 살로메는 그를 죽이려 한다. 갈수록 그 욕망이 더 많은 개인들, 즉 손님들에게 더 많은 영향을 줄수록, 그 욕망은 더 살인적인 욕망으로 변해간다. 헤로데를 휩싸고 있는 것은 바로 이 가장 저급한 욕망이다. 그는 그 숫자와 명성에 위압당하고 있는 그 손님들에게 아니라고 말할 용기를 갖고 있지 않다. 달리 말하자면 그는 모방적으로 지배당하고 있다. 그 손님들은 헤로데 세계의 모든 엘리트들을 포함하고 있다. 앞에서 마르코는, '고관들, 무관들 그리고 갈릴리의 요인들'이라고, 특별히 배려하여 이들의 범주를 나열한 바 있다. 그는 이들이 갖고 있는 엄청난 모방적 영향력을 우리에게 암시하려 한 것이다. 마찬가지로, 예수 수난의 이야기도 메시아에 반해서 동맹을 맺고 있는 이 세상의 모든 권력층들을 나열하고 있다. 군중과 권력층은 서로 만나서 하나가 된다. 바로 이처럼 하나가 된 무리에게서 헤로데의 결심에 필요한 모방적 에너지가 추가로 나오고 있다. 도처에서 분명 모방적인 우리 텍스트를 움직여나가는 것은 언제나 똑같은 바로 이 에너지이다.

마르코가 이렇게 상세히 이야기하는 것은, 단지 이야기의 즐거움 때문만이 아니다. 그것은 이 예언자의 머리를 앗아가는 그 결정을 명확히 설명하기 위해서이다. 손님들은 모두 똑같이 반응한다. 이들은 모방 위기의 절정기에 가서 결정적으로 방향을 돌릴 수 있는 유일한 자인 군중을 형성하고 있다. 만장일치로 살인을 원하는 군중이 있으면 결정은 항상 그 군중을 따르게 마련이다. 이들로부터 엄청난 압력을 받고 있는 헤로데는, 그 뒤에 가서 필라테가 그렇게 한 것처럼, 이 군중의 결정을 '어쩔 수 없이(nolens volens)' 인가할 수밖에 없게 된다. 이 압력에 굴함으로써 그도 이 무리에 빠져드는데, 헤로데는 바로 이 무리에 합류하는 마지막 사람들 중의 하나인 셈이다.

여기서 더 이상 주요 인물들의 '심리'를 찾을 필요는 없다. 요한과 예수가 특정한 나쁜 음모자들이나 특별히 허약한 권력자들의 손에 떨어졌기 때문에 죽음을 당하고 있다고 생각해서는 안 된다. 인류 전체가 희생양 메커니즘의 유혹 앞에서 보여주고 있는 나약함이야말로, 우리가 여기서 들추어내고 또 비난해야 할 것이다.

이 예언자는 사람들에게 그들이 결코 알고 싶어 하지 않는 진실을 말했기 때문에 죽는다. 아무도 이 진실을 듣고 싶어 하지 않는다. 그렇다고 이 진실이 살인의 충분 조건은 아니다. 그 진실은 기껏해야, 희생양 선택 중에서 가장 대표적으로 아이러니한 징조들 중의 하나일 뿐이다. 그것은, 춤이 끝나고 난 뒤에야 나타나는 희생양 선택의 그 '뒤늦게 나타남'에서 아주 잘 드러나고 있는, 다른 무엇보다도 모방적 선택이 갖고 있는 그 불확실한 성격에 어긋나지 않고 있다.

이 선택이 한참 지체되었다가 나타나고 있기 때문에 마르코는 모방적인 시작과 그 역시 모방적인 희생양에 의한 결말 등, 이 욕망의 처음과 끝을 동시에 밝혀낼 수 있다. "무엇을 욕망해야 하나?"라는 살로메의 이 말은 그녀가 아니라 헤로디아 혹은 그 어떤 사람이었다 하더라도 이 순간에는 욕망 대상으로서 아무나 지칭할 수 있다는 것을 가리키고 있다. 이 희생양이 '최후 순간에' 지칭되었지만, 처음에는 살로메가, 그 다음에는 손님들 모두가 열렬히 그를 욕망의 대상으로 채택하고 있다. 이 단계에서는 가장 단호한 폭군이라도 더 이상 이에 대하여 실제적인 저항을 할 수 없다.

어떤 수로도 막을 수 없는, 만장일치로 되어 버리는 이 모방 현상이야말로 성서가 관심 있어 하는 것이다. 우리가 인간 사회의 진정한 권위를 찾아야 할 곳은 바로 희생양 메커니즘의 이 만장일치적 모방 속에서이다.

머리 하나 자르는 것은 때로는 전면적인 소동을 불러일으킬 수 있지만, 때로는 그 소동을 잠재울 수도 있다. 어떻게 그것이 가능할까? 요한의 머리로의 수렴은 단지 모방적 환상에 불과하다. 그러나 도처에 퍼져 있는 소요가 더 이상 실제의 대상을 갖지 못하는 순간, 즉 모방이 전파되어 가면서 바로 그 모방의 전파 때문에 대상이 실제로 없어도 별 지장이 없게 되는 그 순간부터, 그것의 만장일치적 성격은 실제로 소요를 진정시켜 줄 수 있다. 어떤 문턱을 넘어서면 아무 이유도 없는 증오가 나타난다. 그 증오에는 어떤 이유도, 핑계조차도 필요 없다. 거기에는 서로 교차하면서 서로에게 의존해서 존재하는 욕망들만 있을 뿐이다. 헤로데가 그 예언자를 감옥에 가두는 것처럼 독점하고 싶은 어떤 대상을 향한 여러 욕망들이 너무 오랫동안 대립하고 있으면, 순전히 파괴적이 된 이 욕망들은, 그 반대로, 서로 화해할 수 있는 가능성을 갖고 있다. 바로 여기에 인간 욕망의 무서운 패러독스가 존재하고 있다. 사람들은 그들 욕망의 대상을 보호하는 데는 결코 합의하지 못한다. 그러나 그것의 파괴를 위해서는 언제나 합의할 수 있다. 사람들은 언제나 어떤 희생양을 이용할 때에야 합의를 도출할 수 있다.

그래서 왕은 곧 경비병 하나를 보내어 요한의 목을 베어오라고 명령하였다. 경비병이 감옥으로 가서 요한의 목을 베어 쟁반에 담아다가 소녀에게 건네자 소녀는 다시 그것을 제 어미에게 갖다주었다.(「마르코의 복음서」 6:27-28)

사람들은 자신들의 욕망을 비난하는 자를 두고 살아 있는 스캔들, 그것도 그들의 행복을 가로막는 유일한 스캔들이라고 말하고 있다. 오늘날도 마찬가지이다. 모든 관계를 뒤흔들어놓았던 이 살아 있던 예언자는 이제 죽어 살로메의 쟁반 위에 얹혀 좌중을 한 바퀴 도는 움직이지 못하는 하나의 사물이 됨으로써 그들을 도와준다. 헤로데의 잔치에 참석한 손님들은 음식물처럼 그 쟁반을 서로에게 권한다. 이것은 우리가 해서는 안 되는 것을 하지 못하도록 할 뿐 아니라 마땅히 해야 하는 것을 하도록 부추기는 감동적인 장면인, 모든 주고받기의 희생적 뇌관을 이루고 있다. 신화, 제의, 금기와 같은 모든 종교적인 것의 설립에 관한 진실이 이 텍스트 속에서 줄줄 풀려나간다. 그러나 이 텍스트는 자신이 폭로하는 그 대상처럼 되지 않는다. 다시 말해 이 텍스트는 모든 사람들을 불러모으는 모방을 신성한 것으로는 전혀 보지 않는다. 이 텍스트는 희생양을 무한히 존경하고 있다. 그러나 그것을 신성화하지 않으려고 조심하고 있다.

요한의 죽음과 같은 죽음을 대할 때마다 나는 이것이 가진 문화적이라기보다는 오히려 더 종교적인 의미의 기원적인 힘에 더 관심이 간다. 이제 나는 마르코의 텍스트가 이런 종교적 힘에 대한 명백한 암시를 주고 있다는 것을 보여주고 싶다. 바로 이것이 그가 행한 가장 특이한 것일 것이다. 내가 염두에 두고 있는 구절은 이 이야기의 끝에 나오는 것이 아니라 그 앞에 나오는 것이다. 이 이야기는 일종의 '플래시 백'처럼 제시되고 있다. 헤로데는 널리 알려진 예수의 명성에 놀란다.

예수의 이름이 널리 알려져 마침내 그 소문이 헤로데왕의 귀에 들어갔다. 어떤 사람들은 "그에게서 그런 기적의 힘이 나타나는 것을 보면 죽은 세례 요한이 다시 살아난 것이 틀림없다."라고 말하는가 하면, 더러는 엘리야라고도 하고, 또 더러는 옛 예언자들과 같은 예언자라고도 하였다. 그러나 예수의 소문을 들은 헤로데 왕은 "바로 요한이다. 내가 목을 벤 요한이 다시 살아난 것이다." 하고 말하였다.(「마르코의 복음서」 6:14-16)

당시에 떠돌던 가설들 중에서 헤로데왕은 예수를 세례 요한이 부활한 것으로 보는 그 첫 번째 가설을 택한다. 이 선택의 이유에 대해 텍스트는 암시하고 있다. 헤로데는 세례 요한이 그 폭력적인 죽음을 당할 때 그가 행했던 역할 때문에, 그가 부활했다고 생각한다. 박해자들은 그들을 불러모은 그 희생양이 결정적으로 죽었다고 믿을 수가 없다. 희생양의 부활과 신성화는 무엇보다 먼저 박해의 현상들이며, 그들이 가담한 폭력에 대한 박해자들 자신의 시각이다.

마르코와 마태의 복음은 세례 요한의 부활을 그다지 믿고 있지 않으며, 마찬가지로 우리도 그것을 믿지 않기를 바라고 있다. 그러나 그들은 성서의 주요 부분인 예수 부활 및 신성 선언 과정과 이상하게도 아주 흡사한 이 신성화 과정을 끝까지 이야기하고 있다. 성서는 그 유사점을 아주 잘 느끼고 있었지만, 그러나 그에 대해 조금의 어색함이나 일말의 의구심도 느끼지 않았다. 오늘날의 신자들도 세례 요한의 거짓 부활에 대해 거의 언급하지 않는다. 왜냐하면 그들이 보기에 그것은 예수의 부활과 충분히 구분되지 않기 때문이다. 그들은, 요한의 부활을 믿을 만한 근거가 없다면 예수의 부활을 믿을 만한 근거 또한 없다고 보고 있는 것이다.

그러나 성서에서는 분명히 차이가 나고 있다. 여기에 나오는 부활의 유형은 박해자들이 스스로에게 부과하고 있는 그들 박해에 의해 신비화된 부활이다. 그 반면에 그리스도는, 바로 이 같은 환상과 미신으로부터 우리를 구원하기 위해서 부활한다. 부활절의 부활이 진정으로 팡파레를 울리고 있는 것은 집단 살해에 근거를 둔 모든 종교의 폐허 위에서이다.

요한의 거짓 부활에는 이제 막 우리가 부여한 그런 의미가 물론 들어 있다. 왜냐하면 어떤 의구심도 허용하지 않는 다음과 같은 문맥에서는 또다시 이것이 문제가 되고 있기 때문이다.

> 예수께서 제자들에게 "사람의 아들을 누구라고 하더냐?"라고 물으셨다. "어떤 사람들은 세례 요한이라 하고 어떤 사람들은 엘리야라 하고 또 예레미야나 예언자 가운데 한 분이라고 하는 사람들도 있습니다." 제자들이 이렇게 대답하자 예수께서 이번에는 "그러면 너희는 나를 누구라고 생각하느냐?" 하고 물으셨다. "선생님은 살아 계신 하느님의 아들 그리스도입니다." 시몬 베드로가 이렇게 대답하자 예수께서는 "시몬 바르요나, 너에게 그것을 알려주신 분은 사람이 아니라 하늘에 계신 내 아버지시니 너는 복이 있다. 잘 들어라. 너는 베드로이다. 내가 이 반석 위에 내 교회를 세울 터인즉 죽음의 힘(하이데스의 문)도 감히 그것을 누르지 못할 것이다."(「마태오의 복음서」 16:13-18)

이런 믿음이 고백되고 있는 이때는 이미 세례 요한이 죽고 난 뒤이다. 군중들이 예수를 혼동해서 보았던 그 예언자들도 벌써 다 죽고 난 뒤이다. 이 말은 곧 군중들은 예수를 두고 모두 부활한 사람으로 보았다는 말이다. 그러므로 군중들은 모두 부활을 믿는 헤로데와 유사한 믿음을 갖고 있다. 루가는 마태오보다 사정을 더 분명하게 보여준다. 예수는 '부활한' 예전의 예언자들로 '오인받았다'라고 쓰고 있는 것이 그것이다.

그리스인들이 생각하던 죽은 자의 거주지인 '하이데스의 문'을 언급하고 있는 것이 나에게는 의미 있는 것으로 보인다. 그것은 '악은 선을 이기지 못한다.'는 것만을 의미하는 것이 아니다. 여기서 우리는 죽음과 죽은 자의 종교에 불과한 폭력의 종교에 대한 암시를 볼 수 있다. 여기서 우리는 동시에 "디오니소스, 그것은 바로 하이데스와 같은 것이다."라고 말하던 헤라클레이토스의 말이 생각난다.

아이들은 이 두 종교의 차이를 잘 본다. 폭력은 그들을 두렵게 하는데 예수는 두렵게 하지 않기 때문이다. 그러나 현자들과 익숙한 자들은 아무것도 보지 못한다. 그들은 유식하게 테마를 비교한다. 도처에서 같은 테마를 발견하게 되므로, 자신을 구조주의자라 자처하더라도 그들은 진정한 구조적 차이를 보지 못한다. 죽이고 난 뒤에 죽은 자를 기꺼이 찬미하는 이들은, 세례 요한처럼 감추어진 희생양과 수난의 예수처럼 폭로되어 드러난 희생양의 차이점을 보지 못한다.

베드로 역시 차이점을 본다. 그런데도 그 역시 모든 인류의 모방적 행동에 여러 번 빠지게 된다. 이 구절에 나타난 예수의 기이한 장중함은 베드로가 본 차이점이 다른 모든 사람들에게는 보이지 않았을 것이라는 것을 말해준다. 결국 성서는, 이런 믿음을 알지 못하는 자가 보았을 때는 외관상 너무나도 비슷한 현상들에 대한 지극한 회의론의 문맥 속에서 나타난, 예수 부활 신앙의 모순을 강조하고 있다.

12 베드로의 부인(否認)

수난이 그들에게 끼칠 결과를 묘사하면서 예수는 제자들에게 "내가 칼을 들어 목자를 치리니 양 떼가 흩어지리라."(「즈가리야」 13:7, 「마르코의 복음서」 14:27)라고 예언자 즈가리야(Zacharie)를 인용한다. 곧 예수가 체포되고 나자 제자들은 정말 뿔뿔이 흩어진다. 유일하게 도망가지 않은 사람은 베드로였다. 그는 멀찍이 떨어져서 예수의 행렬을 따라가다가 대사제의 관저 안뜰까지 들어갔다. 그때 예수는 바로 그 관저 안에서 거칠게 취조당하고 있었다. 베드로가 그 뜰에 들어갈 수 있었던 것은 그곳을 잘 아는 '다른 제자'의 도움을 받아서였다. 이 또 다른 제자는 이름이 밝혀져 있지 않지만, 그는 분명 이 이야기를 전하고 있는 사도 요한 자신일 것이다.

마르코는 베드로가 멀리서 예수를 뒤따라가다 "대사제 관저 안뜰까지 들어가 경비원들 틈에 끼어 앉아 불을 쬐고 있었다."(「마르코의 복음서」 14:54)라고 전하고 있다. 예루살렘의 3월 밤에 이 불보다 더 자연스러운 것도 없을 것이다. "날이 추워 하인들과 경비병들은 숯불을 피워놓고 불을 쬐고 있었다. 베드로도 그들 틈에서 불을 쬐고 있었다."(「요한의 복음서」 18:18)

베드로는 남들이 하는 것을, 남들과 같은 이유로 벌써 따라하고 있다. 그는 이미 타인들을 모방하고 있는 것이다. 그러나 거기에 그렇게 주목할 만한 것은 없는 것 같다. 날씨가 추워서 거기에 있는 사람들이 모두 불가에 모여 있었는데, 베드로도 그들과 같이 불가에 있었던 것뿐이다. 무엇보다 먼저 거기에 덧붙어서 같이 나타남직한 것들이 보이지 않는다. 하지만 이 같이 구체적인 것들은 텍스트 속에 드물게 나타나 있을수록 더 중요한 의미를 갖는다. 이 복음 기록자 네 명 중 세 명은 다 이 불 이야기를 하고 있다. 그들에게는 분명 그럴 만한 합당한 이유가 있다. 흔히들 가장 '원초적'이라고들 부르고 있는 마르코의 텍스트에서 우리는 그 이유를 찾아야 할 것 같다.

베드로가 뜰아래에 있을 때 그 대사제 관저의 한 여종이 나타난다. 그녀는 불을 쬐고 있는 베드로의 얼굴을 뚫어져라 바라보다가,

"당신도 저 나자렛 사람 예수와 함께 다니던 사람이군요?" 하고 말하였다. 그러나 베드로는 이 말을 또다시 부인하였다. 얼마 뒤 옆에 서 있던 사람들이 베드로에게 다시 "당신은 갈릴리 사람이니 틀림없이 예수와 한패일 거요."라고 말하였다. 이 말을 듣고 베드로는 거짓말이라면 천벌이라도 받겠다고 맹세하면서 "나는 당신들이 말하는 그 사람은 알지도 못하오."라고 잡아뗴었다. 바로 그때 닭이 두 번째 울었다. 베드로는 예수께서 "닭이 두 번 울기 전에 네가 세 번이나 나를 모른다고 할 것이다." 하신 말씀이 머리에 떠올랐다. 그는 땅에 쓰러져 슬피 울었다.(「마르코의 복음서」 14:66-72)

우리는 먼저 베드로가 뻔뻔스럽게 거짓말을 하고 있다고 생각한다. 베드로의 부인은 이 거짓말로 환원된다. 그러나 깊이 생각해 보면, 이처럼 순전한 거짓말만큼 드문 것이 없으며, 그 선명해 보이던 의미도 사라지

고 만다. 그렇다면 과연 베드로는 어떤 요청을 받았던가? 사람들은 그로 하여금 예수와 함께 있었다는 것을 인정하라고 한다. 그런데 그 조금 전에 예수가 체포되었는데, 그러자마자 예수 주위에는 제자들도 사람들도 사라지고 만다. 이때부터는 베드로 그 누구도 진정으로 예수와 함께 있지 않다. 알다시피, 실존주의 철학자들은 이 '함께 있다'는 것을 중요한 존재 양식의 하나로 보았다. 마르틴 하이데거는 이것을, 문자 그대로 '함께 있음'으로 해석할 수 있을 Mitsein이라 명명한다.

예수의 체포로 인해 '예수와 함께 있을' 모든 미래의 가능성을 앗아가 버리고, 베드로는 그의 과거의 권위까지 잃어버렸던 것 같다. '몰라요. 당신이 무슨 말을 하는지 모르겠어요'라고, 그는 약간은 꿈속에 있는 것처럼, 자신이 어디에 있는지를 진정 모르고 있는 사람처럼 대답하고 있다. 그가 모르고 있다는 게 어쩌면 사실인지도 모른다. 가진 것 하나 없이 헐벗어 있는 그는 그야말로 기본적인 반사 작용만 할 수 있는 식물적인 삶을 살 수밖에 없는 처지에 놓여 있다. 날씨가 추우면 불을 향하는 반사 작용 말이다. 팔꿈치로 사람들을 헤치고 불에 접근하여 다른 사람들처럼 손을 뻗어 불을 쬐는 것은, 그도 이미 그들 중의 하나가 된 것처럼, 즉 '그들과 함께 있는' 것처럼 행동하는 것이다. 가장 단순한 행동도 그 논리가 있는 법이다. 그 논리는 의식 아래에 있는 것일수록 언제나 더 거역할 수 없는 생물학과 같은 하나의 사회학이다.

베드로는 단지 다른 사람들과 함께 몸을 녹이기만 바란다. 그러나 그의 세계의 붕괴로 빼앗긴 그 '함께 있음(Mitsein)'이 없어진 그는, 자신의 몸을 녹일 때마다 그 불속에서 빛나고 있는 그 존재를 어렴풋이 염원하지 않을 수가 없다. 그런데 불을 향해 다들 손을 내민 채 그를 유심히 바라보던 그 눈초리들은 은연중에 바로 그 존재를 지목하고 있다.

한밤중의 불, 그것은 따뜻함과 밝음의 원천 이상의 것이다. 일단 불이 붙게 되면 사람들이 그 주위로 원을 그리고 모여든다. 사람들과 사물들이 다시 재편성된다. 잠시 전에는 각자 따로 놀던 단순한 무리가 있었는데, 이제는 하나의 집단이 형성되는 것이다. 그들의 손과 얼굴은 모두 불을 향하고 있고, 또 불은 얼굴과 손을 밝혀주고 있다. 그것은 마치 기도에 대한 신의 화답과 같다. 그들은 모두 불을 향하고 있기 때문에 상대방의 얼굴을 보지 않을 수가 없다. 서로 시선과 말을 주고받게 된다. 이리하여 하나의 공동체와 상호 소통의 공간이 만들어진다.

이 불 때문에 은근히 새로운 '함께 있음'의 가능성이 생겨난다. 비록 다른 곳, 다른 파트너긴 하지만 베드로에게 다시 '함께 있음'이 나타난다.

「마르코의 복음서」과 「루가의 복음서」에서 여종이 처음으로 나타나는 바로 그때, 마르코, 루가 그리고 요한은 이 불을 다시 언급하고 있다. 베드로가 그 안뜰에 나타나서가 아니라 불 가까이 갔기 때문에 그 여종이 끼어드는 것 같다.

> 대사제의 여종 하나가 오더니 베드로가 불을 쬐고 있는 것을 보고 그의 얼굴을 유심히 들여다보며 "당신도 저 나자렛 사람 예수와 함께 다니던 사람이군요?" 하고 말했다.

베드로는 아마 다른 사람들을 약간 떼밀고 들어가 불에 너무 가까이 앉아 있었을 것이다. 그래서 그는 환하게 불빛을 받고 앉아 있었기에 모든 사람들이 그의 얼굴을 꼼꼼이 바라볼 수 있었을 것이다. 베드로는 평소처럼 너무 빨리 너무 멀리 나아갔다. 불 때문에 그 여종은 그를 어둠 속에서도 알아볼 수 있었다. 그러나 그것이 그녀의 주임무가 아니다. 그녀는 베드로의 태도에서 무엇이 마음에 거슬리는지를, 무엇이 자신으로 하여금 그에게 그렇게 무례하게 말을 걸게 만들었는지를 그렇게 정확하게 알고 있지 못했음에 틀림없다. 그러나 「마르코의 복음서」에서 불은 분명 중요한 어떤 것이다. 나자렛 사람을 따라다니던 이 사람은 마치 자기 집인 것처럼, 그 불가에 자기 자리가 있기라도 하는 것처럼 행동한다. 만약 불이 없었다면 그 여종은 베드로에 대해 똑같은 정도는 아니더라도 그렇게 화를 내지 않았을 것이다. 불은 단순한 하나의 배경 이상인 것이다. '함께 있음'이 보편적인 것이 될 때는 이처럼, 언제나 그 고유의 의미는 잃게 된다. 바로 이런 이유로 이것은 추방에 기초를 두고 있다. 여종은 '예수와 함께 있는 것'만을 이야기하였지만 여기에는 제2의 '함께 있음'이 있는데 그것은 바로 불 주위에 있는 것이다. 그런데 이 '함께 있음'은 그 여종도 관계된 것이다. 그것은 바로 그녀의 것이기 때문이다. 그녀는 자신의 영역을 지키려 한다. 그래서 그녀는 베드로가 불가에 앉아 몸을 녹이는 권리를 거부하는 것이다.

요한은 이 여종을 입구 경비원인 문지기 하녀로 바꾸고 있다. 다른 제자의 부탁을 받고 베드로를 안뜰에 들어가도록 허락해 준 사람이 바로 이 문지기 하녀다. 이 하녀는 분명 경비원 역할을 하고 있다. 이 생각은 그 자체로는 분명 훌륭한 생각이다. 그렇지만 그녀는 이 복음 기록자로 하여금 베드로가 불에 가까이 가기도 전에 완전히 정체가 탄로나고 말았다고 주장하도록 유도하고 있다. 이렇게 되면 하녀가 이 불청객을 알아본 것은 더 이상 그 불 때문이 아니게 된다. 또 더 이상 그 장면에 들어 있는 제의적인 성격 때문에 그녀가 화가 나게 되는 것도 아니게 된다. 한편「요한의 복음서」에서는 세 번째로 베드로에게 질문을 던진 자들은 여러 사람들이 함께 물은 것이 아니고, 전에 그가 (예수의 체포를 저지한다는 헛된 시도를 하던 중에) 귀를 잘랐던 사람의 친척이라고 소개되고 있는 사람, 즉 한 사람에 의해서이다. 요한은 베드로의 부인을 두려움이라는 단 하나의 모티브로 보는 전통적인 해석을 도와주고 있다. 물론 두려움이라는 것도 완전히 배제해서는 안 되며, 그것도 결정적인 역할을 할 수 있다는 가능성을 완전히 배제해서는 안 된다. 자세히 살펴보면 네 복음서들은, 심지어는 이런 해석을 가장 지지하는 것처럼 보이는「요한의 복음서」에 이르기까지, 이 부분에 대한 해석에 있어 서로 엇갈리고 있다. 대부분의 주석자들이 암시하고 있는 것처럼 만약 베드로가 자신의 목숨을 걱정하고 있다면, 그는 결코 그 안뜰에 들어가지 않을 것이다. 더군다나 거기에 가까이 가기도 전에 정체가 탄로가 나면 더 말할 필요도 없다. 그렇게 되면 그는 당장 위협을 받고, 나머지는 물어볼 것도 없이 당장 도망가고 말았을 것이다.

    화기애애하던 불가의 원은 하녀의 말로 인해 화해롭던 분위기가 사라지고 만다. 베드로는 그 자리를 피하고 싶지만 자기 바로 뒤에까지 사람들이 몰려 있다. 그는 중심(즉, 불)에 너무 가까이 다가가 있었던 것이다. 그래서 하녀는 그가 문간으로 물러날 때도 아주 쉽게 그를 찾을 수 있었다. 일단 거기에 처하게 된 이상 그는 이제 너무 늦었다. 그래서 다음 일어날 일을 기다릴 수밖에 없는 것이다. 그의 행동은 무서워하는 사람의 행동이 아니다. 그는 은연중에 하녀의 성가신 존재가 되었기 때문에 베드로는 그 열과 빛으로부터 물러난다. 그렇다고 완전히 달아나지는 않는다. 그녀가 다시 베드로를 추궁할 수 있었던 것도 이 때문이다. 그녀는 베드로를 겁주려고는 하지 않는다. 단지 그를 알아봄으로써 도망가도록 할 뿐이다.

    그래도 베드로가 가지 않자 하녀는 다시 화가 나서 한번 더 그녀의 메시지를 전한다. "그중 한 명이 바로 여기 있다!"라고, 베드로가 제자 무리에 속해 있었다고 주장한다. 그녀는 처음에는 베드로에게 직접 말했다. 그러나 이번에는 불가에 모여 있던 바로 그 사람들을 향해서 이 말을 하고 있다. 이들은 낯선 사람의 침입에 대해 위협을 느끼고 있는 공동체의 구성원들에 다름아니다. 그녀는 사람들을 이 불청객에게 저항하도록 동원하려 하였다. 이번에는 그녀가 그들에게 직접 말을 하고 있다. 그러고는 소기의 목적을 달성한다. 이번에는 베드로에게 "당신도 그와 한패군요. 당신 일행은 여기 없오. 그는 그 나자렛 사람과 같이 있오."라고, 그들 모두 입을 모아서 말하고 있다. 이 말에 목소리를 높여 대꾸하면서 "천벌을 받을 것을 걸고 맹세"(「마르코의 복음서」 15:71)하고 있는 사람은 바로 베드로이다. 만약 그가 그의 목숨, 아니 그의 자유라도 걱정하고 있다면 그는 그렇게 강하게 말하지 않았을 것이다.

　이 장면에서 「마르코의 복음서」이 뛰어난 점은, 같은 말을 다른 사람에게 시키지 않고 두 번에 걸쳐서 그 하녀에게 시키고 있다는 점이다. 이 하녀는 아주 강조되고 있는데, 그녀는 기선을 잡고 있다. 그 무리를 뒤흔들어놓는 것도 바로 그녀이다. 오늘날식으로 말하자면, 그녀는 '리더십'을 가지고 있다. 그러나 여기서는 항상 어설픈 심리주의 같은 것은 피해야 한다. 마르코가 관심을 가진 것은 그 하녀의 개성이 아니라, 그녀가 무리의 어떤 메커니즘을 작동시키는 그 방법, 즉 집단 메커니즘을 움직이게 하는 방법에 있다.

　앞에서 말했듯이, 처음에 그녀는 처음에는 늦은 시간과 따뜻한 불에 정신 팔려 있는 그 집단의 잠자는 관심을 일깨운다. 자신이 본보기를 보여주었기 때문에 그녀는 자신을 이어서 그와 같은 관심의 표현이 뒤따라 표현되기를 바라고 있다. 그러나 본보기는 별 효력이 없다. 그래서 그녀는 두 번째에도 처음과 똑같은 것을 되풀이할 수밖에 없다. 대장들은 부하들을 어린아이처럼 다루어야 한다는 것을 알고 있다. 즉 항상 그들의 모방을 부추겨야 한다. 두 번째 것은 첫 번째 것의 효과를 한층 더 강화한 것이다. 그래서인지 이제는 효력을 발휘한다. 거기 있던 사람들은 정말 다 함께 "게다가 당신은 갈릴리 사람이니 틀림없이 예수와 한패일 거요."라고 말한다.(「마르코의 복음서」 15:70)

　모방은 물론 「마르코의 복음서」만의 특징은 아니다. 베드로의 부인 장면은 네 개의 복음서에서 모두 모방적으로 나타난다. 그러나 「마르코의 복음서」에서는 처음부터 하녀와 불의 역할 속에서 모방의 원동력이 가장 잘 드러나 있다. 하녀로 하여금 모방 장치가 작동하도록 두 번에 걸쳐 다시 시도하도록 한 사람은 마르코뿐이다. 그녀는 모델 역할을 하고 있는데, 이 모델이 유효한 모델이 되도록 하기 위해 그녀 스스로 처음으로 그것을 모방해 보인다. 즉 그녀는 모델이라는 자신의 성격을 강조하면서, 자신의 일행들에게서 기대하는 것을 그녀 스스로, 모방적으로 규정하고 있다.

학생들은 여선생님이 하는 것을 따라한다. 하녀의 말이 그대로 되풀이된다. 그러나 그 부인 장면에서 무엇이 작용하고 있는지를 멋지게 보여주는 어떤 것을 넣어서 하고 있다. 그것은 바로 '게다가 당신은 갈릴리 사람'이라는 말이다. 처음에는 불에 의해 밝혀지고 얼굴이 알려지지만 다음에 베드로는 그의 말 때문에 알려진다. 마태오는 한걸음 더 나아가 베드로를 박해하는 사람들로 하여금 "당신의 말씨만 들어도 알 수 있소."(「마태오의 복음서」 26:73)라는 말을 하게 한다. 아무런 거리낌 없이 불을 쬐고 있는 사람들은 모두 예루살렘 사람들이다. 그들은 '그곳' 사람들인 것이다. 베드로는 단지 두 번만 입을 열었는데, 그때마다 단지 몇 마디의 말만 했다. 하지만 그것으로도 사람들은 그가 타지 사람, 그것도 약간 멸시받는 갈릴리 지방 사람이라는 것을 분명히 알 수 있었다. 사투리를 쓰는 사람은 언제나 타지 사람들인 것이다. 이렇듯 말은 그가 예수와 '함께 있던 사람'이라는 것의 가장 확실한 증표가 된다. 하이데거와 그의 학파에서 존재의 언어적 차원에다 대단한 중요성을 부여하고 있는 것도 바로 이 때문이다. 민족 혹은 지방 언어의 특성은 기본적인 것이다. 우리는 갈수록, 어떤 텍스트나 언어에서 그것의 가치를 부여하는 본질적인 것은 번역이 불가능하다고 어디서나 앵무새처럼 읊조리고 있다. 그렇다면 여러 나라에서 통용되지만 문학적 명성도 없는 퇴화된 그리스어로 쓰인 성서는 본질적인 것이 아니게 된다. 그뿐 아니라 성서는 완벽하게 번역이 가능하다. 그래서 그리스어 원문판, 라틴어판, 프랑스어판, 독어판, 영어판, 스페인어판 등을 조금이라도 읽을 줄 안다면, 이런 성서를 읽는 중에도 우리는 그것이 어떤 말로 된 것인지를 금방 잊고 만다. 성서에 대해 잘 알고 있다면, 모르는 언어로 된 번역판 성서는 별로 힘들이지 않고 그 언어의 내밀한 세계로 들어갈 수 있는 가장 좋은 수단이다. 성서는 모든 것을 다 담고 있다. 성서에는 모든 사투리가 다 들어 있기 때문에 사투리가 하나도 없다.

베드로는 어른이라서 어투가 정해져 버렸다. 그것을 절대 변화시킬 수가 없다. 애를 써도 서울 사람들의 억양을 모방할 수 없다. '함께 있는 사람'을 가지고 있다는 것은 그들과 같은 것을 말한다는 것만을 의미하는 것이 아니다. 그들과 '같은 식으로' 말한다는 것도 의미한다. 억양에서 조금이라도 차이가 나면 당신의 정체는 알려지고 만다. 그가 누구이든 자신을 감추려는 사람의 진짜 정체를 소리쳐 외쳐대는 언어는, 주인을 배반하는 혹은 너무 충직한 하녀이다.

베드로와 주위 사람들 사이에는, 화염 속에서 춤추고 있는 Mitsein이 대상이 되어 모방 경쟁이 일어나고 있다. 베드로는 소위 '끼어들려고', 즉 자기 모방의 탁월함을 보여주려고 안간힘을 쓰고 있다. 하지만 그들은 심리의 무의식적 영역에 들어 있는 언어와 같이, 문화적 모방 중에서도 모방하기가 가장 힘든 부분 쪽으로 지체 없이 향하고 있다.

어떤 소속이 더 확실하고, 더 '진정하고', 더 뿌리뽑을 수 없는 것일수록, 그 소속은 '바보짓'을 의미하는 그리스어의 idion과 같은 의미에서, 진짜 바보짓에 더 근거를 두고 있다. 이 바보짓은 겉으로는 심원한 것처럼 보이지만 의미는 별로 없는 것이다. 어떤 것이 우리에 속한 것으로 보일수록 실은 우리가 바로 그것에 속해 있다. 그렇다고 그것이 특별히 '바닥 없이 무궁한 것'이라는 말은 아니다. 언어 옆에 성(性)이 있다. 요한은 그 하녀가 '젊다'는 것을 지적하고 있는데, 이것은 아마 중요한 지적 같다.

우리는 모두 언어와 성에 사로잡혀 있다. 분명 그러하다. 그런데 왜 언제나 혼 나간 사람의 목소리로 이 말을 하는 것일까? 더 잘 할 수도 있는데 말이다. 베드로는 그 사람들이 속고 있지 않다는 것을 분명히 잘 알고 있다. 스승을 전보다 더 강렬하게 부인하는 것은 그들을 설득하려고 하는 게 아니라, 그와 예수 사이의 인연을 끊고 동시에 현재 자신의 주위에 있는 사람들과 다른 인연을 맺기 위해서이다.

베드로는 거짓말이라면 천벌이라도 받겠다고 맹세하면서 "나는 당신들이 말하는 그 사람은 알지도 못하오."라고 잡아뗀다.

여기서는 소위 종교적인 속박, 즉 결속을 맺는 것(religare)이 문제가 되고 있다. 그래서 베드로는 헤로데가 살로메에게 엄청난 제의를 할 때 그랬던 것처럼, 맹세까지 하는 것이다. 베드로가 화를 내면서 언성을 높이는 것은 주위 사람들을 향하고 있는 게 아니다. 그것은 바로 예수를 향하고 있다. 베드로는 처음에는 하녀가, 이어서는 주위 사람들이 자신을 그렇게 만든 일종의 보잘것없는 희생양의 처지에서 벗어나기 위해 예수를 희생양으로 삼고 있다. 그 사람들이 베드로에게 한 것을 베드로는 되돌려주려 한다. 그러나 그렇게 할 수가 없다. 그는 복수를 하여 상대를 이겨낼 만큼 충분히 강하지 않다. 그래서 그는 예수를 배반하고, 그들과 함께 예수에 반대하는 동맹을 맺고, 예수를 그들식으로 막 취급함으로써, 적들의 호감을 사려 한다. 그가 예수를 체포하는 것이 좋다고 하고, 또 그렇게 함부로 취급하는 것을 보고, 왕의 충직한 부하들은 예수를 아마도 단순한 건달로 보았을 것이다. 그다지 친하지 않은 어떤 세계 안에서 그들의 친구가 되는 가장 좋은 방법은, 그들이 갖고 있는 적대감을 그대로 받아들여 그들의 적을 자신의 적으로 삼는 것이다. 이 경우, 이 타인들에게 하는 말은 "우린 같은 족속입니다. 우리는 단 하나의 똑같은 집단일 뿐입니다. 똑같은 희생양을 갖고 있기 때문입니다."라는 말에서 절대로 크게 벗어나지 않는다.

처음 부인할 때는 분명 두려움이 있다. 그리고 특히 부끄러움도 있다.

조금 앞에 있었던 베드로의 오만과 마찬가지로, 부끄러움은 모방적 감정, 그것도 특히 대표적인 모방적 감정이다. 이를 알기 위해서는 나에게 창피를 주는 그 사람(그 사람이 누구든지)의 시각으로 나를 보기만 하면 된다. 즉 강하게 상상하면 된다. 이것은 바로 종속적으로 모방하는 것과 같다. 이런 점에서, 상상과 모방은 사실 같은 것에 대한 두 가지 표현이다. 베드로는 모든 사람들이 멸시하고 있는 예수를 부끄럽게 여기고 있다. 즉 자신이 정한 모델을 창피스럽게 여기고 있다. 결과적으로 자기 자신에 대해 부끄러움을 느끼고 있다는 말이다.

사람들이 제시하는 예수라는 그 장애물에 대해 화를 내고 있는 것은 그들 무리에 들어가고 싶어 하는 베드로의 욕망, 바로 그것이다. 그래서 베드로는 하녀와 그 친구들이 거부하고 있는 그 인정을 받기 위해 기꺼이 어떤 대가라도 지불할 준비가 되어 있다. 그러나 이 작용의 철저함 때문에 생겨난 이토록 강렬한 그의 욕망은, 전적으로 부분적이고 또 일시적인 것이다. 이것은 오직 모두가 다 범하지만 그후에는 쉽게 잊고 마는 그런 사소한 비겁함 중의 하나일 뿐이다. 베드로가 이렇게 그의 스승을 조금 배반하더라도, 우리는 그다지 놀라지 않는다. 우리 모두 그런 것을 행하고 있기 때문이다. 정작 놀라운 것은 부인 장면에 나타나 있는 박해와 희생의 구조이다. 베드로의 부인 장면의 박해와 희생의 구조는, 세례 요한의 죽음과 예수 수난의 그것을 완전히 그대로 옮겨다 놓은 것과 같다.

"그들의 법적인 의미는 단지 겉으로만 그럴 뿐이다."라는 마태오의 말은 바로 이 구조적 동일성에 비추어서 해석해야 한다. 예수가 실제로 사람들에게 한 말은 모든 박해적 행위와 구조적으로 똑같은 것이다.

"살인하지 말라. 살인하는 자는 누구든지 재판을 받아야 한다."라고 옛사람들에게 하신 말씀을 너희는 들었다. 그러나 나는 이렇게 말한다. "자기 형제에게 성을 내는 사람은 누구나 재판을 받아야 하며 자기 형제를 가리켜 바보라고 욕하는 사람은 중앙 법정에 넘겨질 것이다. 또 자기 형제더러 미친놈이라고 하는 사람은 불붙는 지옥에 던져질 것이다."(「마태오의 복음서」 5:21-22)

십자가에 못박히지 않는 가장 좋은 방법은, 결국 다른 모든 사람들처럼 행동하면서 십자가 못질에 가담하는 것이다. 그러므로 베드로의 부인은 예수 수난의 한 삽화이며, 모든 사람들을 골고다 언덕으로 몰고 가는 희생양 모방이라는 거대한 물결 속에 잠시 나타난 회오리, 일종의 소용돌이에 불과하다.

   이 텍스트의 놀라운 힘은 곧 확인된다. 우리는 그것의 진정한 의미를 모를 수가 없다. 만약 그것을 무시한다면 우리는 반드시 그 영향을 받게 되고 또 이제는 우리가 베드로의 부인과 똑같은 구조를 재생산하게 될 것이다. 그것은 종종 '성 베드로의 심리학'으로 넘어가고 만다. 어떤 사람에 대한 심리학을 한다는 것은 언제나 그에 대한 조서를 꾸미는 것이다. 베드로의 조서는 비난의 냄새가 배어 있는 무죄 석방으로 끝나고 만다. 베드로는 완전히 악하지도 않지만 그렇다고 완전히 선한 것도 아니다. 우린 그를 믿을 수가 없다. 그는 변하기 쉽고, 충동적이며 다소 무른 성격을 갖고 있다. 결국 그는 필라테와 유사하고, 필라테는 헤로데와 꽤 유사하고, 헤로데는 아무하고나 다 비슷하다. 요컨대 성서의 이 모방적 심리학보다 더 단조롭고 이보다 더 지나치게 단순화하고 있는 것도 없을 것이다. 심리학 전부가 그렇다는 것은 아니다. 거시적으로 보면 그것은 무한히 다양한 이 세상과 닮았고, 미시적으로 보면 사실 거의 변하는 것이 없는 바로 우리 삶과 똑같은 사건이다.

   결국 불 주위에서 희생을 통해서 다시 생겨나는 것은 언제나 변함없는 종교이다. 그것은 언어와 수호신의 순결성, 즉 익숙한 경배의 순수성을 지켜나가는 종교이다. 베드로는 바로 이것에 마음이 끌렸는데, 이것은 아주 '자연스러운' 것이다. 성서의 신이 우리에게서 그것을 빼앗아갔다고 비난하고 있는 것을 보면, 우리 또한 그러함에 틀림없다. 소위 말하는 순전한 영악함으로 말이다. 아직도 우리가 그 사슬의 지배 아래 들어 있는 오래된 종교의 박해적 차원을 폭로하기 위해서는 우리는 당연히 영악해져야 한다. 성서는 부끄러운 박해자들인 우리 모두에 대해 우호적이지 않은 것이 사실이다. 성서는 오늘날에도 우리가 불가에서 행하는 가장 진부한 행동에서도, 아스텍인들이나 희생양을 불길 속에 내던지던 마녀 추방자들의 그 오래된 희생 제의적 행동을 끄집어내고 있다.

모든 탈주자들이 그러하듯이 베드로도 이전 친구들을 비난하면서 자신의 개종의 진지성을 과시하고 있다. 우리는 부인이 당연히 초래하는 이 같은 정신적 결과를, 인류학적인 차원에서 보아야 한다. 베드로는 욕설과 저주를 통해서 주위 사람들에게 그와 함께 하나의 '음모'를 꾸밀 것을 암시하고 있다. 어떤 맹세 아래 모인 무리들은 어떤 음모를 꾸미는 사람들이다. 그러나 이 말은 그 무리가 한 인물의 죽음이나 추방을 만장일치로 목표로 하고 있을 때 더 많이 쓰이는 말이다. 이 말은 또한 마술과 싸우는 마술적 기법인 악령 추방 제의에서도 쓰이고 있는 말이다.

많은 입문 의식들의 시험은 어떤 동물이나 때로는 그 집단의 적으로 알려진 사람을 죽이는 등의 폭력 행위로 되어 있다. 어떤 집단의 소속을 획득하려면 그 적을 희생양으로 만들어야 한다. 베드로는 자신의 부인에 박해자측에 다가서기 위한 능력을 부여하기 위해, 서약이라는 종교적인 언사를 사용한다.

베드로의 부인을 정확히 해석하기 위해서는, 세 복음서 속에서 그보다 앞서 일어난 것을, 특히 이에 앞서 일어나면서 이것을 예고하고 있는 두 장면을 살펴보아야 한다. 그것은 바로 예수 스스로 자신의 수난을 예언하는 장면이다. 처음 예언에 대해 베드로는 "주님, 안 됩니다. 결코 그런 일이 있어서는 안 됩니다!"라고 믿고 싶어 하지 않는다. 이런 반응은 모든 제자들의 태도를 반영하고 있다. 처음에는 피할 수 없는 것이지만, 이 같은 성공의 이데올로기가 이 조그만 세계를 지배하고 있었다. 사람들은 하느님 천국의 제일 좋은 자리를 다툰다. 자신은 대의에 따라 '동원되었다'라고 느끼고 있다. 공동체 전체는 모방적인, 그 결과 폭로의 진정한 성격도 보지 못하는 맹목적인 욕망에 사로잡혀 있다. 특히 예수는 마술사 혹은 민중의 지도자, 정치 지도자로 여겨지고 있다.

제자들의 믿음에는 여전히 메시아주의가 들어 있다. 그렇다고 그것이 사실이 아닌 것은 아니다. 베드로가 이를 잘 보여주고 있다. 하지만 그는 아직 부분적으로는 세속적 성공의 척도로써 그의 모험을 재고 있다. 실패, 고통, 죽음으로만 끝나게 될 참여가 과연 무슨 뜻이 있단 말인가?

이 경우 베드로는 엄격하게 자신의 말을 고친다. "사탄아 물러가라. 너는 나에게 장애물이다.(나에게 스캔들을 건다.)"(「마태오의 복음서」 16:23) 그가 잘못 생각하고 있다는 것을 이렇게 예수가 알려주었을 때 베드로는 곧 방향을 바꾸어 똑같은 속도로 다른 방향으로 질주한다. 체포당하기 바로 몇 시간 전 예수가 수난에 대해 두 번째로 예언을 하자 베드로는 더 이상 첫 번째처럼 반응하지 않는다. "오늘 밤 너희는 다 나를 버릴 것이다."(「마태오의 복음서」 26:31)라고 예수가 그들에게 말을 한다.

> 그때 베드로가 나서서 "비록 모든 사람들이 주님을 버릴지라도 저는 결코 주님을 버리지 않겠습니다."라고 하였다. 그러나 예수께서는 베드로에게 "내 말을 잘 들어라. 오늘 밤 닭이 울기 전에 너는 세 번이나 나를 모른다고 할 것이다."하고 말씀하셨다. 베드로가 다시 "저는 주님과 함께 죽는 한이 있더라도 결코 주님을 모른다고는 하지 않겠습니다."하고 장담하였다. 다른 제자들도 모두 그렇게 말하였다.(「마태오의 복음서」 26:33-35)

베드로의 겉으로 보이는 단호함은 사실 그의 모방의 강도와 같다. 이

'담론'은 첫 번째 예언 때에 비해 완전히 전도되어 있지만, 그러나 그 바탕은 변하지 않는다. 항상 베드로처럼 말하는 다른 제자들에게 있어서도 사정은 마찬가지이다. 왜냐하면 그들 역시 그만큼이나 모방적이기 때문이다. 그들은 베드로를 중개자로 하여 예수를 모방하고 있다.

예수는 베드로의 이런 열정이 사실은 그 뒤에 올 자포자기로 가득 찬 것이란 것을 알고 있었다. 그가 체포당할 때부터 그의 세속적 명성이 무너질 것을, 그리고 그는 더 이상 그 제자들의 모델이 안 될 것이란 것을 알고 있었던 것이다. 이 모든 모방적 선동들은 그와 그의 말에 대해 적의를 가진 개인이나 집단들에게서 나올 것이다. 제자들, 그중에서도 특히 베드로는 남에게서 영향을 너무 잘 받기에 또다시 영향을 받지 않을 수가 없다. 성서의 텍스트는 이제 막 보았던 그 대목에서 이것을 잘 보여주고 있다. 예수가 모델이라고 해서 그가, 그 근본에 있어서는 항상 욕망의 소외와 똑같은 정복욕과 같은 방식으로 모방되고 있다는 것을 의미하는 것은 아니다.

베드로의 첫 번째 변절은 그것 자체로는 물론 나무랄 데가 없지만, 거기에는 모방 욕망이 들어 있다. 예수가 알아본 게 바로 이것이다. 그는 거기에서 준비된 재난이 주어지면 부인의 형태로 나타날 베드로의 새로운 변절의 예고를 보았던 것이다. 그러므로 베드로의 부인은 합리적으로 예견할 수 있는 것이다. 그것을 꿰뚫어본 예수는 단지 그가 관찰한 것으로부터 다가올 미래에 대한 결론을 도출한 것일 뿐이다. 결국 예수도 우리와 같은 분석을 하였던 것이다. 그는 베드로의 이어지는 반응들을 자신이 행한 수난의 예언과 비교함으로써 베드로의 배반 가능성을 도출해 내었다. 예수가 그렇게 했다는 증거는 베드로의 부인에 대한 예언은 그의 두 번째 모방적 과시에 대한 대꾸로 나온 것이라는 것이다. 독자들의 판단 조건도 예수와 똑같다. 우리도 만약 모방 욕망을 이해한다면 그와 같은 결론에 이르지 않을 수 없을 것이다. 그러므로 우리는 예수라 불리는 이 사나이는 그 자신이 우리가 생각하는 그런 의미의 욕망을 이해하고 있었다고 결론내리지 않을 수가 없게 된다. 이 같은 것을 이해할 때에야 비로소 우리는 수난에 대한 두 번에 걸친 예언과 부인의 예언, 그리고 부인 그 자체가 이루고 있는 이 연속 장면의 모든 요소들의 연관 관계의 순리성을 드러낼 수 있다.

예수의 시각에는 모방 욕망이 들어 있음에 틀림없다. "오늘밤 너희는 다 나를 버릴 것이다."라고 말하고 있듯이, 자신을 부인하는 것을 포함한 베드로의 반응을 묘사할 때마다 예수는 항상 바로 이 욕망, 즉 스캔들(scandale)을 가리키는 이 말을 사용하고 있기 때문이다. 이 말은, '너희들이 이미 스캔들의 희생양인 만큼 너희들은 더 죄를 범하게 될 것이다'라는 의미가 된다. 그렇지 않다는 당신들의 확신, 절대 손상받지 않는다는 당신들의 환상이야말로 당신들의 실제 조건과 예고된 앞날을 상세히 말해 주고 있다. '그러나 저는'이라고 말하고 있는 베드로의 개인 차이의 신화는 그 자체가 모방적이다. 베드로는 자신을 모든 제자 중에서 가장 진지한 제자, 예수와 가장 필적할 수 있는 제자, 그래서 그의 존재론적 모델에 대한 진정 유일한 후계자라고 여기고 있다.

리어왕의 쌍둥이들과 같은 이들은, 그 앞에서 극적인 사랑을 경쟁하면서 자신들이야말로 아버지를 가장 열렬히 사랑하고 있다고 아버지를 설득하고 있다. 이 불쌍한 사람은 순수한 사랑 때문에 경쟁이 생겨난다고 여기고 있지만, 실은 그 반대다. 순수한 경쟁이 사랑이라는 이 유령을 부추기고 있는 것이다. 예수는 절대 파렴치함에 빠지지 않는다. 또한 그는 이런 종류의 환상에도 절대 빠지지 않는다. 베드로를 리어왕의 쌍둥이와 혼동하지 않으면서, 우리는 그를 유사한 욕망의 꼭두각시로 보아야 한다. 그는 바로 이 욕망에 사로잡혀 있기 때문에 절대로 그것에 사로잡혔다고 느끼지 못한다. 그는 부인하고 난 다음, 스승과 그의 예언을 생각하면서 오열을 터뜨리는데, 그때에 가서야 뒤늦게 진실을 깨우치게 된다.

예수의 수난에 대해 베드로와 제자들이 거짓 열성을 증거하고 있는 이 뛰어난 장면에서, 성서 기록자들은 우리들에게, 특별히 '기독교적'이라고 인정해야 할 이 종교적 열기에 대한, 아직 설익긴 했지만, 하나의 풍자를 제시하고 있다. 제자들은 새로운 종교적 언어, 수난의 언어를 지어내고 있다. 그들은 행복과 성공의 이데올로기를 거부한다. 하지만 그들은 고난과 실패를 가지고, 이전의 승리자 의식과 정확하게 똑같이 작용하는 새로운 사회적, 모방적 장치인, 이전의 것과 아주 유사한 새로운 이데올로기를 만든다.

집단의 사람들이 어떤 일에 대해 부여할 수 있는 모든 유형의 집착은 예수에게는 어울리지 않는 것이라고 선언된다. 이것이야말로 기독교의 역사 내내 특히 오늘날에 있어, 우리가 익히 보아왔던 끊이지 않고 되풀이되어 나타나고 있는 태도이다. 제자들은 두 번째로, 오늘날의 기독교 지역에서는 패권을 누리고 있는 반패권주의, 항상 교권적인 반교권주의를 상기시킨다. 이런 식의 태도가 이미 성서에서 비난받고 있었다는 사실은, 가장 고결한 기독교적 영감을 결코 그것의 심리적 부산물로 격하시켜서는 안 된다는 것을 잘 보여주고 있다.

* * *

베드로의 부인을 미리 예견한 예수의 유일한 기적은 실은, 그의 말에 잘 나타나 있는 욕망에 대한 이해이다. 성서 기록자들이 스스로 이를 좁은 의미의 기적이라 부르고 있는 것은 혹시 예수의 이 같은 욕망 이해를 끝까지 모르고 있었기 때문은 아닌지 걱정스럽다.

"바로 이 밤에 닭이 두 번 울기 전에 너는 날 세 번 부인할 것이다." 이처럼 세세한 데까지 밝히고 있는 이 예언은 우리가 텍스트를 분석하면서 얻은 뛰어난 합리성을 어둠 속에 빠뜨리고 있다. 우리가 얻은 합리성은 거기 들어 있지 않고 우리는 다만 꿈을 꾼 것이란 말인가? 그렇게 생각하지 않는다. 우리에게 합리성을 암시해 주는 사실들은 너무나 수가 많고 또 그것의 일치도 너무나 완벽하기 때문이다. 이야기 서술의 실체와 '스칸달론(skandalon)' 이론, 즉 모방 욕망 이론의 수렴은 우연한 것일 수가 없다. 그러므로 우리는 성서 기록자들이 '그들 텍스트가 밝히고 있는' 이 욕망의 원동력을 끝까지 파악하고 있는지를 따져보아야 할 것이다.

처음에는 성서 기록자들 자신이, 뒤에는 후세 사람들이 닭 울음소리에 부여한 그 특이한 중요성은 이해가 부족했다는 것을 말해주고 있다. 바로 이런 상대적인 오해 때문에 이 닭이 그 주위에 '기적'이 형성되는 일종의 물신화된 동물로 변하게 되는 것이다.

전문가들에 의하면, 그 시대의 예루살렘에서는 첫 번째와 두 번째 닭 울음소리는 단순히 밤의 어떤 시간을 가리킨다. 그러므로 원래 닭을 언급하는 것은 성서가 이야기하고 있는 실제의 동물과는 무관한 것이다. 라틴어 번역에서 제롬은 그리스어판보다 닭 울음을 한 번 더 넣는다. 두 번의 울음 중 한 번이 빠져 있었던 것이다. 자기 권한으로 이 번역자는 한 번의 탈락을 고쳤다. 그가 보기에 이것은 절대 빠트려서는 안 될 것 같았던 모양이다. 즉 스캔들을 일으킬 것 같았던 것이다.

내가 보기에, 다른 세 성서 기록자들은 마르코가 닭 울음소리에 대해 지나치게 중요성을 부여하고 있다고 생각하고 있는 것 같다. 닭 울음소리를 제자리에 돌려놓으려는 그들은 감히 그것을 빼지는 못하고 한 번만 울게 하였다. 요한도 비록 그것 없이는 닭의 존재 이유도 없어지는 부인의 예언을 다 제거해 버렸음에도 불구하고 마침내 끝에 가서는 이를 언급하고 만다.

우리가 물론 베드로의 부인과 그 이전 행동의 항상 모방적인 이유를 파악하고 있는 한, 완전히 합리적으로 설명이 되는 이 예언을 기적이라고 볼 필요는 없다.

왜 일개 작가가, 그 이야기 안에서 합리적으로 설명이 되는 어떤 예견을 두고 기적이라고 바꾸었을까? 가장 그럴 듯한 설명은 그가 이런 합리성을 알지 못하거나 아니면 잘못 알고 있었다는 것이다. 이것은 부인 이야기 속에 나타나는 것이다. 편집자는 분명 베드로의 행동의 비일관성 뒤에 일관성이 있다는 것은 알고 있었지만, 그것이 정확하게 어떤 일관성인지는 알지 못하였다. 그는 스캔들 개념이 가진 중요성은 알고 있었지만 그것을 적용하지는 못하고 단지 이에 대해 아마도 예수나 아니면 첫 번째 중개자로부터 들은 그대로 되풀이하고 있을 뿐이다. 이 편집자는 이 사건에서 닭의 역할 또한 알지 못하고 있다. 그렇다고 그렇게 중요한 것은 아니지만, 그러나 이 두 오해는 자연스럽게 뒤섞여서 닭 울음을 알아맞춘 것이 바로 기적이라는 결론을 내리게 한다. 이 두 개의 불투명성은, 결국 서로의 존재를 초자연적으로 설명하고 있는 것 같지만, 서로의 영향을 입은 서로의 결과일 뿐이다. 설명할 수는 없지만 분명히 존재하는 이 닭 울음은 이 장면 전체에 퍼져 있는 불가해한 것을 한층 더 알 수 없는 것으로 만들고 있다. 사람들은, 알지 못하는 지식은 모두 일종의 기적으로 보는 경향이 있다. 그러므로 어떤 신화가 실행되는 데는 겉으로는 그 역시 신비스럽지만 아주 구체적인 하나의 사실만 있으면 충분하다. 여기서 이 닭이 약간은 물신처럼 숭배되고 있는 것도 바로 이 때문이다.

 나의 분석은 사변적일 수밖에 없다. 그러나 성서에는 이것을 도와주는 지적이 있다. 예수는 제자들이 기적을 너무 지나치게 좋아하고 있는 것과 그들에게 주어진 가르침을 깨닫지 못하는 무능을 비판하고 있다. 이 같은 두 가지 무능력, 아니 오히려 하나의 무능력의 두 가지 얼굴을 가정할 때에야 비로소 우리는 전혀 필요치 않은 장면에 기적이 끼어들고 있는 것을 이해할 수 있게 된다. 쓸데없이 존재하는 이 기적은 이 부인 장면에 해가 되고 있다. 텍스트에서 드러나는 인간 행위에 대한 뛰어난 이해를 다시 어둠 속으로 빠뜨리기 때문이다. 기적은 믿지 않는 사람뿐 아니라 신자들에게 있어서도, 지적인 나태뿐 아니라 심지어는 정신적인 나태를 조장한다.

성서의 텍스트는 초기 제자들에 의해 쓰였다. 유월제의 시련으로 다소 바뀌긴 했지만, 기독교 제1세대와 제2세대의 증언에는 예수가 지적한 불충분성에 대한 기억이 오랫동안 남아 있었을 것이다. 성서가 가장 나은 사람들도 가르침을 제대로 이해하지 못하고 있다고 강조하고 있는 것은 초기의 이 제자들에게 모욕을 주려는 것도 아니고 후세인들이 이들을 깎아내리려고 한 것도 아니다. 그것은 오로지 예수의 말을 전해듣고 이를 우리에게 전해준 사람들의 정신과 예수 본인 사이의 거리감을 암시하기 위해서이다. 여기에는 2,000년이 지난 오늘날 우리가 이 세상에서, 성서를 해석할 때 결코 간과해서는 안 될 어떤 가르침이 들어 있다고 생각한다. 오늘날은 예수 시대만큼이나 뛰어나지 못하지만 몇 세기 동안 그것에 젖어든 면도 있기에 그의 교리의 어떤 면들은 단번에 포착할 수도 있을 것이다. 이런 면들은 우리가 단순히 '기독교'니 '성서'니 하는 것들을 생각할 때 머리에 떠오르는 그런 것들이 아니다. 그것은 이 텍스트에서 가장 뛰어난 장면들 중의 하나인 부인 장면과 같은 장면을 이해하는 데 꼭 필요한 것들이다.

내가 옳다면, 그리고 성서 기록자들이 부인의 합리성과 예수가 행한 예언의 합리성을 제대로 이해하지 못하고 있다면, 성서 편집자들이 그 논리도 완전히 모르면서 이 장면에 갖다 붙인 그 기적과 오늘날 이 논리를 밝혀줄 수 있는 사실들을 동시에 말하고 있는 우리 텍스트는 정말 대단하다. 성서 기록자들은 결국 우리가 그들과 똑같은 데이터를 가지고 행하고 있는 이 같은 합리적인 해석 대신에 비합리적인 해석을 하였기에 완전히 해석할 수 없었던 것들을 우리 손에 넘겨주었다고 볼 수 있다. 그러나 우리는 성서가 없었더라면 예수에 대해 어떤 말도 할 수 없다는 것을 절대로 잊지 않고 있다.

기적의 도움 없이도 잘 해석되는 한 장면에다가 우리 텍스트는 상세한 설명을 덧보태고 있다. 그러므로 다를 이해할 수는 없을지라도 그 성서 편집자들은 상당한 정확성을 기하면서 자료들을 수집하여 이를 필사본으로 옮겼음에 틀림없다. 내 생각이 옳다면 어떤 점에서 그들의 불충분성은 다른 모든 점에서의 충실성으로 벌충되었다.

처음에는 이 같은 결점과 장점의 보완이 결합하기 힘든 것처럼 보이지만, 깊이 생각해 보면 그 반대로 완전히 그럴 듯하다는 것을, 성서 제작이 조금이라도 이 모방의 영향을 받아 이루어졌다면, 심지어 그럴 가능성이 충분히 있다는 것을 알게 된다. 이 모방은 그들 행동이 그것의 존재를 말해 주고 있기에 예수가 제자들을 그토록 꾸짖던 그 모방이다. 아무리 선의를 가진 사람도 모방에서 완전히 벗어날 수 없으므로 모방의 기능을 완벽하게 알지 못하는 것이 상례이다.

닭의 주위에 신화가 형성되는 것은, 나의 해석이 정확하다면, 성서가 보여주고 있는 그 예와 유사한 모방의 악화 현상을 나타내는 것이다. 예컨대 세례 요한의 살해 때 쟁반 위의 머리라는 테마는 곧이곧대로 한 모방의 결과이다. 한 개인에서 다른 개인으로의 이행이나 한 언어에서 다른 언어로의 번역이 진정으로 충실하기 위해서는, 어떤 거리를 필요로 한다. 그 모델에게 너무 빠져서 모델에 너무 가까이 있는 모방자는 세세한 것들을 모두 아주 정확하게 모방하지만 때때로 소위 신화적인 실수를 하기 일쑤이다. 원시인들의 신성화, 그의 무고함이 알려지지 않은 희생양의 신격화 등은 모두 전능한 모방, 희생물 모델에 관한 지나친 집중화에서 나온 것이다.

성서의 증언에 들어 있는 장점과 결점들은 특별히 두드러진 뚜렷한 모습으로 모방적 해석의 중요한 개념인 '스캔들'에 대한 인식에서 다시 나타나고 있다.

'스칸달론(skandalon)'과 '스칸달리젠(skandalidzein)'이란 말의 가장 흥미로운 용법은 모두 다 예수 자신이 사용한 것이다. 이것들은 약간 제멋

대로 쪼개진 조각처럼 나타나고 있다. 중요한 말이라고 하여 항상 논리적으로 전개되는 것은 아니다. 그리고 그 순서도 성서 기록자에 따라 서로 달리 나타나고 있다. 연구자들이 밝히고 있듯이, 이 순서는 단지 똑같은 낱말이 나타나고 있다는 그 점 때문에, 뒤에 오는 다른 문장을 이끌고 있다고 여겨지는 어떤 낱말이 그 문장 안에 있느냐 없느냐에 따라 결정된다. 그래서 우리는 여기에는 분명, 외워서 알고 있고 기억에 의해 서로 연결되어 있는 그런 문장을 외워서 쓴 것이 들어 있다고 생각할 수 있다.

스캔들의 명확한 의미를 알기 위해서는 그러므로 이 모든 문장들을 다시 재구성해 보아야 한다. 그래서 이것들을 일단 정확한 자리에 놓고 보면 모방 이론 그 자체를 이루게 되는 퍼즐 게임의 여러 조각들처럼 취급해야 한다. 이것이 바로 내가 『세상 설립 이래 감추어져 온 것들』에서 보여주려 하였던 것이다.

그러므로 이제 우리의 문제는, 그 요소들이 아주 헝클어져 있기에 주석자들에 의해 지금껏 한번도 제대로 밝혀지지 않았고, 때로는 기록자들의 미숙함 때문에 다소 변형되기까지 하였지만, 실은 뛰어난 일관성을 가지고 있는 하나의 총체와 같은 것이다. 이 요소들을 그들이 맡았을 때 그 저자들은 '예수는 사람 안에 누가 있는지를 알고 계신다'라고 막연하게 말하고는 있지만, 그것이 정확히 무엇인지는 모르고 있다. 그들은 손에 입수한 모든 자료들을 완벽하게 다룰 수 없었으므로 이 자료들 안에 기적을 가미하는 등 약간 손질을 가했다.

성서의 초자연적인 차원이 있다는 것은 부인할 수 없다. 그리고 나도 그것을 부인하거나 훼손할 생각은 없다. 그렇지만 이 초자연적인 차원 때문에 이제 우리에게 밝혀진 이 이해의 형식을 거부해서는 안 된다. 이것이 진정 이해의 형식이라면 이런 이해는 갈수록 기적적인 것을 줄여나갈 수 있을 것이다. 기적은 이해할 수 없는 것을 두고 하는 말이다. 그러므로 그것은 성서적 의미에서 진정한 정신의 작업이 아니다. 이해할 수 없는 것이 이해할 수 있는 것으로 변하고, 또한 신화적으로 불가해한 것들이 투명한 것으로 되는 것이야말로, 좁은 의미의 기적보다 더 큰 기적이다.

성서에 대하여 찬성하든 반대하든 간에 광신적인 태도를 가지고 있는 사람들은 거기서 기적만을 보려 한다. 그러고는 그 기적의 역할이 과장되어 있을 수 있다는 것을 입증해 보려는 모든 정당한 노력마저도 단호히 비난하고 있다. 여기서 이런 생각은 반(反)성서주의와는 무관하다. 우리에게 기적의 남용을 조심하라고 가르쳐준 사람이 바로 성서 기록자들 자신이다.

여기서 내가 도출해 낸, 인간 관계의 모방성이라는 이 합리성은 그 원칙에 있어 너무 체계적이고, 그 결과에 있어서 너무 복합적이고, 스캔들에 관한 '이론적' 구절과 완전히 이것에 지배받고 있는 이야기 속에서 이것은 너무나도 분명히 존재하고 있는 것을 볼 때, 이것이 우연히 거기에 있다고 보기는 힘들 것 같다. 하지만 이 합리성은 완전히 머리로 생각해 낸 것이 아니다. 그러므로 거기에다 그것을 둔 사람들에 의해 만들어진 것은 더욱 아니다. 만약 그들이 그것을 완전히 이해했다면 그들은 그들 독자들과 우리가 방금 본 그 장면 사이에 기적 같은 닭 울음소리라는 다소 조잡한 장면을 끼어 넣지는 않았을 것이다.

사정이 이러하기에 우리는, 성서는 순전히 쉽게 흥분하던 초기 기독교인의 분위기 속에서 만들어진 산물이라고 생각할 수가 없을 것 같다. 이 텍스트의 기원에는 분명 실제로 예수의 제자들에게 영향력을 행사하면서 또 그들의 글에 영감을 준 그들 집단 외부에 있던 어떤 뛰어난 지성의 소유자가 있었음에 틀림없다. 우리가 서술적인 이야기와 예수 자신이 부여한 말들인 이론적 말들 사이를 왔다 갔다 하는 일종의 왕복 운동 속에서 모방 이론을 재구성할 수 있을 때, 우리는 이 제자들의 생각을 뒤쫓고 있는 것이 아니다. 우리가 찾는 것은 바로 이 지성인의 흔적이다.

성서 기록자들은 예수라 불리는 이 사나이와 우리 사이에 있는 불가피한 중개자들이다. 그러나 이전의 다른 예들과 같이 베드로의 부인과 같은 예에서는 그것들의 불충분함도 긍정적인 어떤 것으로 변하고 있다. 그것은 그 증언의 신빙성과 힘을 더 증가시키고 있다. 성서 기록자들이 대부분의 경우에는 아주 정확하지만 그에 덧붙여서 어떤 것은 전혀 이해하지 못함으로써, 그들은 말하자면 수동적인 중개자가 되고 있다. 그들의 상대적 오해를 볼 때 우리는 그들보다 더 나은 이해력에 직접 도달하고 있다고 생각하지 않을 수 없다. 그러므로 우리는 아무런 중개자 없는 소통을 하고 있다는 느낌을 갖게 된다. 그러나 이러한 점은 타고난 우리의 뛰어난 지성 때문이 아니다. 그것은 바로 꾸준히 성서의 영향을 받아서 형성되어 온 역사 덕분이다.

이런 역사라고 해서 꼭 예수가 말한 원칙에 맞게 전개된 것은 아니다. 초기 제자들은 이해하지 못한 성서 텍스트의 어떤 양상들을 우리가 이해하기 위해서, 역사가 꼭 유토피아가 되어야 할 필요는 없다. 단지 이 역사의 특징이 느리지만 꾸준하게 박해의 기록물들을 자각하는 것이기만 하면 된다. 그런데 이 박해는 지금도 그 도를 더하고 있으며 더구나 더 애석하게도 우리마저 그것을 행하고 있다.

단번에 밝혀지는 이런 구절들 속에서 이 성서 텍스트는 그것을 알지 못하는 사람의 대변을 통해서 받아보는 하나의 암호처럼 보인다. 그 수신자인 우리는 전달자가 그 내용을 모를수록 메시지의 진정성이 더 보장되고, 또 그럴수록 우리는 그 메시지에서 본질적인 것은 어떤 것도 변조되지 않았을 것이라는 확신을 더 갖고서, 더 감사한 마음으로 전달받는 그런 암호말이다. 그러나 나의 구상이 옳지 않을지도 모른다. 왜냐하면 어떤 기호가 암호로 변하기 위해서는, 합의에 의해 그 기호의 의미를 변화시키기만 하면 되기 때문이다. 그러면 어떠한 사전 묵계가 없어도 그때까지 모호하던 기호들이 모두 갑자기 불이 붙으면서 빛을 발하게 된다. 이것은 바로 빛의 축제이다. 미처 우리가 그것이 사라졌다는 것조차 모르고 있는 그 의미의 부활을 축하하기 위해 우리 주위에서 타고 있는 빛의 축제 말이다.

13 게라사의 악령들

성서에서 우리는 처음에는 비합리적이고 이해할 수 없지만 결국에 가서는 모방이라는 단 하나의 요소로 귀결되는 온갖 종류의 인간 관계를 볼 수 있다. 모방은 인간의 욕망과 경쟁, 그들 사이의 비극적이고 그로테스크한 오해에 의한 인간 분열의 기원이다. 그뿐 아니라 이것은 모든 무질서의 기원이며, 그 결과 저절로 화합을 가져다주는 희생양의 매개를 통한 질서의 기원이기도 하다. 왜냐하면 이 희생양들은 자신 주위에 언제나 모방적이면서 만장일치적인 최종 절정에 가서 모방 효과에 의해 이전에는 서로 적대적이던 사람들을 하나로 모으기 때문이다.

물론 바로 이 같은 작용이 지구상의 모든 신화, 모든 종교의 발생의 기초가 되고 있다. 이 작용은 보았다시피, 다른 종교들은 이것을 감추고 또 집단 살해를 없애거나 은폐함으로써, 또 숱한 방법을 동원하여 박해의 전형들을 지워 그 도를 감소시킴으로써 우리로부터 감추는 데 성공하고 있지만, 반면에 성서는 어디서도 그 전례가 없는 엄격함과 힘을 가지고 이 작용을 들추어내고 있다.

베드로의 부인이나 특히 세례 요한의 죽음을 다시 읽으면서, 그리고 무엇보다도 내가 교조적이라고 이름 붙인 바 있는 고집을 가지고 그 영향 관계를 강조하는 이 모든 폭로의 진짜 핵심이라 할 수 있을 예수 수난을 다시 읽으면서 우리가 이제 막 확인하였던 것이 바로 그것이다. 이제는 오래전부터 신화와 박해의 기록들에 물들어 있던 많은 사람들의 머리 속에 이 결정적인 진실들을 넣어주어야 한다. 이 진실은 틀림없이 그들로 하여금 이제 더 이상 그들의 희생양들을 신성화하지 않게 하여 그들을 해방시켜 줄 것이다.

우리가 살펴본 대목들 모두에서 성서는 여전히 신화적인 것과 제의적인 것을 감추고 있는 종교의 발생을 분명히 드러내고 있다. 이런 종교의 발생은 본질적으로, 그들 희생양이 유죄라는 믿음, 그것도 만장일치적인 믿음에 기초해 있는데, 성서가 그것을 완전히 폭로하고 있다. 실제로 거기서 일어난 사건과 신화, 특히 진화된 신화에서 일어나고 있는 사건 사이에는 공통점이 하나도 없다. 후에 생겨난 종교들은 성스러운 죄인과 모든 폭력을 감소하고, 축소하고 완화하고 심지어는 완전히 제거하기도 한다. 그러나 그것들은 추가의 은폐이다. 이 종교들은 박해 기록, 그 체계 자체에 대해서는 하나도 손을 대지 않는다. 그 반대로, 성서의 세계에서 붕괴되고 있는 것은 바로 이 체계이다. 여기서는 이제 더 이상 완화나 미화가 문제가 아니고, 이번에는 그 과정을 분명하게 드러내고 있기에 그래서 이제는 더 이상 그 과정이 작동하지 못하도록 하는 것인데도 불구하고, 그것이 다시 한번 폭력적 기원을 만들어내고 있다는 그 이유로, 무식한 우리들이 '원시적'이라고 여기고 있는 바로 그 과정에 힘입어, 진실로 되돌아가는 것이 문제이다.

우리가 살펴본 텍스트들은 모두 이런 과정의 예들이다. 그리고 이것들은 예수 자신과 그 뒤를 이은 서한집의 사도 바오로가 이 세상의 권력의 십자가의 붕괴 작용을 규정하던 그 방법과 완전히 일치하고 있다. 그때까지는 권력, 즉 희생양 메커니즘이 계속 작동하고 있었기 때문에 어쩔 수 없이 보이지 않고 있던 것들이, 예수 수난으로 인해 분명히 드러나게 된다.

이 메커니즘과 그것을 둘러싸고 있는 모든 메커니즘을 다 폭로하면서 성서는 단 하나의 텍스트 장치를 보여주고 있다. 이제 이 장치를 통해 인간은 만장일치로 유죄로 간주되기에 신성하게 된 희생양의 거짓 초월성에 바탕을 둔 신화적 표현 체계에 더 이상 물들지 않게 될 것이다.

이런 초월성은 성서와 신약에서 직접 이름이 붙여진다. 그것은 아주 많은 이름이 있기도 하지만 주로 그것은 사탄이라는 이름으로 불린다. 사탄이 폭력의 거짓 초월성과 동시에 나타나지 않았더라면, 그것은 '애초의 살인자인 동시에 거짓의 아버지이며 속세의 왕자'라고 여겨지지는 않았을 것이다. 사탄의 나쁜 점 중에서도 특히 선망, 질투가 가장 두드러지게 나타나고 있는 것이 순전히 우연 때문만은 아니다. 그 욕망이 영육이 분리되는 것이 아니라면, 사탄은 바로 이 모방 욕망의 화신이라고 말할 수 있을 것이다. 이 화신은 모든 존재, 모든 사물, 모든 텍스트들에서 그 내용물을 비워버린다.

거짓 초월성을 기본 개체로 볼 때, 성서는 이를 '악마(diable)', 혹은 사탄이라고 부르지만, 다수로 고려할 때 그것은 특히 '악령들(démons)', 혹은 악령의 세력이라 부르고 있다. 그런데 악령을 나타내는 프랑스어 표현 중 démon이라는 말은 물론 사탄의 동의어가 될 수도 있지만, 정확하게 말하자면, 우리가 정신병리학적으로 타락했다고 말할 수 있는 그런 존재보다도 저급한 이 '속세 권력'의 형태를 가리키고 있다. 다수로 보일 수도 있고 또 분리될 수도 있다는 바로 그 점에서, 이 초월성은 힘을 상실하고 순수한 모방적 무질서에 다시 빠져버리고 마는 경향이 있다. 그래서 악령의 세력은, 동시에 질서와 무질서의 원칙으로 나타나는 사탄과는 달리, 무질서가 횡행할 때에만 나타나고 있다.

성서 기록자들이 전통적인 종교와 마술적인 믿음에서 나온 이름을 이 '힘들'에게 붙이고 있는 것을 보면, 그들은 그때까지도 그 힘들을 개별적인 개성을 가진 자율적인 정신적 실체라고 보고 있었던 것 같다. 성서의 거의 모든 페이지에서 우리는 악령이 말을 하거나 예수에게 말을 걸거나 또는 그들을 제발 내버려달라고 부탁하는 것을 볼 수 있다. 공관 복음서에 다 들어 있는, 사막에서 예수를 유혹하는 유명한 장면에서 사탄은 사람으로 화해서 하느님의 아들을 거짓 약속으로 꾀어내어 그가 맡은 소명을 포기하도록 유혹한다.

성서 기록자들은 마술적인 미신와 모든 속된 종교적 믿음을 파괴하기는커녕, 내가 주장하는 것처럼, 이런 믿음을 전복적인 형태로 밀어넣었다고 결론 내리면 안 될까? 중세말에 와서 마녀 추방자들이 자신들의 행동을 정당화하기 위해 의지했던 것은 결국 바로 이 성서에 나타나 있는 악령에 대한 이런 생각과 악마주의였다.

특히 오늘날에 와서 많은 사람들에게 있어서, 악령이 들끓고 있는 것이 '성서의 밝은 면을 어둡게 하고' 있고, 예수가 병든 자를 기적같이 치유한 것도 원시 사회에서의 전통적인 악마 추방과 구별이 잘 안 되고 있다. 지금까지 우리가 살펴본 대목에 기적의 장면은 하나도 들어 있지 않았다. 어떤 비평가는 이를 지적하면서 내 주장에 방해가 될 만한 장면을 피한 것은 아닌가, 하고 의심하는데 이는 당연한 의심이다. 때로 사람들은, 내가 상식과는 너무나도 동떨어지기 때문에 도저히 진지하게 받아들일 수 없는 시각을 그럴 듯하게 보이게 한 것은 오로지 내가 세심한 배려를 통해서 나의 텍스트를 다른 것과 분리시키면서 선택을 했기 때문이라고들 말하기도 한다. 나는 이제 이럴 수도 저럴 수도 없는 지경에 빠지게 되었다.

이 시련에 가능한 한 가장 단호한 성격을 부여하기 위해 나는 다시 「마르코의 복음서」로 돌아가보고자 한다. 왜냐하면 네 명의 성서 기록자들 중에서 그는 기적을 가장 좋아하여 현대인의 감각과 가장 어긋나는 방식으로 이를 가장 많이 언급하고 있기 때문이다. 「마르코의 복음서」에 나오는 환자 치유 중에서 가장 기적 같은 것은 아마도 '게라사의 악마'

에피소드일 것이다. 이 텍스트는 길이도 충분히 길고 또 구체적인 사실들도 충분히 많이 들어 있기 때문에 주석자들이 이보다 짧은 이야기에서는 모르고 지나쳤던 것을 깨닫게 해줄 수 있을 것이다.

가장 가혹한 나의 비판자들도 나의 이런 선택을 인정해 줄 것이다. 게라사는 오늘날 그 누구라도 이런 텍스트를 생각할 때는 항상 '야만적', '원시적', '시대에 뒤떨어진', '미신적인', 그리고 실증주의자들이 대체로 종교적인 것에 대해 그 기원을 구분하지도 않은 채 붙이고 있는 모든 수식어들을 꼭 떠올리게 되는 그런 텍스트들 중의 하나이다. 그런데 사람들은 이런 수식어를 기독교에 대해서만 붙이고 있는데, 그것은 그 수식어들이 기독교 아닌 다른 종교에게는 너무 비방적인 것이라고 판단하고 있기 때문이다.

나는 마르코의 텍스트를 중심으로 하겠지만 루가나 마태오의 텍스트가 이와 관련될 때는 그때마다 같이 살펴보기로 하겠다. 갈릴리 호수를 건넌 예수는 이교도 땅인 데카폴리스 지방의 해안에 도착한다.

그들은 호수 건너편 게라사 지방에 이르렀다. 예수께서 배에서 내리시자마자 더러운 악령들린 사람 하나가 무덤 사이에서 나오다가 예수를 만나게 되었다. 그는 무덤에서 살았는데 이제는 아무도 그를 매어둘 수가 없었다. 쇠사슬도 소용이 없었다. 여러 번 쇠고랑을 채우고 쇠사슬로 묶어두었지만 그는 번번이 쇠사슬을 끊고 쇠고랑도 부수어버려 아무도 그를 휘어잡지 못하였다. 그리고 그는 밤이나 낮이나 항상 묘지와 산을 돌아다니면서 소리를 지르고 돌로 제 몸을 짓찧곤 하였다. 그는 멀찍이서 예수를 보자 곧 달려와 그 앞에 엎드려, "지극히 높으신 하느님의 아들 예수님, 왜 저를 간섭하십니까? 제발 저를 괴롭히지 마십시오." 하고 큰소리로 외쳤다. 그것은 예수께서 악령을 보시기만 하면 "더러운 악령아, 그 사람에게서 나오너라." 하고 명령하시기 때문이었다. 예수께서 "네 이름이 무엇이냐?" 하고 물으시자 그는 "나의 이름은 군대입니다. 우리의 숫자가 많아서 그렇습니다."라고 대답하였다. 그리고 그들을 그 지방에서 쫓아내지 말아 달라고 애걸하였다. 마침 그곳 산기슭에는 놓아기르는 돼지 떼가 우글거리고 있었는데 악령들은 예수께 "저희를 저 돼지들에게 보내어 그 속에 들어가게 해주십시오." 하고 간청하였다. 예수께서 허락하시자 더러운 악령들은 그 사람에게서 나와 돼지들 속으로 들어갔다. 그러자 거의 이천 마리나 되는 돼지떼가 바다를 향하여 비탈을 내리달려 물 속에 빠져 죽고 말았다. 돼지 치던 사람들은 읍내와 촌락으로 달려가서 이 일을 알렸다. 동네 사람들은 무슨 일이 일어났는지 보러 나왔다가 예수께서 계신 곳에 이르러 군대라는 악령들렸던 사람이 옷을 바로 입고 멀쩡한 정신으로 앉아 있는 것을 보고는 그만 겁이 났다. 이 일을 지켜본 사람들이 악령들렸던 사람이 어떻게 해서 나았으며 돼지떼가 어떻게 되었는가를 동네 사람들한테 들려주자 그들은 예수께 그 지방을 떠나달라고 간청하였다.(「마르코의 복음서」 5:1-17)

악령들린 사람은 무덤 사이에 살고 있다. 이 사실에 놀란 마르코는 이것을 세 번이나 되풀이해서 말하고 있다. 밤이나 낮이나 항상 묘지에 있던 그는 무덤을 나오다가 예수와 만난다. 마르코는 우리에게, 이 사람은 모든 쇠사슬도 부수어버리고 모든 규칙들도 무시하고 옷도 거부하고 있으므로 가장 자유로운 사람이지만, 스스로의 광기에 사로잡힌 죄수이자 악령에 사로잡힌 자라고 말하고 있다.

이 사람은 살아 있는 죽은 사람이다. 모방적이고 박해적인 무차별화의 의미에서 볼 때 이 같은 그의 상태는 위기의 현상이다. 그에게는 삶과 죽음의 차이가 없고, 자유와 구속의 차이가 없다. 사람 사는 동네에서 멀리 떨어진 무덤에서 살고 있는 것은 그러나 이 사람과 공동체 사이의 단절에 의해 빚어진 일시적인 현상이다. 마르코의 복음은 게라사인들은 이 사람과 함께 오래전부터 주기적으로 비정상적인 관계를 유지하면서 살아오고 있음을 암시해 주고 있다. 이 사람을 "그 마을에서 나온 사람"(「루가의 복음서」 8:27)이라고 표현하고, 또 그가 발작할 때에는 이 악령에게 몰려 "광야로 뛰쳐나가곤 한다."(8:29)는 것을 우리에게 가르쳐줌으로써, 루가는 더 많은 것을 강조하고 있다. 악령은 또한 이 텍스트가 두 번이나 언급하고 있는 데서 알 수 있듯이 그 역시 중요한 차이인 도시 생활과 도시 밖의 생활 사이의 차이마저도 없애버린다.

루가는 이 사람이 간헐적으로 마을에 나타나고 있다고 암시하고 있다. "그 사람은 여러 번 악령에 씌어 발작을 일으키곤 하였기 때문에 쇠사슬과 쇠고랑으로 단단히 묶인 채 감시를 받았으나 번번이 그것을 부수어버리고 악령에게 몰려 광야로 뛰쳐나가곤 하였던 것이다."(「루가의 복음서」 8:29)

게라사인들과 이 악령들린 사람은 정기적으로, 똑같은 위기를 거의 같은 방식으로 겪고 있다. 위기가 다시 시작될 것 같으면 마을 사람들은 그를 쇠사슬과 쇠고랑에 매어서 위기가 작동하는 것을 막으려고 애를 쓴다. 그들은 '그를 감시하려고' 그렇게 한다고 복음서는 말하고 있다. 그런데 그들은 왜 '그를 감시하려' 하는 것일까? 겉으로 보기에는 그것은 너무나 명백한 것처럼 보인다. 환자를 치유시키는 것은 곧 그의 증상이 사라지도록 하는 것이다. 그런데 여기서 이 사람의 주된 증세는 산이나 묘지를 싸돌아다니는 것이다. 그래서 게라사인들은 그를 쇠사슬로 매어두는 것이다. 그들이 스스럼없이 폭력에 의존할 만큼 이 사람의 병세는 아주 심하다. 그렇다고 해서 그들이 쓰고 있는 방법이 좋은 것은 아니다. 그때마다 그 희생양은 그들이 애써 묶었던 것을 뛰어넘고 있다. 비록 그가 길들일 수 없는 사람이 되었다 하더라도, 이처럼 폭력에 의지하는 것은 이 사람의 고독의 욕망과 그 욕망의 힘을 더 증가시킬 뿐이다. 마르코는 말하고 있다. "아무도 그를 길들일 수 없었다."(「마르코의 복음서」 5:4)

이런 현상이 반복되고 있다는 것은 이것의 제의적인 성격을 나타낸다.

이 비극에 나오는 모든 사람들은 매번 무슨 일이 일어날지를 정확히 알고서 모든 것이 효과적으로 그전처럼 되도록 하는 것처럼 행동하고 있다. 게라사인들이 이 사람을 묶어둘 수 있을 만큼 충분히 튼튼한 쇠고랑을 찾을 수 없었다고 생각하기는 어려운 일이다. 아마 그들은 스스로의 폭력에 대해 약간의 거리낌을 가지고 있어 그를 묶을 때 충분히 힘을 가해 완벽하게 묶어두지는 않았을 것이다. 어쨌든 그들은 이 사람을 느슨하게 묶음으로써 그들이 막으려 하는 그 병적 행동을 되풀이하고 있다는 점에서, 그들 스스로가 바로 그 환자처럼 행동하고 있는 것 같다. 제의는 모두 일종의 연극으로 변하는 경향이 있고 그 배우들은 자기의 역할을 이미 '여러 번' 수행할수록 더 힘차게 수행하고 있다. 그렇다고 해서 그 장면마다 참가자들에게 실제의 고통이 수반한다는 말은 아니다. 그 드라마가 마을 전체와 마을 근교, 즉 공동체 전체에 대하여 유효성을 부여하려면 쌍방 모두에게 실제의 고통이 있어야 할 것이다. 게라사인들은 돌연히 그것을 포기한다는 생각에 분명 놀라고 있다. 어떤 의미에서 그들은 이 드라마를 즐겼으며, 예수에게 곧 거기를 떠나달라고, 그들 일에 간섭하지 말아달라고 부탁하고 있는 것을 보면, 심지어는 이것을 원하고 있었음에 틀림없다. 쇠고랑과 쇠사슬을 갖고 그들이 겨냥하는 것처럼 꾸미고 있는, 그러나 실제로는 원하고 있지 않는 그 악령들린 사람의 완전한 치유라는 그 결과를 예수가 단 한번에, 조금의 폭력도 없이 획득하고 있다는 점에서, 그들의 요청은 모순적이다.

다른 데서와 같이 여기서도 예수라는 존재는 감추어진 욕망의 진실을 밝혀내고 있다. 이리하여 시므온의 예언이 사실로 확인된다. "많은 사람의 속내 생각이 드러나기 위해서, 이 아이는 모순의 대상이 되어야 한다."

그런데 이 드라마는 무엇을 의미하며, 상징의 차원에서 어떻게 정의될 수 있을까? 이 사람은 항상 묘지와 산을 돌아다니면서 소리를 지르고 "돌로 제 몸을 짓찧곤 하였다."라고 마르코는 전하고 있다. 장 스타로뱅

스키(Jean Starobinski)는 이에 대한 뛰어난 연구에서 이 사람이 하고 있는 이상한 행동, 즉 자신을 돌로 치는 '자학 현상'을 완벽하게 설명하고 있다.[41] 도대체 왜 그는 자신을 자학하고 있는 것일까? 왜 제 몸을 돌로 짓찧곤 하는 것일까? 마을에서 멀리 벗어나기 위해 그 동안 유지하고 있던 모든 관계를 파기할 때, 이 악령들린 사람은 자신을 묶어두려는 사람에 의해 쫓기고 있다고 생각하였을 것이다. 그리고 아마도 실제로 그런 사람이 있었을 것이다. 이 사람은 그를 추적하는 사람들이 던졌을 돌을 피하였을 것이다. 마을 사람들은 불쌍한 욥에게 돌을 던져 괴롭혔다. 게라사 이야기에서는 이와 비슷한 것이 언급되고 있지는 않다. 이 악마 같은 사람이 돌에 자신을 짓찧는 것은, 아마도 투석의 실제 대상이 결코 자신이 아니기 때문일 것이다. 그는 자신이 위협받고 있다고 여기는 위험을 신화적으로 유지하고 있는 것이다.

그는 실제로 위협을 받고 있는 것일까, 「요한의 복음서」의 간음한 여자처럼 돌에 맞을 위험에서 살아남은 자일까, 아니면 단순한 '환상'인 순전히 상상적인 두려움을 갖고 있는 것일까? 오늘날의 사람들은 그것은 순전히 '환상적인' 것이라고 단호하게 말할 것이다. 주요 학파들은 이 모든 것을 환상으로 설명하기로 결정함으로써, 우리 주위에서 실제로 일어나고 있는 무서운 것도, 그리고 우리가 누리고 있는 일시적인 보호책도 보지 못하게 된다.

좋다. 투석을 환상이라고 간주해 보자. 그러면 나로서는 그런 투석을 행하는 사회와 행하지 않는 사회에서 그것은 똑같은 환상인지, 유명한 정신분석학자님들에게 물어보고 싶다. 아마도 그 악령들린 사람은 그 게라사인들에게 "당신들은 나를 당신들이 원하는 것처럼 그렇게 대할 필요는 없어요. 나에게 돌을 던질 필요가 없다는 말입니다. 당신들의 판결을

---

41) "Sur la chute du haut de l'escarpement et la lapidation," *Des choses cachées*, 115-117, 193-195쪽 참조.

내 스스로 집행하지요. 내가 행하는 처벌은 당신들이 하는 처벌보다 훨씬 더 끔찍해요."라고 말하고 있다.

이 행위의 모방적 성격을 지적해 보자. 추방당하거나 정말 돌에 맞지 않으려고 이 악령들린 사람은 스스로 마을에서 벗어나고 또 자신을 스스로 돌에 짓찧고 있는 것이다. 한마디로 말해서, 그는 중동 아시아 사회에서 죄인들이 받고 있는 형벌의 모든 단계를 아주 훌륭히 해내고 있다. 그것은 처음에는 추방이고, 다음은 투석이고, 마지막은 죽음이다. 이 악령들린 사람은 무덤에 살고 있는 것이 그것이다.

게라사인들은 분명 악령들린 사람의 나무람을 약간은 이해하였을 것이다. 그렇지 않았다면 그들은 그들을 나무라는 그 사람에게 그런 식으로 대하지 않았을 것이다. 그들의 완화된 폭력은 그러나 주장에는 별 효력이 없다. 그들은 "아니다. 너를 우리 주위에 '두길' 원하기 때문에 우린 너에게 돌을 던지고 싶지 않다. 어떤 추방도 없을 것이다."라고 대답한다. 게라사인들은, 죽음을 선고받은 사람들처럼, 그렇지만 아주 그럴 듯하게, 그들 신념에 따라 강력하게 반발하는데, 불행하게도 이것이 그 악령들린 사람의 난폭함을 가중시키기만 한다. 그들이 자신들의 모순을 약간 느끼고 있었다는 증거가 있는데, 그것은 이 희생양을 묶은 쇠사슬이다. 그들은 쇠사슬을 약하게 묶어두고 있는데, 이를 통해 우리는 이들이 결코 이 희생양에게 자신들의 뜻을 납득시키려고 한 것은 아니란 것을 알 수 있다.

게라사인들의 폭력은 그 악령들린 사람을 고치기 위한 것이 아니다. 이 악령들린 사람의 폭력이 역으로 그들을 불안하게 한다. 언제나처럼 이들은 각자 결정적이라고 믿고 있지만 실제로는 그 과정을 되풀이하는 폭력으로써 폭력을 끝낸다고 주장하고 있다. 한쪽은 스스로에게 돌질을 하면서 무덤 사이를 뛰어다니고 있고 또 다른 쪽은 허풍으로 쇠사슬을 매는 등, 터무니없는 이 모든 행동에는 분명 상호 대칭이 드러나고 있다. 여기에는 게라사인 전체의 균형을 유지하는 데 필수적인 어떤 놀이의 모호성을 영속시키기 위한 희생양과 가해자들 사이에 일종의 공범 관계가 존재하고 있다.

악령들린 사람이 자신에게 폭력을 행사하고 있는 것은 게라사인들이 그에게 가한 폭력을 비난하기 위해서이다. 게라사인들은 그의 비난에 폭력을 가미해서 그대로 되돌려준다. 이렇게 비난과 함께 되돌려준 폭력은 그 악령들린 사람의 폭력을 가중시키고 또 어떤 의미에서는 이 체계 안에서 영원히 계속될 비난과 역비난을 정당화시켜 주는 것이 된다. 악령들린 사람은 그들 희생양에게 돌을 던지는 게라사인들을 모방하고 있지만 또 이 게라사인들 또한 그 희생양을 모방하고 있다. 이 박해받는 박해자들과 박해하는 피박해자 사이에 존재하는 것은 짝패와 거울의 관계, 다시 말해 모방적 적대자들의 상호 관계이다. 그것은 돌 던지는 사람과 돌 맞는 사람의 관계가 아니라 동일한 것의 관계이다. 왜냐하면 한편은 투석에 대한 폭력적 패러디이고, 다른 한편은 이 역시 폭력적인 거부인, 투석을 포함한 다른 모든 것들과 똑같은 목표를 향하는 또 다른 폭력적 추방이기 때문이다.

나 또한 무엇에 씌었기에 악령 이야기만 하고 있는 텍스트에서 나의 짝패와 나의 모방을 찾고 있는 것일까? 성서를 나의 체계에다 맞추고 이 체계를 성서 기록자들의 생각으로 여기고자 하는 의도 때문에 나의 설명을 도입하게 된 것일까?

나는 그렇다고 생각지는 않는다. 그러나 게라사의 악령 이야기에서 모방적 짝패를 본 것이 잘못이라면, 이 잘못은 나만의 잘못이 아니다. 성서 기록자들 중 적어도 한 명은 나와 같은 잘못을 범하고 있다. 마태오는 이 기적 이야기의 첫 부분에서 의미 있는 변형태를 보여주고 있다. 마르코와 루가는 단 한 사람의 악령들린 사람을 이야기하고 있는 데 비해, 마태오는 완전히 똑같은 두 사람의 악령들린 사람을 보여주고 있다. 마태오는 이 두 사람으로 하여금 그들을 사로잡고 있는 악령(두 악령)이 아니라 그들 스스로 말을 하게 한다.

그렇다고 여기에는 마르코의 기원과 다른 기원이 있다는 암시 같은 것은 들어 있지 않다. 오히려 일반적인 악령 테마에 대한 탈신비화라고 부르고 싶은 새로운 설명의 시도가 들어 있는 것 같다. 마태오는 언제나 게라사와 같은 대목에서 마르코와 갈라서고 있다. 그것은 마태오가 자신이 보기에 필요 없어 보이는 세세한 부분들을 빼버리거나, 그가 다루고 있는 테마들에게 더 분명한 윤곽을 부여하거나, 그와 동시에 그 윤곽을 하나의 테마로 삼거나 혹은 자신의 고유한 해석으로 만들려 하고 있기 때문이다. 우리가 세례 요한의 살해 장면에서 본 것이 바로 그 예다. 마르코는 어머니와 딸의 욕망의 모방적 전이를 수수께끼처럼 암시하는 질문과 대답을 하고 있는데 반해, 마태오는 "어머니가 시키는 대로"라고 표현하고 있다.

마태오는 여기서 거의 똑같은 것을 좀더 대담하게 나타내고 있다. 그는 앞에서 우리가 알아낸 것을 암시하려는 듯하다. 악령들리는 것은 개인적인 현상이 아니다. 그것은 아주 격렬한 모방의 결과이다. 항상 여기에는 적어도 두 사람 이상의 서로에게 사로잡힌 사람이 있다. 그들은 각기 상대방에 대한 스캔들, 즉 모델 장애물이다. 서로는 서로에 대한 악령이다. 그래서 마태오의 이 이야기 첫 부분에서 두 악령은 그들이 사로잡고 있는 사람들로부터 실제로 구분되지 않고 있는 것이다.

> 예수께서 호수 건너편 가다라 지방에 이르렀을 때에 악령들린 두 사람이 무덤 사이에서 나오다가 예수를 만났다. 그들은 너무나 사나워서 아무도 그 길로 다닐 수가 없었다. 그런데 그들은 갑자기 "하느님의 아들이여, 어찌하여 우리를 간섭하시려는 것입니까? 때가 되기도 전에 우리를 괴롭히려고 여기 오셨습니까?" 하고 소리 질렀다.(「마태오의 복음서」 8:28-29)

마태오가 악령들림을 짝패와 장애물의 모방으로 보려고 애를 썼다는 것은, 그가 여기서 마르코나 루가의 복음에는 나오지 않는 것을 덧보태고 있다는 데서 잘 드러난다. 예수와 만나는 사람들은 너무 사나워서 '아무도 그 길로 다닐 수가 없는' 그런 사람들이라고 마태오는 말하고 있다. 달리 말해, 베드로가 예수가 수난당하는 것을 막으려 할 때 그랬던 것처럼, 그들은 본질적으로 길을 막는 사람들이다. 그들은 서로에게 스캔들이 되고 또 이웃에게 스캔들이 되는 사람들이다. 스캔들은 항상 전파된다. 스캔들에 휘말린 사람들은 당신에게 그들의 욕망을 전파할지도 모른다. 달리 말하자면 그들은 당신의 모델 장애물이 되고 그리하여 이제는 당신이 스캔들에 휘말리도록 하기 위해서, 당신을 그들과 같은 길로 이끌고 갈 위험이 있다. 성서에서 막힌 통로, 건널 수 없는 장애물, 너무 무거워서 들어낼 수 없는 돌 등을 가리키고 있는 것은 모두, 그 다음에 이 체계 전체를 이끌고 올 스캔들을 암시하는 것이다.

　　스캔들의 모방으로 악령들림을 설명하기 위해 마태오는 우리가 그의 기초적인 통일성이라 할 수 있을 최소한의 모방 관계를 이용한다. 그는 이 악의 기원에까지 거슬러올라가려 한다. 거기에는 평소에는 그것이 오늘날의 심리학과 정신분석학의 신화적 관습을 전도시키고 있기 때문에 우리가 알지 못하고 있던 어떤 행동이 들어 있다. 이 학문들은 짝패를 내재화시키고 있다. 요컨대, 이들은 의식(무의식이라도 좋다.) 안에 항상 작은 상상의 악령을 필요로 하고 있다는 말이다. 이에 반해 마태오는 악령을 두 개인 사이의 실제적인 모방 관계로 외재화시키고 있다.

　　나는 마태오가 기적의 텍스트를 중요한 점에서 개선시키고 있다고, 아니 그에 대한 분석을 준비하고 있다고 생각한다. 그를 통해서 우리는 모방 작용의 초기에는 항상 이중성이 존재하고 있다는 것을 알 수 있게 되었다. 이것은 아주 흥미롭다. 하지만 이야기 처음부터 이중성을 내세웠다는 바로 그 점 때문에 그는 기적의 이야기 전개에 있어 이 역시 없어서는 안 될 다양성을 도입하는 데는 아주 애를 먹었다는 것 또한, 우리는 알 수 있다. 그는 어쩔 수 없이 "나의 이름은 군대입니다. 우리의 숫자가 많아서 그렇습니다."라는 마르코의 중요한 문장을 제거하게 된다. 그런데 이 문장은 이상하게 도중에 단수에서 복수로 넘어가는 것과 함께 이 텍스트에서 가장 유명한 부분 중의 하나이다. 이 같은 단절은, 이 악령이 예수에게 한 것으로 보이는 "그리고 그는 그에게 그들을 그 지방에서 쫓아내지 말아달라고 애걸하였다."라는 문장에서도, 나타나고 있다.

악령이 자신을 단수처럼 말하고 있고 또 분명 단수라 하더라도 진짜로는 복수의 무리라는 본질적인 생각이, 마태오에서도 그리고 마르코에 가까운 루가에서도 더 이상 나타나고 있지 않다. 마태오는 악령들이 무리라는 것을 빼버림으로써 아직 그의 복음에도 들어 있는 수많은 돼지들이 무리를 지어 집단으로 물에 뛰어들어 익사하는 사건을 설명해 줄 근거를 잃어버리게 된다. 결국 그는 얻은 것보다 잃은 것이 더 많은 셈이다. 게다가 그는 궁지에 몰린 자신의 처지를 알고서 이 기적 이야기의 끝을 서둘러 끝내고 있다고 말할 수 있다.

마르코가 부린 모든 재치들과 "무엇을 욕망해야 하나요?"라고 살로메가 그녀의 어머니에게 던진 질문에서처럼, 한 문장 속에 단수와 복수를 이렇게 병치하고 있는 것이 잘못으로 여겨져서 언어 구사에서 대체로 마르코보다 더 정확하고 능숙한 루가는 이를 "그는 '군대라고 합니다.' 라고 대답하였다. 그에게 많은 악령이 들어가 있었기 때문이다. 악령들은 자기들을 지옥에 처넣지는 말아달라고 예수께 애원하였다."라고 고치게 한다.(「루가의 복음서」 8:30-31)

「마르코의 복음서」에 대한 연구에서 장 스타로벵스키는 이 '군대(Légion)'라는 말에 들어 있는 부정적인 의미를 잘 드러내고 있다. 거기서 우리는 "군인들의 복수성, 적의에 찬 무리, 점령군, 로마인 정복자들, 아마 그리스도를 십자가에 못 박았던 사람들"을 보아야 한다는 것이다.[41]

여기서 무리는 악령 이야기뿐만 아니라 그 앞이나 뒤에 나오는 텍스트 속에서도 아주 중요한 역할을 하고 있다고 이 비평가는 보고 있다. 이는 맞는 이야기이다. 악령들린 사람을 치유하는 것도 물론 예수와 악령 사이의 단수의 싸움으로 묘사되고 있지만, 그 뒤에 가면 그 앞에서처럼 예수 주위에는 항상 무리들이 있다. 우선 제자들이 예수와 함께 배를 타도록 보낸 갈릴리인들의 무리가 그것이다. 되돌아온 예수는 이 무리를 다시 만난다. 게라사에서는 악령의 무리뿐만 아니라 돼지떼의 무리가 있고 또 도시와 농촌에서 몰려든 게라사인들도 무리를 이루고 있다. "무리는 거짓말이다."라는 키에르케고르의 말을 인용하면서 스타로벵스키는 성서에서 악은 언제나 다수와 군중들 편에 있다는 것을 지적한다.

그러나 갈릴리인들과 게라사인들의 행동에는 상당한 차이가 있다. 예루살렘의 군중들처럼 갈릴리의 군중들은 기적을 두려워하지 않는다. 그들은 기적을 행하는 자에게서 한 순간에 돌아설 수 있다. 그러나 당분간은 마치 구세주인 것처럼 그에게 매달린다. 병자들이 도처에서 몰려든다. 유대 지방 사람들은 모두 기적과 징표를 보고 싶어한다. 사람들은 그것을 통해 자신이 혜택을 입거나 다른 사람들이 혜택을 입도록 하거나, 그것도 아니면 단순한 구경꾼으로 교훈적이라기보다는 종종 기상천외한 사건들을 구경하고 싶어한다.

게라사인들은 다르다. "한때 군대를 갖고 있던 그 악령들린 사람이 옷을 입고 멀쩡한 정신으로 앉아 있는 것을" 보고서 이들은 그만 겁을 낸다. (「루가의 복음서」 8:35) 그리고 그들은 이미 돼지 치는 사람으로부터 "그 악령 들린 사람과 돼지 떼에게 일어난 일을 전해들었다.". 돼지 치는 사람이 해준 이야기는, 그들의 두려움을 누그러뜨리거나 아니면 적어도 그들의 호기심을 자극시키는 것이 아니라, 그들의 두려움을 증가시키고만 있다. 그래서 사람들은 예수에게 그곳을 떠나달라고 간청한다. 그러자

---

42) 같은 책.

예수는 아무 말 않고 그들 말대로 따른다. 이때 좀전에 악령들린 사람이 예수를 뒤따르려 하지만 예수는 그 이웃들 사이에 남아 있으라고 명한다. 아무 말 없이 배에 탄 예수는 유대 지방으로 되돌아온다.

이 사람들과는 어떤 예언도, 적의의 것이라 하더라도 어떤 진정한 교류도 없다. 예수에게 떠나달라고 간청한 것은 그 지방 전체 사람들이다. 우리는 이제 게라사인들이 질서를 되찾은 것 같은 인상을 받는다. 그들은 예수에 대한 연민을 불러일으키는, 지도자도 없는 그런 무리와 닮지 않았다. 그들은 마을 사람들과 촌락 사람들로 구분되어 있기에 차별화된 집단을 이루고 있다. 그들은 침착하게 생각한다. 그들이 예수에게 떠나달라고 간청한 것은 심사숙고한 결과이다. 예수의 기적에 대한 그들의 반응은 순간적인 아첨도 수난에 대한 미움도 아니며 오로지 거절일 뿐이다. 그들은 예수와 함께 그가 가리키는 것과 접촉을 끊고 싶은 것이다.

게라사인들이 그들의 돼지떼가 사라진 것에 놀란 것은 돈 때문이 아니다. 돼지떼가 익사한 것보다 분명 악령들이 사라진 것에 그들은 더 놀랐을 것이다. 이것을 이해하기 위해서는, 게라사인들이 그들 악령에 매어 있는 것은 바로 이 악령들이 게라사인들에게 매어 있는 것에 대한 화답이라는 것을 알아야 한다. 군대는 그 지방 주둔만 허락되면 옮겨다니는 것에 대해서 그렇게 두려워하지 않는다. "그리고 그들을 그 지방에서 쫓아내지 말아달라고 애걸하였다." 악령들은 자신이 거주할 살아 있는 생명체가 있어야 하므로, 다른 개체에 들어가길 원한다. 다른 개체로는 사람이 제일 좋지만 그게 안 되면 동물이라도 괜찮다. 여기서는 돼지가 나오고 있다. 이 요구가 겸손하다는 것은 이 악령들이 환상을 갖고 있지 않다는 것을 말해준다. 더러운 짐승 속으로 들어가는 것을 애원하고 있는데, 이것은 그만큼 그들이 전전긍긍하고 있다는 말이다. 벅찬 상대를 만났다는 것을 그들은 알고 있다. 그들은 덜 만족스럽더라도 그렇게 하면 참고 지낼 수 있는 기회가 더 많이 올 것이라는 것을 알고 있다. 그들에게 본질적인 것은 '완전히', '결정적으로' 쫓겨나지 않는 것이다.

악령과 게라사인들의 상호 관계는 우리가 그 악령들린 사람과 게라사인들의 관계에서 밝혀낸 것을 다른 측면에서 재생산하고 있는 것 같다. 게라사인들은 악령 없이 살 수 없고 그 역도 마찬가지이다. 이런 관계를 묘사하기 위해 나는 제의적인 것과 순환적인 병리학을 동시에 이야기하였다. 나는 이 같은 관계가 근거 없는 것이라고는 생각지 않는다. 제의는 점차 퇴색되어 가면서 그 정확한 의미를 상실해 가고 있다. 추방이 완전하지 못해 희생양(악령 들린 사람)은 위기가 잠시 멈춘 틈을 타서 다시 마을로 내려온다. 모든 것은 뒤섞이고 어떤 것도 완전히 끝나지 않는다. 제의는 모방적 짝패 관계, 무차별적 위기라는 자신의 출발점으로 되돌아가려 한다. 이렇게 되면 물리적인 폭력은 사라지지만 대신 그 자리에 치명적이지는 않지만 무언지 모를 끝나지 않는 정신병리학적 관계의 폭력이 나타나는 경향이 있다.

그러나 이런 경향은 총체적 무차별에까지는 이르지 않는다. 자원해서 추방된 자와 그를 추방하기를 거부한 게라사인들 사이에는 충분한 차이가 있고, 또 매번의 되풀이에도 실제의 드라마가 충분히 들어 있기에, 우리 텍스트가 묘사하고 있는 그 계책이 카타르시스적인 효력을 가질 수가 있다. 완전한 붕괴가 진행 중이지만 아직 일어난 것은 아니다. 그래서 게라사인 사회는 아직 구조화되어 있다. 이 사회는 갈릴리나 예루살렘의 군중들보다 더 구조화되어 있다. 이 체계 안에서는 예컨대 마을과 촌락 사이처럼, 항상 차이가 존재한다. 이것은 예수의 성공적인 치유에 대한 은근한 부정적 반응으로 나타난다.

이 사회의 상태는 뛰어나지 않고 아주 황폐하지만 그렇다고 완전히 절망적인 것은 아니다. 게라사인들은 그래서 그들의 허약한 현상태를 보호하려 한다. 그들은 아직 희생적 방법에 의해 그럭저럭 지속되는 영원한 의미의 공동체를 형성하고 있다. 그런데 이 희생적 방법은 우리가 살펴본 것에 의해 판단컨대 아주 퇴화되어 있다. 하지만 이것은 아주 소중한 것이며, 또 겉으로 볼 때 그들은 더 이상 기력이 없기 때문에 그것을 대체할 다른 것도 없는 상태이다.

예수는 샤머니즘과 같은 고전적인 방법으로 악령 들린 사람들을 치유했다고 모든 성서 주석자들은 전하고 있다. 여기서 예수는 예컨대 악령에게 자신의 이름을 고하도록 함으로써 그 악령으로부터 원시사회에서 종종 고유 명사에 들어있던 힘을 빼낸다. 여기에는 정말 예외적인 것이 하나도 없다. 그러므로 이것이 이 텍스트가 우리에게 암시하려는 것은 아니다. 예수의 행동에 예외적인 것이 하나도 없다면 게라사인들 또한 겁먹을 이유가 하나도 없다. 그들도, 현대인들이라면 예수의 기술이라고 간주하였을 그런 방법에 의해서 치유하고 있는 그들 고유의 치유사를 분명 갖고 있을 것이다. 만약 예수가 더 효력 있는 '의사 사람'일 뿐이라면, 이 용감한 사람들은 겁을 먹지 않고 단지 반하기만 하였을 것이다. 그리고는 예수에게 가달라고 부탁하는 게 아니라 제발 있어달라고 간청하였을 것이다.

게라사인들의 두려움은 단지 수사적인 과장일까? 내용은 하나도 없고 오로지 메시아의 수훈을 더 감동적으로 만들기 위한 것이란 말인가? 그렇지 않다. 악령들린 무리들이 떨어지는 것은 세 복음서에 '그 무리는 절벽으로부터 바다로 뛰어들었다'라고, 같은 방식으로 표현되고 있다. 절벽은 마태오와 루가에게서도 나타나고 있다. 그러기 위해서 돼지떼는 일종의 곶(串) 위에 있어야 한다. 이것을 의식한 마르코와 루가는 미리 절벽을 준비하기 위해 돼지들을 '산 위에다' 위치시킨다. 그러나 마태오에게는 산은 나타나지 않지만 그래도 절벽은 나오고 있다. 그러므로 바로 이 절벽은 이 세 복음 기록자들로부터 관심을 끌고 있다고 말할 수 있다.

절벽은 추락의 높이를 더 크게 한다. 돼지떼들이 더 높은 데서 뛰어내릴수록 그 광경은 더 감동적일 것이다. 그러나 이 복음 기록자들은 그런

감동적인 장면 같은 데는 별 관심이 없다. 그들이 모두 이 절벽을 이야기하고 있는 것은 시각적 효과를 위한 것이 아니다. 여기에 대해 우리는 어떤 기능적인 이유를 댈 수도 있을 것이다. 호수 표면에 닿기 전에 자유 낙하하는 데 얼마간의 거리가 있어야 돼지떼가 완전히 사라지는 것을 보장해 줄 수 있다. 돼지 떼가 거기서 벗어날 염려가 없는 것이다. 또 그 돼지떼가 헤엄쳐서 기슭에 되돌아올 수가 없다. 이것은 다 사실이다. 이 장면의 사실적인 구조에 절벽은 필수적이다. 그러나 사실적인 것에 대한 지나친 배려 역시 성서에 맞지 않다. 더 본질적인 이유가 따로 있다.

신화나 종교의 텍스트를 익숙히 보아왔던 사람들은 아마도 곧 이 절벽의 테마를 알아보거나, 혹은 알아보아야 할 것이다. 투석과 마찬가지로 절벽 꼭대기에서의 추락에는 제의적이고 징벌적인 집단적 의미가 내포되어 있다. 이것은 원시 사회뿐만 아니라 고대 사회에 정말 널리 퍼져 있던 사회 관습이다. 이것은 제물 처형 방식인데 뒤에 와서는 그 방식에서 사형 제도 방식으로 분화된다. 로마에서 행했던 타르페이아 바위(roche Tarpéienne)[43]가 그것이다. 그리스 세계에서는 제의적인 파르마코스의 정기적인 사형도 때때로 이런 방식으로 집행되었다. 특히 마르세유에서 그러하였다. 사람들은 그 불쌍한 사람을 치명적인 높이의 꼭대기에서 바다로 뛰어들게 했다.

우리 텍스트 안에는 투석과 절벽 꼭대기에서의 추락이라는 두 개의 제의적 사형 방식이 뚜렷이 나타나 있다. 이들은 서로 유사한 점이 있다. 집단 구성원들은 모두 그 희생양에게 돌을 던질 수 있고 또 던져야 한다. 마찬가지로 집단 구성원들은 모두 그 죄수를 절벽 꼭대기로 이끌고 가서 죽음 외에는 출구가 없는 막다른 가장자리로 몰고 갈 수 있고 또 그렇게 해야 한다. 닮은 점은 사형 집행의 집단성에만 국한된 것이 아니다. 모든 사람들이 다 그 저주받은 사람의 파괴에 가담하지만 아무도 그 사람과

---

43) 로마의 전설적 여자 타르페이아와 같은 국사범을 떨어뜨려 처형한 바위.(옮긴이)

직접적으로 육체의 접촉을 하지 않는다. 아무도 감염될 염려가 없다. 단지 집단만이 책임이 있다. 개인들은 모두 똑같은 정도의 책임과 무죄성으로 가담하고 있다.

우리는 이 모든 것이, 특히 십자가형도 그중 하나인 모든 '전시' 처형 방식과 같은 다른 전통적 처형 방식에서도, 사실이라는 것을 쉽게 증명할 수 있을 것이다. 희생양에 대한 육체적인 접촉에 대한 미신적인 두려움 때문에, 우리는 이런 사형 기술들이 재판 제도가 약하거나 없는 사회, 아직도 사적 복수 정신에 젖어 있는 사회, 그래서 종종 그 사회 내부에 끊이지 않는 폭력의 위협에 직면하게 되는 이런 사회들의 본질적인 문제들을 해결하고 있었다는 사실을 외면해서는 안 된다.

이런 사형 방식은 복수 욕망에 어떤 빌미도 제공하지 않는다. 그것은 개인들 역할의 모든 차이를 없애고 있기 때문이다. 박해자는 모두 같은 식으로 행동한다. 그러므로 누구나 복수를 하려면 집단 전체를 공격해야 한다. 그것은 마치 그런 유형의 사회에는 아직 존재하지 않았던 국가 권력이, 만장일치의 폭력적 형태 속에서, 상징적으로만 그런 것이 아니라 일시적이지만 실제로, 존재하기 시작하는 것과 유사하다.

사형 제도의 집단적 방법은 방금 우리가 정의한 그런 식의 필요에 너무나 잘 부응하고 있기 때문에 처음에는 인간 사회에서 자연 발생적으로 생겨난 것으로 잘못 오해되고 있다. 이 방식들은 그 목표에 너무나 잘 들어맞고 있기 때문에 사람들이 이를 실행하기 전에 사전에 생각해 낸 것이 아니라고 볼 수는 없을 수도 있다. 그러나 그것은 필요가 생물의 기관을 만들어낸다고 믿고 있는 오늘날 기능주의의 환상이거나, 아니면 애초의 입법자, 즉 현명함과 초인간적 권위를 가지고서 인간 사회에 모든 기본 제도를 갖다준 뛰어난 존재를 언제나 손가락으로 가리키고 있던 종교 전통의 더 오랜 환상이다.

그러나 사정은 분명 이와 다르다. 이런 문제가 실제로 해결되기도 전에 이론적으로 제기되었다고 생각하는 것은 말이 안 된다. 그러나 우리가 문제 이전에 해결책을 붙잡지 않는 한, 어떤 유형의 해결이 그 문제보다 앞설 수 있는지를 알지 못하는 한, 우리는 이 같은 부조리를 피할 수가 없다. 모방 갈등이 절정에 달했을 때 한 희생양을 향하여 아주 강한 힘으로 집중함으로써 집단 구성원들은 모두 그를 살해하는 데 가담하게 된다. 이런 유형의 집단 폭력은 자연 발생적으로, 각자가 동등한 위치에 있으면서도 우리가 앞에서 살펴본 일정한 거리를 두고 있는 만장일치적 살해로 치닫는 경향이 있다.

그러면 수많은 종교 전통이 말하고 있는 애초의 입법자는 존재하지 않는단 말일까? 절대 그렇지 않다. 언제나 우리는 원시 종교들을, 특히 서로 유사한 것일수록 더, 진지하게 고려해야 한다. 위대한 입법자들은 존재했다. 그러나 그들은 결코 '그들이 살았을 때' 그 법을 공포하지 않았다. 다시 말해 그들은 죽고 난 뒤에 위대한 입법자가 되었다는 말이다. 분명 그들은, 화해 효과를 위해 제의 속에서 그들의 성공한 죽음이 그대로 모방되고, 다시 모방되고, 또 완벽한 것으로 되는 희생양들과 같다. 이런 죽음의 효과는 실제적이다. 그것은 이것이 사형의 유형과 이미 유사하기 때문인데, 사형은 바로 이 같은 죽음에서 나오고 있을 뿐만 아니라 복수를 종식시킨다는 효과의 면에서도 똑같다. 인간보다 높은 지혜에서 나오는 것 같은 이 입법자는, 모든 제도가 희생양 메커니즘에서 나오는 것처럼, 성스러운 희생양에게 붙여진 이름인 것 같다. 이 최고 입법자는 성스러운 희생양의 진수 그 자체이다.

모세라는 인물은 입법자 희생양의 예이다. 그가 말을 더듬는 것은 희생양 징조라고 할 수 있다. 그에게는 신화적인 유죄성의 흔적이 들어 있다. 이집트인의 살해, 과오로 인해 약속의 땅에 들어가는 것을 금지당한 것, 무차별적인 재앙인 이집트 수난의 책임 등이 그것이다. 집단 살해를 제외한 박해의 전형이 모두 여기에 들어 있다. 로물루스의 경우와 마찬가지로 공식 전설이 아닌 다른 전설에서는 집단 살해도 나타나고 있다. 프로이트는 모세에 관한 집단 살해의 소문을 사실로 받아들였는데 그는 틀리지 않았다.

다시 게라사의 악령들로 되돌아가 보자. 이 텍스트를 설명하는 데 투석과 절벽 꼭대기로부터의 추락을 이용할 수 있을까? 이 두 가지 사형 방식을 연관시킬 수 있을까? 나는 가능하다고 생각한다. 문맥이 우리로 하여금 그렇게 하도록 부추기고 있다. 투석 장면은 모든 복음서와 「사도행전」 도처에서 나타나고 있다. 우리는 앞에서 예수가 구한 간음한 여자 이야기를 살펴본 바 있다. 제일 첫 번째 순교자인 스데파노도 돌에 맞는다. 예수 수난에 앞서서도 몇 차례의 투석이 먼저 행해지고 있다. 그뿐 아니라 아주 의미심장한 것인데, 물론 실패는 했지만 예수를 절벽 꼭대기에서 떨어뜨리려던 시도도 있었다.

나자렛에서 일어난 일이다. 예수는 자기가 자라난 마을에서 홀대받고 또 아무런 기적도 행하지 못한다. 그가 회당에서 한 말이 거기에 모인 사람들로부터 빈축을 산다. 그는 거기를 멀리 떠나는데, 다음과 같이 적고 있는 루가를 제외하고는 아무도 큰 관심을 기울이는 사람이 없다.

> 이 말씀을 듣고 회당에 모인 사람들은 모두 화가 나서 들고 일어나 예수를 동네 밖으로 끌어냈다. 그 동네는 산 위에 있었는데 그들은 예수를 산벼랑까지 끌고 가서 밀어 떨어뜨리려 하였다. 그러나 예수께서는 그들의 한가운데를 지나서 자기의 갈 길을 가셨다.(「루가의 복음서」 4:28-30)

우리는 이 이야기에서 예수 수난의 태동과 예고를 보아야 한다. 수난의 존재를 통해서 우리는, 다른 복음 기록자들과 마찬가지로 루가도 투석이나 벼랑에서 떨어지는 것을 십자가형과 같은 것으로 간주하고 있다는 것을 알 수 있다. 집단 살해의 모든 형태는 동일한 것을 의미하는데,

예수와 그의 수난은 바로 이것들의 의미를 드러내고 있다. 중요한 것은 바로 이 드러냄이지 그 벼랑들이 실제로 어디 있는 것이냐 하는 지리적인 문제가 아니다. 나자렛을 잘 알고 있는 사람의 말에 의하면, 이 마을이나 그 인근 지역은 루가가 부여하고 있는 그런 역할에 적합하지 않다. 거기에는 벼랑이 없다는 것이다.

역사적, 실증적인 연구도 이 같은 지리적인 부정확을 지적하고 있고, 비평이나 냉소적인 지적을 아끼지 않았다. 그러나 불행하게도, 이런 비평가들은 루가는 왜 나자렛 마을에다가 있지도 않는 벼랑을 두었을까 하는 데까지 궁금증을 밀고 나가지 못했다. 실증주의파 교수들도 상대적으로 순진한 사람들이었다. 그들에게 있어 세계란 하나의 거대한 역사, 지리 시험과 같았다. 거기서 그들은, 마치 그렇게 함으로써 복음서를 완전히 '논박'하고 또 복음서의 파렴치한 과장을 폭로한다고 믿고 있는 양, 복음서에다가 체계적으로 쐐기를 박았다. 그렇게 하는 것만으로도 그들은 행복을 느끼는 데 부족함이 없었다. 복음 기록자들은 너무 집단 살해의 다양한 형태에 관심이 많았기 때문에 나자렛의 지형학에 대해 관심을 쓸 겨를이 없었다. 그들의 진짜 관심은 악령들린 사람이 스스로에게 돌로 찧는 것과 돼지떼들이 '벼랑 위에서' 뛰어내리는 것이었다.

그러나 여기에는 희생양이 벼랑 위에 있지 않다. 벼랑 위에 있는 것은 하나 혹은 소수의 희생양들이 아니라, 악령의 무리이며 악령들린 수천 마리의 돼지 떼들이다. 평소의 관계가 완전히 전도된다. 무리들이 위에 남고 희생양이 떨어지는 게 일반적인데, 여기서는 무리들이 물에 빠지고 희생양은 구원되고 있다.

게라사의 치유 이야기는 세계 모든 사회의 초석적 폭력에 나타나는 일반적 도식을 완전히 전도시키고 있다. 이런 전도는 분명 여러 신화들 속에도 있는 것이다. 그러나 성격이 다르다. 그 전도는 항상 그 전에 파괴되었던 체계가 복원되거나 새로운 체계가 자리잡는 것으로 끝난다. 그러나 여기서는 완전히 다르다. 악령들린 돼지 떼의 익사가 결정적인 성격을 띠고 있다. 이것은 기적을 받은 사람을 제외하고는 누구에게도 미래를 열어주지 않는 사건이다.

우리 텍스트는 예수의 기적과 일반적인 치유책 사이는 정도가 아니라 성격의 차이가 있다는 것을 암시하고 있는 듯하다. 이 같은 성격의 차이는 이에 관련된 자료들 전부에서 나타나고 있다. 이것을 현대의 주석자들은 보지 못하고 있다. 기적의 환상적인 면들은 너무 터무니없는 것처럼 보여서 오랫동안 사람들의 주의를 끌지 못하고 있다. 사람들은 악령들이 예수에게 한 간청, 그들이 돼지떼 속으로 들어가버린 것, 그리고 물에 빠져 죽은 것 등에서 마술적인, 오래된 상투적인 것만을 보고 있다. 사실 이 주제를 취급하는 것 자체가 특별한 것이다. 이것은 여전히 악령에 관한 전체의 스타일에 대한 고려인, 희생적 모방의 폭로가 요구하고 있는 것과 엄격하게 일치하고 있다.

악령들은 사정이 여의치 않을 때는 '그 지방 밖으로' 추방당하는 것이 아니라면 추방당하는 것을 받아들인다. 이것은, 통상적인 악령 추방은 현저한 변화도 초래하지 않고 전체적인 지속도 범하지 않으면서 한 구조 내에서 행해지는, 지엽적인 위치 이동이나 교환 그리고 대체였다는 것을 의미한다.

전통적인 의사들은 실제로 효력을 발휘하였다. 그러나 그 효력은 다른 개인의 상태를 희생시켜서 한 개인의 상태를 개선시키고 있다는 의미에서 한계가 있다. 악령에 대해 말하자면 이것은 한편의 악령들이 한 개인을 떠나 다른 사람에게 들어가는 것이다. 의사들은 모방적 관계를 변화시키고 있지만 그들이 행하는 약간의 손질로 변하지 않는 그 체계의 균형이 깨어지는 것은 아니다. 그것은 이를테면 낡은 정부의 개각과 같은 것이다. 체계는 그대로 유지되고 있기 때문이다. 그러므로 이 체계는 단지 사람들만의 체계가 아니라 사람과 그들 악령의 체계인 것이다.

악령 들린 사람의 치유와 함께 그 군대의 익사에 의해 이 체계는 위협 받게 된다. 게라사인들은 그것을 알아채는데 그 때문에 불안해한다. 악령들은 더 잘 안다. 이들은 이 점에 있어 사람들보다 더 눈치가 빠르다. 그러나 다른 점에 대해선 어둡거나 쉽게 속아 넘어가기도 한다. 일반적으로 사람들이 생각하는 것처럼, 이 테마들은 순전히 상상으로 만들어낸 환상적인 것이 아니다. 이 테마들에는 아주 많은 의미가 들어 있다. 악령에게 부여된 속성들은 성서가, 말하자면 악령들에게 육화하도록 시킨 그 이상한 현실, 즉 모방적 '영육 분리'의 진정한 속성들과 엄격하게 일치하고 있다. 욕망이 열렬하고 지독할수록 자신은 그 욕망의 법칙에서 벗어나지 못하는데, 그 뛰어난 재치로도 그 굴종에서 전혀 벗어나지 못한다. 위대한 작가들은 이를 인식하여 이 모순적인 사실을 형상화하고 있다. 도스토예프스키는 바로 이 게라사의 악령들에게서 『악령』이라는 소설의 제목을 따왔을 뿐만 아니라 인물 관계의 체계와 그 체계를 앗아가는 심연의 역동성을 빌려오고 있다.

악령들은 그곳 의사들에게 하는 것처럼 예수와 '협상'을 하려 한다. 이들은 그들의 능력이나 무능이 자신들과 거의 다르지 않는 자들을 모두 대등하게 취급한다. 예수와의 협상은 그러나 실제 협상이라기보다는 겉으로 짐짓 그렇게 해보는 것 같다. 이 나그네는 그 지방 사람도 아니어서 그곳 풍습을 모를 뿐만 아니라 그곳 사람으로부터 위임받은 것도 아니다. 그는 악령들을 내쫓기 위해 무엇을 양보할 필요가 없는 사람이다. 돼지떼 속으로 들어가도 좋다고 한 그의 허락은 그 결과가 전혀 지속적이지 않기 때문에 그다지 중요한 결과를 가져오는 것이 아니다. 악령들을 내쫓고 그 사회에 퍼져 있는 악령들의 질서에 위협을 주기 위해서는 예수가 어딘가에서 자신을 드러내기만 하면 된다. 그러면 악령들은 더 이상 그 앞에 있을 수 없을 것이기 때문이다. 그들은 극심하게 동요하다가 짧은 고뇌의 경련을 일으키다가 결국에 가서는 완전히 분해된다. 기적의

극적인 순간이 보여주고 있는 것이 바로 이 같은 피할 수 없는 흐름이다.

모든 패주의 최종 작전은 항상 붕괴에 대한 완벽한 끝내기가 된다. 우리 텍스트는 기적을 행하는 이 사람과 악령들 사이의 흥정에다가 이 같은 이중적 의미를 아주 성공적으로 부여하고 있다. 이 테마는 샤먼과 다른 의사들의 관습에서 빌려왔지만, 이 관습은 여기서는 그것을 능가하는 의미를 실어 전달하는 교통 수단일 뿐이다.

예수 앞에서 이 악령들은 예전에 그들이 지배하던 지방의 변두리, 그것도 가장 악취나는 곳에 붙어 살 수 있기를 원한다. 그들을 위협하는 재난을 피하기 위해 이 악령들은 결국 자원해서 그에게 다가간다. 두려움에 사로잡힌 이들은 차선책으로 '돼지가 되기로' 서둘러 결심한다. 이상하게도 이것은 거의 도처에서 일어나고 있는 것과 아주 유사하다. 율리시스의 동반자들처럼 돼지가 되고 나서도 이 악령들은 가만히 있을 수가 없다. 물에 뛰어들어 익사함으로써 결정적인 파멸을 맞이한다. 이 익사야말로 이 초자연적인 무리들이 가장 두려워하던 '그 지방 밖으로 추방되는 것'을 실현하고 있다. 이것은 마르코의 표현인데 아주 중요한 말이다. 이 말은 혹자들이 '상징적인' 것이라고 부르는 것 속에서의 악령의 역할과, 이 놀이의 사회적 속성을 우리로 하여금 자각하게 해준다. 루가의 텍스트도 대단한 텍스트이다. 우리들에게 악령들이 '자기들을 지옥에 처넣지는 말아달라고' 예수에게 간청하는 장면을 보여줌으로써 루가는 게라사인들의 반응을 설명해 주는 이 텍스트의 중요한 의미인 악령의 완전한 소멸을 더 잘 보여주고 있다. 이 불쌍한 사람들은 그들의 일시적인 균형은, 그 지방의 유명인인 그 악령들린 사람과 그들이 소란을 피우면서 정기적으로 행하던 그 행위, 즉 그 악령에 바탕을 두고 있다고 느끼고 있다.

악령 들림은 모두 결정적인 모방의 결과이다. 루가와 마르코는 악령들린 사람을 한 사람만 이야기하고 있는데 비해, 마태오는 무차별적인, 그래서 모방적인 두 명의 악령들린 사람으로 바꾸어서 이야기하고 있다.

이때 마태오의 텍스트가 암시하고 있는 것이 바로 이것이다. 마르코의 텍스트는, 그의 인물이 하나이면서 동시에 여럿인, 즉 단수이면서 복수인 악령에게 사로잡혀 있다는 것을 우리에 보여줌으로써, 덜 분명하지만 훨씬 더 본질적으로, 더 본질적이기 때문에 덜 분명하게, 결국 같은 것을 표현하고 있다.

이것은 마태오가 암시하는 것처럼, 악령들린 사람은 단 하나의 타인으로부터 사로잡힌 것이 아니라 동시에 하나이면서 여럿인 모든 타인들, 달리 말해서 인간의 입장에서 보자면 사회를, 악령의 입장에서 보자면 집단 추방에 기반을 두고 있는 사회를 이루고 있는 타인들에 의해 사로잡혀 있다는 것을 의미한다. 정확히 말해서 악령들린 사람은 이 집단 추방을 모방하고 있다. 악령들은 인간 집단의 모습을 띠고 있다. 악령은 인간 집단의 '모방체(imitatio)'이기 때문에 인간 집단의 '성상(imago)'이다. 우리가 살펴본 복음서 끝 부분의 게라사인들처럼 처음에 악령들 집단은 일종의 조직체라 할 수 있을 하나의 구조를 갖고 있다. '나의 이름은 군대입니다. 우리의 숫자가 많아서 그렇습니다.' 다수의 단일성이다. 마지막에 가서 한 목소리가 나타나 모든 게라사인들의 이름으로 말하고 있듯이, 처음에도 하나의 목소리가 나타나서 모든 악령들의 이름으로 말하고 있다. 그런데 실은 이 두 목소리는 같은 것을 말하고 있다. 예수와 악령들 사이의 공존은 불가능하기에 악령들이 자신들을 쫓아내지 말아달라고 간청하는 것은, 게라사인들의 입장에서 제발 떠나달라고 기원하는 것이나 결국은 같은 것이기 때문이다.

내 말의 중요한 근거는 악령과 게라사인들의 동일성, 즉 이 악령들에 씌인 사람의 행동에 있다. 게라사인들은 그들 희생양에게 돌을 던진다. 그리고 악령들도 이 자로 하여금 스스로 돌로 찧게 하는데, 이것은 결국 같은 것이다. 원형에 가까운 이 악령들린 사람은 가장 기본적인 사회 관습을 흉내내고 있다. 산산조각난 모방적 다양성을 초석적 살해의 만장일치라는 가장 강한 사회적 통일성으로 바꾸어버림으로써, 문자 그대로 그 사회를 만들어내는 사회 관습말이다. 다수의 단일성을 말하고 있는 이 '군대'는 사회 원칙 그 자체를 상징하고 있다. 이 원칙은 악령의 완전한 추방이 아니라 위의 악령들린 사람이 제대로 보여주었던 모호하고 어정쩡한 추방에 기초를 두고 있는 그런 유형의 조직이다. 그런데 이런 유형의 추방은 결국에는 인간과 악령의 공존에까지 이르게 된다.

우리는 방금 군대는 사회적인 것의 다수의 단일성을 상징하고 있다고 말했다. 이 말은 사실이다. 그러나 "나의 이름은 군대입니다. 우리의 숫자가 많아서 그렇습니다."라는 유명한 말에서 군대는 이미 붕괴중에 있는 단일성을 상징하고 있다. 사회 발생의 역순서가 우세하게 나타나고 있기 때문이다. 한 문장 안에서 복수로 변하고 있는 이 단수는 다시 모방적 다양성에 빠져버리는 것을 의미한다. 이것은 모든 것을 전복시키는 예수 때문에 빚어진 첫 번째 결과이다. 이런 점에서 이것은 거의 현대 예술이다. 나는 하나의 타인이다라고 마태오는 말하고 있다. 이에 비해 마르코는 나는 모든 타인이다라고 말하고 있다.

돼지 떼를 폭력을 가하는 사람들과 동일시해도 괜찮을까? 성서를 거북한 내 생각 쪽으로 억지로 끌고 다닌다는 욕은 먹지 않을까? 만약 욕을 먹는다면, 내가 주장하는 동일화가 성서, 적어도 「마태오의 복음서」에는 분명히 들어 있는데 어떻게 사람들이 그럴 수 있을까? 여기서 나는 게라사 이야기 바로 앞에 나오는 의미심장한 아포리즘이 생각난다. "거룩한 것을 개에게 주지 말고 진주를 돼지에게 던지지 말라. 그것들이 발로 그것을 짓밟고 돌아서서 너희를 물어뜯을지도 모른다."(「마태오의 복음서」 7:6)

우리는, 게라사의 이야기에서 린치를 가하는 사람들이 '일반적으로' 희생양이 당하는 것을 당하고 있다고 말한 바 있다. 그들은 악령들린 사람처럼 스스로를 돌로 찧지는 않지만, 벼랑 위로 올라간다. 이것은 결국 같은 것이다. 성서에 반대하고 있는 오늘날의 휴머니즘이 유대주의보다 더 높게 치고 있는 고대 그리스나 로마와 같은 고대 세계로 이것을 옮겨 놓고 보면, 우리는 이 같은 전도가 얼마나 혁명적인지를 알게 된다.

철학자와 수학자를 포함한 그리스 시민들을 벼랑 위로 올라가게 하는 '파르마코스'를 상상해 보자. 타르페이아 바위로부터 허공 속에 흔들리면서 떨어지고 있는 것은 더 이상 그 저주받은 사람이 아니다. 고상한 집정관 나리들, 덕망 있는 관리, 장엄한 법관, 유태의 총독과 그리고 이 밖에 또 '로마의 원로원'에 들어가는 사람들이 저 벼랑 위에 올라가 있다. 이들은 모두 깊은 심연에 빠져 사라지고 이제는 '옷을 갖추어 입고 제정신을 차린' 예전의 희생양이 그 위에서 이 놀라운 낙하 광경을 침착하게 바라보고 있다.

어떤 반역의 욕망을 만족시켜 주는 이 기적의 결말은 내가 생각하는 그런 틀 속에서 정당화될 수 있을까? 이런 결말에는 성서에는 복수 정신이 없다는 나의 주장에 정면으로 위배되는 어떤 복수의 차원이 들어 있는 것이 아닐까?

돼지 떼를 갈릴리 바다 속으로 내던지는 힘은 무엇일까? 그것은 돼지 떼가 떨어지는 것, 혹은 예수의 승리를 보고 싶어 하는 우리의 욕망이 아닐까? 과연 무엇이 아무런 제재도 받지 않고 이 돼지떼들을 자멸의 길로 이끌 수 있단 말인가? 그 대답은 명백하다. 그것은 부화뇌동하는 정신이라 불리는 것이다. 떼, 정확히 말해서 하나의 무리, 달리 말하면 모방을 향한 거역할 수 없는 성향을 만들어내는 것은 바로 이것이다. 어쩌다 우연히 아니면 어처구니없는 공포나 악령이 들어옴으로써 일어나는 경련 때문에 사고로 한 마리가 바다로 떨어지는 것으로도, 모든 돼지들이 똑같은 행동을 하는 충분한 이유가 된다. 격정적인 맹종은 돼지가 갖고 있는 익히 알려진 고집스러운 성질과 아주 쉽게 결합한다. 신들림의 특징인 동일함이라는 모방적 문턱을 넘어서기만 하면 그 무리 전체는 순간적으로 그들이 볼 때도 비정상적인 온갖 행동을 하기 시작한다. 이것은, 게라사의 사회가 이미 진보되었다는 의미에서, 소위 말하는 진보 사회에서도 나타나고 있는 유형의 현상이다.

어쩌다가 한 마리가 발을 삐끗하여 떨어지게 되면 그것이 바로 '바다에 빠지기'의 새로운 방법이 되어 마지막 돼지에게까지 그대로 전파된다. 아무리 사소한 것이라 하더라도, 모방적으로 부추기면 우리는 밀집해 있는 무리들을 완전히 뒤흔들어 놓을 수 있다. 그 목표가 사소하고 쓸데없는 것일수록, 아니면 더 낫게는 필연적이고 운명적인 것일수록, 그것은 더 신비로 감싸지고 또 더 많은 욕망을 불러일으키는 법이다. 그러므로 이 돼지들은 모두 이미 균형을 잃고서 스캔들에 걸려 있거나 심지어는 더 '근본적인' 균형을 잃고서 전기에 감전되어 있다. 그래서 그들 모두 은연중에 좋은 자세를 취하려고 애를 쓰고 있지만 그러나 그들이 취하는 자세는 균형을 '되찾을 수 없는' 자세일 뿐이다. 그래서 그들은 '대담한 선구자'의 뒤를 좇아 바다로 뛰어들게 된다.

예수는 말을 하면서 기존의 마술이라는 말 대신에 거의 언제나 스캔들의 모방이라는 말을 쓰고 있다. 여기서도 이와 똑같은 것을 하는 것으로 충분한데, 그렇게 하면 수수께끼는 걷히고 말 것이다. 이 돼지떼들은 머리끝에서 발끝까지 완전히 모방적으로 되어 있다는 점에서 진정으로 악령들린 자들이다. 성서를 제외한 다른 곳에서 이와 관련된 것을 참조하려 한다면, 우리가 찾아보아야 할 곳은 악령의 연구서들은 아니고 본능에 관한 현대의 헛된 학문은 더더욱 아니다. 이런 학문은 우울한 생쥐 이야기 속에서 우리의 미래를 서글프게 뒤덮고 있다. 나는 오히려 이런 것들보다는 더 쾌활하고 더 깊이 있는 문학을 향하고 싶다. 게라사의 이야기에 나오는 자살하는 악령들은 별다른 명분 없이도 바다에 뛰어들 수 있는 부화뇌동하는 자들이다. 우리 텍스트가 제기하는 문제에 대해서는 항상 모방이라는 대답이 있다. 그것은 언제나 가장 뛰어난 대답이다.

14 갈라진 사탄

텍스트 분석을 통해서 기적적인 치유의 비밀이 밝혀지는 것은 아니다.[44] 우리의 분석은 그것을 묘사하고 있는 언어에만 의지하고 있다. 성서 기록자들은 그들 세계의 언어를 말하고 있다. 그래서 그들은 메시아를 다른 어떤 존재라고 주장하면서, 예수를 많은 의사들 중 하나로 보고 있는 것 같다. 게라사의 텍스트를 보면 이들 생각이 옳다는 것을 알 수 있다. 성서 기록자들이 악령의 파괴와 그들의 세계를, 심지어는 그들에게 악령과 그 추방에 관한 언어와 같이 그것들의 묘사에 쓰이는 언어를 제공해 주고 있는 세계까지 묘사하고 있다는 점에서 그러하다. 그러므로 추방, 즉 세상 설립의 원동력인 추방 그 자체가 문제이며, 악령과 악마를 완전히 해결해야 하는 것이 문제이다.

드물지만 성서의 어떤 구절에서는 예수 스스로가 추방이니 악령이니 하는 말을 쓰고 있다. 그중 가장 중요한 것은 적의에 찬 사람들과의 토론 형식으로 되어 있다. 그것은 중요한 텍스트인데 세 권의 공관 복음서에 다 들어 있다. 다음은 그중 의미가 가장 풍요로운 마태오의 것이다. 예수

---

44) 희한한 치유의 기적과 그 의미에 대해서는 Xavier Léon-Dufour, *Etudes d'Evangiles*(Paris: Seuil, 1965)를 참조할 것. 또한 이 저자의 Face la Mort, *Jésus et Paul*(Paris, 1979)에서 특히 예수의 수난을 희생적으로 해석하는 대목을 참조할 것.

는 이제 막 악령들린 사람을 치유하였다. 군중들은 그를 칭송하고 있는데 거기에는 또한 마태오에 의하면 '바리새인', 마르코에 의하면 '율법학자'라고 불리는 종교적인 엘리트들도 들어 있다. 이들은 예수의 치유를 의심하고 있다.

그러자 모든 군중이 깜짝 놀라며 "이 사람이 혹시 다윗의 자손이 아닐까?"하고 수군거렸다. 그러나 바리새인들은 이 말을 듣고 "그는 마귀의 두목 베엘제불의 힘을 빌려 마귀를 쫓아내고 있는 것이다."라고 헐뜯었다.
예수께서 그들의 생각을 알아채시고 이렇게 말씀하셨다. "어느 나라든지 갈라져서 서로 싸우면 망하고 어느 동네나 집안도 갈라져서 서로 싸우면 지탱되지 못한다. 그러므로 사탄이 사탄을 쫓아낸다면 그 나라는 이미 갈라진 것이다. 그래서야 그 나라가 어떻게 유지되겠느냐? 또 내가 너희의 말대로 베엘제불의 힘을 빌려 마귀를 쫓아낸다고 하면 너희의 대가(大家)들은 누구의 힘으로 마귀를 쫓아낸다는 말이냐? 그러니 바로 그 사람들이 너희의 말이 그르다는 것을 지적할 것이다. 그러나 나는 하느님께서 보내신 성령의 힘으로 마귀를 쫓아내고 있다. 그러니 하느님의 나라는 이미 너희에게 있는 것이다."(「마태오의 복음서」 12:23-28)

이 텍스트를 단 한번에 해석하기는 힘들다. 그런데 직접 해석은 항상 더 심원한 간접 해석으로 흐르는 법이다. 그러니 직접 해석부터 시작하기로 하자. 우선 예수가 한 첫 번째 말에서 우리는 여러 민족의 현인들이 말하고 있는, 너무 당연하지만 그만큼 더 진부한 원칙을 보게 된다. 영어에서는 이것을 가지고 "갈라진 나라는 절대 오래가지 못한다."라는, 일종의 격언을 만들고 있다.

"그러므로 사탄이 사탄을 쫓아낸다면 그 나라는 이미 갈라진 것이다. 그래서야 그 나라가 어떻게 유지되겠느냐?"라는 그 다음 문장은 우선 앞의 원칙을 응용하고 있는 것처럼 보인다. 예수는 이렇게 질문을 던져놓고 대답은 하지 않지만 그 대답은 명약관화한 것이다. 갈라진 나라는 더 이상 유지되지 못할 것이다. 바리새인들이 정말 사탄을 싫어한다면 사탄으로 사탄을 쫓아내는 예수를 나무라지 않을 것이다. 백보 양보해서 그들이 옳다 하더라도 예수가 방금 행한 것은 사탄을 결정적으로 없애는 데에 크게 기여할 것이다.

여기서 "또 내가 너희의 말대로 베엘제불의 힘을 빌려 마귀를 쫓아낸다고 하면 너희네 사람들은 누구의 힘으로 마귀를 쫓아낸다는 말이냐?" 하는, 또 다른 가설과 질문이 등장하고 있다. "나의 효력이 마귀에게서 나온다면 너희들과 너희 대가들의 효력은 과연 어디에서 나오는 것이냐?" 이런 식으로 예수는 그를 비난하는 사람들에게 그들의 비난을 되돌려주고 있다. 그들도 바로 '사탄을 통해서' 쫓아내고 있기 때문이다. 그러고 나서 예수는 자신은, 성령을 통한, 근본적으로 다른 식으로 마귀들을 쫓아내고 있다고 주장한다. "그러나 나는 하느님께서 보내신 성령의 힘으로 마귀를 쫓아내고 있다. 그러니 하느님의 나라는 이미 너희에게 있는 것이다."

여기서 예수는 자신도 모르게 쓸모 없는 과열된 논쟁에 가담하고 있는 것 같다. 의사들끼리 서로, 다른 의사들은 마귀의 힘으로 행하고 있지만, 자신만이 가장 정통파이며 효력도 가장 나은, 하느님에게서 나오는 '좋은 추방'을 행하고 있다고 주장하는 논쟁 말이다. 여기서 우리가 보고 있는 것은 바로 소포클레스의 『오이디푸스 대왕』에 나오는 라이벌 예언자인 오이디푸스와 티레시아스와 같이 서로를 추방하고 있는 모방 경쟁 작용이다. 그러므로 폭력은 도처에 있으며 모든 것은 힘의 문제로 귀결된다. 이것이 바로 위 인용문 바로 다음에 나오는 구절이 의미하는 바이다. 여기서 예수와 다른 의사들이 마귀를 쫓아내는 방법은 아주 희화적으로 거칠게 표현되어 있다.

> 또 누가 힘센 사람의 집에 들어가서 그 세간을 빼앗아가려면 먼저 그 힘센 사람을 묶어놓아야 하지 않겠느냐? 그래야 그 집을 털어갈 수 있을 것이다.(「마태오의 복음서」 12:29).

여기서 처음 나오는 힘센 사람이란 그 집을 차지하고 있는 합법적 소유자, 혹은 적어도 처음으로 점령하고 있는 자를 의미한다. 이 첫 번째 사람을 지배하는 더 힘센 자는 하느님을 뜻한다. 이런 식으로 보는 것은 예수의 관점이 아니다. 하느님은 비겁한 강도가 아니다. 예수는 상대방의 말에서 경쟁적 추방의 언어를 차용해 사용함으로써 거기서 하나의 체계를 추출해 낸다. 그것은 폭력과 성스러움의 체계이다. 하느님은 분명 사탄보다 힘이 세다. 그러나 하느님이 여기에 나타나는 식으로 해서 힘이 세다면 그는 또 다른 사탄일 뿐이다.

그들 동네에서 행한 예수의 그 눈부신 솜씨에 대한 게라사인들의 해석도 바로 이런 식이다. 그들에게는 악령들린 군대라는 힘센 사람이 있다. 이 주인 때문에 그들의 삶은 힘들지만 일종의 질서는 유지하고 있다. 그런데 갑자기 그보다 더 힘센 예수가 나타나서 그 사람을 무력하게 만들어버린다. 게라사인들은 예수가 혹시 그들 재산을 다 빼앗아가지나 않을까 걱정스럽다. 그들이 예수에게 떠나달라고 부탁하는 것도 바로 이 때문이다. 그들은 예전의 상전을 더 난폭한 새 상전과 바꾸고 싶은 생각이 없는 것이다.

예수는 그들 세계의 말을 그대로 취하고 있는데, 이 말은 종종 그대로 성서의 말이 되기도 한다. 성서 기록자들은 자신들의 처지에 대해 잘은 모르고 있다. 그들의 텍스트는 이상하게도 생략이 많이 되어 있는데, 아마도 훼손된 것 같다. 하지만 마태오는 문자 그대로 모든 것을 다 담을 수는 없다는 것을 잘 알고 있었다. 앞서 인용한 말에는 온전한 모순과 함께, 가장 직접적인 논쟁적 차원을 벗어나 있는 의미가 실려 있다. 그런데 이 후자의 의미는 예수의 라이벌인 이 상대방들도 분명히 눈치를 챘을 것이고, 오늘날의 대부분의 독자들은 다 보았을 것이다. 마태오는 제일 앞에 붙인 "그들의 생각을 알아채시고 예수께서 이렇게 말씀하셨다."라는, 의미심장한 말로써 이 전체 인용문의 뜻을 더 분명히 하고 있다.

마르코는 여기에 대해서는 강조하지 않는다. 그러나 그는 다른 곳을 주목하게 한다. 이것은 더 많은 것을 드러내게 하는 곳이다. 그는 여기서 우리로 하여금 이것이 '비유(parabole)'(「마르코의 복음서」 3:23)라는 것을 주목하게 한다. 이것은 비유적 담론의 정의 그 자체에 있어 아주 중요한 의미를 갖고 있다. 여기서는 간접화법이 나오는데, 이것은 이야기 서술의 기본 요소를 이용할 수 있지만 여기서는 그렇지 않은 것으로 보아 꼭 그래야만 하는 것은 아니다. 성서에서 비유의 본질을 이루는 것은, 그들 또한 박해의 기록에 갇혀 있으면서 다른 것은 전혀 듣지 못하는 사람들을 위해서 예수는 스스로 그 박해의 기록 안에 의도적으로 갇히고 있다는 것이다. 예수는 그들이 알아들을 수 있는 말만으로 사람들의 앞날을 예언하고, 또 이렇게 함으로써 앞서 말한 이 체계의 다음 결말과 그 비일관성, 그들 말의 내적 모순을 한꺼번에 폭로하는 식으로, 이 체계를 이용하고 있다. 동시에 그는 듣는 이의 정신 속에서 이 체계를 뒤흔들고 또 이 체계가 자신의 말에, 더 진실되지만 박해의 폭력과는 낯설기 때문에 더 어려운, 제2의 의미를 부여하도록 유도하려 한다. 그런데 이 제2의 의미는 그 폭력과 그것이 우리 모두에 대해 영향을 주고 있는 의도적 갇힘의 효과를 드러내 보여 준다.

우리의 분석에 비추어보면, 이 제2의 의미는 환상적인 것이 아니라는 것이 쉽게 드러난다. 성서는 정말 지금까지 우리가 얻었던 것보다 더 많은 것을 말하고 있다. 성서는 우리의 결론을 요약하고 있으며 우리가 추출했던 원리, 즉 인간 사회를 설립하기 위해서 폭력은 다른 폭력에 의해 추방되고 있다는 폭력의 원리를 더 또렷이 형상화하고 있다.

우리는 앞에서, 갈라진 사회는 멸망하고 만다는 생각은 진정한 관찰의 결과처럼 보이기도 하지만 또한 일반적인 지혜에서 나오는 것이라고 말한 바 있다. 논쟁을 끝내기 위해서 예수는 모든 사람이 다 인정할 그런 명제를 내놓는 것이다.

두 번째 문장은 첫 번째 것의 한 특수한 경우처럼 보인다. 모든 나라, 모든 마을, 모든 집에서 다 진실인 것은 마찬가지로 사탄의 나라에서도 진실이어야 한다.

그러나 사탄의 나라는 다른 나라들과는 좀 다른 나라이다. 성서는 사탄은 모든 나라의 원리라고 분명히 말하고 있다. 사탄이 어떻게 그런 원칙이 될 수 있을까? 사탄은 폭력적 추방과 거기서 나오는 거짓의 원칙이다. 사탄의 나라는 모든 제의와 바리새인들이 조금 앞에서 암시했던 악령 추방 속에서 서로가 서로를 추방시키고 있는 폭력 그 자체이다. 그러나 모든 제의의 모델이 되고 있는 국가 설립 행위 속에 감추어져 있는 폭력이 더 고유한 것인데, 자연 발생적인 만장일치에 의한 희생양 살해가 바로 그것이다. 우리가 두 번째 문장에서 찾을 수 있는 것은 다름아닌 사탄의 나라에 대한 복합적이면서 완벽한 정의이다. 그것은 과연 무엇이 마침내 사탄을 없애는지를 말하고 있을 뿐만 아니라 사탄을 부추겨서 그에게 힘과 구성 원칙을 주는 것이 또한 무엇인지에 대해서도 이야기하고 있다. 여기서 이상한 것은, 물론 구성 원칙과 최종적인 파멸의 원칙이 결국에는 같은 것이라는 사실이다. 사정에 어두운 사람들은 여기서 헤매게 되지만 우리들조차 여기에 현혹되면 안 된다. 우리는 모방 욕망, 경쟁, 그리고 이 때문에 생겨나는 내적 분리의 원칙은 바로 그 또한 모방적인 사회 통합 원칙인 희생양 원칙과 같은 것이라는 것을 잘 알고 있기 때문이다.

지금까지 되풀이되고 있는 것도 똑같은 과정이다. 그래서 수많은 신화의 도입부에서처럼, 세례 요한이 죽는 장면 앞 부분에서 원수 형제들의 다툼이 나타나고 있는 것이다. 사람들에게 '규범(norme)'을 주기 위해서,

한 형제는 '대개(normalement)' 다른 형제를 죽이고 있다.

두 번째 문장은 첫 번째 것이 제기하는 원칙에 대한 단순한 응용이 아닙니다. 오히려 두 번째 것은 첫 번째 것이 그것의 응용이 될 그런 원칙을 제기하고 있다. 그러므로 문장 순서를 바꾸어야 한다. 뒤에서부터 거슬러 읽어야 한다는 말이다. 이때 우리는 첫 번째 문장이 사람들에 대한 기억으로 표현되고 있는 까닭을 알게 된다. 여기에는 어디서나 볼 수 있는 흔한 지혜 '이상(以上)의 것'을 암시하는 어떤 별난 것이 들어 있다. 우리가 인용하고 있는 예루살렘판 성서에서는 이 같은 '이상의 것'에 대한 암시가 부족한데, 그것은 그리스어로 된 성서 원본에서는 '갈라진 모든 나라는 망하고, 갈라진 모든 집'처럼, 두 번이나 되풀이되고 있는 '모든'이라는 애초의 수식어가 여기서는 되풀이되고 있지 않기 때문이다. '모든'이라는 말이 되풀이되고 있는 것은 여기서 언급되고 있는 집단들이 모두 대칭적이라는 인상을 상당히 감소시키고 있다. 이 텍스트는 나라, 마을, 가정 순으로, 가장 큰 사회에서부터 가장 작은 사회에 이르는 모든 인간 사회를 열거하고 있다. 우선 당장은 우리가 그 이유를 알지 못하지만 이 텍스트는 하나도 빠뜨리지 않으려고 세심하게 신경을 쓰고 있으며, '모든'이라는 이 수식어의 반복은, 그것의 직접적인 의미는 알려지지 않은 그 의지를 강조하고 있다. 그러나 이것이 아무런 의미도 없는 스타일이나 우연의 산물인 것은 아니다. 제2의 의미가 있는데 우리는 그것을 포착해야 한다.

이 텍스트가 끈질기게 암시하고 있는 것, 그것은 바로 모든 나라, 모든 마을, 모든 가정은 다 실제로 갈라져 있다는 사실이다. 바꾸어 말해서 인간의 모든 사회는 예외 없이 이 두 번째 문장이 제기하는 설립적인 동시에 파괴적인 동일한 원칙에서 나오고 있다. 그것은 사탄 나라의 모든 예들일 뿐이지 그것 자체가 사탄 나라이거나, 혹은 현대 사회학의 경험론적 의미에서의 사회의 한 예인 폭력의 나라는 아니다.

그러므로 첫 두 문장은 보기보다 더 많은 의미를 담고 있다. 사회학 전체, 기본적 인류학 전체가 그것으로 요약될 수 있다. 그렇다고 끝난 것이 아니다. 이제 밝혀지기 시작한 것들에 비추어보면 "또 내가 너희의 말대로 베엘제불의 힘을 빌려 마귀를 쫓아낸다고 하면 너희의 대가들은 누구의 힘으로 마귀를 쫓아낸다는 말이냐? 그러니 바로 그 사람들이 너희의 말이 그르다는 것을 지적할 것이다."라는, 지금까지 수수께끼로 남아 있던 세 번째, 특히 네 번째 문장의 의미도 밝혀낼 수 있을 것이다.

그리스 원본은 '대가'라고 말하고 있지 않고 '아들'이라고 말하고 있다. 제자, 모방자인 정신적 아들들이 왜 그들의 대가와 모델이 되는 것일까? 판관에 해당하는 말이 kritai인데 이 말은 위기와 결단이라는 개념을 떠올리게 한다. 모방적 자기 과시에 의해 모든 '악마적인' 집단의 내적 분열은 더 격렬해진다. 합법적 폭력과 비합법적 폭력의 차이는 더 엷어지고 추방은 상호적인 것이 된다. 아들들은 아버지의 폭력을 더 강화시키면서 재생산함으로써 모두에게 갈수록 더 불행한 결과를 초래하고 있다. 마침내 그들은 아버지의 본보기 속에 들어 있는 해로운 것을 알게 되면서 자신들의 아버지를 저주하게 된다. 오늘날 우리가 kritai라는 말이 암시하고 있는 부정적인 판단을 갖고 있듯이, 그들은 그들 이전의 모든 것에서 영향을 받고 있다.

우리 텍스트에서 우리는, 신성한 폭력이 있으며 그것은 모든 것 중에서 가장 힘이 센 것이라는 생각을 추출해 낼 수 있을 것 같다. 게라사의 기적 이야기 같은 데서는 이 생각은 명백하기까지 하다. 그러나 어떤 정도를 넘어서면 이런 해석은 전도되는데, 이때 우리는 신성한 추방은 아예 없다는 것을, 아니 있다면 그것은 오로지 박해의 기록, 상호 비난, 바꾸어 말해서 사탄에게만 있다는 것을 깨닫게 된다. 추방의 힘은 항상 사탄 그 자신으로부터 나온다. 하느님도 이 힘과는 무관하다. 이 힘은 '사탄의 나라'를 파멸시키기에 충분한 정도 이상이다. 서로를 추방시키다가

급기야는 전체의 파멸에까지 이르게 되는 사람들은 바로 그들 모방에 의해 갈라진, 즉 사탄에 '씐' 사람들이다.

그러나 스스로의 내분(모방적 경쟁)과 추방의 추방(희생양 메커니즘)이 인간 사회의 파멸 원리일 뿐 아니라 설립 원리이기도 하다. 그런데 예수는 순전히 묵시록적인 파멸만을 이야기하는 문장의 끝에 가서 이 두 번째 양상에 대해서는 왜 언급조차 하지 않는 것일까? 이 텍스트에서 무질서뿐 아니라 질서의 기원인 모방 폭력의 모순을 발견한다고 믿고 있는 내가 혹시 틀린 것은 아닐까? 혹시 이 텍스트는, 악의에 찬 나태함이 그것을 뛰어넘으려고 시도도 하지 않으면서 기꺼이 받아들이고 있는 직접 해석이 암시하고 있는, 자신도 모르게 모방적이며 이분법적으로 되어버리는 논쟁적인 글은 아닐까?

사탄이 사탄을 몰아내는 것을 결코 끝내지 않은 것 같다. 그렇다고 가까운 미래에 그것을 완수해야 할 필연적인 이유가 따로 있는 것도 아니다. 예수는 사탄의 원칙이 질서의 힘을 다 빼앗아간 것처럼, 즉 그때부터는 모든 사회 질서가 그 자신의 무질서에 굴복하고 말 것처럼 이야기하고 있다. 스타일 효과를 통한 단순한 암시의 차원에서 우리 텍스트의 앞 두 문장에 이 질서의 원리는 뚜렷이 드러나 있다. 여기서 이 질서의 원리는 마치 시간이 지나면 파멸에 이를 수밖에 없는 다소 시간이 경과된 어떤 것처럼 나타나고 있다. 그런데 이 파멸이야말로 대부분의 독자들이 알아볼 수 있는 유일한 것이며 그 사건에서 겉으로 드러나 있는 유일한 메시지일 것이다.

질서의 의미는 분명 존재한다. 그러나 바로 이것이 존재하기 때문에 우리는 그 존재를 소위 유물처럼 취급하고 있다. 왜 그러할까? 그것은 성서 도처에서, 특히 예수 수난뿐만 아니라 우리가 살펴본 모든 텍스트에서 밝혀지고 있는 문명의 폭력적 질서는 그것이 일단 폭로되고 나면 이제 더 이상 존재할 수 없기 때문이다.

이 폭로 때문에, 폭력에 의한 폭력 추방이라고 밝혀진 초석적 메커니즘인 희생양 메커니즘은 이제 그 효력을 상실할 위기에 직면해 있다. 더 이상의 흥미가 없다. 성서 기록자들은 이 같은 폭로와 그로 인한 사탄의 메커니즘이 끝나게 됨으로써 열리게 될 인류의 미래에 대해 관심이 있다. 희생양이 더 이상 인간을 구원하지 못하고, 박해의 기록들이 붕괴되고, 그리고 지하 감방 속에서 진실이 빛을 발하게 되면, 폭력적인 하느님이 존재하지 않는다는 것은, 나쁘지만 한편으로는 좋은 소식이 아니다. 진정한 하느님은 폭력과 무관하고 그는 이제 더 이상 멀리 있는 중개자를 통하지 않고서 우리에게 직접 말을 걸고 있다. 그가 우리에게 보내준 그의 아들은 그와 한몸이다. 하느님의 나라가 온 것이다.

"내가 성령으로 악령을 쫓아낸 것은 하느님의 나라가 너희들에게 도래하였기 때문이다." 하느님의 나라는 사탄의 나라, 갈라짐과 추방이라는 사탄의 원칙 위에 세워진 이 세상의 다른 모든 나라와 다르다. 이 나라는 어떠한 추방도 행하지 않는다.

예수는 자신의 행위에 대해 추방과 폭력의 말을 사용하여 토론하기를 받아들인다. 그 말을 사용한 것은 그것이 상대방들이 알아들을 수 있는 유일한 말이기 때문이다. 그러나 그것은 그 말과는 아무런 공통점이 없는 어떤 사건을 그들에게 암시하기 위해서이다. 만약 성령에 의해서 내가 악령을 쫓아낸다면 악령도 추방도 더 이상 문제가 안 될 것이다. 폭력과 추방의 나라는 곧 멸할 것이기 때문이다. 하느님의 나라가 '우리들에게' 도래하였다. 관중들이 직접 질문을 받는다. 그 나라는 번개처럼 도래한다. 이 나라는 얌전한 신부나 경박한 신부의 신랑들처럼 오랫동안 뜸을 들이다가 단숨에 달려든다.

하느님의 나라는 그때 내 말을 듣고 있던 너희들에게 임했다. 그러나 그들은 너희들과 처지가 전혀 같지 않았기 때문에 그때 내가 아무 말없이 떠났던 그 게라사인들에게는 아직 임하지 않았다. 예수는 꼭 '시간이 완성되었을 때', 다시 말해 폭력이 이제 더 이상 폭력을 추방하지 못하고 내분이 어떤 치명적인 지점에 이르렀을 때, 즉 이번에는 되돌아오지 못하는 희생양의 지점에 이르렀을 때 개입하고 있다. 이 지점이 왜 되돌아오지 못하는 지점인가 하면 이 희생양이 겉으로 보기에는 일시적으로 예전의 질서를 되돌려놓는 것처럼 보이지만 실제로는 그것을 철저히 파괴하고 있기 때문이다. 이때 희생양은 질서를 추방하지 않고 그 반대로 그것에 의해 자신이 추방되고 있으면서 사람들에게 이 추방의 신비를 밝혀주고 있다. 폭력의 조직적 힘인 사탄의 실질적인 힘이 바로 그 비밀에서 나오고 있기 때문에 사탄이라면 절대 밝혀주지 않을 그 비밀을 이 희생양은 파헤치고 있다.

언제나 폭로의 역사적인 양상에 대해 관심을 두고 있는 마태오는 게라사 이야기에서, 법을 지키는 세계와 그렇지 않은 세계의 일시적인 편차를 암시하는, 그에게만 나타나고 있는 이 이야기의 신들린 두 사람에 대해 주목하게 한다. "하느님의 아들이시여, 어찌하여 우리를 간섭하시려는 것입니까? 때가 되기도 전에 우리를 괴롭히려고 여기 오셨습니까?"
(「마태오의 복음서」 8:29)

이 푸념은 우리에게 아주 의미 있는 푸념이다. 앞에서도 말했듯이, 게라사의 군중들은 군중이라기보다는 예수가 평소에 복음을 전하던 목자 없는 무리에 더 가깝다. 공동체는 여전히 더 '구조화되어' 있다. 그들이 이교도이기 때문이다. 유대교를 희생해서까지 이교도를 높이 칠 필요는 물론 없다. 그러나 그들이 발전 단계에서 동일한 위기에 처한 것은 아니라는 것을 암시할 필요는 있을 것 같다.

최후의 폭로를 결정하는 최후의 위기는 특별하기도 하고 그렇지 않기도 하다. 이 위기는 바로 원칙적으로 '사탄식의' 폭력에 의한 폭력 추방에 기반을 둔 모든 희생 제도가 노쇠한 것과 같다. 성서의 폭로 때문에 이 같은 위기는 돌이킬 수 없는 것이 되고 만다. 성서가 박해 기록의 비밀을 들추어내게 되면서 결국 희생양 메커니즘은 작동하지 못하기 때문에, 모방적 무질서가 절정에 달했을 때 이 메커니즘은 와해된 질서를 대체할 수 있는 제의적 추방이라는 새로운 질서를 만들어내지 못한다.

이 성서의 씨앗이 파고든 사회와 모든 유사한 사회들은 언젠가는 붕괴하게 될 것이다. 이 유사한 사회들이란, 이 씨앗에서만 나온 것 같은 사회도 포함된다. 또 여기에는 물론 성서와 모호한 방식으로 연관되어 있을 뿐만 아니라, 성서와 다른 모든 종교의 문헌이 닮았다는 잘못된 생각에서 나오는 당연히 희생적인, 부분적인 오해에 대한 믿음 속에서, 성서와 연관되어 있는 소위 말하는 기독교 사회들도 포함된다. 마르코는 '집들이 차곡차곡 무너진다'고 말한다. 그러나 이 붕괴는 하느님과 예수에게서 나오는 더 강한 추방이 아니라, 그 반대로 모든 추방의 끝이다. 바로 이러하기에 하느님 나라의 도래는 파괴만 아는 사람에게는 분명 파괴일 것이고, 화해를 원하는 자에게는 분명 화해일 것이다.

영원히 갈라지면 망하고 만다는 이 나라의 논리는 항상 절대적인 진리였지만, 그러나 실제 역사에서는 한번도 진실이 아니었다. 그것은 감추어져 있는 희생양 메커니즘이 희생적 차이와 폭력에 의한 추방을 되살리면서 계속 그 나라를 연장해 나왔기 때문이다. 그런데 이제는 실제로 진실로 나타나게 되었다. 제일 처음에는 예수의 말을 들은 유대인들에게, 그리고 이교도로서는 아주 공개적으로 그를 들먹이면서 예수에게 그의 제자들처럼 행동하였던 게라사인들에게 진실로 나타난다. 그들은 그들 사회에 돌이킬 수 없는 사태가 하나도 일어나지 않는 것을 보고 흡족해했다. 성서 기록자들이 파국적 종말론을 주장한 것이 거짓이라는 것을 인정하게 했다고, 그들은 속으로 생각했다.

게라사의 악령에 대한 첫 번째 해석은 모든 것은 이중 추방의 논리 위에 서 있다는 인상을 준다. 첫 번째 것은 결코 결정적인 결과에 이르지 않는다. 그것은 서로 작당하고 있는 악령들과 게라사인들이 한통속이라는 것이다. 두 번째 해석은 예수의 해석으로, 이것은 결국에 그 거주지와 모든 주민을 완전히 쓸고 가버리는 정말 완전한 소탕이다.

하나는 그것이 유지하는 체제 내의 추방이며 다른 하나는 바로 이 체제를 파괴하는 체제 밖의 추방인 이 이중 추방은 앞에서 살펴본 "내가 너희의 말대로 베엘제불의 힘을 빌려 마귀를 쫓아낸다고 하면 너희의 대가들은 누구의 힘으로 마귀를 쫓아낸다는 말이냐? 그러니 바로 그 사람들이 너희의 말이 그르다는 것을 지적할 것이다. 그러나 나는 하느님께서 보내신 성령의 힘으로 마귀를 쫓아내고 있다."라는 문장 속에 분명히 드러나 있다. 좀더 깊이 이해하면 하느님의 권능은 파괴적인 것이 아니란 것을 알 수 있다. 그것은 누구도 추방하지 않는다. 인간에게 드러난 이 진실은 모방의 자동 조절 능력을 빼앗아버림으로써 그때껏 묶어두었던 사탄의 힘, 즉 파괴적 모방을 풀어주고 있다. 사탄의 기본적 양면성은 신의 행동의 표면적이고 설명 가능한 양면성을 끌고 온다. 예수는 분화된 사탄의 세계에 본질적으로 평화를 가져오기 때문에 결국 전쟁을 몰고 오는 셈이다. 사람들은 이를 이해하지 못하고 있다. 그게 아니라면 이해하지 못하는 척하고 있다. 우리 텍스트는 한편으로는 이것을 이해하는 사람들에게, 다른 한편으로는 이해하지 못하는 사람들에게 다 적용될 수 있도록 아주 절묘하게 잘 만들어져 있다. 모두 갈라진 여러 가지 인간 사회들과 사탄을 추방하는 사탄을 이야기하고 있는 이 문장들은 모방의 자동 조절 능력뿐만 아니라 이와 동시에 이 능력의 상실을 의미하고 있다. 이 텍스트는 질서의 원리와 무질서의 원리가 같다는 것을 겉으로 드러나게 말하고 있지는 않지만, 이중의 의미를 가진 문장 속에서 이를 아예 '구현하고 있다'. 그런데 이 텍스트는 이를 구현하면서, 우리가 너무 관심을 기울이면 실제 현실에서 작동하는 것과 똑같이 텍스트 속에서도 이것이 작동할 수가 없기 때문에, 지나친 관심을 기울이면 안 되는 어떤 진실을, 명암법을 이용하여 표현하고 있어 엄청난 매력의 힘을 떨치고 있다.

우리에게 이 진실이 보이지 않는다면 그것은 우리가 아직 사탄의 세계에 들어 있어 여전히 첫 번째 해석의 수준에 머물러 있기 때문이다. 이때 우리는 사탄의 폭력의 라이벌에 해당하는 신의 폭력이 있다고 여기게 된다. 이때의 우리 처지는 박해 기록에서 아직도 벗어나지 못하고 사로잡혀 있는 꼴이다. 우리 눈에 이 진실이 보이면, 우리는 이 진실이 드러났기에 사탄의 나라는 끝이 났으며 우리는 비로소 이 기록에서 벗어났다는 것을 알게 된다.

이때 우리는 하느님의 나라가 어떠한지를 알게 된다. 아울러서 하느님은 인간에게 항상 이로운 것만 보여주지 않고 왜 반대편도 꼭 같이 보여주고 있는지도 이해하게 된다. 그것은 저 푸른 초원에 소떼를 풀어놓는 것과는 거리가 멀다. 하느님의 나라는 인간들을 역사상 가장 힘든 노역과 대면시킨다. 우리와 달리, 게라사의 사람들에게는 정직하고 마음씨 좋은 일면이 있다. 그들은 우리 소비 사회의 도도한 사용자처럼 행동하지 않는다. 그들은 희생양도 악령도 없이는 살기 어렵다는 것을 적어도 인정은 할 줄 알았다.

지금까지 우리가 읽어본 텍스트에는 귀신연구학의 시각이 깔려 있다. 하지만 그것은 자기 스스로 전복되기도 한다. 이제 추적을 마무리하기 위해서는 예수 스스로 그 이론을 만들고 우리가 도처에서 그 이론의 효용을 확인할 수 있는 그 '스칸달론(skandalon)'의 적용 권역을 조금 넓히는 것으로 족할 것이다. 우리가 인용한 텍스트들이 내 생각으로는, 공관복음서 중에서 가장 대표적인 것 같다.

요컨대, 이 텍스트의 방향을 예수가 추천하고 있는 '스칸달론'의 방향으로, 그리고 이 말이 끌고 오는 모방과 추방의 문제 제기와 같은 쪽으로 방향을 돌리는 것으로, 우리는 악령에 대한 추적을 충분히 끝낼 수 있을 것이다.

가장 위대한 귀신 연구서에 나오는 예수가 한 말이라도 너무 집착하지 말라는 마르코와 마태오의 경고가 전혀 터무니없는 말이 아니란 것을 이제 우리는 알게 되었다. 사전을 한번 들추어보면 우리는, 어떤 텍스트를 비유적으로 뒤틀어서 표현하는 것은 결국 희생양에 대한 집단 살해에서 나온 폭력적인 신화 기록에 대한 수용을 조장하는 것으로 귀결되게 마련이라는 것을 알 수 있다.

그리스어 사전에서 '비유(paraballo)'를 찾아보자. 이 단어의 첫 의미는 우리를 정확히 집단 살해로 이끌고 가기에 이 말이 어디서 나왔는지를 분명하게 보여준다. paraballo라는 말은, 그들의 폭력 욕구를 만족시켜 주기 위해 무리를 지어서 음식물 같은 것을 희생양이나 사형수에게 던지는 것을 의미한다. 이리하여 사람들은 분명 곤란한 처지를 벗어나고 있다. 이 무리가 이처럼 파라볼로, 즉 메타포에 의지하는 것은 그 무리들이 그들의 대변자를 향해 덤벼드는 것을 막는다. 궁극적으로 보면 비유적이지 않은 담론은 없다. 그러므로 따지고 보면 인간의 언어는 다른 문화 제도와 함께 모두 집단 살해에서 나왔음에 틀림없다. 가장 충격적인 비유가 있고 난 다음에 군중들은, 아직 그의 때가 안 왔기에 예수는 그냥 지나쳤던 폭력의 운동에 대해 가끔씩 묘사하곤 했다.

예수가 비유로 이야기를 했다고 말하는 것, 그것은 바로 독자들에게 박해적인 왜곡이 있다는 것을 알려주어 그것을 알아채도록 하는 것과 같다. 여기서는 당연히 추방이란 말을 경계하도록 하는 것이다. 다른 대안은 생각할 수 없다. 추방의 비유적 차원을 못 보는 것은 여전히 폭력에 속하는 것이다. 그러므로 이것은 또한, 그것을 피해야 하지만 동시에 그것은 거의 피할 수 없는 것이라고 말하고 있는 예수 스스로 행하는 그런 식의 해석을 행하는 것이다.

제자들이 다가가서 예수께 물었다. "왜 당신께서는 그들에게 비유로 말하십니까?" 그러자 그가 대답하였다. "너희는 하느님 나라의 비밀을 아는 게 가능하지만, 그 사람들은 그것이 불가능하다. (중략) 그들은 보지도 않고 보고, 듣지도, 이해하지도 않고 듣기 때문에 비유로 이야기를 했다."
(「마르코의 복음서」 4:10-12)

여기서 마르코는 성서 기록자들이 반대하는 표현 체계와 비유를 마태오가 그랬던 것보다 더 가까운 것으로 연관시키고 있다. 이 체계 속에 사는 사람에게는 모든 것이 비유로 '와 닿는다'는 것이다. 그러므로 비유는 우리를 이 체계에서 벗어나게 하기는커녕 문자 그대로 우리를 둘러싸고 있는 벽을 더 단단히 할 뿐이다. 다음 문장이 의미하는 것이 바로 이것이다. 비유는 사람들의 마음을 돌려놓을 목적을 갖고 있지 않다고 결론짓는 것이 정확하지 않을지도 모른다. 그러나 여기서도 예수는 제자들에게 이렇게 말하고 있다.

너희에게 하느님 나라의 신비가 전해지지만, 다른 사람들에게는 모든 것이 비유로 와닿는다. 그것은 그들이 마음을 고쳐먹을까 봐, **보고 또 보아도 알아보지 못하고 듣고 또 들어도 알아듣지 못하게 하려는 것이다.**(「이사야」 6:9-10, 강조는 「마르코의 복음서」 4:10-12)

* * *

대개 '원시적'이라는 수식어가 붙은 텍스트에서도, 한창 득세하던 것 같은 악령에 대한 믿음은 영원히 사라지는 경향이 있다. 앞에서 보았던 추방에 대한 대화가 그런 경우이며, 게라사의 기적도 같은 경우이다. 그런데 우리는 마귀가 이렇게 사라지는 것을 잘 보지 못하고 있다. 그것은 이것이 '추방된 추방', 그리고 '쫓기는 악령'이라는 모순된 말로 표현되어 있기 때문이다. 악령은 자기 존재의 허무라는, 그의 존재에 있어서는 결국 '같은 것'인 죽음 속으로 내던져진다.

예수가 "나는 사탄이 번개처럼 떨어지는 것을 보았다."라고 한 말이 의미하는 것도 바로 이것이다. 성서에는 단 하나의 초월만이 있다. 그것은 폭력과 성스러운 것들의 모든 표현들을, 그것들의 허무를 드러냄으로써, 제압하고 있는 신의 사랑이다. 성서를 조사해 보면 예수는 귀신학에서 쓰고 있는 말(악마, 귀신 등)보다는 스칸달론이라는 말을 더 즐겨 쓰고 있다는 것을 알 수 있다. 그런데 복음을 쓰고 있는 제자들과 이들을 번역한 사람들은 그 반대이다. 그러므로 우리는, 항상 일관적이지는 않은 순서에 따라 나타나고 있는 거의 언제나 순간적인 예수의 말과 성서에 있는 이야기, 특히 기적의 이야기 사이에서 어떤 편차를 발견한다 해서 놀랄 필요는 없다. 이 이야기들은 문학적인 관점에서 잘 짜여 있지만 그 안의 직접 인용문에 들어 있는 사상에 있어서는 약간 후퇴해 있다. 그의 제자들이 성서에서 묘사되고 있는 것과 같이 아주 사려 깊고 민감하고 또 선의로 가득 차 있지만, 그들 스승이 하는 말과 행동을 언제나 완벽하게 다 들을 수 없다고 가정하면, 이 모든 것은 잘 해명될 수 있을 것이다. 이 가정은 베드로의 부인 장면을 보면서 이미 품어보았던 가정이다. 우리는, 이 제자들이 예수의 이야기를 글로 만들 때 그들은 예수의 말을 그대로 옮기기보다는 그들 생각에 더 직접 의존하고 있었다고 생각할 수 있다.

스칸달론이란 말을 자유자재로 구사할 수 있었던 사람은 예수뿐이었다. 의미 있는 구절들은 두 개의 말이 같은 대상에 적용되고 있다는 것을 보여주고 있다. 예수는 악마적인 '로고스'라는 말을 모방적인 '스캔들'로 옮기고 있다는 것도 우린 이 구절들을 통해서 알 수 있다. 앞에서도 인용했던 그 유명한 예수가 베드로를 나무라는 구절도 이것을 보여주고 있다.

사탄아 물러가라. 너는 나에게 스캔들을 건다.(너는 나에게 장애물이다.) 너는 하느님을 생각지 않고 사람의 일만을 생각하는구나!(「마태오의 복음서」 16:23)

예수는 이 순간 베드로를 마녀 추방자들이 쓰고 있는 의미의 사탄에 '씐' 사람으로 보는 것일까? 베드로의 태도를 전형적인 인간의 태도로 보고 있는 '너는 하느님을 생각지 않고 사람의 일만을 생각하는구나!'라는 그 다음 구절을 보면 전혀 그렇지 않다는 것을 알 수 있다.

스칸달론이라는 이 말에 의해 지옥의 힘에 대한 맹목적이지만 분명 유익했던 두려움은 인간을 모방의 악순환에 빠뜨리게 하는 그 원인에 대한 분석으로 바뀌게 된다. 예수를 자신의 속세 욕망에 물든 사람으로 제시함으로써 베드로는 신의 임무를 속세의 사업으로 바꾼다. 속세의 사업은 필연적으로 라이벌의 야망과 충돌하게 되어 있다. 자신이 라이벌을 충동질하거나 아니면 그 라이벌이 그를 충동질하게 된다. 베드로가 그러하다. 여기서 베드로는 모방 욕망의 모델 장애물인 사탄의 '앞잡이'의 역할을 잘 해내고 있다.

성서가 마귀에 대해 우리에게 들려주는 것이나 예수가 말하고 있는 진실, 그리고 뛰어난 문학 작품들, 그리고 요즈음에 와서 행해지고 있는 여기에 대한 이론적 분석들은 엄격하게 일치하고 있다. 그러나 마귀에 대한 믿음을 반영하고 있는 대부분의 텍스트들에서는 사정이 그렇지 않다. 하지만 오늘날의 연구자들 대부분은 이를 세밀히 관찰하지 않고 있다. 그들은 이런 종류의 믿음을 기록하고 있는 텍스트들은 모두 똑같은 미신에 물들어 있다고 보고 있다. 이리하여 우리는 그들은 무엇이든 다 거절한다는 한결같은 목표를 향하고 있다고 비판할 수 있다. 그들은 내용은 전혀 살펴보지 않는다.

사실 성서는 단지, 마술적 사상의 흔적이 아직 남아 있는 모든 텍스트들에 대해서만 나은 것이 아니다. 성서는 오늘날의 심리학자나 정신분석학자, 민족학자, 사회학자나 다른 인문학의 전문가들이 제시하고 있는 인간 관계에 대한 현대적 해석보다도 더 뛰어나다. 그것은 모방의 개념에서뿐만 아니라 게라사와 같은 텍스트에 나타나 있는 귀신학과 모방의 결합에 있어서도 뛰어나다. 귀신학의 시각은 보았다시피, 어떤 개인적, 사회적 태도의 단일성과 다양성을 아직 알려지지 않은 어떤 힘과 결부시키고 있다. 이런 이유 때문에 셰익스피어 같은 작가나 도스토예프스키 같은 위대한 작가들, 혹은 오늘날의 베르나노스 같은 작가들은 그들 시대, 혹은 오늘날의 사이비 과학의 지식이 갖고 있는 쓸데없는 단조로움에서 벗어나기 위해 악마의 언어를 쓰지 않을 수가 없었다.

악마의 존재를 주장하는 것, 그것은 무엇보다도 사람들 사이에 욕망과 증오, 선망과 질투의 어떤 힘이 작동하고 있다는 것을 인정하는 것이다. 초자연적인 것의 개입 없이 인간 행동을 설명하려는 어떤 사람들의 악착같은 노력이 생각하는 것에 비해, 이 힘은 더 엉큼하고 더 교활한 결과를 낳으며 더 갑작스럽고 더 순식간의 반전과 변환을 일으키고, 결과는 더 복잡하지만 그 원리는 더 간단하거나 똑같이 간단하다고 말할 수 있다. 귀신은 영리하면서 동시에 멍청하다. 악마가 가진 모방적 성격은 분명히 드러나는데, 그것은 우선 악마가 하느님을 흉내내고 있기 때문이다. 전설은 실신 상태나 제의적인 신들림 상태, 신경질적 발작, 최면 상태 등의 획일적인 '악마적' 성격을 강조하면서 이 모든 현상의 통일성을 주장하고 있다. 이 통일성은 사실인데, 정신의학을 진정으로 진보시키기 위해서는 이것들의 공통 토대를 찾아내야 할 것이다. 지금 장 미셸 우구를리앙이 하고 있는 작업이 바로 갈등 모방이라는 공통 토대를 찾는 것이다.

그런데 이 악마의 테마는 특히, 인간 관계와 통합력의 모든 차원에서 나타나는 '퇴폐 효과', 온갖 무질서를 낳는 힘, 사회의 조직력 등을 모두 다 분리의 힘, 즉 디아볼로스(diabolos)라는 단 하나의 항목 아래에 모을 수가 있다는, 지금까지 그런 예가 없었던 능력에서, 그것의 뛰어난 점을 잘 드러내고 있다. 이 테마는 온갖 사회학과 인류학, 정신분석학, 문화 이론들이 그렇게 애를 썼으나 이루지 못한 것을 힘들이지 않고 달성하고 있다. 성서는 사회적 초월성과 개인 간의 관계의 내재성을 구분할 수 있지만 동시에 분리할 수 있게 해주는, 다시 말해 오늘날 프랑스 정신분석학이 '상징계'와 '상상계'라 부르고 있는 것의 관계를 지배할 수 있는 원칙을 갖고 있다.

악마는 사회 내의 인간 관계의 갈등 속에서 일어나는 모든 원심력뿐 아니라 다른 한편으로는 이 사회의 신비로운 연대력으로서 사람을 한데 모으는 구심력도 옳은 것이라고 인정하고 있다. 이런 악마의 속성을 진정한 지식으로 만들려면, 성서가 그려준 길을 뒤따라가면서 성서가 이미 시작해 놓은 그 번역 작업을 완수해야 한다. 이때 우리는 모방적 경쟁에서 사람들을 분리시키고 있는 힘이나 희생양에 대한 만장일치적 살해에서 사람을 한데 모으는 힘은 결국 같은 힘이란 것을 알게 된다.

요한이 '처음부터 살인자인' 사탄을 '거짓말쟁이며 거짓의 아버지'라고 표현할 때 그는 바로 '이것'에 대해 말하고 있음이 분명하다(「요한의 복음서」 8:44). 예수 수난은 희생양의 무죄를 보여줌으로써 이 거짓의 신뢰도는 떨어지고 만다. 예수 수난에서 사탄의 패배는 아주 엄밀히 한 부분에 국한된 것으로 나타나고 있다. 그것은 이 사건의 진짜 이야기가 밝혀지면 사람들은 영원한 거짓을 피하게 되어 그 희생양에 대한 비난을 옳다고 인정하게 될 것이기 때문이다. 사탄이 희생양이 죄가 있다고 믿게 할 수 있었던 것은 익히 알려진 그의 모방 솜씨 덕택이다. 히브리어로 사탄은 '고발자, 비난자'를 의미한다. 여기서 모든 의미, 모든 상징들은 엄격하게 서로의 안으로 중첩되게 포개져서 완벽하게 합리적인, 하나의 구조물을 이루고 있다. 순전히 병치되어 있다고 정말 믿을까? 서로 중첩되어 있는 구조들과 그것의 비교 연구에 정신이 팔려 있는 학계가 어떻게 이토록 완벽한 중첩을 어떻게 아직도 알아보지 못하고 있는 것일까?

모방 위기가 악화될수록, 욕망과 그 갈등은 대상을 떠나서 더 비현실적인 것이 되며, 모방은 더 '퇴폐적'으로 되어간다. 바로 이런 사실로부터 '순수 모방'이라는 믿음은 더 부추겨지고, 갈수록 더 강박적인 것으로 변해 가는 관계들을 두고 어떤 '자율적인 실체'라고 호도하는 추세도 피할 수 없는 현상으로 나타나게 된다. 악령이 계속 살아가기 위해서는 살아 있는 생명체에 '씌어야' 한다는 필요성을 이야기하고 있는 것을 볼 때, 악령은 이 자율적 실체라는 거짓에 완전히 속고 있지 않다는 것을 알 수 있다. 악령은 이 신들림을 통해서만 그가 존재하는 데 필요한 숙주(宿主) 생명체를 얻을 수 있다. 사막에서의 유명한 유혹이 그 주요 방식을 보여주고 있는 모방의 부추김에 사람들이 저항하지 못할수록 악령이 살 수 있는 숙주는 그만큼 더 많아진다. 그중 가장 의미심장한 것은 제일 마지막 것이다. 그것은 자신이 스스로의 찬미 대상, 다시 말해 당연히 거부당하고 있는 모방의 모델인 신으로 변하기를 원하는 사탄을 보여주고 있다. 예수의 대답이 바로 사탄의 이 모방이 모방적 '스칸달론'이라는 증거이다. 이 대답은 베드로가 자신을 사탄으로 취급당하면서 들었던 예수의 대답과 거의 동일하다. 이 두 대답에는 '물러가라'는 의미의 그리스어 upage 가 같이 나타나고 있는데, 이것은 스캔들인 장애물을 암시하고 있다. 사탄을 찬양하는 것은 이 세상의 지배를 원하는 것이다. 결국 그것은 타인들과 우상적인 숭배와 증오라는 관계를 맺는 것인데, 이런 관계는 사람들이 이런 환상을 갖고 있는 동안은 폭력과 성스러움의 가짜 신에 이를 수 있다. 그러나 결국 이런 환상도 불가능해지는 날 마침내 모든 것은 총체적인 파멸로 끝맺고 만다.

사탄은 다시 아주 높은 산으로 예수를 데리고 가서 세상의 모든 나라와 그 화려한 모습을 보여주며 "당신이 내 앞에 엎드려 나를 찬양하면 이 모든 것을 당신에게 주겠소."하고 말하였다. 그러자 예수는 "사탄아, 물러가라! 성서에 '주님이신 너희 하느님을 경배하고 그분만을 섬겨라.'고 하시지 않았느냐?"하고 대답하셨다.(「마태오의 복음서」 4:8-10)

15 역사와 성령

우리가 살펴본 성서의 텍스트들은 모두, 우리 역사상 이와 유사한 사건에 대해 우리가 믿지 않고 또 비난을 던지는 그런 의미에서, 신빙성도 없고 또 비난받을 만한 집단 박해 현상으로 귀착되고 있다. 성서에는 다양한 상황에 적용될 수 있는 텍스트의 작용이 모두 들어 있다. 다시 말해, 우리는 박해의 기록을 비난하고 또 우리를 가두는 모방적이며 폭력적인 메커니즘에 저항하는 데 필요한 모든 것을 성서에서 얻을 수 있다는 말이다.

이런 문제에 대하여 성서는 구체적으로 기독교인들이 그들의 '순교자'라고 부르는 사람들에 대한 폭력부터 다루고 있다. 우리는 그들에게서 무고하게 박해받은 자들을 본다. 역사가 우리에게 전해준 것이 바로 이 진리이다. 박해자의 시각은 살아남지 못한다. 이것은 기본적인 확인이다. 신화적 의미의 성스러움이 있기 위해서는 박해의 토대 위에서 희생양에 대한 미화 작용을 행해야 한다. 그리고 박해자가 주장하는 지어낸 죄가 사실인 것으로 받아들여져야 한다.

순교자들에게는 항상 비난이 있다. 어지러운 소문이 돌게 되는데, 현명한 작가들마저 이 소문을 믿게 된다. 그 소문은 신화 주인공들이 범하고 있는 통속적인 폭력의 고전적 범죄이다. 기독교인들은 유아를 살해했다고 또 자신의 가족들에 대한 죄를 저질렀다고 비난받는다. 그들의 아주 친밀한 공동 생활은 근친상간을 의심받게 한다. 이런 위반에 덧보태어 황제까지 거부하게 되면 군중들, 그리고 심지어는 당국에게도 그들은 사회적으로 악영향이 있는 것으로 비치게 된다. 로마에 불이 났다면 그것은 아마 기독교인들이 불을 질렀을 것이다라는 식으로 말이다.

모든 죄가 끝에 가서 다 신격화된다면 거기에는 진짜 신화 발생 과정이 있을 것이다. 그렇다면 기독교의 성인은 신화적 인물일 것이다. 그는 초자연적인 수혜자인 동시에 모든 나태와 무관심에 대해 재앙을 내려 징벌할 수 있는 전능한 말썽꾼이기도 하다. 신화적인 성스러움의 본질은 바로 이처럼 이로우면서도 동시에 해로운 속성이다. 여기서 우리는 모순적인 결합인 이중 초월이라는 느낌을 갖게 된다. 그것은 우리가 우리에게 규범처럼 보이는 기독교도의 시각으로 사태를 걱정하고 있기 때문이다.

누구도 순교자의 무고함에 대해 언제나 의심하지 않는다. "그들은 까닭 없이 나를 미워하였다." 수난의 극복은 구체적인 진실로 나타난다. 복수 정신은 항상 후속 전쟁을 유발하지만 순교자는 "아버지시여, 저들을 용서하소서. 저들은 그들이 무엇을 하는지도 모르고 있습니다."라고, 그들 죽이는 사람을 위해서도 기도를 하고 있다.

기독교가 무고한 희생양을 복원해 주기를 사람들이 기대했던 것은 분명 아니다. 사람들은 항상 소크라테스, 안티고네나 다른 사람들을 인용하고 있는데 이는 옳은 것이다. 거기에는 순교자들에 대한 기독교도들의 걱정과 비슷한 것이 있지만, 그러나 그것은 제한적이며 대체로 어떤 사회에도 영향을 주지 않는 것이다. 순교자의 특이성은 군중들의 감동, 종교적인 박해의 수난 등 그것을 신성화하기에 무엇보다도 좋은 조건인데도 그게 성공하지 못하고 있다는 데에 있다. 박해의 모든 전형들이 거기에 다 들어 있다는 것이 그 좋은 증거이다. 다수가 볼 때 기독교도들은 불안을 조성하는 소수들이다. 그들에게는 희생양 선택 징조들이 듬뿍 들어 있다. 더군다나 특히 그들은 하층 계급에 속해 있다. 아이들과 여인들도 많이 있다. 그러나 아무것도 변모되어 있지 않다. 박해의 기록이 있는 그대로 나타나 있는 것이다.

순교자를 성인품에 올린다는 것과 여기서 말하는 신성화는 다른 것이다. 물론 순교자들의 칭송과 그후 중세의 성인들의 생애에는 원초적인 성스러움이 남아 있는 것은 사실이다. 우리는 5장에서, 성 세바스찬에 대해 그것을 여러 번 언급한 바 있다. 순교자들이 떨치는 마력 속에는 폭력과 성스러움의 메커니즘이 한 역할을 하고 있다. 옛날에 흘린 피는 때때로 새로운 신선한 피가 흐르지 않으면 그 힘이 고갈되어 버린다고 말하기도 한다. 이 말은 기독교 순교자들의 경우 전적으로 사실이다. 이것은 이 현상의 전파와 전달력에 있어서 중요한 요인이라는 데에 대해서는 일말의 의심도 없다. 하지만 정작 중요한, 본질적인 것은 다른 데에 있다.

대부분의 연구가들, 심지어는 기독교도 연구가들도 이때부터는 희생의 흔적만을 강조하고 있다. 그들은 순전히 희생적인 기독교의 신학적 측면과 그 역시 희생적인 그것의 사회적 효용성 사이의 연결 고리를 발견했다고 믿고 있다. 여기서 그들은 실제의 어떤 것을 포착했다. 그러나 그것은 부차적인 어떤 것이다. 그것은 특별히 기독교적인 과정을 분명 감추고 있지 않기 때문이다. 기독교적인 과정은 희생과 정반대의 방향으로 진행되고 있다. 즉 폭로의 방향으로 진행되는 과정이다.

상반된 영향이 결합될 수 있다는 사실은 모순으로 보이지만, 단지 겉으로만 그렇게 보일 뿐이다. 아니다. 모든 복음서들은 신화 과정을 밝혀내어 그것을 근본적으로 전복시키기 위해서는 신화 과정을 더 정확하게 재생산해야 하는데, 그럴수록 그것은 더 부차적이고 표면적인 신화 형성에 더 적합하게 된다. 사정이 이러하기에, 상반된 영향이 결합될 수 있다는 사실에 의해, 모든 복음서와 예수 수난 사이의 모순이 재생산되고 있다고 말하는 것이 더 정확한 것 같다.

　복음서의 순전히 희생적인 신학마저도 결국에는「히브리인들에게 보낸 편지」에 기반을 두고 있는데, 이것은 순교자 사건에서 희생적인 치장에만 중요성을 부여하는 것을 허락하지 않는다. 내 생각에, 「편지」는 애는 썼지만 예수 수난의 특성을 정확히 밝혀내지는 못한 것 같다. 하지만 이것은 예수의 죽음을, 완벽하고 정확한 희생으로 제시함으로써 아주 중요한 어떤 것을 완수하고 있다. 이 희생 때문에 다른 모든 희생은 별것 아닌 것으로, 그후에 전개되는 모든 희생적 업적도 모두 받아들일 수 없는 것이 되고 만다. 그러나 이 같은 정의로도 아직 내가 밝혀내려던 기독교의 절대적 특수성이 속 시원히 밝혀진 것은 아니다. 그러나 이 정의 덕분에 희생에 대한 되풀이되어 온 원초적인 전통에 다시 빠지지 않을 수는 있게 되었다. 이런 결과는 바로 순교자를 폭력과 성스러움의 메커니즘에 국한해서 해석할 때 생기는 결과이다.

　순교자 사건에서는 신화가 생겨나지 못하는 것을 보고서, 역사가들은 박해의 기록과 그것과 상통하는 폭력들을, 크게 보아, 처음으로 이해할 수 있었다. 우리는 군중들이 '신화·시학적(mythopoétique)'인 행동에 가득 차 있다는 것을 간파하게 된다. 그런데 그것은 우리의 신화나 문학이론가들이 생각하는 것만큼 그렇게 멋지지는 않다. 반 기독교적 휴머니즘에게 다행스러운 것은, 다른 데서는 신화를 만들어내는 과정이 필요하다는 것을 아직은 부인할 수 있다는 것이다.

　예수 수난에 의해 폭로된다는 단지 그 이유 때문에, 희생양 메커니즘은 진정한 신화를 만들어낼 만한 충분한 힘을 갖고 있지 않다. 그래서 우리는 이것이 발생 메커니즘이란 것을 직접 증명하기는 불가능하다. 그 반대로 이 메커니즘이 그런 능력을 갖고 있다면 기독교는 없었을 것이다. 있다면 그것은 단지 다른 신화만 있을 것이고, 모든 것은 언제나 이미 변형된 진짜 신화적인 테마와 모티브의 모습으로 나타날 것이다. 그러나 마지막 궁극의 모습은 똑같을 것이다. 그러나 거기서는 이제 더 이상 발생 메커니즘을 알아보지 못할 것이다. 혹시 그것을 알아보는 사람이 있다면 그는 말을 사물로 착각하여 고상한 신화적 상상 뒤에서 실제의 박해를 만들어내고 있다고 주위로부터 비난만 받게 될 것이다.

이미 말했던 것으로 기대하지만, 그러나 증명은 가능하다. 그것은 심지어 분명하기도 하다. 그러나 그렇게 하려면 우리가 따라왔던 그 간접적인 길을 다시 뒤쫓아가야 할 것이다.

성인들의 생애에서 그들의 모델 역할을 한 것은 언제나 예수의 수난이었다. 그래서 각자 박해의 상황에 처했을 때 그들은 언제나 이 수난 속으로 미끄러져 들어간다. 그러나 여기에는 우리들의 유사 탈신비론자들이 상상하듯 형식적인 신앙심이라는 수사학적 역할만 있는 게 아니다. 박해 기록의 비판은 바로 여기에서 시작된다. 그것은 처음에는 서툴고 심지어는 편파적인 결과를 낳을지도 모른다. 그러나 이것은 지금까지는 생각도 못했던 과정이기에 오랜 수습 기간을 요한다.

순교자의 복권은 이 희생자와 그들 신앙 단체 안에 있는 옹호자들 사이에 뿌리박고 있는 그와 한편인 사람들의 일이라고 반박할지도 모른다. 이들의 반박은 다음과 같이 이어질 것이다. '기독교'는 그들의 희생자들만 옹호한다. 일단 승리하고 난 기독교는 그 자신이 억압자, 난폭자 그리고 박해자가 된다. 기독교는 그들 자신의 폭력에 대해서는, 그들을 박해했던 사람들과 똑같이 눈이 먼다.

이 모든 것은 사실이다. 이 모든 것은 순교자의 희생의 의미만큼이나 사실이다. 그러나 한번 더 이것은 첫 번째 진실을 감추고 있는 부수적인 두 번째의 진실일 뿐이다. 이제 무시무시한 혁명이 일어나고 있는 중이다. 사람들, 적어도 어떤 사람들은, 그들 신앙, 특히 '기독교'를 내세우면서 등에 업고 있는 박해자들에게 더 이상 현혹당하지 않는다. 물론 나는 지금 이 시론의 앞 부분에서 오랫동안 묘사했던 그 과정, 즉 마녀 추방자들의 탈신비화, 사회 전체가 거부하던 조야한 형태의 마술 박해적인 사고 같은 것을 생각하고 있다.

　서구 역사가 흘러오면서 박해 기록들은 점점 약해지고 붕괴되어 왔다. 그렇다고 이 말이 박해의 숫자나 그 강도가 항상 약해졌다는 의미는 아니다. 이 말은, 박해자들은 주위 사람들에게 그들의 시각을 지속적으로 강요할 수 없다는 것을 의미한다. 중세 박해의 신비를 벗겨내는 데 수세기가 걸렸지만, 오늘날 박해의 신뢰도를 떨어뜨리는 데는 몇 년이면 족할 것이다. 내일 당장 어떤 전체주의 체제가 온 지구를 다 점령한다 해도 이 체제는 그 자신의 신화, 즉 자기 사상에 들어 있는 마술 박해적인 차원을 능가하지는 못할 것이다.

　기독교 순교자 문제에 있어서도 그 과정은 똑 같다. 그러나 이것은 그들의 희생양과 그 박해 체계의 신비를 벗기는 사람 사이의 신앙의 공통점을 전혀 강요하지 않기 때문에, 여기에는 마지막으로 남아 있던 성스러움의 흔적마저 깨끗이 제거되어 있다. 여기서 쓰이고 있는 말이 그것을 잘 보여준다. 우리가 이용하는 것은 다름아닌 바로 이 말이다.

　고전 라틴어의 persequi라는 말에는 정의롭지 못한 의미는 하나도 들어 있지 않다. 이 말은 단순히 '재판관 앞에 세우다', 즉 '고발하다'를 의미한다. persecuito라는 말이 현대식으로 굴절된 것은 특히 락탄스(Lactance)와 테르툴리엔(Tertullien)과 같은 기독교 변증론자들에 의해서였다. 박해의 뒤틀림에 의해 체계적으로 왜곡된, 정의로운 것이 아니라 정의롭지 못한 것을 위한 합법적 장치라는 것은 전혀 로마식의 생각이 아니다. 그리스어에서도 마찬가지로 프랑스어의 순교자인 martyr는 증인을 의미했다. 이것이 현재와 같은 박해받은 무고한 자, 부당한 폭력의 영웅적인 희생양을 의미하게 된 것은 기독교의 영향 때문이었다.

　우리가 '희생양은 희생양이다'라고 쓸 때 우리는 성서의 표현에 의지하고 있는 것이다. 그러나 앞에서도 말했듯이, 희생양이라는 이 표현에는 예전의 제의 참석자들이 갖고 있던 의미는 더 이상 들어 있지 않다. 그것은 「이사야」에서는 '죄 없는 양'이라는 의미이며 성서에서는 '하느님의 어린 양'이라는 의미이다. 명백하게 예수 수난을 지칭하는 의미는 사라졌다. 하지만 우리는 박해의 기록에다가 항상 희생양을 중첩시키고 있다. 해석의 격자로 쓰이는 것은 항상 똑같은 이 모델이다. 이때부터 이것은 너무 익숙한 것이 되어서 아무데서나 우리는, 그것이 유태와 기독교에서는 애초에 어떤 의미로 쓰였는지 분명히 알지도 못하면서, 그것을 기계적으로 사용하고 있다.

성서에서 그리스도는 이제부터 모든 희생양을 대신한다고 말하고 있을 때, 그것은 인식론적인 측면에서 문자 그대로 사실인데도 불구하고, 우리는 거기서 감상주의와 과장된 신앙심만을 본다. 라이몬트 슈바거가 잘 이해하고 있듯이, 사람들은 그들 희생양을 그리스도의 자리에 둘 때에만 비로소 그 희생양이 무죄란 것을 인정할 줄 안다.[45] 물론 성서가 특별히 지적인 작업에 관심이 있는 것은 아니다. 지적 작업은, 어떤 사람들이 우스꽝스럽게 주장하고 있는 것처럼 태도의 변화를 '필수적인 것'으로 만들지 않고 '가능한 것'으로만 만들고 있다.

사람의 아들이 영광을 떨치며 모든 천사들을 거느리고 와서 영광스러운 왕좌에 앉게 되면, 모든 민족들을 앞에 불러놓고 마치 목자가 양과 염소를 갈라놓듯이 그들을 갈라 양은 오른편에, 염소는 왼편에 자리잡게 할 것이다.

그때에 그 임금은 자기 오른편에 있는 사람에게 이렇게 말할 것이다. "너희는 내 아버지의 축복을 받은 사람들이니 와서 세상 창조 때부터 너희를 위하여 준비한 이 나라를 차지하여라. 너희는 내가 굶주렸을 때 먹

---

45) Raymond Schwager, *Brauchen wir einen Südenbock?* (Munich, 1978). 성서의 신화 해석력에 대해 이 책은 중요한 빛을 던져주고 있다.

을 것을 주었고 목말랐을 때 마실 것을 주었으며 나그네 되었을 때에 따뜻하게 맞이하였다. 또 헐벗을 때에 입을 것을 주었으며 병들었을 때에 돌보아주었고 감옥에 갇혔을 때 찾아와 주었다."

이 말을 듣고 의인들은 이렇게 말할 것이다. "주님, 저희가 언제 주님께서 주리신 것을 보고 잡수실 것을 드렸으며 목마르신 것을 보고 마실 것을 드렸습니까? 또 언제 주님께서 나그네 되신 것을 보고 따뜻이 맞아들였으며 헐벗은 것을 보고 입을 것을 드렸으며, 언제 주님께서 병드셨거나 감옥에 갇히신 것을 보고 저희가 찾아가 뵈었습니까?"

그러면 임금은 "분명히 말한다. 너희가 여기 있는 형제 중에 가장 보잘것없는 사람 하나에게 해준 것이 바로 나에게 해준 것이다." 하고 말할 것이다.

그리고 왼편에 있는 사람들에게는 이렇게 말할 것이다. "이 저주받은 자들아, 나에게서 떠나 악마와 그의 졸도들을 가두려고 준비한 영원한 불 속에 들어가라. 너희는 내가 주렸을 때에 먹을 것을 주지 않았고, 목말랐을 때에 마실 것을 주지 않았으며, 나그네 되었을 때에 따뜻하게 맞이하지 않았고 헐벗었을 때에 입을 것을 주지 않았으며, 또 병들었을 때나 감옥에 갇혔을 때에 돌보아주거나 찾아주지 않았다."

이 말을 듣고 그들도 이렇게 대답할 것이다. "주님, 주님께서 언제 굶주리고 목마르셨으며, 언제 나그네 되시고 헐벗으셨으며, 또 언제 병드시고 감옥에 갇히셨기에 저희가 모른 체하고 돌보아드리지 않았다는 말씀입니까?"

그러면 임금은 "똑똑히 들어라. 여기 있는 형제 중에 가장 보잘것없는 사람 하나에게 해주지 않은 것이 곧 나에게 해주지 않은 것이다." 하고 말할 것이다.

이리하여 그들은 영원히 벌받는 곳으로 쫓겨날 것이며, 의인들은 영원한 생명의 나라로 들어갈 것이다.(「마태오의 복음서」 25:31-46)

자신을 모르고 있는 폭력적인 사람들에게 말을 하기 위해 폭력의 말을 쓰고 있다는 점에서, 이 텍스트는 비유적인 성격이 있다. 그러나 그 뜻은 분명하다. 이제부터는 예수에게서 나온 분명한 의미만이 중요한 것이 아니다. 이 폭로의 요청에 대한 우리의 관계를 결정하는 것은 오로지 희생양에 대한 우리의 구체적인 태도뿐이다. 이 폭로는 이제 예수를 한번도 언급하지 않고도 효과가 있을 수 있다.

성서가 자신의 보편적인 전파력을 말할 때, 그것이 의미하는 것은 자신에 대한 믿음의 성격에 대한 환상도, 점차 사람들 마음을 파고드는 침투력에 대한 낙관적인 환상도 아니다. 성서는 후세로부터 무관심하게 천대받거나 아니면 고약하게 거부당할 것뿐만 아니라, 이교도적인 성향이 아직 남아 있던 중세 '기독교'로부터는 다만 표면적으로만 믿음을 받을 것이란 것도 잘 예상하고 있다. 그런데 후세에 가서 성서가 거부당하는 것은, 이때에는 성서의 가르침으로부터 은근히 더 많은 영향을 받지만 바로 그 때문에 어쩔 수 없이 이전의 이교도적 기독교에 반대하여 성서 세계에 대한 반 기독교적인 패러디를 내세울 수밖에 없기 때문이다. 예수의 죽음이 최종적으로 결정된 것은 "예수를 십자가에 못 박아라."라는 고함 소리가 아니라, "바라바를 풀어 주어라."라는 고함 소리 때문이다. (「마태오의 복음서」 27:21, 「마르코의 복음서」 15:11, 「루가의 복음서」 23:18)

이 텍스트들의 분명한 사실은 부인할 수 없을 것 같다. 하지만 우리가 이것을 인정하게 되면 필시 진짜 폭풍 같은 거센 저항의 물결을 만나게 될 것이다. 그것은, 최근의 기독교인들은 분명 자발적인 기독교인들이기에 이제부터는 전면적인 분노의 물결이 일어날 것이기 때문이다. 성서 구절을 내세우면서 그 유효성을 드러내는 것에도 논쟁적이며 박해적인 성격이 들어 있을 정도로 이제부터는 이 텍스트들도 힘이 있을 것이다.

다른 한편으로, 많은 사람들은 기독교는 본질적으로 박해적이라는 전통 모더니스트의 시각을 아직 갖고 있다. 이런 시각은 그 일치가 불확실할 정도로 너무나 다른 두 유형의 사실에 기초해 있다.

콘스탄틴 시대 이후로 기독교는 국가와 같은 차원에서 아주 빨리 퍼져 나가면서, 초기 기독교도들이 당했던 것과 유사한 박해를 통해서 권위를 펼쳐나간다. 그 뒤에 나타나는 종교나 이데올로기나 정치의 수많은 사업들처럼 기독교도 아직 약할 때는 박해를 받았다. 그러나 강해지자마자 기독교는 이제 스스로가 박해자가 된다.

오늘날의 서구 세계가 갖고 있는 박해 기록에 대한 해석 능력 때문에, 기독교가 다른 종교만큼, 혹은 그보다 더 박해적이라고 보는 이런 시각은 약해지지 않고 오히려 더 강해지고 있다. 이런 능력이 표면적으로만 기독교화되어 있던 세계와 같이 역사적으로 비교적 가까운 시대에만 한정되어 있던 오랜 기간 동안에는, 종교 박해라는 종교에 의해 부추겨지고 또 공인을 받은 폭력은 다소 이 세계에만 있는 전유물처럼 보였다.

한편으로, 18세기와 19세기 서구인들은 과학을 하나의 우상으로 만들었다. 그것은 스스로를 더 잘 사랑하기 위해서였다. 그들은 그들 스스로가 그것의 발명자이자 동시에 그 산물인, 자율적인 과학 정신이라는 것을 믿었다. 그들은 예전의 신화를 진보의 신화로 대체하였다. 이 진보의 신화는 바꾸어 말하면 정말 무한한 현대인들의 우월성의 신화, 자신의 힘으로 스스로 해방된, 그래서 점차 신격화되어 가는 인류라는 신화이다.

과학 정신은 첫 번째 것이 될 수 없다. 그것은 우리의 민족학자들이 잘 규명해 놓은 오래전부터 있어온 마술 박해적인 인과율에 의지하는 것을 포기하는 것을 전제로 하고 있다. 인류는 멀리 있고 또 접근하기 힘든 자연적인 명분보다는, 항상 '교정 간섭을 인정하는 사회 관계에서 의미 있는' 명분들, 바꾸어 말하면 희생양들을 더 선호해 왔다.

자연스러운 명분을 인내심을 갖고 끈질기게 탐색하는 쪽으로 인류의 방향을 돌리기 위해서는 우선 그들을 희생양에서 돌아서게 해야 한다. 박해자들은 눈에 띄는 결과도 없이 또 아무 이유도 없이 미워한다는 것을 보여주는 것 말고, 그들을 희생양에서 돌아서게 하는 다른 효과적인 방법이 따로 있을까? 그리스의 몇몇 예외적 개인들이 아니라 큰 범주의 인류에게 이 기적 같은 일을 완수하려면 성서가 보여주듯이, 지적인 요소와 도덕적인 요소, 그리고 종교적인 요소들을 결합해야 할 필요가 있다.

인류가 마녀 추방을 그만둔 것은 과학을 발명했기 때문이 아니고, 마녀 추방을 그만두었기 때문에 과학을 발명하였다. 경제의 사업 정신과 같이, 과학 정신이란 것도 근본적으로 성서 영향의 부산물이다. 서구 사회는 이 부산물에만 관심을 기울이고 있다보니 정작 성서의 가르침은 잊고 있다. 서구는 이 부산물을 무기로 힘의 도구를 만들었으나 이제 오늘에 와서 이 과정은 방향을 되돌리고 있다. 자신이 해방자라고 믿었던 서구는 오늘날에 와서 자신이 박해자라는 것을 깨닫게 되었다. 아들이 아버지를 저주하고 또 재판하고 있다. 합리주의와 과학의 모든 고전적인 형태 안에는 마술의 흔적이 들어 있다는 것이 오늘날의 학자들에 의해 밝혀지고 있다. 그들 생각처럼 과학을 통해서 폭력과 성스러움의 악순환에서 단번에 벗어난 것이 아니라, 우리의 선조들은 신화와 제의의 변형체를 다시 복원하여 만들어냈던 것이다.

현대인들은 이상의 모든 것을 비난한다. 그들은 오늘날 서구의 오만을 비난하지만 그 비난은 더 나쁜 오만에 빠지고 있다. 우리에게 주어진 이점을 잘못 사용하는 데 대한 책임을 인정하지 않으려고, 우리는 그 현실을 인정하지 않는다. 진보의 신화를 포기하지만 언제나 우리는 한층 더 나쁜 영원 회귀의 신화에 빠지고 만다. 이제부터 우리의 현학자들에 의지하여 판단한다면 우리는 진실이라고는 하나도 볼 수 없게 되고, 우리 역사, 아니 역사라는 개념조차도 아무 의미가 없는 것이 될 것이다. 시간의 기호도 없다. 우리는 우리가 생각하는 것처럼 그렇게 별다른 모험을 하는 것이 아니다. 학문은 이제 존재하지 않는다. 지식이란 것도 없다.

우리의 최근 정신사는, 죽음을 위협하는 치유보다는 죽음을 더 선호하는 듯 보이는 악령들린 사람의 경직화를 갈수록 더 닮아가고 있다. 우리가 모든 지식의 가능성을 막고 스스로에게 바리케이드를 치고 있는 것은, 우리에게 반대하는 것 같은 지식이 등장하는 것을 우리는 너무나도 두려워하고 있기 때문이다. 나는 이제까지, 박해 기록의 해석을 막는 제동 장치 때문에 이 세상의 많은 것들이 결정되었다는 것을 보여주려 하였다. 몇 세기 전부터 우리는 어떤 것을 읽고 있다. 그러나 그외의 것은 읽고 있지 않다. 탈신비화할 수 있는 우리의 능력은 그 자체가 역사적이라고 규정해 놓은 것에만 적용되고 있을 뿐, 적용 범위를 그 밖으로 확대해 나갈 생각은 않고 있다. 충분히 이해가 되는 것이지만, 우리는 이 능력을, 성서에 의해 이미 약해져 있기에 해석하기가 가장 쉬운, 가장 가까이 있는 박해의 기록부터 적용해 보았다.

아무리 어려운 점이 많다고 해서 그것이 우리의 이 같은 지지부진의 이유에 대한 충분한 설명은 되지 못한다. 고전적이고 원시적인 신화에까지 적용하는 것이 합당해 보이는 해석 방법을 적용하려 하지 않는다는 점에서, 우리 문화는 문자 그대로 정신분열증에 걸려 있다. 우리는, 인간은 원래 태어날 때부터 선하다는 루소의 신화, 즉 서구 휴머니즘의 신화를 보호하려 애쓰고 있다.

그러나 실은 이런 신화들은 거의 중요하지 않다. 이것들은 더 고집스러운 저항의 선발대에 불과하다. 진짜 중요한 것은 이 저항이다. 신화를 해석하고, 모든 문화 질서 속에서 '희생양'의 역할을 찾아내고, 원시 종교의 수수께끼를 푸는 것, 이것들은 필연적으로, 있는 힘을 다해 성서의 가르침으로 되돌아가는 것을 준비하는 것이다. 우리가 신화를 진정으로 이해하는 순간부터 우리는 이제 더 이상 성서를 또 다른 하나의 신화로 착각하지 않게 된다. 신화를 알 수 있게 해준 것이 바로 성서이기 때문이다.

우리의 모든 저항은 우리를 위협하는 이 빛에 반하여 일어나고 있다. 오래전부터 이 빛은 우리 주위의 많은 것을 밝혀주었지만 정작 그 자신에 대해서는 아직 밝혀진 것이 없다. 그래서 우리는 그것이 우리에게서 나온 것으로 믿기로 정리해 버렸다. 부당하게도 우리 것인 양 차지해 버렸던 셈이다. 우리는 그것을 본 단순한 목격자에 불과하면서도, 우리 자신이 바로 그 빛이라고 간주하였다. 그러나 그 빛의 밝기와 세기가 아직도 증가하고 있다. 어둠 속에서 빛이 나와서 자신을 되비추어 스스로를 밝히고 있다. 성서의 빛은 신화에까지 펼쳐질수록 자신의 특성을 더 잘 드러내고 있다.

결국 성서는 우리에게 낯설게 보이는 지성사의 끝에 와서 스스로를 정당화하고 있는 중이라고 말할 수 있다. 왜 지성사가 낯설게 보이는가 하면, 그것이 우리의 시각을, 어리석게도 우리가 그것과 혼동하고 있는 모든 폭력의 종교와는 거리가 먼 방향으로 바꾸고 있기 때문이다. 그러나 바로 이때 그것 자체는 부차적이지만 우리의 지적, 정신적 균형에는 아주 중요한 의미를 갖는 지성사의 새로운 진보가 하나 나타난다. 이 진보는, 이 같은 혼란을 걷어내고 폭력적 종교를 비판하고 있는 것은 성서의 가르침과 같은 방향을 가고 있는 것임을 밝혀준다.

만약 성서에서 이런 것이 문제가 아니었다면 우리는 성서의 역사를 알 수 없었을 것이다. 그리고 성서는 우리가 지금 보고 있는 그런 것이 아니었을 것이다. 그러나 성령의 범주에서 그것이 문제이다. 성령에 관한 위대한 텍스트들은 우리가 겪고 있는 이 과정을 밝혀주고 있다. 그것의 외면적인 모호성이 사라지기 시작하는 것도 이 때문이다. 신화의 해독이 성령에 관한 텍스트를 밝혀주는 것이 아니다. 이 신화들에 자신의 빛을 통과시켜서 신화를 아무것도 아닌 것으로 만들어버리는 성서야말로, 우리로 하여금 폭력과 미신이 녹아들어 있는 말을 이해할 수 있도록 해준다. 성서는 우리에게, 사탄에 대한 하느님의 승리, 거짓 혼에 대한 진실 혼의 승리라는 모습으로, 이 과정을 미리 예고해 주고 있기 때문이다. 「요한의 복음서」의 성령에 관한 구절은 이 책의 모든 주제를 다 담고 있다.

네 번째 복음의 절정을 이루고 있는 이 구절은 예수가 제자들과 영원한 작별을 고하는 장면이다. 오늘날의 기독교도들은 이 장엄한 순간에 다시 사탄이 나타나는 것을 보고 그다지 기분이 좋지 않을 것이다. 요한이 이 이야기에서 하고자 하는 말은, 사탄의 무력화가 바로 예수를 정당하고 진정한 존재로 만드는 것과 같다는 것이다. 이처럼 하나이면서 동시에 둘인 사건은, 수난에 의해 완성되었으면서 동시에, 제자들 눈에는 보이지 않으므로 아직 일어나지 않은 것과 같기에, 아직 완성되지 않은 것으로 이미 우리들에게 표현된 바 있다.

> 그분(성령)이 오시면,
> 세상 사람들을
> 죄와 정의와 심판에 따라 추궁할 것이다.
> 죄는
> 나를 믿지 않았기 때문이며,
> 정의는
> 내가 아버지께 돌아가고 너희가 더이상 나를 보지 못하게 되는 것이며,
> 심판은,
> 이 세상의 왕자가 처형을 받았기 때문이다.(「요한의 복음서」 16:8-11)

아버지와 세상 사이에는 이 세상과 이 세상의 폭력에서 나온 심연이 있다. 예수가 아버지께 돌아간다는 사실은 폭력에 대한 승리와 함께 이 심연을 건너뛴다는 것을 의미한다. 그러나 처음에 사람들은 이를 인식하지 못한다. 폭력 속에 있는 이들에게 있어 예수는 단지 다른 죽음과 같은 하나의 죽음일 뿐이다. 예수가 아버지에게 돌아가고 난 뒤 예수에게서도 그 아버지에게서도 분명한 메시지는 하나도 나오지 않을 것이다. 예수가 신이 된다 하더라도 그는 폭력과 성스러움으로 지속되는 악순환 속에서

옛날의 신과 같은 방식으로 신성화될 것이다. 이런 조건이라면 박해 기록의 승리는 보장된 것 같다.

하지만 예수는 그렇게 되지 않을 것이라고 말하고 있다. 이제 끝까지, 그리고 그를 대신해 죽을 때까지, 폭력에 대항해서 아버지의 말을 유지하면서 예수는 그 사람들과 아버지를 가로지르고 있는 그 심연을 뛰어넘는다. 그 자신이 바로 그들의 성령이 된다. 즉 그들의 보호자가 되어 그들에게 또 다른 성령을 보낼 것인데, 이 성령은 세상에 진리의 빛을 환하게 밝히기 위해 부단히 노력할 것이다.

우리의 현인들과 전문가들은 여기서 역사의 패자들이 혹시 그들의 글에서 상상의 복수를 꾸미고 있는 것은 아닌가 하고 생각할지도 모른다. 하지만 비록 이 말이 놀랍다 하더라도, 때로 이 텍스트의 저자가 그의 시각의 광활함에 현기증을 내는 듯해도, 우리가 방금 했던 말을 인정하지 않을 수가 없다. 성령은 예수가 이미 폭로했던 것, 즉 희생양 메커니즘과 모든 신화의 발생, 폭력의 신의 무용성 등을 역사 속에서 폭로하려고 애쓰고 있다. 성서의 언어를 이용해서 달리 표현하자면, 성령은 사탄에 대한 추방과 심판을 완성하고 있다. 박해의 기록 위에 서 있는 이 세상은 필연적으로 예수를 믿지 않거나 혹은 믿더라도 제대로 믿지 않는다. 수난이 갖고 있는 폭로의 힘을 알아볼 수가 없다. 어떤 사상 체계도 자신을 파괴할 수 있는 생각을, 진정으로 생각할 수 없는 것이다. 그러므로, 사람들을 불러 모아서 아버지가 보내신 예수, 수난 뒤에 다시 아버지에게로 되돌아가는 예수, 즉 폭력의 신과는 아무 공통점이 없는 신이라는 것을 믿는 것이 합당하다는 것을 보여주기 위해서는, 사람들을 해체시키고 모든 폭력의 신을 믿지 않게 해주는 성령이 필요하다. 신자든 아니든 우리 모두의 잘못으로 인해 폭력적인 신성 속에서 기독교의 삼위일체가 위태로운 것으로 보일수록, 성령은 점차, 심지어 그리스도를 믿지 않게 하는 것 같기도 하다. 지식이 진보함에 따라 예수의 신비가 벗겨지고 역사에 의해 다른 종교와 마찬가지로 예수도 제거되고 있다는 환상과 함께 사람들의 불신을 지속시키면서 또 더 강화시키고 있는 것은, 실은 역사 과정의 불완전성 때문이다. 역사는 아직도 진보하고 있으며 그것은 성서를 확인시켜 주고 있다는 것을 충분히 느낄 수 있다. 그것은 '사탄'이 신빙성을 잃어가고 그 대신 그리스도가 정당화되고 있다는 것이다. 수난시의 예수의 승리는 곧 그의 원칙 속에서 얻은 것이다. 그러나 그것은 이 가르침의 지배를 은근히 받아온 기나긴 역사의 끝에 가서야 대부분의 사람들로부터 인정받게 되었다. 그러나 우리가 성서의 도움을 받아서 모든 폭력적인 신들의 공허함을 입증하고 모든 신화의 무용성을 설명할 수 있을 때 예수의 승리는 더 확실한 것이 될 것이다.

사탄은 성서 이전에 도처에 힘을 발휘하면서 존재했던 박해의 기록에 힘입어서만 지배할 수 있었다. 그러므로 사탄은 본질적으로 '고발자'이다. 그들은 자신을 무고한 희생양이 될 수 있는 자로 여기게 함으로써 사람들을 속이는 자이다. 그런데 성령은 어떤 존재일까?

그리스어 parakleitos는 프랑스어의 '변호사(avocat)'에 해당한다. 이는 희생양이 자신을 대신해서 자신을 변호해 달라고 요청한 사람이다. 이런 점에서 성령은 일반적인 변호사이며 모든 무고한 희생자들을 옹호하는 담당자이며, '모든 박해 기록의 파괴자'이다. 그러므로 그는 진리의 정신이며, 모든 신화로부터 안개를 걷어내는 자이다.

보통 때는 항상 대담하던 번역자 제롬이 parakleitos라는 아주 평범한 명사의 번역에서는 왜 이다지도 움츠러드는 것일까? 그는 정말, 문자 그대로 놀라움에 사로잡혀 있다. 그는 이 말에 적절한 말을 보지 못하고 순전히 번역어로서 paracletus라는 말을 선택한다. 현대의 대부분의 나랏말 속에는 paraclet, paraclete, paraklet처럼 이 말에서 생겨난 말들이 있다. 이 수수께끼 같은 말은 그 이후로 계속해서, 자신의 모호함을 구체화하고 있는데, 그것은 실은 아주 이해하기 쉬운 텍스트를 이해하기 힘든 것으로 만드는 게 아니라 그 해석을 이해하기 힘든 것으로 만들고 있다. 예수가 그의 제자들에게 나무랐던 이 같은 해석의 난해함은 더 악화되어서 복음 기록자들에게서도 나타나고 있다.

성령에 관한 연구는 아주 많이 있지만 만족한 해결책을 가져온 것은 아무것도 없다. 이들은 모두 한결같이 편협한 신학의 용어만으로 이 문제를 규정하고 있기 때문이다. 이 말이 갖고 있는 문화적, 역사적인 대단한 의미들은 여전히 도외시되고 있으며, 그 결과 사람들은, 그것이 누군가를 변호하고 있는 자란 게 사실이라면 성령은 아버지 앞에서 제자들을 변호하는 자임에 틀림없다고 마침내 결론짓고 만다. 이 같은 결론은 요한의 첫 번째 편지를 상기시킨다. "그러나 누군가 죄를 지으면 아버지 앞에서 우리를 변호해 주시는 분이 계십니다. 그분은 예수 그리스도, 의로우신 분입니다."(「요한 1서」 2:1), 즉 성령(parakleitos)이다…… 라는.

요한은 예수를 성령으로 간주하고 있는데, 그의 복음에서 예수는 실제로 사람들에게 보내진 첫 번째 성령으로 나타나고 있다.

> 내가 아버지께 구하면 다른 성령을 보내주셔서 너희와 영원히 함께 계시도록 하실 것이다. 그분은 곧 진리의 성령이시다.(「요한의 복음서」 14:16-17)

그리스도는 박해의 기록과 싸우는 대표적인 성령이다. 희생양들의 옹호와 그에 대한 복권은 모두 수난에 들어 있는 폭로의 힘에 기초해 있기 때문이다. 그러다가 일단 그리스도가 떠나고 나면 두 번째 성령인 진리의 성령이 와서는 모든 사람을 위해 이미 이 세상에 있는 빛을 빛나게 할 것이다. 그러나 사람들은 아주 오랫동안 이 빛을 보지 못하고 있다.

제자들로서는 아버지 앞에서 섰을 때, 예수만 있으면 분명 다른 변호자가 필요 없다. 다른 성령은 사람들 사이로 그리고 역사 속으로 보내질 것이다. 그를 경건하게 초월적인 경지로 보내 버리면서 내쫓을 필요는 없다. 그의 행위의 내재적인 성격은 다른 공관 복음들도 확인하고 있는 것이다.

너희가 끌려가서 넘겨졌을 때 너희가 할 말에 대해 걱정하지 말라. 그냥 너희에게 떠오르는 대로 말하거라. 그때 말하는 것은 너희가 아니라 성령이 말하는 것이다.

이 텍스트는 그 자체가 문제를 제기하고 있다. 이것은 전혀 이것이 의미하는 대로 말하고 있지 않다. 순교자들은 성령이 그들의 이유를 줄 것이기 때문에 자신을 변호하기 위해 고심할 필요가 없는 것 같다. 그렇다고 당장의 승리도 필요 없을 것이다. 희생자들은 재판중에 그들 고발자들을 추궁하여 공박하지는 않을 것이다. 그들은 멋진 순교자가 될 것이기 때문이다. 많은 텍스트가 이를 보여주고 있다. 성서는 박해를 종식시킬 생각은 전혀 하고 있지 않다.

여기에 나오는 재판은 개인적인 재판이거나 아버지가 '고발자' 역할을 하게 될 초월적인 재판이 아니다. 그렇게 생각하는 것은, 이 세상의 제일 좋은 선의(지옥에는 그것으로 덮여 있다.)를 가지고 항상 아버지를 하나의 악마의 형상으로 만드는 것이다. 그러므로 여기서는 하늘과 지상 사이의 매개적 재판이 문제인 것이다. 이 재판은 '천상의' 힘과 사탄의 '속세의' 힘에 대한 재판이며, 총체적인 박해의 기록에 관한 재판이다. 복음 기록자들은 이 재판의 장소를 항상 규정할 수 있는 것이 아니기 때문에, 그들은 이 재판을 때로는 너무 초월적으로 또 때로는 너무 내재적인 것으로 만들고 있다. 그래서 현대의 주석자들도 이 같은 이중의 망설임에서 벗어나지 못하고 있다. 여기서 고발자인 사탄과 변론자인 성령의 싸움에서 문제가 되는 것은 바로 모든 폭력적인 성스러움의 운명이라는 것을 그들이 전혀 이해하지 못하고 있기 때문이다.

순교자들이 하고 있는 말이 대단히 중요한 것은 아니다. 그들은 우리 생각처럼 단호한 믿음을 증언하고 있는 것이 아니라, 사회의 통일성을 다시 만들어내기 위해 무고한 사람의 피를 흘리는 집단적 인간의 성향을 증언하고 있기 때문이다. 박해자들은 모든 죽음을 박해 기록이라는 무덤 속에 묻어두려 애쓴다. 그러나 순교자자 많이 죽어갈수록 그 박해기록의 힘은 더 약해져 가고 순교자의 증언은 빛을 더 발한다. 바로 이런 이유로, 우리는 성서가 예고하듯이, 모든 죄 없는 희생양들에게 그들의 믿음과 신념의 차이는 하나도 보지 않으면서, 증인을 의미하는 이 순교자라는 말을 언제나 즐겨 사용하고 있는 것이다. '희생양'이란 말과 같이 '순교자'라는 말도 학자들의 해석보다 더 넓게 쓰이고 있으며, 신학이 모르고 있는 것을 신학에게 암시하고 있다.

아직 때가 묻지 않은 사람은 박해의 기록을 초월하는 것이 무엇인지 전혀 알지 못한다. 그는 성령을 볼 수도 알 수도 없기 때문이다. 수난의 영향을 내면화한 역사만이 없앨 수 있는 환상이 제자들에게는 아직도 남아 있다. 그 당장에는 아무 의미가 없는 것 같아 아무 관심을 기울이지 않았던 말을 언젠가 제자들은 다시 떠올리게 될 것이다.

나는 너희와 함께 있는 동안에 여러 가지 이야기를 들려주었거니와 이제 아버지께서 내 이름으로 보내주실 성령은 모든 것을 너희에게 가르쳐주실 뿐만 아니라 내가 너희에게 한 말을 모두 되새기게 하여 주실 것이다. (「요한의 복음서」 14:25-26)

아직도 나는 할 말이 많지만 지금은 너희가 그 말을 알아들을 수 없을 것이다. 그러나 진리의 성령이 오시면 너희를 이끌어 진리를 온전히 깨닫게 해주실 것이다. 그분은 자기 생각대로 말씀하시지 않고 들은대로 일러주실 것이며 앞으로 다가올 일들도 알려주실 것이다. 또 그분은 나에게서

들은 것을 너희에게 전하여 나를 영광스럽게 하실 것이다.(「요한의 복음서」 16:12-14)

성령에 관한 모든 텍스트 중에서 이것이 가장 특이하다. 이것은 마치 일종의 희한한 신경 분열의 일관되지 않은 결과처럼 서로 다른 쪼가리와 부분들로 만들어져 있는 것 같다. 그러나 이 텍스트를 이렇게 보이도록 만든 것은 실은 바로 우리 자신의 문화적 분열증 때문이다. 당연히 그 사람들에게 나온, 그래서 성령을 보지도 알지도 못할 원칙과 방법으로 그것을 밝히려 생각하는 한 우리는 여기서 아무것도 보지 못한다. 요한은 우리에게 아주 이상한 사실들을 소화하기 힘든 너무 빠른 리듬으로 들이대어 우리에게 충격을 주고 있다. 그래서 우리는 항상 우리를 따라다니는 혼동과 폭력을 거기에 투영할 위험이 아주 크다. 어떤 점에서는 당시의 기독교와 유태교의 갈등으로 영향을 받았을 수도 있다. 하지만 그것의 진짜 주제는 요즘 벌어지고 있는 '성요한의 반유대주의' 논쟁과는 아무런 상관이 없다.

나를 미워하는 자는 나의 아버지까지도 미워한다.
내가 일찍이 아무도 하지 못한 일들을 그들 앞에서 하지 않았던들 그들에게는 죄가 없었을 것이다. 그런데 내가 한 일을 보고서도 그들은 나와 또 나의 아버지까지 미워한다.
이리하여 그들의 율법서에 "그들은 까닭 없이 나를 미워하였다."고 기록되어 있는 말씀이 이루어졌다.
내가 아버지께 청하여 너희에게 보낼 성령, 곧 아버지로부터 나오는 진리의 성령이 오시면 그분이 나를 증언할 것이다.
그리고 너희도 처음부터 나와 함께 있었기 때문에 나의 증인이 될 것이다.
내가 너희에게 이 말을 한 것은 너희를 스캔들로부터 보호하려는 것이다.

사람들이 너희를 회당에서 쫓아낼 것이다.

그리고 너희를 죽이는 사람들이 그런 짓을 하고도 그것이 오히려 하느님을 섬기는 일이라고 생각할 때가 올 것이다.

그들은 아버지도 나도 모르기 때문에 그런 짓들을 하게 되는 것이다.

그러한 때가 오면 내가 한 말을 기억하라고 너희에게 이렇게 미리 말해두는 것이다.(「요한의 복음서」 15:23-27, 16:1-4)

이 텍스트는 분명 이 글을 만들 당시의 싸움과 박해를 떠올리게 한다. 직접적으로 다른 것을 떠올릴 수가 없다. 그러나 간접적으로는 다른 것을, 그것도 다른 모든 것들을 떠올리게 한다. 왜냐하면 이것을 지배하고 있는 것이 복수가 아니고, 오히려 이 글이 복수를 지배하고 있기 때문이다. 그 당시 유대인들에게 한번도 이해받지 못했다는 핑계로 이 텍스트를 반유대주의의 단순한 예고로 몰고 가는 것은 바로 우리가 그 스캔들에 빠져버리는 것이다. 그것은 또한, 우리를 스캔들로부터 보호하기 위해 그리고 그의 가르침이 당장 맞이하고 있는 겉으로의 좌절에서 생겨날 오해를 미리 알려주려고 그가 우리에게 해준 말을 스캔들로 만들어버리는 것이다.

사실 그의 가르침은 좌초되고 있는 듯하다. 그 가르침을 질식시킬 것 같은 박해를 맞이하고 있는 것 같지만 그 박해는 결국에 가서는 그 가르침을 완성시켜 줄 박해이다. 예수의 말이 우리에게 와닿지 않는 한 우리에게는 죄가 없다. 우린 여전히 게라사인들과 같은 상태에 머물러 있을 것이기 때문이다. 박해의 기록에 상대적인 합법성은 들어 있다. 죄는 바로 가르침에 대한 저항이다. 그것은 당연히 그 가르침을 주는 자, 즉 진정한 신에 대한 증오에 찬 박해 속에서 외재화되어 나타난다. 왜냐하면 바로 그가 들어서, 별것 아닌 것 같아도 낯익은 악령들과 다소 편안하게 정리해 놓은 우리의 관계가 혼란에 빠지고 있기 때문이다.

마음을 다시 고쳐먹기 전에 바울로가 행한 것이 그 예가 될 수 있을 박해의 저항은, 효과적으로 저항하려면 감추어야 할 것인데도 불구하고, 희생양 메커니즘을 드러내고 있다. 박해자의 저항은 무엇보다도 바로 그들 자신의 예수에 대한 고발을 덜 믿을 만한 것으로 만드는, 예수의 가르침의 말("그들은 까닭 없이 나를 미워하였다.")을 완성한다.

여기서 나는 성서 과정에 대한 뛰어난 이론적 완결판을 보는 듯하다. 지금까지 살펴본 모든 성서 텍스트가 한결같이 묘사하고 있는 그 성서의 과정 말이다. 물론 이것은 우리 역사에서도 일어나고 있는 과정이며, 모든 사람들이 알고 들은 바로는 역사로 전개되는 것과 똑같은 것이며, 또한 성령의 도래와도 같은 것이다. 예수는 말한다. "성령이 올 때 그는 나를 증언할 것"이라고. "그는 나의 죽음이 죄가 없었으며 모든 죽음이 죄가 없었다는 것을 밝혀줄 것"이라고, "세상 처음부터 끝까지". 그리스도 뒤에 오는 사람들은 그들의 말이나 믿음보다는 순교자가 됨으로써, 즉 예수처럼 죽음으로써 그처럼 증언하게 될 것이다.

분명히 유대인이나 로마인들에게 박해받은 초기 기독교인들이 문제다. 그러나 그와 동시에 그 뒤에 기독교인들에게 박해받은 유대인도 문제며, 모든 박해자들에게 박해받은 희생양들 모두가 다 문제다. 그런데 그들의 증언은 과연 무엇에 관한 증언일까? 나는 말한다. 그것은 항상 종교적인 환상을 만들어내는 집단적 박해를 증언한다고. '그리고 너희를 죽이는 사람들이 그런 짓을 하고도 그것이 오히려 하느님을 섬기는 일이라고 생각할 때가 올 것이다'라는 이 말이 이를 잘 암시하고 있다. 중세나 오늘날이나 역사적 박해의 거울 속에서 우리는 초석적 폭력을, 그것이 아니라면 적어도 그 지휘자가 없을수록 더 살인적이 되는 그 아류들을 보고 있다. 마녀 추방자들은 박해의 독재자들처럼 이 성서의 폭로에 의해 쓰러지고 말았다. 이제부터 모든 폭력은 바로 예수의 수난이 드러내고 있는 것, 즉 참혹한 유혈극을 동반하는 우상, 가짜 종교의 신들, 정치와 이데올로기 등의 출현 같은 것을 드러낼 것이다. 그래도 살인자들은 그들의 희생양들이 찬양할 만한 자라고 여길 것이다. 그들이 무엇을 하는지도 모르고 행하는 그들을 우리는 마땅히 용서해야 할 것이다. 우리 서로를 용서해야 할 시간이 왔다. 기다리고만 있기에는 더 이상 시간이 없다.

옮긴이 후기

이 책은 르네 지라르의 『희생양(*Le Bouc émissaire*)』(Paris : Grasset, 1973)을 우리말로 옮긴 것이다. 원래 지라르 연구의 출발점은 문학이었다. 그는 자신의 첫 저서 『낭만적 허위와 소설적 진실』에서 주인공의 욕망의 구조를 통해 인간 본연의 욕망의 구조를 드러내어 문학과 사회의 관계에 큰 가교를 놓는다. 그러나 그후에 그를 이끌고 간 것은 문학 텍스트에만 한정된 문학 연구와는 거리가 먼 것 같이 보이는 모든 인간적 현실에 대한 문화인류학적 관심이었다.

『폭력과 성스러움(*La Violence et le Sacré*)』에서 지라르는 인류학자들이 그 본질을 잘못 알고 있는 '제의적 희생(sacrifice rituel)'이라는 현상에 대하여 그 특유의 자세한 검토를 하고 있다. 모든 종교적, 문화적 활동의 원형에는 '희생양 메커니즘'이 들어 있다는 것이다. 희생양 메커니즘은 하나의 희생양으로써 모든 가능한 희생양들을 대신하는 것으로, 동물로써 인간을 대신하는 경제적 기능뿐 아니라 좋은 폭력으로 나쁜 폭력을 막는 종교적 기능도 수행하고 있다. 그것은 복수의 길이 막힌 희생양에게 모든 격렬한 반응을 보임으로써 재난의 폭력을 정화하는 수단이다. 이렇게 볼 때 희생양은 상징적인 신에게 봉헌되는 것이 아니라 거대한 폭력에 봉헌

되는 것이다.

『폭력과 성스러움』이 그의 인류학적 관심의 첫 번째 저서라면, 이 책 『희생양』은 거기서 한걸음 더 깊이 들어가서 그가 『폭력과 성스러움』에서 '기본적 인류학'의 주요 개념으로 보았던 '희생양'에 대한 보다 더 체계적인 분석을 하고 있는 책이다.

희생 제의에서 희생당하는 자를 두고, 지라르는 『폭력과 성스러움』의 앞부분에서는 '희생물(victime émissaire)'이라고 부르지만, 후반부 특히 예수의 희생을 이야기하는 대목에 와서는 '희생양(bouc émissaire)'이라고 부르고 있다. victime과 bouc은 불어 어원상으로는 분명 차이가 있을 것이다. 그래서 이 말의 차이를 강조하여 김현 교수는 victime émissaire를 '희생양'으로, bouc émissaire를 '속죄양'으로 차별화한 바 있다. 그러나 victime émissaire도 bouc émissaire와 마찬가지로 우리말에서는 다 같이 '희생양'으로 쓰이고 있기도 하다. 그러나 victime émissaire를 제의적 성격이 너무 강하게 드러나는 '희생양'으로 옮기는 것이 문맥상 너무 무거울 때는 '희생물'로 옮기기로 한다.

이와 같은 이유로 김현 교수의 구별에 따라서 '속죄양'으로 부르려 하였던 애초의 우리 생각은 수정을 거쳐서 '희생양'으로 변하게 되었다. 더군다나 우리 일상에서 그다지 많이 쓰이지 않는 속죄양이라는 말보다는 일상에서 자주 쓰이는 말, 우리의 피부에 와닿는 말로 옮기는 것이 지라르의 생각을 더 생생히 전달할 수 있을 것 같기 때문이다.

지라르는 우리 일상 자체, 아니 인간 사회의 기초를 이루고 있는 것이 바로 희생양 메커니즘이라고 『폭력과 성스러움』에서 주장한 바 있다. 그리고 이 희생양 메커니즘을 기본적 사실로 인정하는 인류학을 두고 그는 '기본적 인류학'이라고 부르고 있다. 이런 점에서 우리에게 다소 생소한 용어보다는 가까운 일상의 용어를 사용함으로써 희생양 제도가 바로 우리의 일상 속 가까이에 있다는 인상을 줄 수 있는 것은 바로 지라르의 생각에 좀 더 충실한 것이 될 것이다.

지라르는 『희생양』에서 여러 신화나 설화에 들어 있는 희생양 메커니즘을 분석하고 있다. 신화나 설화에 희생 제의가 들어 있다는 말은, 그것들이 생겨난 시점이 희생 제의가 있고 난 뒤라는 것이며, 결국 그것은 그 희생 제의를 거치면서 '살아남은 자'들이 만들어내거나 기록한 이야기이다. 로마 건국 신화는 그 신화 내용에서 좋은 편에 든 사람들(즉 박해에서 살아남은 자들)이 만들어내거나, 아니면 적어도 그들의 시각이 들어 있는 이야기라는 것이다. 그러므로 신화나 설화는 가치 중립적인 이야기가 아니다. 그것은 정확히 말해서 살아남은 자, 즉 박해자의 시각을 담고 있는 기록이다. 그래서 지라르는 이런 기록들을 모두 '박해의 텍스트(textes de persécution)'라 부른다. 이렇게 되면 박해의 기록에서 박해의 흔적을 찾아내 정확히 읽는 것이 바로 그런 기록에 대한 진정한 해석이 되며, 지라르가 행하고 있는 것도 바로 이런 작업이다. 후반부에 가서 지라르는 분석 대상을 기독교의 체계에까지 넓히고 있는데, 이것은 성서에도 희생양 메커니즘이 들어 있다는 것을 암시해 주는 것이다.

성서 해석에 대해 정통성을 인정받고 있는 전통적 해석에서 벗어나 다른 이견을 제시한다는 것은, 물론 한국인들도 예외는 아닐 테지만, 대부분의 서구인들에게는 더더욱 쉬운 일은 아닐 것이다. 그런 점에서 우리는 지라르의 『희생양』을 두고 새로운 성서 해석이라고 간주할 수도 있을 것이다. 성서에 대한 다른 해석을 시도하고 있는 이 책이 주는 인상은 아슬아슬하여 심지어는 도발적이기까지 하다.

문학 연구에만 머물러 있지 않고 인간에 관한 모든 영역으로 관심을 넓혀가고 있는 지라르의 이 같은 이정은, 요즈음에 와서 애초의 과녁을 잃고서 헤매는 것처럼 보일 때가 종종 있는 인문학이 과연 어떤 과녁을 지향해야 하는지를 잘 보여주고 있는 것 같다. 이른바 인문학의 포부를 잘 보여주고 있다.

지라르에 대한 깊은 이해는 결국 우리로 하여금 우리 현실에 대한 정확한 이해를 향하게 하는데, 이는 서구에서 활발히 진행되고 있는 지라르 이론의 연구 영역의 확산 현상을 통해 실제로 확인할 수 있다. 지라르의 이론은 그만큼 적용 영역이 넓다. 다시 말해 다산성을 가지고 있다. 그 원인을 우리는 그의 인간 '욕망'에 대한 깊은 이해에서 찾아야 할 것이다. 인간을 다루고 있는 모든 학문의 기초에는 분명 인간의 '욕망' 문제가 어떤 형식으로든 들어있기 때문이다. 사실, 지라르의 야망은 모든 인간적 현실과 이론을 하나로 묶을 수 있는 '거대 이론'을 꿈꾸는 것이다. 그러므로 그의 이론이 모든 영역에 적용 가능하다는 것은 곧 그 이론의 존재 이유 자체에서 나오는 결과라 할 수 있다. 특히 기존의 경제학에 대한 근본적인 대안으로서의 또 다른 경제학을 도모하는 사람들에게는 더욱더 많은 지표를 얻을 수 있을 것이다.

요즈음 같은 시대에 경제에 대해 할 말이 없는 사람이 없겠지만, 특히 지라르적 이론의 입장에서 보자면 그러하다. 그에 대한 논의는 우리의 과제로 치고 다음 기회로 미루기로 한다.

1998년 5월

옮긴이 김진식

김진식

1954년 마산에서 출생하여 서울대 불어불문학과를 졸업하고 같은 학교 대학원에서「알베르 카뮈와 통일성의 미학」으로 박사 학위를 받았다. 현재 울산대 불어불문학과 교수이며, 옮긴 책으로 『폭력과 성스러움』, 『문화의 기원』, 『그를 통해 스캔들이 왔다』, 『나는 사탄이 번개처럼 떨어지는 것을 본다』 등이 있다.

현대사상의 모험 19

희생양

1판 1쇄 펴냄 1998년 5월 5일
2판 1쇄 펴냄 2007년 10월 20일
2판 12쇄 펴냄 2023년 12월 26일

지은이 르네 지라르
옮긴이 김진식
발행인 박근섭·박상준
펴낸곳 (주)민음사

출판등록 1966. 5. 19. 제16-490호
주소 서울특별시 강남구 도산대로1길 62(신사동) 강남출판문화센터 5층 (06027)
대표전화 02-515-2000 | 팩시밀리 02-515-2007
홈페이지 www.minumsa.com

한국어 판 ⓒ (주)민음사, 1998, 2007. Printed in Seoul, Korea

ISBN 978-89-374-1620-0 94210
       978-89-374-1600-2 (세트)

* 잘못 만들어진 책은 구입처에서 교환해 드립니다.